责任与使命

北京地铁发展史

北京市地铁运营有限公司　编

北京出版集团公司
北京出版社

图书在版编目（CIP）数据

北京地铁发展史 ／ 北京地铁运营有限公司编． —— 北
京 ：北京出版社，2011.12
　　ISBN 978-7-200-09050-5

　　Ⅰ．①北… Ⅱ．①北… Ⅲ．①城市交通运输：地下铁
道运输—交通运输史—北京市 Ⅳ．①F572.89

中国版本图书馆CIP数据核字(2011)第279023号

策　　划　于　虹
责任编辑　张　　放
装帧设计　锦绣圣艺
责任印制　宋　　超

北京地铁发展史
BEIJING DITIE FAZHAN SHI

北京市地铁运营有限公司　编

*

北京出版集团公司　出版
北 京 出 版 社
（北京北三环中路6号）
邮政编码：100120

网　址：www.bph.com.cn
北京出版集团公司总发行
新 华 书 店 经 销
北京画中画印刷有限公司印刷

*

787毫米×1092毫米　16开本　40印张　16页彩插　483千字
2011年12月第1版　2011年12月第1次印刷
ISBN 978-7-200-09050-5
定价：68.00元

质量监督电话：010 - 58572393

精心设计、精心施工。在建设过程中，一定会有不少错误、失败，随时注意改正。

毛泽东 二月四日

1965年2月4日，毛泽东主席为北京地铁规划建设作出重要批示

建设地铁

为首都服务

李鹏

一九八七年八月廿八日

1987年8月28日，国务院副总理李鹏视察北京地铁题词

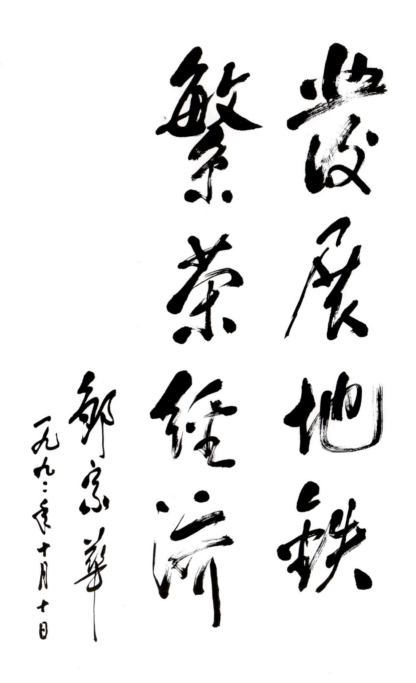

1992年10月10日，国务院副总理邹家华视察北京地铁题词

北京地铁为首都的经济社会发展做出了重大贡献。当前，又面临着难得的发展机遇，祝你们按"世界一流地铁"的目标努力工作，取得新业绩。

刘淇
14/4

2010年4月14日，中共北京市委书记刘淇为北京地铁公司成立40周年做出批示

● 2号线东四十条站

● 1号线西单站

▶ 八通线临河里站

▶ 5号线东四站

▶ 5号线雍和宫站

▶ 5号线

◗ 换乘便捷的地铁站

◗ 10号线知春里站

▶ 奥运支线北土城站

▶ 奥运支线森林公园南门站

奥运支线奥林匹克公园站

机场线东直门站

▶ 机场线三元桥站

▶ 机场线3号航站楼站

❯ 9号线北京西站

❯ 轨道交通指挥中心

《北京地铁发展史》编委会

序

　　北京地铁是中国最早开始建设和运营的地铁。从规划筹建至今已有近 60 年的历史，从开工建设至今已有 45 年的历史，从开通运营至今已有 41 年的历史。北京地铁是完全依靠我国自力更生、艰苦奋斗建设和运营的第一条地铁系统，因而当之无愧地成为我国地铁事业发展的先驱。北京地铁至今已拥有 9 条线、228 公里运营线路，初步形成了网络化运营新格局，成为首都公共交通现代化的景观、技术水平的标志、文明的窗口。多年来，北京地铁为首都的繁荣、为全国城市轨道交通的发展做出了重要贡献。在此之际，北京地铁运营有限公司为了很好地总结历史经验，把握发展规律，传承企业优秀文化，以高度的历史责任感，组织力量撰写了《北京地铁发展史》。我作为长期从事中国城市轨道交通研究和管理工作的老同志，有幸提前阅读了书的草稿，对这部书的编写工作感到十分欣慰。我认为这部书对于研究北京地铁发展历史，总结和把握地铁发展规律，促进全国地铁又好又快地健康发展，具有十分重要的意义。

　　地铁作为城市快速轨道交通工具，在世界上诞生已经有 130 多年了，而新中国建成并开通运营自己的地铁只有 41 年的历史。虽然时间还不算长，但是却经历了从无到有、艰苦奋斗、逐步发展壮大的历程。由于北京地铁前期 20 多年的发展史，实际上就是中国地铁的发展史，因此，北京地铁的历史在全国地铁的历史中占有举足轻重的重要地位。了解了北京地铁的历史，对于了解中国地铁的由来及其发展过程，特别是实行改革开放和走中国特色社会主义道路对中国地铁发展所带来的巨大促进作用，一定会大有帮助的。这次出版的《北京地铁发展史》，从北京地铁整体发展演变的过程，展示了北京地铁的全貌以及几代地铁人艰苦创业、前行探索的奋斗精神。它的公开出版，不仅可以使广大读者更加了解北京地铁，也必将会吸引更多社会各界有识之士和专家学者，共同关心和支持中国地铁事业的建设发展，进而推动对中国地铁历史和发展规律进行更加广泛深入的研究。

北京地铁的历史实际是一部很独特的历史。他的早期从规划设计、开工建设，再到开通运营和组织管理，都是在中共中央、国务院、中央军委的直接领导下进行的。1953 年北京市委在关于改建和扩建城市总体规划方案中首次提出要修建地下铁道，得到中共中央的认可并做出战略决策。在原苏联专家的帮助下，我国工程技术人员经过科学严密的勘察设计和论证，确定了北京地铁一期工程的规划方案和施工方法。由于遇到国民经济出现严重困难，地铁工程被迫暂时搁置。20 世纪 60 年代中期到 70 年代，重新上马后的北京地铁一期工程从修建到开通试运营，第一代地铁的建设者和运营管理工作者，怀着对党和国家、人民的忠诚，克服了今天人们难以想象的艰难险阻，发扬自力更生、艰苦奋斗的革命精神，解决了一个又一个生产和运营当中的难题，奠定了中国地铁事业发展的基业，为新中国第一条地铁的运营做出了卓越贡献。进入改革开放年代以后，北京地铁的工作重心由"以战备为主"转到了"以服务北京经济建设为主"，历经多次的改革和不懈的探索，运营管理水平不断提升，专业技术设备不断完善，线路里程不断延伸，运送乘客数量连年攀升。特别是在21世纪7年多的奥运筹办期间，北京地铁抓住机遇，努力建设与新北京、新奥运相匹配的新地铁，高水平开通了四条新线，进入了网络化运营的新时代。强化管理能力，突出了行车安全，提高了服务水平，使北京地铁全方位地跨上了一个新的台阶。由于出色完成了奥运交通运输保障任务，获得了中共中央、国务院授予的先进集体的表彰。如今北京地铁运营有限公司正在以崭新的面貌，按照"人文北京、科技北京、绿色北京"的要求，努力建设"平安型、人文型、高效型、节约型、便捷型、创新型"地铁，运营管理的许多指标已经达到了同行业国内领先、世界一流的水平，并且在首都城市公共交通领域发挥越来越大的作用。北京地铁正在以越来越快的发展速度，融入京城百姓的日常生活，促进着首都日新月异的现代化建设。相信在未来的岁月里，它一定会为方便市民的绿色环保出行做出更大的贡献。

　　近半个世纪以来，北京地铁的命运与发展始终与党和国家的需要同频共振，始终与社会的进步和人民的需要紧密相连，并且形成了自己独特的历史和企业文化。但是，由于北京地铁历史上管理体制多次变革，且隶属关系复杂，资料分散，涉及到中央和北京市的重要决定众多，涉及到企业内部管理方式改革完善的事件众多，真实地记录和再现这段历史确实非常不容易。北京地铁运营有限公司的编辑人员在写作过程中，走访了中央部委、部队、地方大量的档案馆和当事人，搜集和查阅了大量珍贵的历史资料，并且征求了许多行业内老领导、老专家的意见，力图客观真实地还原历史原貌。应该说，他们是为此付出了许多艰辛的努力和劳动的。看过书稿之后，我总的感觉是，书中所记载的北京地铁历史，发展脉络是清晰的，史实记载是准确的。而且让我感动的是，全书贯穿了"责任与使命"这样一条主线，这是支撑了几代北京地铁人为振兴中国城市轨道交通事业无私奉献的精神源泉。这不仅对于北京地铁的发展是需要的，而且对于全国城市轨道交通的发展同样也是需要的。因此，我觉得这部书的意义，不仅是关于北京地铁的历史类著作，对于研究中国地铁发展具有重要价值，同时也是对青年一代进行爱国主义教育以及优秀企业文化教育不可多得的好教材。

当前，地铁作为我国城市轨道交通中的骨干力量，在缓解大城市日益严重的公交拥堵和促进地方经济繁荣发展方面都发挥着日益重要的作用，因此已经成为一个政府扶持、社会广泛关注的新兴行业迅速崛起。除已建成投入运营的十几个大城市以外，全国在建或筹建地铁的大城市还有二十多个，我国城市轨道交通已进入一个快速发展的新时期。北京地铁在过去几十年的历史中，其影响曾辐射和带动过中国其他城市地铁的发展。相信《北京地铁发展史》的出版，也同样能够再次为推动全国城市轨道交通的健康发展，起到积极的作用。

愿北京地铁再接再厉，并与其他各地的城市地铁一道携手并进，共同发展。是以为盼，谨此为序。

中国交通运输协会副会长、中国城市轨道交通专业委员会名誉主任

焦桐善

2010.12

编者的话

　　当历史的脚步踏入 2010 年，作为中国第一条地下铁道的北京地铁已经建成通车 41 年。40 多年来，北京地铁伴随着共和国的发展而发展，伴随着生产力水平的提高而提高，伴随着社会的进步而进步，不断提高技术装备水平和管理水平，延伸运营线路里程，许多运营管理指标已达到国内领先、世界一流水平，成为北京市公共交通领域的骨干力量。

　　北京地铁的发展历程凝聚着毛泽东、周恩来、朱德、邓小平、彭真等老一辈无产阶级革命家的高瞻远瞩和战略思考；饱含着第一代地铁建设者们献身国防工程，自力更生，艰苦创业的心血和汗水；展示出几代北京地铁人为振兴和发展中国地铁事业而艰难探索不断创新的精神。北京地铁的发展轨迹折射出中国地铁的独特魅力，体现了改革开放和走中国特色社会主义道路给中国地铁发展带来的巨大变化。完整再现北京地铁决策、规划、建设、运营中的重大事件，把握北京地铁发展的历史轨迹，将地铁艰难而辉煌的历史展现给世人，是我们义不容辞的责任。在北京地铁运营有限公司成立 40 周年之际，我们希望通过编写本书达到以下目的：

　　一是收集北京地铁的原始资料。北京地铁在经历了筹划建设 50 多年、运营管理 40 多年的过程中，已形成了大量珍贵资料。这些资料散见在各个档案馆中，有的甚至需要进行抢救性的挖掘整理。收集保护不同时期留存的历史资料，是当代人重要的历史责任。通过走访各个档案馆，走访健在的老领导、老同志，可充实原始资料，弥补重要史实的不足。而且将经过沉淀的珍贵历史资料进行一次全面的收集整理，能够充分挖掘北京地铁原始资料的价值，促进历史资料的保护和利用。

二是梳理北京地铁的发展脉络。从新中国成立初期中共中央和北京市委做出修建地铁的战略决策开始，到上世纪60年代地铁一期工程破土动工和建成通车，再到改革开放年代和进入快速发展的21世纪，北京地铁从无到有、从小到大，经历了各种考验和艰难探索，不仅完成了由以战备为主向以城市公交运输为主的职能的转变，而且运营管理不断迈向世界先进水平。理清北京地铁的发展脉络，对于认识中国地铁的由来、中央的战略决策，以及理解在不同时期、不同背景下北京地铁发生的变化，意义十分重大。

三是记载北京地铁的发展史实。北京地铁前期的历史，实际上就是中国地铁早期的历史。由于北京地铁的发展过程始终与国家发展战略紧密相连，与中共中央和北京市委的重大决策紧密相关，其历史进程也折射了国家和首都政治、经济、科技、文化的发展状况。因此，编写一部完整的记录其发展历程的书籍十分必要。通过编写这部书，可以真实、客观、全方位地记录北京地铁50多年来历史发展中的重大事件。既可为现代人，也可为后代人研究北京地铁提供宝贵的参考价值。

四是把握北京地铁的发展规律。再现几代北京地铁人为实现首都城市轨道交通事业大发展的目标所付出的艰难探索和不懈努力，还原不同时期北京地铁管理体制的历史变迁，展现北京地铁运营管理机构为了适应国家和社会的需要，对运营生产要素进行调整配置以及深化内部改革、加强企业管理的过程，从中可以总结北京地铁发展的经验，体会和把握北京地铁发展的规律。而这些经验和其中的历史规律，可以为国内同行业和北京地铁将来更好地科学发展，提供一些有益的借鉴。

五是弘扬北京地铁的企业文化。了解历史才能理解北京地铁积淀的优秀文化，学习历史才能促进北京地铁优秀文化的更好传承。由于北京地铁在多年的发展过程中，始终把党和人民的需要摆在首位，因此形成了责任与使命重于泰山的光荣传统、勇于奉献的拼搏精神，以及具有中国首都特色的地铁发展思路。回溯北京地铁的过去，总结提炼北京地铁人在事业奋斗中的智慧和精神，将历史浓缩转化为一部企业文化的教科书，展示北京地铁企业文化的独特魅力，可以更好地弘扬和传承优秀的北京地铁文化。

北京地铁从无到有、从小到大的历史发展，始终与党和国家的政治、经济和社会的发展休戚相关。在写作过程中，我们力图将北京地铁的发展放到国家和北京市的政治、经济、文化发展的历史背景下去认识和把握，力图用辩证唯物主义和历史唯物主义的眼光去分析、理解和真实还原当时所发生的事件，选材上坚持一份史料，一份描述；评价上不苛求，不溢美。但是由于年代久远和资料所限，在记载史实上仍会有不完善之处。全书共分为八章。第一章"蓝图初绘"；第二章"开创基业"；第三章"艰难探索"；第四章"重心转移"；第五章"职能拓展"；第六章"管理升级"；第七章"奥运大考"；第八章"新的使命"。

当前，在建设"人文北京、科技北京、绿色北京"的进程中，加快以地铁为主的首都城市轨道交通建设，进一步提高市民公交出行所占比例，已成为北京市委、市政府新的战略决策部署，一幅更大的地铁规划发展蓝图已展示在世人面前。北京地铁运营有限公司正在向着"国内领先、世界一流"的现代优秀企业迈进。北京地铁未来的发展空间广阔，任重而道远。相信广大读者会和我们一样，为中国共产党领导下国家建设和地铁发展所取得的成就而感到自豪，为北京地铁将要迎来的更辉煌发展前景而感到振奋。我们也希望借《北京地铁发展史》的出版，引起人们对北京地铁历史的研究和关注，吸引更多的专家和同行去探讨我国地铁发展的规律。

《北京地铁发展史》编委会

2010 年 10 月

目 录

编写说明

　　一、本书上限自 1953 年北京市委在改建与扩建北京城市规划草案中提出修建地铁的设想开始，下限到 2009 年底止。北京地铁规划、建设和领导、管理机构前后变化较大，隶属关系复杂，在使用时遵循机构原有称谓，全称和简称并用。

　　二、《北京地铁发展史》采取编年体与纪事本末体相结合的书写体例，设章、节、目三级标题。历史时期分章，以各时期的发展阶段、重要事件设节，以目为叙述单元。

　　三、书中频繁使用的机构、会议、文件名称和专用术语，首次出现时使用全称，并有括号加注简称。其中，"北京地下铁道领导小组"一般简写为"地铁领导小组"。"中国人民解放军铁道兵北京地下铁道运营管理处"简写为"地铁运营处"，"北京地铁运营有限公司"简写为"北京地铁公司"等。简称或特定内容的名称，首次出现时加括号注明。例"五二三五"（即列车运行高峰时段行车间隔缩短到 5 分钟、日开行提高到 200 列、增加运营时间 3 小时、采用 5 项自动化项目）、"六型"地铁（即"平安型地铁"、"人文型地铁"、"高效型地铁"、"节约型地铁"、"便捷型地铁"、"创新型地铁"）等。

　　四、书中使用的统计数字，以 1983 年 12 月 10 日颁布的《中华人民共和国统计法》的有关规定为准。全市性的总量统计，以北京市统计局公布的数字为准。北京地铁建设、运营等统计数据以各个时期内部统计部门公布的数字为准。一般不需精确的计数只保留两位小数。

五、书中公历的世纪、年代、年、月、日和时刻及年龄、部队番号；计数与计量等一律使用阿拉伯数字。

六、书中注释采用脚注的方式，当页编码，需要加注的概念，只有首次出现时随文注释，加注的内容放在括弧中以示区别。

七、全书以第三人称为记述语言，人物直书其名，不加同志和职别，人物首次出现时，注明职务。

八、本书在编写过程中参阅了大量的档案资料，限于篇幅，恕不一一列出。

第一章

蓝图初绘

　　由于在城市公共交通和防灾避险中所具有的独特作用，地铁成为世界各大都市发展到一定阶段的重要选择。1953年，刚刚从战争废墟中站立起来的新中国，开始实施国民经济第一个五年计划。中共北京市委在首都城市改扩建的总体规划方案中，从城市发展和战备的角度，首次提出了修建地下铁道的战略设想，并得到了中共中央的认可。1956年以后，地铁筹建、规划和设计工作相继展开。在苏联专家的指导下，工程技术人员为选择合理的路网线路、埋设深度和施工方法，开展了大量地质勘探和工程试验。1961年底，工程因国民经济遭遇困难暂时搁置。随着国民经济全面好转和国家战备需要，1965年北京地铁工程建设重新上马，中共中央批准了北京地下铁道"一环两线"实施方案。

　　北京地下铁道的筹建、规划和设计过程，是在毛泽东、周恩来、邓小平等党和国家领导人的指示和决策下进行的，饱含着他们高瞻远瞩的智慧和眼光。

第一节 北京修建地铁的最初设想

一 地铁的起源

美国城市史学家桑姆·沃纳曾说："19世纪中期之前的世界城市都是步行者的城市。"随着工业革命在世界各大城市不断展开，城市化速度日益加快，城市规模日趋扩大，城市居民出行频度和距离也在不断增加。传统的马、马车、人力车等交通工具已远远不能满足城市发展的需要，人们期待有更加自由快捷的出行方式出现。19世纪中叶以后，科学技术突飞猛进，电力广泛应用、内燃机创制、新通讯手段的发明和化学工业的建立，这一切将人类带到"电气时代"，为交通工具的创新变革和飞跃发展提供了可能。

1863年，世界上第一条地铁在英国伦敦建成通车。随后，世界其他城市开始纷纷仿效伦敦，1863年至1899年，美国、英国、法国、匈牙利、奥地利等5个国家的7座城市相继修建了地铁。1900年至1924年，欧洲和美洲又有9座城市修建了地铁，包括柏林、马德里、费城等。1925年至1949年，受第二次世界大战的影响，城市轨道交通建设速度放缓。期间，日本于1927年开通了东京地铁，成为亚洲第一个拥有地铁的国家；1935年，莫斯科第一条地铁建成通车。

地下铁道的诞生，给人们带来更加快速、便捷的出行方式，有效缓解了城市化不断发展所衍生的交通日益拥堵问题，给城市经济的发展带来生机。

不仅如此，地下铁道还因其工程埋设深度深、结构强度大，在历史上就曾作为很好的防空设施。第二次世界大战中，伦敦、莫斯科、东京地铁在防空袭方面发挥了重要作用。伦敦地铁隧道成为丘吉尔战时军事指挥中心、战地医院、市民避难场所；以斯大林为首的最高指挥部就设在基洛夫地铁站，许多决定和决议都是在莫斯科地铁里做出的。地铁一度成为民主国家抗击德国法西斯的坚强堡垒，它在战时所具有的疏散功能和人员、物资掩蔽功能为人们普遍认可。因此，许多国家经济发展到一定阶段时都纷纷兴建地铁，人类在20世纪迎来地铁大发展时期。

二 民国时期北平修建地铁的设想

北京作为历史古都，曾长期是中国的政治和文化中心，也是华北地区最大的城市。伴随着近代化和工业化的发展趋势，人口集聚，城市空间不断向四周蔓延。但至20世纪30年代，北京交通仍以人力车为主，日伪时期开始发展有轨电车，数量和线路有限，城市交通十分落后且发展缓慢。

抗战胜利后，国民政府将北京改为北平。出于对城市发展的长远考虑以及为改善市民生活的需要，北平市政府于1947年5月29日成立"北平都市计划委员会"，着手编制北平城市规划。

时任北平市市长的何思源提出"表面要北平化，内部要现代化"的规划原则。北平市工务局对北京城进行了详细的实地调查，提出了八项专题设想的规划草案。该草案其中的一项重要内容就是对北京的市内交通进行整体思考。为了加强西郊五棵松一带日伪时期遗留的新市区与城区之间的联系，规划明确提出要在"西郊新市区与城区之间建设地下铁路"，并就线路走向和原则作了初步设想："西郊新市区与城区间，建设地下铁路，自新市区起，经复兴路入城，通过东西长安街，并设支线由西单向北展至西直门，另一支线由天安门展至前门，至其他城内路线，视发展情形逐渐扩充之"，"地下铁路须与地面铁路取得联络"❶。这一设想成为北京城市历史上地铁规划之发轫。

由于国民党政府全力以赴投入内战，难以顾及抚平战争创伤、恢复经济建设与社会发展，在这种战乱频仍的社会背景下，北平的城市建设也缺乏相对稳定的环境，不可能有大的作为。随着国民党在大陆迅速溃败，北平市政府试图在北平市修建地下铁路的计划终究未能施展，成为遥不可及的梦想。

▶ 三 新中国成立初期决定在北京修建地铁

1948年底，中国人民解放军迅速完成对北平的包围，1949年1月31日，北平和平解放。同年9月21日，中国人民政治协商会议

---

❶ 北平市都市计划之研究，1947年8月，见北平市工务局编印《北平市都市计划设计资料集第一集》。

在北平召开，会议决定：中华人民共和国定都北平，即日起改名为北京。经历了无数的战火侵袭，北京这座千年古都已是满目疮痍。如何有计划建设好这座历史文化名城，改善城市的环境，恢复和发展生产，成为中国共产党和人民政府面临的重大问题。这不仅关系到北京市百万人民的工作、居住，更关系到北京城市的长远发展。

北平和平解放不久，1949年5月22日，北平市都市计划委员会成立，力邀张友渔、曹言行、梁思成、华南圭、程应铨等城市规划、建筑方面的专家，共商良策，谋求北平城市建设和未来发展。

1953年，国家第一个五年计划开始实施，首都大规模建设即将随之展开。为更好指导北京城市建设有序发展，有效解决需要与建设的突出矛盾，北京市成立了市委规划领导小组，加快研究编制城市建设总体规划。1953年9月28日，中共北京市委提出了《关于改建与扩建北京市规划草案》，经过多次讨论修改，于同年11月底

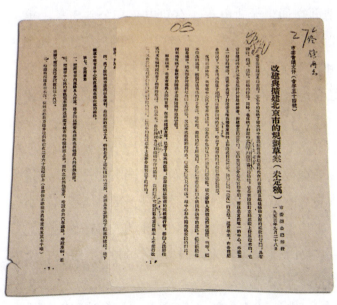

1953年北京市委《关于改建与扩建北京市规划草案》

上报中央，这是一份具有真正意义上的北京市城市建设总体规划。《草案》明确指出："为了提供城市居民以最便利、最经济的交通工具，特别是为了适应国防的需要，必须尽早筹划地下铁道的建设。"❶ 这是新中国成立后，首次在城市总体规划中提出要建设地下铁道的问题。

1954年，中共北京市委基于国防和交通两方面的长远思考，陈请中共中央对在北京进行地下铁道建设予以积极考虑。中央高度重视，国家建设委员会积极与苏联政府联系，希望派遣地下铁道专家到中国帮助规划地铁。1954年4月20日，苏联与人民民主国家经济事务联络总局苏联援助建设企业代理司长卡雷巴洛夫表示暂不考虑。理由有三：第一，地下铁道的建设，必须在地面交通实已不能解决市内交通需要的条件下，才能进行。而北京目前尚待大力发展地面交通，无轨电车、有轨电车和公共汽车。第二，地下铁道投资巨大，目前国家恐不会以巨大的投资建设地下铁道。第三，如果只为了规划，认为地下铁道的规划与城市规划无关，苏联的经验也是先有城市，而后建设地下铁道的。可在建设前再规划。对此，5月5日，北京市委向国家建设委员会去电表示："从长远的国防要求来看，特别是从原子战争时代的国防要求来看，首都应考虑地下铁道的建设问题。"国家建设委员会遵照政务院总理周恩来的指示，又特别请教了铁道部苏联专家组组长谢尔巴可夫、米哈也洛夫、库拉金、切列庞切夫等四位专家，他们一致认为："如果北京市将来人口发展到500万，在城市交

❶ 关于《改建和扩建北京市规划草案》（未定稿），1953年9月28日，现存北京档案馆。

通和国防上有此要求，故需要考虑地下铁道的修建，地下铁道从开始收集资料到设计完成约需四五年的时间，是长期的准备工作。"❶ 综合上面情况，国家建设委员会认为，"从长远看，北京建设地下铁道是需要的"❷。并将意见报请中央和周恩来。

朝鲜战争结束以后，新中国的周边态势出现了自鸦片战争以来少有的稳定。中共中央判定外敌大规模入侵的可能性不大，但采取突然袭击的手段发动战争的威胁仍然存在。中央军委据此确定应该采取积极防御的战略方针。修建地铁成为首都防空战备的需要。

与此同时，北京市城市人口持续增加，到1955年达到350万人。随之交通问题日益显现。北京市委、市政府一方面着力改善现有交通环境，扩宽城市主干道，修缮破损道路；另一方面，对北京未来交通进行积极的远景规划。1955年2月，北京市成立都市规划委员会，展开了比以往更全面更大规模的城市规划工作。

综合国际国内形势，中央指示在扩建与改建北京的计划中要规划地下铁道，为城市交通创造便利，并利用隧道和地下车站作为一级防空洞。

1956年1月，根据市委指示，在北京都市规划委员会内成立由五人组成的地下铁道组，开始进行北京地下铁道的规划工作，由苏联城市规划专家组组长勃得列夫为业务指导。4月，北京市都市规划委员会提出了《北京市近期及远期地下铁道路网规划草案》，这是新中国首次描绘地下铁道路网。同年，中国还派出了铁道部副部长于光生，以及陈志坚、史晓昭、茅以新、韩曰翰等

---

❶❷ 国家建设委员会：关于北京市聘请苏联地下铁道专家问题的请示，1955年5月18日，现存北京档案馆，档号：2—20—737。

组成的考察团，赴苏联考察了莫斯科、列宁格勒、基辅三座城市的地铁建设，以及第二次世界大战指挥部在内的战备工程等。

1956年9月间，为了迎接中共八大的召开，市都市规划委员会在新建的阿尔巴尼亚使馆举办了北京城市规划工作汇报展览。刘少奇、朱德、邓小平、董必武、彭真、聂荣臻、李富春、吴玉章、徐特立等以及中央各部委负责人和八大代表300余人先后参观展览。粟裕、杨成武、张爱萍等几位总长、副总长，以及训练总监部副部长萧克参观了地铁规划方案，听取汇报，并给予指示❶。

经过三年的摸索，在北京修建地下铁道的问题上，上下终于达成了共识。筹备工作也开始启动。

第二节 筹建与规划工作的展开

一 邓小平批示与筹建机构的成立

由于地下铁道建设工程复杂，牵涉的问题很多。综合各方面条件，北京市无力独自担当这项艰巨复杂的建设任务。于是，在

---

❶ 刘牧：《当代北京公共交通史话》，当代中国出版社，2008年1月版，第102页。

着手编制北京城市总体规划的同时，中共北京市委就地铁筹建机构向中央提出积极的建议。

1953年11月，北京市委在《关于改建与扩建北京市规划草案向中央的报告》中提出："对于地下铁道的建设问题，并请中央考虑可否指定专门机构并聘请苏联专家，着手勘探研究。"1956年7月18日，莫斯科中国驻苏联大使馆来电告知，苏联政府已经同意向中国派遣一个地下铁道专家小组，8月底或9月初将到达北京。7月20日，中共北京市委就北京地下铁道筹建问题，向中央请示，建议由"铁道部或中央有关部门负责主持，北京市协助进行"，希望中央尽快指定有关部门负责主持。随着邀请的苏联地铁专家来京时间日益临近，8月18日，北京市委再次就地铁筹建问题请示中央，提出："如果中央尚未决定以哪个部门为主来负责筹备，可由北京市暂

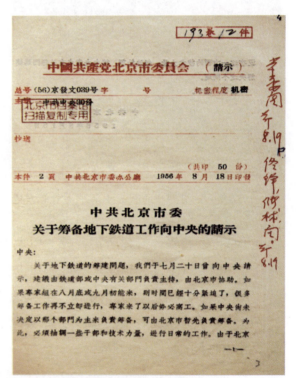

1956年8月18日中共北京市委关于筹备地下铁道工作向中央的请示

1956年9月3日邓小平代表中共中央对北京地铁筹建工作做出的批复

先负责筹备。为此，必须抽调一些干部和技术力量，由于北京市没有这一方面的技术力量，无法抽调，请中央责成有关部门解决这个问题。"

1956年9月3日，中共中央总书记邓小平就北京地下铁道的筹建问题的请示进行了批复："关于北京地下铁道筹建问题，同意暂由北京市委负责。筹建所需行政、技术干部，北京市无法解决者可分别由铁道部、地质部、城市建设部等有关单位抽调支援。"❶邓小平的批示，及时解决了北京地下铁道筹建过程中组织、领导、干部等关键问题，构建起了筹建工作的工作机制，确保了北京地铁筹建工作顺利推进。

---

❶ 中共中央关于北京地下铁道筹建问题的批复，1956年9月30日，现存北京档案馆，档号：001—005—00208。

1956年10月24日，国家建委召集铁道部副部长武竞天、地质部副部长宋应和北京市委书记处书记郑天翔、北京市建筑工程局副局长刘德义、曹言行等开会商谈地下铁道筹备工作事宜。会议商定由北京市委统一领导，北京市委、铁道部、地质部分头抽调干部，共同组成"北京市地下铁道筹建处"。筹备任务按业务范围分包。具体分工是：日常的行政工作和城市规划对地下铁道线路的要求及客流规律的分析等工作，由北京市负责；有关线路、结构等方面的工作，由铁道部负责；有关地质勘探方面的工作及所需要的钻探机械和器材，由地质部负责。

10月底，北京市地下铁道筹建处（以下简称"筹建处"）正式成立，由刘德义担任北京市地下铁道筹建处主任，兼任党组书记，北京铁路管理局总工程师徐骏和地质部水文局副局长张更生为副主任。筹建处主要任务是编制北京市地下铁道规划设计意见书，培养干部、积累技术经济资料，为北京市地下铁道的设计施工做准备。下设地质、线路、结构三个业务室和办公室、人保科、总务科三个行政科室。

1958年，在国民经济全面"大跃进"的情况下，鉴于首都人民防空及交通发展需要，中央指示要加快修建北京地铁，决定在1959年5月1日开工两条线，指定由铁道部负责组织设计施工。由于筹建处的技术干部很少，工种不齐全，不能适应紧迫繁重的设计任务。1958年6月21日，铁道部副部长武竞天召开了地下铁道专题会，决定组建"北京市地下铁道工程局"（以下简称"工程局"），受铁道部、北京市委双重领导，负责北京地铁建设工作。

8月18日，铁道部北京地下铁道工程局正式成立，陈志坚任局长，韩曰翰、徐骏、刘影任副局长。9月，北京市委任命刘德义为中共北京地下铁道工程局委员会书记。12月24日，有关人员任命得到了中央批准。

工程局成立后，为了适应筹建及试点工程的需要，大批接受与调配干部，组成各级机构。1959年2月，建立钻探队和测量队，5月，成立了第一工程处，下设第一、第二两个工程队，负责木樨地、公主坟两个试点工程施工任务。之后，先后成立了南口工程学校、汽车保养场、材料厂。1960年，还成立了混凝土厂、机械厂。截至1960年，总共接受铁道部内外调来的干部509人，其中科以上领导37名，工程技术人员181名，翻译21名，教学人员69名，卫生员6名，其他管理人员195名。全局职工达到2306人。

为了加强筹建地下铁道的设计力量，1958年7月，铁道部在天津铁道部第三设计院成立了"地下铁道设计处"，担负勘测设计任务，并将原北京地下铁道筹建处的线路和结构专业人员合并到"地下铁道设计处"。为了顺利解决地铁勘测设计与城市建设的各种矛盾，1960年7月，铁道部决定将"地下铁道设计处"由天津迁回北京，归并在北京地下铁道工程局。

由于修建地铁的一些重大技术原则问题牵涉到城市规划、军方要求、国家标准，1960年1月2日，中共北京市委向中共中央呈送《关于北京地下铁道第一期工程的请示报告》提出：成立地下铁道修建委员会，负责审定和解决地下铁道勘测设计和施工中的重大原则问题。建议"地下铁道修建委员会由中央直接领导，中央军委、国家经委、国家计委、铁道部、一机部、建工部、煤炭部、北京军区、北京市委等部门参加，由杨成武为主任，武竞天、万里为副主任，杨勇、孙志远、王光伟、段君毅、刘裕民、钟子云为委员"❶。1月9日，周恩来批示：中央原则同意北京地下铁道修建委员会的组织、人选。

▶ 二 苏联专家来京指导地铁建设

1953年，中苏两国政府签订了关于苏联援助中国国民经济建设的协定，共援建156个项目。为了实施这些项目，大批的苏联专家来到中国参加援建工作。

当时国家建设各方面人才奇缺，地下铁道的建设没有专家，甚至连收集地下铁道资料工作都无从着手，筹备工作异常艰难。1954年11月30日，北京市委专门就邀请苏联地下铁道专家问题，向中央提出报告，希望邀请到一组地下铁道的苏联专家，来京短期工作，具体指导和部署地下铁道的收集资料及其他准备工作。并拟在准备工作进行到一定程度时，再正式聘请设计和施工方面的专家❷。

1956年1月，国务院副总理兼国家计划委员会主任李富春在莫斯科向苏共中央提出的第二个五年计划援助方案中曾请求苏联政府于1956年第一季度内派遣一个地下铁道建设的专家小组来中

---

❶ 中共北京市委关于北京地下铁道第一期工程的请示报告，1960年1月2日，现存中央档案馆。

❷ 中共北京市委关于邀请苏联地下铁道专家向中央的报告，1954年11月30日，现存北京档案馆，档号：001—005—00125。

国，希望这个小组包括深部地质勘测专家和地下铁道选线专家若干名❶。5月22日，李富春复函中共北京市委领导彭真、刘仁，请他们将建设北京地下铁道的初步打算，准备工作情况，需要苏联在哪些方面进行援助，所需专家的专业、人数、来华主要解决的问题，来华时间等有关问题报上来。北京市委立即与在京的苏联城市规划专家组组长勃得列夫交换意见后，并于5月30日向李富春提交了包含两个方案的专题报告。

第一个方案：鉴于现在对地下铁道的地质勘测、线路选择等工作都没进行，建设计划也没有大致轮廓，筹建机构及干部还没有。因此，先请一位精通地下铁道业务的专家来京，先帮助我国研究首都建设地下铁道的计划和如何进行准备工作等问题，这个专家最好是在苏联担任过大城市地下铁道建设委员会的主任或副主任，或者是大城市地下铁道设计机构的总工程师或副总工程师。来华的目的：调查、了解北京有关建设地下铁道的情况；确定我国拟定在首都建设地下铁道的计划，向中国同志说明在北京修建地下铁道有关的一些问题：确定地下铁道专家小组的成员、来华时间、期限，并确定编制地下铁道规划示意图和第一期路线设计的工作方法。这名专家在华工作时间三四个月左右即可。

第二个方案：为加快建设地下铁道的准备工作，积极地进行地质勘测，收集规划设计资料，制定北京地下铁道远景规划和拟定第一期建设计划，作出第一期线路的设计任务，聘请一个地下铁道专家组来京工作。成员7人，具体要求：组长一人，业务水

❶ 李富春关于请求苏联专家协助建设地下铁道问题给彭真、刘仁的函，1956年5月22日，选自北京市档案馆编：《北京档案史料》2003年第1期，第63页。

平与第一方案要求相同；地质工程师一人；地下铁道线路工程师二人；钢筋混凝土管道结构工程师一人；设备工程师一人，养护工程师一人。这个专家小组还应协助中国政府考虑地下铁道建设机构的全部组织工作；确定地下铁道的勘测、设计和施工由哪些部门担负的问题。专家组来华工作时间大约半年左右。并附需要聘请的苏联地下铁道专家人选及职务。

1956年7月，苏联政府同意派遣地下铁道专家组来华。10月9日，苏联地下铁道专家组一行五人来到北京。莫斯科地下铁道设计局总工程师、科学院院士巴里舒尼可夫（又译"巴雷什尼可夫"）为专家组组长，成员有总地质师米尼聂尔（又译为"米里涅尔"）、地质工程师谢米尔诺夫（又译"谢苗诺夫"）、设计

北京市政协副主席梁思成（右二）、铁道部部长滕代远（右一）和苏联地下铁道专家米里涅尔（右三）、谢苗诺夫在茶话会上交谈

1957年3月时任北京市市长彭真与莫斯科地下铁道设计局总地质工程师米里涅尔握手告别

总工程师马特维也夫、建筑工程师郭里可夫❶。所有成员均参加过1931年莫斯科地下铁道建设，具有丰富的实践经验。

苏联专家组的到来，使各项准备工作很快步入到实质性阶段。专家到京后，很快投入到工作之中。他们利用一周的时间，初步了解了北京城市总体规划方案，以及相关资料；对一些地质资料进行了研究，并亲自到地质勘探现场察看钻孔位置和钻机工

❶ 郑天翔关于地下铁道问题给彭真、刘仁同志的紧急请示，1956年10月6日，现存北京档案馆，档号：1—6—2427。

作情况；10月16日，专家组正式提出了半年的工作计划书。主要内容：收集地质、线路、结构方面资料，研究北京交通量的规律和中国现有建筑材料的性能，编制北京地下铁道远景规划方案和一期工程的计划任务书，为一期工程的初步设计作好准备。

按照地下铁道建设的程序，首先要解决北京地质情况进行地质勘探工作，在此基础上，再行研究线路和结构等问题。由于专家组工作期限为半年，因此，各专家和业务室直接联系，指导地质勘探、线路、结构三项工作同时推进。

苏联专家在北京地下铁道建设规划方面，就远景路线的布置，第一期工程线路的选择、埋设深度、隧道结构等问题，提出了初步方案。根据北京市城市远景规划等经济数据，苏联专家指导北京地下铁道筹建处编制了13个地下铁道远景线路总布置方案，并从中选择了两个较好方案：第一个方案由7条线路组成，全长170公里，车站114个；第二方案由6条线路组成，全长168公里，车站111个。

根据初步确定的远景线路总布置方案，苏联专家组帮助预测了1967年城市人口分布、客流情况，特别考虑人防需要，与有关部门共同研究了第一期工程线路两个具体线路方案：第一方案是从东郊红庙（当时即将兴建的热电站附近）起，经建国门沿东西长安街到西郊五棵松，全长18公里；第二方案是从龙潭起，经天安门、南长街、西四、西直门，到达颐和园，全长21公里。第一方案线路经过的地区，中央机关多，交通量集中，建成后，对防空和交通都能起很大作用，但是，战时只能利用隧道掩护居民，不能使地下铁道同西山联系。第二方案的好处是能够直接同西山

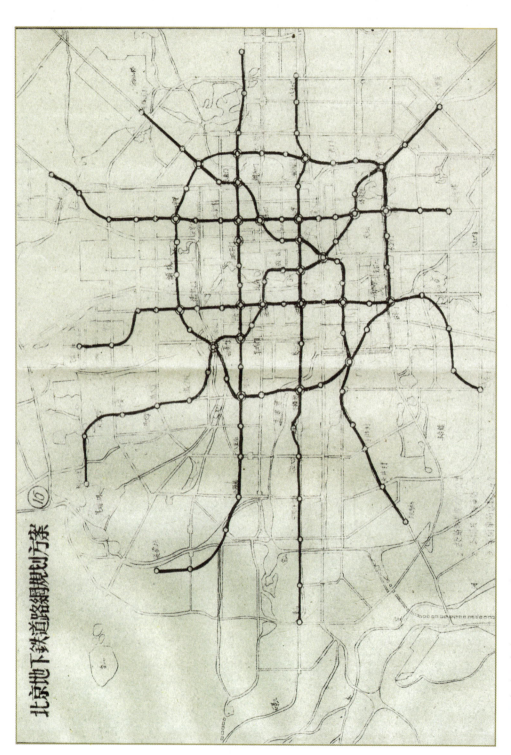

北京地下铁道路网规划方案 ⑯

1957年苏联专家绘制的北京地下铁道路网规划图

联系，但中间一段线路，平时交通量不大。苏联专家组主张采用第一方案。

同时，苏联专家组对主张的第一期工程线路东西线（红庙—新北京，现五棵松）埋设深度作了4种方案研究，即全线浅埋、全线埋设30～40公尺深度、全线深埋于第三纪地层、混合埋设（西段深埋、东段浅埋）。并根据北京地质情况，提出浅埋的建议。1957年1月14日，巴雷什尼科夫代表专家组向中国方面提出了《地下铁道专家组关于北京市地下铁道埋设深度的问题建议》。

在技术资料方面，苏联专家组提供了苏联地下铁道设计图290张，其中车站图120张、隧道图170张、设计技术规程及有关资料约35万字。在京期间还开展了技术专题讲座，从1956年11月开始，各专家先后系统地讲解了地下铁道设计、地质勘测技术规范、结构等技术业务知识，以及编制远景规划和计划任务书的原则和方法。从11月10日起，结构专家谢苗诺夫对工程干部、技术人员进行了为期两个多月的培训，围绕地铁工程结构共举办专题讲座19次。

1957年3月底，苏联地下铁道专家在完成预期任务后分两批回国。在半年时间里，苏联专家给中国带来了先进的地铁规划理念与经济、技术方法，对于新中国地铁建设事业的发展起到了启蒙作用。

❯❯ 三 开展地质勘探工作

　　对于地下铁道来说，工程地质和水文地质条件是确定合理埋深、选择施工方法的先决条件。1956年10月苏联专家来京之前，地质部水文地质局901大队已在北京勘测，目的是为北京寻找地下水源。当时已钻探了21个钻孔，由于采取灌浆钻的办法，土样结构被破坏了，无法获取地下铁道所需的资料。

　　苏联专家来京后，地质勘探工作在苏联专家的直接指导下进行，主要是探查北京地质、地貌、水文地质情况，为地下铁道的选线开展基础性工作。

　　从1956年11月开始，按照苏联专家的要求，地质勘探人员采用干钻方式展开钻探，截至1957年4月，按照设计地下铁道钻探规范打完39个钻孔，总钻探进尺4336公尺，有14个钻孔进行了抽水试验，共试验2280小时，分析了229个样土，其中第三纪土样23个。同时，根据资料整理了北京地区东西方向、东南—西北方向、南北方向的地质剖面图和地层立体投影图、地质图、地貌图、水文地质图、工程地质图、第三纪地层埋藏深度图、第四纪地质图、水文化学图、潜水埋藏深度图、等水位图、钻孔综合图表、水质土质分析资料，共20多种图表。以上资料初步摸清了北京地质和水文地质情况，为以后进一步研究地质勘探工作打下基础。

　　1957年3月12日，筹备处党组向中央报送了《关于北京地下铁道第一期工程线路方案的报告》，初步选定7条线的路网方案，其中第一线（东西线：红庙—新北京，全长18公里）和第五线（西北—东南线：龙潭—颐和园，全长21公里）作为第一期线路工程。因此，从3月份以后，地质勘探的重心转到这两条线路上，在勘探过程中，筹建处对第五线末端迟迟未定行，6月份以后，减少了第五线勘探量，转移到远景规划其他线路上。截至12月上旬，完成了155个深孔，129个浅孔，总钻探进尺16893公尺；进行抽水试验7732小时，水质分析300次，对第四纪松散地层做了700个样土力学试验，对第三纪地层样土做了80个抗压试验。基本上弄清了第一线中公主坟到中山公园段第四纪地层分布厚度、第三纪地层岩性，以及水文地质条件，为该条线提供了初步设计所需的工程地质资料、水文地质条件、隧道结构的土壤物理力学性质及水文地质性质相关数据。对远景规划其他线路的普查，初步积累了地下铁道工程地质资料，为选择合理的埋深提供了依据。

在勘测过程中，发现了具有浅埋意义的第一层砂卵石层，但对其岩性、水量以及城区以东水质含有SO_4，它的侵蚀程度、分布范围；包括公主坟附近水具有侵蚀性，东南部第三纪基岩埋藏深度和风化的厚度、岩性、岩层要素，八宝山—地质学院地下逆掩断层从第三纪地层通过，其性质如何，对将来深埋地下铁道是否有影响等等，都需要进一步探明。

1958年，中共中央指示要加快修建北京地铁，决定在1959年5月1日开工第一、第五两条线，工程局继续加大两线的勘察力度。

1959年2月，工程局钻探队成立。根据地下铁道勘测设计、试点工程的需要，钻探队与北京市地质钻探大队共同完成了第一、第五两条线路，共29公里的地质钻探任务，进行工程地质钻探561孔，合计67118米。6月份，开始石景山至模式口、人民大学至颐和园、昆明湖东南以及飞机场西南的电探工作。完成了第一、第五线所钻孔位的地质剖面图、柱状图和说明书等编制工作。解决了第一、第五线两线的地质主要问题：解决了东单至北京站的第三纪岩顶覆盖的黏土层的厚度和土质分析，文化宫以东埋设中间大厅深度范围内黏土的物理力学性质分析，基本上摸清了第一线全线第四纪含水层渗透系数变化规律和深层含水层的涌水量及水压问题，基岩起伏状况和基岩风化程度，并确定隧道通过各类地层的强度系数值，摸清了八宝山断层、玉泉路基岩构造及破碎带分布范围，以及古河道位置及深度，基本上摸清了第五线全线基岩起伏状况。

工程局时期，共钻探了1787孔，总进尺117680.18公尺，对北京地区的地质和1957年北京地下铁道远景规划中线路（一、二、三、五线）均进行了普查，尤其是对第一线作了较为详细的勘探。

从1956年10月至1962年，地质勘探共钻探2100个孔，总进尺13891126公尺。经过多年勘探积累，为北京地下铁道合理规划线路、选择正确的埋设深度、采取有效的防水措施和衬砌厚度及施工方法提供了必要条件。

▶ 四 编制地铁路网规划

自1956年1月起至1961年底，北京地铁路网规划方案不断调整，在地铁组织机构历经两次变化的过程中，三个阶段先后共提出过31个地铁路网规划方案。

1956年1月至9月，是北京地铁尚未成立组织机构的阶段。在苏联城市规划专家指导下，配合北京城市整体规划和改建，由北京都市规划委员会编制提出了北京地下铁道远景规划共3个方案，即第1~第3方案，经过北京市委负责同志与苏联城市规划专家多次讨论，建议用第2方案。

在第2方案中，路网由5条穿过市中心区的直线和内外两个环线，共7条线路组成，在布局上，属于直线和环线相结合的环行放射状式路线网。网路总长度227公里，设147个车站，平均站间距1500米，换乘枢纽站26个，其中24个是由两个车站组成，另外两个由三个车站组成。此方案的优点在于线路布置均匀，中心突出，换乘枢纽站分里、内、外三层，在很好地服务城市中心区的同时，又可避免大量不必要的过境交通，减少城市中心换乘客流和换乘枢纽的拥挤，能服务于城市各个较大的乘客集散点，转车次数少。主要缺点是线路斜穿建筑物较多，又有两个由三个车站组成的换乘枢纽，在技术处理上相当困难。

1956年10月至1958年8月，是北京地下铁道筹建处阶段。在苏联专家指导下，编制完成了13个路网规划方案，即第4~第16方案。经市委、总参、公安部门领导多次研究，最后决定提出两个基本方案，即第15和第16方案，以第16方案作为建议方案。并将这两个方案分别绘制了不同比例尺的规划图。

在第16方案中，网路由穿过市区中心的两条东西线、两条南北线、两条对角线和一条环行线，共7条线路组成，在布局上，仍属于环行放射线式路线网。网路总长度170公里，设114个车站，平均站间距1570米，换乘枢纽站共25个，全部由两个车站所组成。方案的主要优点是：线路布置比较均匀，中心突出，长度较短。能保证各区之间的直接联系，能服务于各大乘客集散点，在城区中心的网路结构上，与地面棋盘式街道网有较好配合。主要缺点是平行线间没有换乘车站，对角线斜穿建筑物较多，打乱了北京的城市布局，勘测设计和施工中很多问题不易解决。

1958年8月至1962年9月，是北京地下铁道工程局阶段。工程局与北京规划管理局合作，提出15个方案，即第17~第31方案。1960年5月，在北京市委召开了北京地下铁道修建委员会，会议决定采用第31方案，暂作为初步设计的依据。

第31方案中，网路由4条东西向直线、4条南北向直线和一个环行线，共9条线组成。总长度为253公里，186个车站，平均站间距1420米，换乘枢纽站共32个，全部由两个车站所组成。方案的主要优点是：线路布局均匀，基本与城市街道走向一致，将来施工条件较好，在网路组织上，能够保证各区之间的相互联系，并能服务于各个较大的乘客集散点。主要缺点：线路较长，车站多，环行线偏大。网路组织方法上，平行较多，因此，增加了乘客的换乘次数。

这31个方案，基本上反映了不同阶段路网规划各自的出发点。第一阶段主要考虑到人防原则是城市人口向西部山区疏散，线路全部考虑深埋；第二、第三阶段人防原则采取就地待避，但是，线路埋深方式有所不同，前者以浅埋为主、深浅埋结合，后者是先深埋，后浅埋。

另外，从路网规划不断调整过程来看，路网规划对城市总体规划的依赖性较大，城市总体规划变化了，地下铁道的线路、车站大小，也要随着改变。

在六年零九个月的时间里，北京地下铁道的路网规划的31个方案，每个方案都具有不同的优缺点，究竟采用哪个方案，一直在探索和讨论之中，并未经中央领导批准。

第三节 地铁施工方法的确立

一 北京地下铁道考察团赴苏联考察

埋设深度是进行地下铁道勘测设计的依据，是设计之前必须首先要解决的原则问题。针对北京的地质条件和特点，考虑到北京地铁必须满足人民防空和符合现代化运营的需要，1957年1月，苏联专家组按二级防护标准，对北京地下铁道初期施工线路中的东西线（红庙—新北京，现五棵松）埋设深度作了全线浅埋、全线埋设30～40公尺深度、全线深埋于第三纪地层、西段深埋、东段浅埋的混合埋设4种方案研究，并建议采用全线浅埋方案。但是，中国人民解放军总参谋部认为，修建地下铁道主要是战略上的需要，应当深埋。

1957年3月12日，北京地下铁道筹备处党组在《关于北京地下铁道第一期工程线路方案的报告》中，对第一期工程线路的埋设深度，东西线提出了6个方案，对西北—东南线提出了5个方案。中共北京市委就北京地下铁道的埋深问题请示中共中央，国务院副总理李富春专门当面听取地下铁道筹建处党组的汇报后指示：从防空角度看，深埋比浅埋好。但是，目前资料不足，根据不够，应该进一步摸清北京地质情况，对于在北京地质条件下，如何解决深埋隧道的技术问题，地下铁道在国防上到底能解决多大的问题，浅埋隧道施工时对城市生活的影响等等问题应深入研究。为解决上述问题，应该继续在国内搜集有关资料，同时，派些人出国考察学习❶。

根据李富春的指示和中共中央的精神，筹建处在1957年第二季度加强了地质勘探工作。3月底至7月底，又完成了43个深孔、41个浅孔，完成进尺6700多公尺，对东西线、东南—西北线的工程地质、水文地质情况都有了较多的了解，线路、结构方面也作了部分调查研究工作。

1958年3月，经中央批准，北京地下铁道赴苏联考察团（以下简称"考察团"），由包括地质、线路、结构、人防四个专业8人和2名翻译共10人组成。筹建处主任刘德义为团长，团员有张宪祖、康明慈、辛纪恩、张光至、庄宝潘、荣峻山、王世宁、赵玉珠。考察团主要任务是参观和了解苏联有关建筑地下铁道设计、施工、运营等方面经验；与苏联有关专家一起，研究在复杂的北京地质条件下，如何正确选择北京地下铁道合理埋设深度的问题，其中主要是研究现代化防空对地下铁道的具体要求、在北京深埋隧道的可能性以及不同埋设深度方案，对施工方法、运营

---

❶ 北京地下铁道筹备处党组关于地下铁道筹备工作的请示报告，1957年8月9日，选自北京市档案馆编：《北京档案史料》2003年第1期，第63页。

技术、工程造价、所需材料、施工机械、工期等问题，提出比较方案。

5月20日，考察团从北京出发，27日抵达莫斯科。

莫斯科地铁是考察团重点考察的内容。从5月28日至6月19日，考察团主要集中参观考察莫斯科地下铁道工程局。参观了不同类型的车站、地面大厅、区间隧道、隧道附属建筑物（如通风、排水、卫生技术等设备）、渡线室、信、集、闭设备、牵引降压变电站、车辆段、车辆修理厂、车站和区间隧道的人防设施等各种设备，以及地下铁道工程局的组织机构和运营方式；考察了不同地质条件下深、浅埋车站、区间隧道、竖井、隧道附属建筑物隧道的开挖、地面大厅的建筑，以及斜道等各个施工现场，了解了矿山法、普通盾构、机械盾构开挖、沉箱法、人工冻土法等施工方法。同时，还参观了铸铁管片制造厂、钢筋混凝土砌块厂、机械厂等附属企业。

从6月19日至7月31日，考察团主要考察莫斯科地下铁道设计院，并在那里实际工作了一个月。考察团利用两天时间在基础与地下结构等几个科学研究院，考察了有关矽化法、电渗法、加热法加固地层以及人工降水位的原理和方法等几个项目。之后，与莫斯科地下铁道设计院专家共同讨论初步选择了三个不同的埋设深度的方案。自6月24日起，考察团各专业在苏联专家的具体指导和帮助下，围绕三个不同埋深方案开展为期一个月的实际工作。地质专业主要对第三纪地层的工程地质进行了试验、分析和评价；对在第四纪地层中深埋隧道时的涌水量进行了计算；对三个不同埋深方案施工方法的基本原则进行探讨和研究。线路专业主要根据三个不同埋深方案在1/10000的地质剖面图上绘制了线路断面图；在1/2000的城市平面图上对几种不同类型的车站进行了原则性布置和探讨。结构专业主要根据线路剖面图以及人防要求进行了结构计算，并初步选择了结构断面和结构类型；研究了三个不同埋深方案的施工组织和方法；进行了工程量、造价、工期的估算，对三个不同埋深方案进行了比较。人防专业重点考察了现代化防空对地下铁道的具体要求，从人防角度对三个不同埋深方案进行了评价。

各专业苏联专家又利用一周的时间系统地讲授各专业基本知识，详尽介绍有关图纸、技术资料和文件。

8月，考察活动进入最后阶段。考察团主要考察列宁格勒和基辅地铁。上旬，在列宁格勒重点考察了地铁机械化施工和在深埋隧道中采用混凝土构件问题及新型车站的设计问题。中旬则在基辅地铁，重点考察了深埋隧道和车站的结构加固措施以及大厅的设计及施工方法。

1958年9月16日，考察团结束考察回国。在为期三个月的考察时间里，考察团考察了莫斯科、列宁格勒、基辅等地下铁道的管理部门、施工部门、附属工厂、设计部门、科研单位和人防指挥机构。由于在莫斯科地下铁道设计院参观后，实际工作一个月，使考察团成员对于在北京复杂地质条件下，如何根据地质、交通、人防要求，正确选择北京地下铁道的合理埋深方案有了比较清楚的了解；对在各种不同深度中开挖隧道的施工方法、技术条件、所需设备、造价以及工期等分别作了比较；基本掌握了各专业开展初步设计的原则、步骤和方法，为将要开展的北京地下铁道的设计工作创造了较有利条件。

考察团在考察期间取得最大的成果，即经过与苏联设计、施工、人防部门专家共同研究北京城市地质水文资料后，认定：北京地质条件不好，地下铁道不应该考虑深埋。因此，在提交北京市委的考察报告中，考察团建议采取"浅埋"加"防护"和混合埋深的方案。

> **二 周恩来指示"先试点"与竖井试验**

1958年，随着"大跃进"热潮的掀起，中共中央和中共北京市委指示，要尽快修建北京地下铁道，争取在1959年5月开始施工，由铁道部负责组织设计施工。北京地下铁道工程局成立后，于10月29日分别向中共北京市委、铁道部报告了关于北京地下铁道第一期工程线路埋设比较方案的综合情况和存在的主要问题。翌日，市委常委会议就此进行专题讨论，决定：地下铁道的修建应迅速筹备，争取尽快开工。地下铁道的埋设，全部采用深埋的方案❶。为此，地下铁道设计处加紧设计工作，从1958年10月至1959年2月，对一期工程中的第一线（石景山到热电站）进行了三次深埋的初步设计。

12月31日，中共北京市委、铁道部党组向中央报送《关于北京地下铁道第一期工程计划的请示》，初步规划有6条直线，一条环线，总长约170公里。第一期工程，先建第一、第二两条直线：第一线，自崇文门内南小街新建北京火车站起，经东西长安

---

❶ 27常字第218号会议纪要，选自《铁道部1958年大事记》。

街复兴门至石景山止，长约21公里；第二线，由北京体育馆起，经前门、中山公园、北海至颐和园止，长约21公里，两线共长42公里，全部行走在第三纪岩层内，需要埋深70公尺左右（最深达150公尺）。计划1959年第一线（北京站—石景山）段重点开工，第二线完成初步设计。待取得经验后，1960年第一线即全面施工，第二线重点开工。

就在地铁工程建设抓紧筹备开工、准备全面铺开的时候，12月31日，在工程局召开局长会议上，韩曰翰副局长传达了周恩来指示：地下铁道要修，今年不能全面开工，可以先试点，以取得经验。一条线的工期，三五年都可以。

周恩来的指示使地铁建设者们认识到面对如此庞大复杂的工程，只有在设计和施工建设中坚持科学理性的态度，才能确保地铁建设任务顺利完成。

为了贯彻周恩来"先试点"的指示精神，取得深埋工程的施工经验，缩短地下铁道施工准备期限，给全面开工创造条件。经铁道部批准，工程局在公主坟、木樨地两地采用不同的施工方法进行竖井工程试验。

1959年9月，木樨地竖井工程开工，主要采用孔柱帷幕法施工，1960年9月建成，11月封闭，井深120米，总造价752471元。

1959年10月，公主坟竖井工程开工，主要采用沉井法施工，1960年9月建成，11月封闭。井深120米，并修建了10米横向隧道，总造价582220元。

两个竖井工程试验，摸清了西郊一带的地质情况，为深埋提供了可靠资料，积累了两整套竖井施工经验，培养了一批干部和工人。

在摸索科学可行的施工方法，进行竖井工程试验的同时，与地铁工程初步设计的有关工作，也在同步进行。

1959年5月，国防部对设计工作之初提出的《北京地下铁道有关埋设深度问题的请示报告》批复下来，提出埋设深度，最浅应不小于70~80米，防护等级按一级计算。因此，7月份初步设计工作开始了第四次深埋设计，11月份，由铁道部主持进行了鉴定。

1960年1月2日，中共北京市委向中共中央呈送《关于北京地下铁道第一期工程的请示报告》提出：第一期工程拟先修两条地铁线，一条由中山公园经府右街、西四、西直门再南折到三里河（国家计委），另一条线由北京站经东西长安街、公主坟等到石景山。两条线路的埋设深度都在100米以下，共长32.5公里。1月9日，周恩来在请示报告上批示："中央原则同意北京市委关于北京地下铁道第一期工程的部署，并请计委将报告中所需投资、设备、材料和基建项目列入1960年计划。"❶

三 "浅埋加防护"施工方法的确立

通过几次深埋设计和竖井试验，当时的设计人员感到北京地下铁道工程采用深埋施工方法不够现实。原因是：

第一，北京的工程地质和水文地质条件，对地下铁道深埋作业不利。北京处于永定河的冲积扇上，地表为第四纪地层，西

---

❶ 中共北京市委关于北京地下铁道第一期工程的请示报告，1960年1月2日，现存中央档案馆。

郊以沙砾层为主，城区和东郊为粘性土与沙砾石互层。第四纪地层，在西郊厚度约10~40米，城区50~90米，东郊100~150米，其中饱含地下水。西郊的涌水量约100~150吨/小时，东郊约20~50吨/小时。第四纪层内的静水压力相当大，最大达到八九个大气压，平均每下降10米就增加一个大气压。第四纪地层下面是第三纪红色岩层，特点是无水，比较稳定，且有一定强度，一般可以形成天然拱。但是，它的顶部风化严重，厚度达到20~30米，风化区岩层较破碎，有渗水现象，遇水后膨胀极易崩解，失去稳定性，强度大大降低。

第二，施工技术条件不支撑、经济上不划算。按照埋深30~60米左右方案，线路绝大部分处在松散、饱含地下水的第四纪地层中，静水压力约2.5~5个大气压。如果使用压缩空气盾构法或沉箱法，内部需要相等的大气压与之抗衡，但是，当时保安规程只允许2个大气压。如果用人工降低水位法施工，需要把地下水下降几十米，北京进行过的抽水试验中，下降几米都很困难，同时，不能避免地表发生大面积沉陷，对建筑物造成威胁。如果采用人工冻结法，需要全线冻结一条宽15米、深30~60米的冻结墙，工程造价多一倍。冻结时，对城市地下管网有干扰。施工完成后，土壤解冻时，不能保证隧道完全稳定。

按照埋设在第三纪岩层中的方案，可使隧道稳定，衬砌经济，无变形之虞，技术上并无困难。但是，当北京站以东隧道深埋80~180米时，由车站通往地面出入口的斜隧道和地下中间大厅，都处在很大的静水压力当中，无办法妥善解决，特深车站的衬砌，超过了当时的施工技术水平。

第三，深埋不利人民防空。北京防空的重点是防御核武器的突袭，深埋地下铁道，站间距大，出入口少。按正常情况，进入隧道就需要较长时间，深埋程度越深，花费的时间越长，加上从居住地步行到出入口的时间，则会更长，进入地铁待避的人数将会大大减少，从人民防空争取多进入的角度看，深埋方案不能有效发挥避掩作用。另外，地下铁道作为防空掩体，各个部分必须具备均衡保护能力。根据设计实践，如果深埋地下铁道，通往地下车站的斜隧道、地面大厅，难以达到与区间隧道同样的防护能力，一旦遭到突袭，不仅隧道本身不能发挥应有的作用，而且有可能发生地下水倒灌，给待避者新的伤害。并且，深埋隧道破坏后修复难度很大。

根据苏联防空科学院专家估算：隧道埋深90米，也只能承受1万吨当量核弹的地面爆炸直接命中。根据美国1957年的实验资料，在一般地质条件下，100万吨当量核弹地面爆炸时，弹坑深度240米，500万吨当量级的深度是400米。上世纪60年代，核弹已经达到了2000万吨当量级，因此，地下铁道埋设再深，也解决不了直接命中的问题。

一条深埋线路需要的时间和造价，可以修两三条浅埋加防护的线路，以同样的代价，不仅能解决更多的交通实际问题，·而且还能掩蔽更多的人数。

第四，深埋不利交通运营。地下铁道作为现代化交通工具，为城市居民提供的服务是长期的，深埋地下铁道上下不便，无论运用哪种升降方式运输，通过能力都受限制，平时旅客上下，战时兵力机动或人口疏散，都会在咽喉处受阻，使地下铁道的运输

1960年在广州召开的第14次军委常委会议确定了北京地铁浅埋加防护的埋设方法。图为军委常委会议记录

能力降低。

从以上原因来看，无论从地质条件、施工技术、工程造价，还是从战备防空、交通运营来看，北京地下铁道都不适合深埋。

1960年2月20日，第14次军委常委会议在广州召开。贺龙、聂荣臻、刘伯承、罗荣桓、徐向前、叶剑英、罗瑞卿、谭政、杨成武、肖向荣参加会议，会议听取了北京地下铁道工程局局长陈志坚、设计院院长史晓昭关于北京地下铁道干线及专用支线四个设计方案的汇报，认为"干线以采用浅埋加防护的办法为好"❶。1960年春，工程局党委向地下铁道修建委员会及北京市委多次汇报，铁道部党组也向总理专门请示。期间，工程局作了深、浅和不同防护等级的比较方案20多种，供领导决策时参考。5月，北京地下铁道修建委员会决定：北京地下铁道改为浅埋。11月又建议按相应防护等级设计。

至此，北京地下铁道深埋方案被否决，最终选择了浅埋加防

---

❶ 第14次军委常委会议记录，1960年2月20日，现存中央档案馆。

护的施工方案。

地下铁道埋设改为浅埋后，施工方法随之改变。1960年8月25日，中央书记处指示：地下铁道工作必须先做好准备工作，特别是技术方面的工作，才能进行全面施工，浅埋部分必须先从一小段试验着手，注意选线，尽量少拆民房，开始要有把握地干。

为此，从1960年10月以后，工程局开始实施一系列的试验。首先在木樨地开始井点降水工程试验，将地下水位由4.6公尺降到9.1公尺，从原地下水位下降了4.5公尺，达到了设计要求的95%（设计要求下降到9.6公尺）。1961年4月，降水试验结束时基本摸清了木樨地一带的地下水渗透系数，为水文地质勘探提供了可靠资料，试验结果表明，喷水式井点法降低地下水是可行的，积累了降水施工经验。

紧接着开始打拔桩的试验。1961年9月下旬，开始打桩，分别用11-B-3气锤及B17-1震动打桩机，将45号工字钢桩打入11~12米，最深一根入土19.7米，深入第三纪岩层2.3米；将拉森Ⅲa型钢板桩打入土11~12米，将钢筋混凝土工字形桩打入8~10米。试验结果表明，在木樨地一带地质条件下打拔工字钢桩、钢板桩，均无问题。但是，打钢筋混凝土工字形桩还有问题，10米以上很困难。拔桩时，采用的油压、千斤顶，进度较慢，尚须进一步研究科学的拔桩方法。1961年底，试验基本结束。

打桩试验后，为了研究槽孔帷幕施工法，就地进行抓斗挖槽试验，由于抓斗构造不合要求，试验没有达到预期效果。

通过一系列试验，基本掌握了浅埋的施工方法，培养了一大批工人和技术干部，为地下铁道正式施工打下基础。

四 地铁建设暂时"下马"

正当北京地铁筹建工作稳步推进之时，国际、国内形势悄然发生了变化。由于中苏关系恶化，1960年7月16日，苏联撕毁与我国签订的600个合同。一个月之间撤走全部在华专家1390名，带走了全部图纸、计划和资料。在国内，由于1958年以来的"大跃进"片面追求经济发展高速度，违反客观经济规律大规模群众性的盲目蛮干，造成国民经济比例关系严重失调，基建规模过大，1959年起连续三年的自然灾害，使农业生产雪上加霜，粮食产量大幅度下滑，人民生活极度困难，国民经济陷入极端困难的境地。面对严峻的现实，1961年1月，中共八届九中全会决定对国民经济进行全面调整，缩短基本建设战线。在这种形势下，地铁建设计划暂被搁置。

1961年1月18日，地铁工程局党委工作会议分析国家经济困难的状况和地下铁道工程建设面临的形势后，指出：地铁虽是国家重要项目，也会受国家总的战略部署的影响。国家8715万元投资虽然不变，但很可能材料跟不上，无法满足施工的要求；机具调配比材料更困难，即使列入计划，也不能马上开工，最快到第三、第四季度才能解决；能否进大量劳动力来北京也是需要考虑的问题；况且目前设计文件尚未拿出，出来之后鉴定也需要一些时间。会议决定按照"小搞大备"原则安排整体工作，局机关适当缩小，人员核减，缩短战线，集中力量抓设计、抓准备工作和进行部分试验，为正式施工积累经验。

1961年6月，铁道部指示原定于1961年7月1日开工的北京地下铁道工程，暂缓开工。11月3日，中共中央决定北京地下铁道工程暂时"下马"。根据铁劳组刘（61）字第2660号部令，北京地下铁道工程局、电气化铁道工程局及丰沙铁路工程指挥部，合并组成铁道部华北铁路工程局。1961年年底，北京地下铁道工程局被正式撤销。当时地下铁道工程仍以"07"号工程保留给华北铁路工程局继续承担，地下铁道工程处及所属两个工程队也因此保留在华北铁路工程局内。直到1962年，"07"号工程撤销，地下铁道工程处也随之撤销。

北京地下铁道工程局撤销后，只保留了30人，成立地下铁道技术研究组，继续研究地下铁道施工过程中的问题。而地下铁道设计处则改属铁道部铁道专业设计院，1962年6月又并归铁道科学研究院，改名为地下铁道科学研究所。新成立的地下铁道科学研究所，负责继续收集国外地铁建设的有关资料和进行修建地铁的研究工作，为地铁工程日后重新上马打下了很好的基础。

第四节　地铁建设重新上马

一　毛泽东批准"一环两线"规划建设方案

20世纪60年代初，国际形势的变化使我国的国家安全形势变得日益严峻起来。中苏两国边境出现了紧张局势；中印边境东西两段同时爆发大规模的武装冲突；盘踞在台湾的蒋介石集团，企图利用大陆的暂时困难"反攻大陆"，台湾海峡局势紧张；1964年8月，美国在越南战争中把战火烧到了北方，直到中国的南部边界。这一系列严重的威胁事件，打破中国周边的平静，迫使中国领导人不能不把国家的安危放在一个非常重要的地位加以思考，在1964年5月至6月的中央工作会议上，毛泽东从存在着新的世界战争的严重危险的估计出发，提出原子战争时期，没有强大、稳固的后方不行。他还据此提出把全国划分为一、二、三线的战略布局。8月，毛泽东在听取汇报时进一步指出，要准备帝国主义可能发动侵略战争，现在工厂都集中在大城市和沿海地区，不利战备。强调要集中力量在中西部13个省、自治区进行一场以战备为指导思想的大规模国防、科技、工业和交通基本设施建设。一直作为重要战备工程筹划的北京地铁修建已再次提上日程。

1962年底，国民经济调整工作取得明显效果，经济困难迈过最低谷，各方面出现恢复性转机。1964年8月19日，李富春、薄一波、罗瑞卿联名向毛泽东和中央提出《关于国家经济建设如何防备敌人袭击的报告》，报告依据一切建设都应贯彻"靠山、分散、隐蔽"的原则，建议恢复北京地下铁道建设筹备处，积极准备北京地下铁道的建设，并考虑上海、沈阳两市地下铁道建设，由铁道部负责。根据这个报告，各项工作进行了分工，相关部门提出的具体方案，经中共中央批准后，纳入了1965年国家计划和国民经济第三个五年计划之中。

北京地下铁道建设重新上马后，中央军委、解放军总参谋部、北京军区、铁道部和中共北京市委等有关单位多次进行了共同研究，在总结前些年地铁初步设计与系列试验经验教训的基础上，就北京地下铁道的建设方针、实施线路、埋设深度、防护等级、筹建工作等问题达成了共识。

1965年1月15日，北京军区司令员杨勇、中共北京市委书记处书记、副市长万里、铁道部副部长武竞天联名向中央书记处彭真、李富春报送了《关于北京地下铁道建设近期规划方案的专题报告》，并由他们转报中共中央和中央军委。报告在确定北京地下铁道"适应军事需要为主，同时兼顾城市交通；地下铁道拟采取浅层埋设，加强防护，通向山区"的建设方针后，提出"一环两线"分期建设的规划方案：一环为沿内城城墙的环线，准备利用城墙及护城河，选择合适的位置修建地下铁道，这样既符合军事需要，又可避免大量拆房，在施工过程中也不妨碍城市正常交通，造价也低。一线从东郊热电厂经北京站与环线相接，然后出复兴门经公主坟、石景山、通向西郊山区；另一线从西直门经颐和园、青龙桥、通向西北山区。"一环两线"全长53.5公里（不包括通向山区线段），工程拟分三期进行，第一期：先修环城线

北京地下铁道近期规划方案（1965年）

图例

第一期工程
第二期工程
第三期工程
车辆段位置

1965年北京地下铁道近期规划方案

的北京站至复兴门段和复兴门至石景山一段，长20.8公里；第二期：修东郊热电厂到北京站一段，完成环城线，长20.3公里；第三期：修西直门到颐和园一线，长12.4公里。

报告确定了防护等级。根据核武器地面爆炸、高空爆炸、直接命中等不同情况，综合考虑采用不同防护所能达到的安全程度和工程造价，经过反复研究，最后一致同意采用人防相应防护标准。初步考虑在环城线地面上修筑一圈环城公路，加强地下通道的防护能力，同时有利于修建城市道路立体交叉，并且利用挖出的土方在城东或城南郊堆若干个人造山，作为城郊国防工程的骨干。

报告还明确了北京地下铁道的工作分工。由铁道部负责计划申请、设计编制、加工订货、组织施工等筹备工作。铁道兵团调集一定力量参加施工。军方及地方有关事项，由总参、军区及北京市协作进行。

报告进而提出工作任务和目标，即力争于1965年下半年动工，1968年上半年完成第一期工程。后来因"文化大革命"的干扰，1969年10月1日正式完工。

1月23日，李富春对这份报告批示："我和一波、秋里同志商量，同意此方案。力争下半年动工，搞一段试点。"❶彭真批示："拟同意。这个方案是富春、成武、我同他们一起议定的。"刘少奇、周恩来、邓小平、贺龙、罗瑞卿等中央领导人先后核阅了报告。

---

❶ 关于北京地下铁道建设近期规划方案的专题报告，1965年1月15日，现存北京档案馆：京地铁办密收文65号，1965年5月14日。

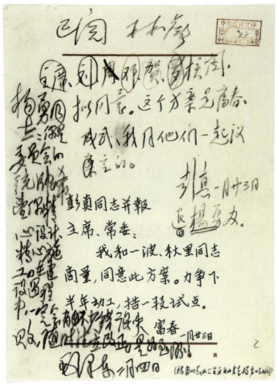

1965年2月4日毛泽东在北京地铁近期实施规划上的批示

2月4日，毛泽东审阅了北京地下铁道建设方案后，在报告上作了批示：

"杨勇同志：你是委员会的统帅。希望你精心设计，精心施工。在建设过程中，一定会有不少错误失败，随时注意改正，是为至盼！"❶

毛泽东"精心设计，精心施工"的重要批示，为即将动工的北京地下铁道工程奠定了建设的根本方针和原则，成为北京地铁工程建设长期的指导思想。

二　北京地铁领导小组和铁道部地铁工程局成立

地下铁道建设牵涉面较大，与城市规划、军委国防要求和

---

❶ 关于北京地下铁道建设近期规划方案的专题报告，1965年1月15日，现存北京档案馆：京地铁办密收文65号，1965年5月14日。

国家标准都有十分密切的关系。因此，《关于北京地下铁道建设近期规划方案的专题报告》还建议统一领导北京地下铁道建设工作，由杨勇(北京军区司令员)、万里（北京市副市长）、武竟天（铁道部副部长）、郑维山（北京军区副司令员）、李静（总参作战部副部长）、于桑（公安部副部长）、谭友林（工程兵副司令员）、兰亭辉（铁道兵副参谋长）、佟铮（北京市城市建设委员会副主任、城市规划管理局局长）等9人组成北京地下铁道领导小组，杨勇任组长，万里、武竟天任副组长。

根据毛泽东的批示，1965年2月7日，北京地下铁道领导小组（以下简称"地铁领导小组"）正式成立。地铁领导小组是中央和毛泽东指定领导地下铁道修建的决策机构。在地下铁道建设中担负着确定修建地下铁道的原则，贯彻中央方针政策，决定重大方案原则，组织协调各方面的关系，解决地铁修建过程中存在的一些重大问题的职责。

当天召开的第一次领导小组会议决定：组成北京地下铁道领导小组办事机构和设计施工单位。2月15日，北京地下铁道领导小组办公室成立，铁道部基建总局副局长阎海清兼任办公室主任，徐骏、路明任副主任。

3月26日，地铁领导小组就关于修建北京地下铁道组织领导方面的问题进行专题研究。研究决定了地铁领导小组工作方法及日常办公机构和分工协助关系。地铁领导小组负责贯彻中央的方针政策和讨论决定地下铁道的重大方案原则问题，通过不定期的会议讨论决定问题，遇有特殊重大问题随时召开。地铁领导小组办公室为日常办公机构，设在铁道部。北京市负责全部地上地下拆迁，修下水道、改河道；工程局勘测设计处负责人防具体设计。公安部提出标准方案，并派人助勤协助设计。军委通讯兵及北京军区通讯兵负责特殊通信设计。工程兵负责提供防护能力计算，并派设计小组协助设计。军方对地下铁道的要求由总参作战部归口提出设计文件。铁道部鉴定委员会主任负责主持技术审查鉴定，鉴定委员会人选，由铁道部、北京市、公安部、工程兵组成，人选由各单位推荐。

各单位随即迅速行动。根据彭真指示，北京市城建委副主任、地下铁道领导小组成员佟铮，迅速召集市规划局、市政局、市政设计院、公用局、房管局、公安局交通处、园林局、市话局、供电局等单位人员组成北京市工作组，于2月11日到北京地下铁道设计处上门服务办公。按照各局分工，积极配合解决北京地下铁道在设计、拆迁、施工过程中遇到的各种问题。1965年4月，由上述单位组成地铁拆迁办公室和改河工程指挥部。拆迁办公室负责统一办理地铁拆迁事宜，改河工程指挥部承担了前三门（复兴门至崇文门）全长7公里的护城河改造加盖工程。

3月4日，铁道部决定成立北京地下铁道工程局筹建处，指定韩曰翰为筹建处负责人。同时，建立中共北京地下铁道工程局筹建处委员会和政治部。从3月1日起，将铁道科学研究院地下铁道研究所及华北铁路工程局地下铁道研究组，成建制划归筹建处领导，成立地下铁道勘测设计处，1965年定员655人。从4月1日起，将华北工程局所属昌平混凝土预制品厂、永定门机械厂、西直门材料厂以及局内工程试验室，按原状全部划归筹建处领导。同时，将华北工程局第一工程处成建制调给筹建处，分期分批地调入北京，确保地下铁道施工如期进行。

为了统一指挥施工力量，加强施工中的协调配合，1965年3月27日，地铁领导小组第2次会议明确了地下铁道工程局与铁道兵12师的关系是：铁道兵12师参加地下铁道施工建设，归地下铁道工程局统一领导。地下铁道工程局通过师部进行指挥。铁道兵12师师长、政委参加局党委并担任工程局的副局长和政治部主任，常驻工程局办公。师部日常工作由副师长、副政委负责。

1965年5月1日，经国家建委、经委批准，正式成立铁道部地下铁道工程局（以下简称"地铁工程局"），同时建立中共铁道部地下铁道工程局委员会和政治部。撤销北京地下铁道工程局筹建处、中共北京地下铁道筹建处委员会和政治部❶。8月9日，中央批准：韩曰翰任铁道部地下铁道工程局党委副书记、局长，周毅任地下铁道工程局党委副书记、政治部主任，朱世源、徐骏、白平、张锐任地下铁道工程局副局长❷。12月7日，中央批准：铁道兵12师政委陈辛火兼任地铁工程局政治部副主任、师长张鸿智兼任地铁工程局副局长。

> **三 筹备"七一"开工**

毛泽东的批示加快了北京地下铁道开工建设的步伐。2月16日，铁道部向各部门及有关单位下达了修建北京地下铁道的通

---

❶ 关于成立铁道部地下铁道工程局的通知，1965年5月7日，现存北京档案馆，档号：2-17-21。

❷ 铁道部转发中央批准韩曰翰同志职务的通知，1965年9月，铁政干（65）字第505号，现存铁道部档案馆。

知，传达了毛泽东和中共中央批准的修建北京地下铁道的方案及有关精神，要求各部门依据修建方案，迅速组织设计施工及其他各项筹备工作。

地铁领导小组第一次会议决定：1965年7月1日正式开工，首先开挖石景山至五棵松一段。为确保如期开工，地铁领导小组和地铁工程局迅速集中力量，积极做好施工前的一切准备。

1965年3月初，铁道部地下铁道工程局筹建处开始工程勘测设计工作。14日上午9时至12时30分，地铁领导小组对石景山至北京站第一期工程线路方案进行实地勘察，并对车站的分布、线路的位置、改河等方面问题进行了讨论。27日，地铁领导小组召开第二次会议，听取讨论了设计、施工方面提出的十三类问题。30日，地铁领导小组就这些问题向国务院副总理李先念、北京市市长彭真、国家计划委员会主任余秋里进行了汇报。李先念、彭真同意由北京站至石景山设14个车站线路方案（增设木樨地），崇文门、正阳门、宣武门可以拆除，箭楼不拆。后又决定保留正阳门。在石景山站北向福寿岭方向及八宝山站西向京原铁路方向预留进山线的"衔接口"。不建环城高台公路。护城河改道加盖，并开始动工。同意地铁领导小组规定的"交通服从战备，地上服从地下、时间服从质量"三项原则❶。其中特别指示：七一开工后，先搞一段试点取得经验后即全面铺开。

4月3日，铁道部向国家计划委员会报送了1965年北京地下铁道基本建设计划❷。4月10日，国家计委给铁道部复函，同意北京

---

❶ 领导小组向彭真、先念同志汇报记录，1965年3月30日，现存铁道部档案馆。
❷ 铁道部关于报送一九六五年北京地下铁道基本建设计划请审批，1965年4月3日，现存铁道部档案馆。

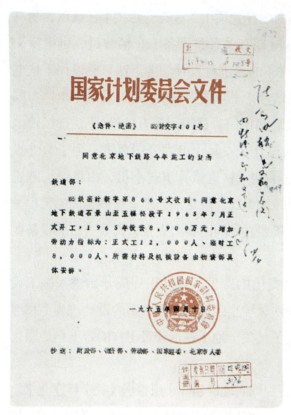

1965年4月10日国家计委同意北京地铁开工的复函

地下铁道石景山至五棵松段于7月1日开工，1965年投资8900万元，劳动力指标1.2万人，临时工8000人。所需材料及机械设备由物资部具体安排❶。随后北京地下铁道工程局筹建处办公会议决定：6月15日前做好一切开工准备工作，在4月24日下达各项施工准备行动计划。

4月17日至26日，铁道部鉴定委员会召集铁道部、工程兵、北京军区、铁道兵、公安部、北京市等单位参加，并邀请国内相关专家，共同对地下铁道的初步设计方案进行鉴定。5月5日，地铁领导小组召开第三次会议，讨论了初步设计鉴定中提出的问题，决定增设八角村、象来街（现长椿街）两个车站；进山线

❶ 国家计划委员会关于同意北京地下铁路今年施工的复函，1965年4月10日，现存北京档案馆，档号：2-17-198。

路：一条由古城车站向北经金顶山，过福寿岭接丰沙铁路，另一条接京原铁路。特殊时期有关各种设备、车辆数目、供电量，均按6节车厢每小时行车24对进行设计。地下铁只敷设10千伏电缆。变电设备要平战结合，平时地上供给，战时靠地下电厂。同意在八宝山、公主坟、西便门、建国门等五处设6千瓦燃气输电厂，有关地下供电的设计、安装由电力公司负责。为了节约投资，加强预算，成立了地下铁道概算审查小组，由佟铮、陈志坚、张雁翔组成，佟铮为组长。规定凡与地下铁道无关的工程一律不得列入。机械设备要立足国内自力更生，需要进口的设备要经过审查小组审查。

根据鉴定委员会提出的意见，地铁工程局开始进入施工设计阶段。5月6日，地铁领导小组针对地下铁道的设计、施工和组织领导等问题，制定了《关于地下铁道建设工作的若干指导原则（草案）》。

5月25日，地铁工程局向地铁领导小组报送《关于修建北京地下铁道第一期工程设计、施工准备进行情况的报告》，确定第一期工程线路：由石景山向东经玉泉路、公主坟、复兴门折向南行，沿西城墙及南城墙经宣武门、前门、崇文门折向东北至北京站东侧（代号401线），全长21公里，全线共设16个地下车站，全线平均埋设深度12米，最深15米。石景山古城路东侧沙石荒地设置车辆段。

6月19日，地铁领导小组第四次会议，讨论了地下铁道铺设电缆问题以及"七一"开工准备问题，确定进山线路方案是地下铁道由石景山向北延伸，经金顶街过福寿岭出地面（简称北线，代号402线）与地面铁路专用线相接，经三家店通入丰沙铁路。

全长6.3公里，投资6150万元，列入第一期工程投资。为解决地下供电问题，地下电站的投资列入第一期工程投资计划，由水电部电力公司负责设计施工和安装。同意"七一"先开石景山至八角村区间、八角村车站、八角村至八宝山区间三个工点。

在工程设计论证的同时，其他各项施工准备工作也在分头进行。按照李富春的指示，在开工前先搞一个试验段，解决施工当中的技术问题和培养施工人员。4月，时任工程局科研所所长的施仲衡带领20多位技术人员和铁道兵12师59团1营的官兵在八宝山开始修建试验段，研究降水和防水问题，最后决定采用深井泵降水方案，防水按照苏联地铁防水规范进行。经过两个多月夜以继日的努力，终于完成了500米的试验段，李富春专门去现场检查，并认为："七一"可以开工。试验段的成功修建，为即将动工的地铁一期工程培养了一批施工专业人才。

与此同时，机械、材料订货，与北京市相关部门配合，安排拆迁的工作也在同步推进。5月开始修建临时工程，中旬着手技术、机械、材料、技工方面的落实和配套。

地铁建设全面开工之前，还确定了地铁限界，对供电设备、机电设备、车辆等专业进行了深入研究。有关地下铁道须要试制的运营设备，包括电动车辆、干式变压器、硅半导体整流器、通讯设备、通风机械等，一机部、四机部和铁道部也已指定各有关工厂接受试制任务，正着手试制。

为了加速施工准备，地铁工程局政治部在广大干部、战士和职工中开展政治思想工作，充分调动一切积极因素。组织大家学习贯彻中央和毛泽东"二四批示"精神及地铁领导小组关于地下铁道建设工作的若干指导原则，特别要求要在"精心"两字上下工夫，要正确处理好战备与交通、地上与地下、质量与时间的关系，在保证质量的基础上，达到"高标准、高速度、高质量、低造价、事故少"的要求。

1965年6月底，开工准备工作进入尾声。在设计工作方面，五棵松西段地质资料及平面施工设计图纸、主体工程结构设计图纸先后提出，基本适应开工的需要。施工准备方面，全线调入施工队伍14195人，技术工人1155人，为解决技术工人不足问题，挑选1851人进行培训；搭设帐篷4万平方米，修建临时房屋2万平方米，铺设生产、生活用水管路6公里，电力、通讯接通。拆迁工作方面，五棵松以西至石景山段，电力线路、通信电缆、房屋等拆迁完毕。机械设备方面，到货420台，租借610台，木材、水泥基本满足。

6月24日，铁道部工程局向地铁领导小组、铁道部报告：石景山八宝山间三个工点地质资料、施工设计平面图、主体结构设计图完成情况、沿线拆迁工作、工地施工用水管线已全部完成；电力线路开始送电；各种开挖及排水机具设备，根据开工需要按照土洋结合基本配齐；施工队伍安排妥当，一处三队、四队、六队负责石景山至八角村区间、八角村站及八角村至八宝山区间一部分工程，铁道兵12师59团担负八角村至八宝山区间一部分工程。

在三个月的准备过程中，工程局组织全体职工和军工进行了四次突击高潮，加上全国各方面的物资技术援助，北京地铁基本达到陆续开工的要求。"七一"可正式开工。

第二章

开创基业

北京地下铁道一期工程于1965年7月1日正式动工。朱德、邓小平、彭真等党和国家领导人参加了开工典礼。第一代地铁建设者怀着一腔建设国家的热情，克服各种困难，进行了中国历史上首次大规模的地铁工程土建施工、设备安装调试和国产地铁车辆设备的攻关研制生产。1969年10月1日，由中国人自主设计、自主施工的第一条地下铁道在北京建成通车。通车后不久发生的重大走电失火事故，反映出车辆设备和运营管理上存在严重不足。按照周恩来和中央军委的指示，北京地下铁道领导小组对参加地铁建设和运营的职工队伍进行了整顿，并实行"工改兵"。

1970年4月15日，北京地铁运营有限公司的前身——中国人民解放军铁道兵北京地下铁道运营管理处正式成立，担负起地铁运营管理的职责。

第一条地下铁道的建成通车和地铁运营处的诞生，标志着中国城市轨道交通运营与管理事业的开始，并为未来的发展开创了基业。

第一节　一期工程破土动工

一　隆重的开工仪式

经过十年左右的筹建，特别是在毛泽东"二·四"批示的鼓舞和推动下，北京地下铁道一期工程于1965年7月1日正式开工修建。

这一天，是中国共产党成立44周年的纪念日。北京玉泉路以西两棵白果树附近，24面红旗迎风招展。红旗南侧为地下铁道开工典礼和破土仪式的主会场。会场上高挂的红底白字"北京地下铁道开工典礼"的横幅格外醒目。会场东侧，一座大席棚搭设在两棵白果树之间，席棚内挂设北京地下铁道工程修建示意图及结构模型，席棚对面悬挂着"高举毛泽东思想伟大红旗，精心设计，精心施工"的巨幅标语。典礼现场简朴隆重，一派庄严而喜庆的景象。

中共中央领导人朱德、邓小平、彭真、李先念、罗瑞卿，以及全国人大常委会副委员长黄炎培、陈叔通、杨明轩、刘宁一及各民主党派负责人，有关部委和军队系统负责人，北京市负责人和建设单位职工、战士代表等600余人参加了开工典礼。

正式典礼前，由地铁工程局勘测设计处处长白平向到会的领导们汇报了地下铁道修建概况。上午9时，韩日翰宣布典礼开

1965年7月1日北京地下铁道开工典礼

始。北京地下铁道领导小组组长、北京军区司令员杨勇在开工典礼上讲话。他说：修建地下铁道，是首都的一项重大建设事业，是加强战备和交通建设的重大措施，有重要的历史意义。地铁建设是百年大计、千年大计、万年大计，但是它又是一项崭新的事业，发达的资本主义国家，早在几十年到一百年以前，就开始修建地下铁道。在我国，这还是开天辟地第一回。别人有的，我们也一定要有！杨勇还代表参加建设地下铁道的全体职工、铁道兵全体官兵，向党和国家领导人保证：一定遵循毛泽东关于"精心设计，精心施工"的教导，学习我国制成原子弹技术的攻关勇气，学习大庆、大寨奋发图强、自力更生的革命精神，不断地总结经验，以高标准、高质量、高速度、低造价、事故少的要求，进行设计和施工。多快好省地建设好我国第一条地下铁道。

最后，在杨勇"热烈欢迎党和国家各方面领导人来挖祖国第

1965年7月1日，朱德、邓小平、彭真、李先念、罗瑞卿等党和国家领导人为北京地铁一期工程奠基

一条地下铁道的第一铲土"的话音中，举行了破土仪式。年近八旬的朱德率先挥锹破土，邓小平、彭真、李先念、罗瑞卿以及各民族党派负责人纷纷挥动铁锹为第一条地下铁道奠基。在场的职工、铁道兵官兵热烈鼓掌，为自己能够参加新中国第一条地下铁道的建设感到激动和自豪。破土仪式中使用过的铁锹也被铁道兵官兵们珍藏起来。

二 朱德视察地铁建设工地和营区

开工仪式后，朱德等中央领导在铁道兵司令员李寿轩、12师师长张鸿智、铁道部副部长武竞天等领导人的陪同下，视察了铁道兵12师59团施工现场、地铁工程局一处六队及59团生活区，与参加地下铁道建设的干部、工人和铁道兵战士们亲切交谈。当朱德等领导到达59团二营宿营地时，战士们排着整齐的队伍热烈欢迎。朱德面带慈祥的笑容，不断向战士们挥手致意。当他来到一片黄土坡地上，看到战士们用双手把大片荒凉的黄土坡地改造成一排排整洁的帐篷营区时，高兴地走进帐篷，边看内务边详细地询问战士们的住宿等情况，关爱之情溢于言表。

1965年7月1日朱德视察地铁施工部队

接着，铁道部副部长武竞天简单地介绍了地下铁道施工准备情况。朱德边听汇报边询问了工程中拆城墙、改河道、机械设备等情况，并嘱咐在场的官兵们：要认真学习贯彻毛泽东关于修建地下铁道的指示，一定要深入实际，深入现场，精心设计，精心施工，及时总结经验、随时纠正错误。

朱德到连队看望战士们，带来了中共中央的殷切希望和鼓励，战士们欢欣鼓舞称这一天真是"三喜临门"——党的生日、地下铁道开工以及中央领导视察。

▶ 三 召开地铁干部大会

7月1日上午，修建地下铁道干部动员大会在解放军政治学院礼堂举行。地铁工程局、铁道兵12师各级领导及工人、战士代表共2000多人参加大会。大会由杨勇主持，北京市市长彭真、解放军总参谋长罗瑞卿到会讲话，强调了修建北京地下铁道的重大战略、战备意义。彭真说：地下铁道是个交通工具，又是个国防工程，也是一个带有政治意义的工程，要按照毛主席的指示，"精心设计，精心施工"。在施工中一定要注意"好和省"；一定要"好"字当头，保证质量；地下铁道是重点工程，财力物力能得到国家比较充分的供应，更要注意节约。不仅要多快好省地完成地下铁道的修建任务，而且要总结出一整套经验，培养出一整套设计和施工的骨干队伍。罗瑞卿鼓励大家说：修建地下铁道我们还没有经验，但决不会比造原子弹，比二万五千里长征，比抗美援朝还困难，我们要在战略上藐视困难、战术上重视困难，困难是难不倒我们的。现在铁道兵一个师参加，将来需要，可以两个师，再需要可以三个师。你们在这里担负这个任务，整个军队都支持这个事情（指修建地下铁道），这也是战斗！彭真、罗瑞卿的讲话赢得全场阵阵掌声。

隆重的开工典礼和中央领导的亲切关怀，使全体干部、战士和工人受到了很大的鼓舞，进一步增强了他们参加修建新中国第一条地铁线路的光荣感和责任感，为北京地下铁道的施工创造了良好的形势。北京地下铁道开工建设标志着中国地铁建设迈出了第一步，揭开了中国地铁建设的序幕。

1965年7月1日北京地下铁道干部大会

第二节 历时四年的一期工程建设

一 先施工试点再全面铺开

开工典礼后，北京地下铁道随即进入施工阶段。关于一期工程如何进行施工，早在1965年2月7日的地铁领导小组第一次会议上，就讨论决定：7月1日正式开工后，首先开挖石景山至五棵松一段，同时积极抓紧做好其他各段的开挖准备工作，以便取得施工经验后，1966年能够迅速扩大工点，力争在1968年上半年完成第一期工程。开工后，根据彭真"先搞一段试点，取得经验后再全面展开"的指示精神，地铁工程局对各项施工进度进行了初步安排。

1965年地铁开工后的施工重点，就是搞试点、试验工程，以此取得经验。一期工程（401线）施工由西向东推进，逐段展开。首先集中力量在石景山至玉泉路区段组织施工。玉泉路以西部分，线路经过市郊区，沿线的地上建筑物和地下管网都很少，因此，采用了敞口放坡的施工方法。全部主体工程根据车站与区间共划分为31个工点。在主体工程方面首先开了石景山至玉泉路车站8个工点，开工地段7.2公里。4个工点进行土石方开挖、打桩降水和结构灌注等试点工程。结构施工试验段选在石景山至八角村区间，作为灌注钢筋混凝土的试点。八宝山至玉泉路为降水工点，并以玉泉路车站作为降水施工的试点。

降水、防水是修建地下铁道的关键技术问题。土建施工一开始，第一项任务就是降水，以保证基坑安全开挖。北京城位于永定河冲洪积扇，水文地质条件复杂，地下水位高、水量大，地层渗透系数高，一般为100~350立方米/日，最大者达1500立方米/日。一期地铁结构埋深一般为十至二十几米，施工中必须采用人工降低地下水的方法保证基坑边坡的稳定和施工作业安全，同时结构施工的基底要求含水率很低才能保证日后建成的结构稳定可靠。建设者们经过大量的科学计算和反复摸索试验，研究出了一套适合在北京的地质条件下，主要采用大口井和深井泵降水，特殊地段水位难以降到位的基坑内采用集水坑直排的方法，终于解决了地铁深、大基坑施工降水的问题。地铁的防水要求高于所有的建筑级别，要求不渗不漏。由于地铁隧道埋在地下，几个方向都是有压的地下水，对材料的抗水压、抗老化、延伸率和施工工艺要求很高。由于基础工业比较薄弱，很多国外较好的防水材料当时在我国还不能生产，也不可能大量进口。技术人员经过反复研究试验，选择了成本低、防水性能较好的玻璃布油毡。

地铁工程局一处施工队伍和铁道兵12师的战士们，虽然具有一定的施工经验，但建设地铁这样技术要求复杂，又十分重要的战备工程还是头一回。施工单位为高质量地完成中央交给的修建任务，必须发动全体施工人员大练基本功。特别是铁道兵12师是一个新建单位，70%的战士是刚从农村入伍的新兵。这些刚放下锄把的娃娃兵们，没有使用水泵、打混凝土、绑扎钢筋、做防水和使用机械的技能，更需要学习和苦练基本功。

因此，开工后把搞好"两水"（降水、防水）作为工作重点，同时围绕"两水"，开展"四练"（练思想、练作风、练技术、练指挥）。并分三条战线进行试点和练兵：土石方开挖，重点是摸索大型机械开挖技术和组织机械配套工作经验；打桩降水工程，主要培养专业技工和专业施工队伍；进行结构施工试验段施工，主要摸索防水和结构灌注施工经验。

为做好试验段的施工组织设计，工地成立了研究小组，研究钢筋、模板、防水层等加工工艺，并在正式搞试验之前，先分别进行单项小规模的试验。仅1965年第三季度就先后召开了15次专业技术会、7次现场会，进行了8项技术试验，建立了36项技术管理制度。在这一过程中铁道兵12师的战士们提出合理化建议100多条，其中改进了打桩降水设备，使工效提高了一倍以上，原来

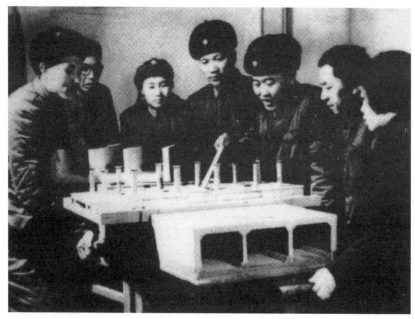

设计人员在研究施工方案

打一根桩需要修理四至六次桩帽，经改进后，一个桩帽就可以打20~30根桩。一处工人们创造了单轨车运送架，比最初人工搬运提高工效6倍。钢筋混凝土垫层原分两次施工，经过实践后改为一次完成，取消了难以做到的2厘米砂浆找平工序，按全线计算还可以节省1600多吨水泥。边墙、顶板结构灌注也由原来分两次施工改为一次完成，使作业时间由原来的76小时压缩到20小时，并由于减少一道接线，保证了工程质量。在工程用料方面，工人们研究出合理的剪裁油毡的方法，充分利用了油毡头，平均剪裁400卷，比开始时节约30卷。设计人员参加施工，及时改进了不少设计问题，在现场修改重要设计101项，既保证了质量，又便利了施工。

在试点试验工程中，地铁工程局还采取了岗位练兵、专门训练、派出培养等办法，培训了10400多名新工人和战士。此外，还邀请北京市有关技术专家和劳动模范到现场观察施工情况。全国劳动模范张百发率领一个钢筋班进驻工地参加施工并进行技术指导，对地下铁道的施工起到示范和促进作用。

地铁建设者们在技术人员的指导下，从学抽水、打井、使用机械开始，勤学苦练、反复试验，很快就掌握了操作方法。两三个月，大多数人能达到按基本图纸施工和使用简单的机械。他们还逐步总结了一些经验。如夏季雨水多，土方开挖不利，做防水层易起水泡，因此应多做边、中、顶结构，少做或不做底板和土方工程。冬季防寒较困难，不适宜做防水，应多做底板和土方。春秋两季可做防水并可安排生产高峰。针对工程边设计、边施工，变化多、工期紧的特点，逐步掌握了统筹安排施工的经验和规律。

通过搞试点试验工程，地铁工程局对土石方开挖、底板垫层、结构防水、钢筋绑扎、浇注钢筋混凝土以及打桩降水等12种主要工序、工艺都基本上取得施工经验，提高了工效和工程质量，加快了施工进度，锻炼了施工队伍，为大规模的施工创造了有利的条件。

经过半年的施工，到1965年底，先投入的西段已基本完成。原计划年内开工8个工点，实际开工11个工点，比计划安排增加了三个区间。施工地段总长度10公里。开工后通过试点练兵，年内原计划开挖土石方68万方，实际完成95万方，超额计划32.3%。计划完成主体结构折合成峒800米、实际完成917米，其中成峒780米，超额计划15%。打桩707根，降水钻孔232个。超额完成了计划。全年国家基建投资8900万元，实际完成8735万元，完成计划的98.1%。

在试点试验取得经验的基础上，1966年的施工逐步全面铺开。施工工点自玉泉路站继续从西向东延伸至复兴门车站。

由于玉泉路以东沿线地面交通频繁，地上建筑物多且路面狭窄，地下管网复杂，施工用地受到限制。因此，施工时一方面选用了工字钢桩施工法，木樨地过河段采用了钢板桩围堰施工，以防沉陷，另一方面加紧拆迁和护城河加盖工程。这项工程于1966年6月底完成。计土方量约400万立方米，灌注钢筋混凝土105000立方米，拆迁房屋3474间，各种地下管线158处，全部投资概算为3800万元。改河工程中用地铁明挖拆除的旧城墙土回填，避免了土方往返运输。工程的完工为地铁一期工程建设由西向东的顺利推进做好了前期准备。

1966年5月1日，一期工程进山线（402线）也开始动工修建。402线全长6.13公里，设三座车站及一条环行检修线。公主坟以东至象来街（今长椿街站）各工点，陆续开始打桩、降水、开挖等。古城至五棵松站区间隧道基本贯通。全年先后开工了17个工点，工程进度明显加快。1966年底，最高出工人数高达33385人。

1966年地下铁道投资原计划1.2亿元，后计划增加到1.5亿元。开挖土石方242万方，完成计划116%，完成主体结构折合成峒9.5公里，为计划的101%。打桩5123根，为计划的124%，拆除城墙50万方，为计划的182%，超额完成年度计划。

1967年，一期工程进入了施工高潮。主体结构古城至公主坟基本贯通，公主坟以东和进山线也全面铺开分段施工，木樨地

1966年冬施工队伍不惧严寒在加紧施工

过河段利用冬季断水已提前完成。象来街至北京站各工点相继开工。古城至苹果园、疗养院区间的明挖隧道全部主体结构完成。主体结构工程（401线）完成了56%。

1968年，施工继续向东推进。为保证在1969年10月1日国庆20周年时通车，在中央各有关部门及各省、市生产厂矿的积极支援下，前门、崇文门、北京站加快了施工的步伐。截至1968年6月，主体结构工程（401线）完成了77.14%，完成土方96.6%。

1969年上半年，工程进入收尾阶段。最后一个车站北京站，工程量大，结构复杂，技术性强，能不能按期完成，直接关系到北京地下铁道能否在国庆20周年按时通车。担任这项任务的铁道兵12师59团，发动群众集中优势兵力，创造了一种安装钢管柱的先进办法，使安装进度由原来两天装一根，跃进到一天安装

一期工程施工现场

修建中的地铁北京站

16根，北京车站提前100天完成任务，推动了整个工程的进展。全线隧道主体结构工程、附属建筑结构工程全部完成。

修建北京地下铁道的广大建设者们在艰苦的条件下历经了四个酷暑寒冬。施工中昼夜三班连续奋战，住帐篷、经常需要手提肩扛，靠传统的机械施工，条件极为艰苦。夏天，捆绑钢筋，要在密如蛛网、热似蒸笼的钢筋架里，挥汗操作；冬天，浇灌混凝土，要在浑身泥水、脚踏灰浆的情况下，顶风振捣；长年累月铺油毡，高达200多摄氏度的沥青，一个油点溅到手上，就会烫起血泡。建设者们就是在这样的情况下，克服了无数的困难，坚持了不间断的施工，曾经创造了月承建800米的成绩。

一期工程完成投资额57600余万元。开挖的土石方约为1270多万方，灌注混凝土约127万方。一期工程之浩大，仅从石景山至北京站所开挖和回填的土方，如果堆成一座方圆200多米的锥形山，就有珠穆朗玛峰那么高；所抽出的地下水就有90个昆明湖的水量那么多；筑成一道一米见方的土堤，就有三倍从北京到广州的总长。

二 严把施工质量关

北京地下铁道的施工，自始至终是围绕着贯彻落实毛泽东"精心设计，精心施工"的指示进行的。一期工程开工后，虽然工程技术人员和建设者们在实践中不断积累了施工经验，但对施工质量始终丝毫没有放松。

因为地下铁道施工比一般工程复杂，稍一疏忽就会发生裂纹、漏水等问题。修建地下铁道工程质量丝毫不能含糊。在北京地铁一期工程全面铺开、加快施工进度时，一度出现了忽视质量，追求速度，麻痹大意的现象。在施工管理、灌注钢筋混凝土等方面，裂纹、漏振、蜂窝麻面等质量事故时有发生，引起地铁领导小组的高度重视。

在工程建设初期，杨勇及地铁领导小组的成员多次到工地视察，了解工程进度、质量以及存在的问题并及时作出指示。开工后不久，1965年7月18日，地铁领导小组组长杨勇听取地铁工程局局长韩曰翰、副局长徐骏关于"七一"开工后的情况汇报后指示：钢筋混凝土质量一定要保证，不能放松。降水、防水也是一样。质量第一要始终抓到底。在听到工地曾出现打桩等事故时，杨勇说：打桩事故要进行专门总结，要像空军打敌人飞机那样，打下来了要总结成功的经验，打不下来，要总结打不下来的经验。搞地下铁道有一些曲折，错误难免，但总的来说，只能成功，不能失败，失败不可想象。1965年冬天，先投入的西段已基本完成，杨勇等领导视察工地，钻进地铁主体结构，仔细检查是否漏水、水泥标号是否符合标准等，叮嘱战士们要遵守操作规程，确保工程质量。

地铁一期工程是由铁道部地下铁道工程局、铁道兵12师、北京市建工局、北京市市政工程局等单位参加施工建设的，建设者最多高达4万多人。怎样组织好这样庞大的施工队伍，在没有经验的条件下高质量完成作为国防战备工程的地铁建设，的确是很大的考验。

地铁开工建设以后，在以杨勇为组长地铁领导小组的领导下，各施工部队和施工单位切实加强组织领导和协调，建立完善施工管理制度，保证了工程进展顺利推进。但在地铁施工初期，由于缺乏经验，一些工程管理、施工安全方面存在的薄弱环节也逐渐暴露出来。

1965年12月29日夜里发生的一场大火，是开工仅半年的地铁工地上最大的一次事故。冬季施工中混凝土灌注，通常要用草袋遮盖混凝土表面用以保温。结构施工地段为了保持灌注混凝土所需的温度，基坑内设有临时保温棚，棚架用杉木和竹子搭成，顶上盖有苇席、篷布，侧壁围以草帘，沿侧壁敷有暖气管路。由于没有经验和有效的安全措施，29日夜2点10分左右，古城至石景山区间，地铁工程局第一工程处五队施工现场，连夜施工的工人们在暖棚中焊接钢筋。一处五队电焊工张庆兰在电焊时，火花溅落在边墙下部的防寒草帘上，火星引燃草帘后随即起火。看火员罗贵友马上用手里的水壶浇下，火苗暂时熄灭，但转眼间火舌又突然喷出，此时已无水可浇。当时，工人们见起火急奔起火点扑救，并奋力将燃烧的草帘扯下，但这时上边的草帘已被燃着，火势急剧蔓延，终究抢救无效，迅速酿成全段严重火灾。火情发生后，临近各队约3000余人全部赶到，抢救物资、投沙、泼水、切断火路及电路。随后，市消防、公安局及地铁工程局领导赶到现场积极组织抢救。在临近各单位及居民约5000余人的支援下终于在4点30分将火全部扑灭。这次大火烧了两个小时，给国家造成严重的损失。经初步计算，被烧财产的总价值约为104万元，其中木材1127立方，被烧结构的钢材有455吨、水泥1352吨，损坏各种机具28台，在救火中有12人受伤。后经地铁工程局组织有关单位专家进行鉴定，火场被烧物资大部分可以修复、利用，实际损失为34.47万元、工程复旧费15.97万元。

　　火灾引起了方方面面的高度重视。针对火灾事故暴露出的问题，地铁领导小组组长杨勇三次做出指示。地铁工程局、铁12师施工部队掀起了自上而下的大检查、自下而上的大讨论。一处五队全体人员停工检查。地铁工程局组织全局干部、职工、战士观看了火灾现场，深刻查找了事故原因。发生这次火灾虽然是由于在暖棚中电焊、没有有效的安全措施所引起的，但是最根本的原因是思想上麻痹，管理工作制度上不落实、制度不健全造成的。针对火灾事故所暴露出的问题，在吸取教训中各个工地健全了有关防火等制度，加大了沿线安全和质量检查。同时要求施工中举一反三，抓住每个成功或失败的典型，及时总结经验教训。

1966年4月，地铁领导小组组成由铁道部、北京军区、北京市三家参加的联合检查组，对地下铁道工程质量情况进行了一个多月的大检查。检查中发现已拆模的94段成峒中，有18段发生51条程度不同的裂纹；底板和中墙、边墙的接茬端部有12处漏水现象；防水层油毡鼓泡5处，8个结构段混凝土有明显蜂窝麻面。针对存在的问题，地铁工程局、铁道兵12师领导发动工人和战士自上而下开展讨论，查找分析了主、客观原因，并采取补救措施。如混凝土裂缝主要是混凝土入模温度和大气温度差的太大和养护不良所造成，接茬端部漏水主要是对杂物清除不干净或振捣时由于漏振所致。为确保工程质量，及时采取补救措施，凡施工漏水的地方凿除检查，重新灌注；对防水层的气泡切除弥补。并在操作技术上进行研究，制定出了保证质量的措施。通过随时总结经验、吸取教训，最终实现了地铁领导小组，在保证质量的基础上达到高标准、高速度、高质量、低造价、事故少的要求。

地下铁道工程的质量和进度，一直受到党和国家领导人的重视和关心。开工后的一年多时间里，中共中央副主席、人大常委会委员长朱德、国务院副总理薄一波、国家计委主任余秋里、北京市委第二书记刘仁、北京市副市长万里等领导先后到工地视察，听取工程建设情况汇报，及时研究解决施工中的重大问题。1966年4月3日，朱德继开工典礼后，在铁道兵领导的陪同下，第

朱德听取地铁工程设计人员汇报

三次来到工地视察。他听取地铁工程局局长韩曰翰关于工程进展情况汇报后，详细询问了工程进度，钢材、水泥材料供应以及工程质量问题，嘱咐要按计划完成工程任务，要把计划和施工安排布置好。在谈到线路进城后走城墙底下时，朱德说："要做试验，注意坚固，与铁路有没有交叉地方？弯度有什么问题？上边可以抗爆吗？"韩局长回答说："与地面铁路没有交叉，弯道最小半径是200米，没问题。结构上面设有起爆层，可以抵抗爆破弹，结构本身也有一定强度要求，可以起到一定的防护要求。"朱德听完汇报后又观看了车站结构模型，到现场视察了玉泉路和八宝山车站结构施工情况，并进入八宝山至八角村区间隧道观看了内部结构。

测量工作要求精细、严谨。施工中主体结构误差应不超过5毫米，预埋件不超过3毫米。负责测量的战士们在测标高的时候，用手工调锤球测中线，手拉着很重的铁球，一测就是七八次，尽量减少误差。1967年7月，在修苹果园站渡线时，由于经验不足，把中心控制点放错，移位了20厘米，为了保证质量，战士们把已经凝固的内部、厚达1米的混凝土用风枪一块块打掉，并重新调整了位置。担任绑扎钢筋和灌注混凝土的战士们，也始终把工程质量放在第一位，互相监督，加强检查，发现有不合质量要求的地方，立即返工重做，直到工程符合设计要求。

▶ 三 理顺地铁领导机构之间的关系

鉴于修建地下铁道任务的紧迫和繁重，且涉及的方面很多，在领导地下铁道工程建设过程中，中央进一步明确了地铁领导小组和国家建委的关系。1966年8月27日，地铁领导小组召开第七次会议，会议重点研究地铁领导小组和国家建委的配合问题。国家建委主任谷牧参加。谷牧传达李富春7月9日的批示：北京市地下铁路的修建，必须与国家建委发生关系，并受国家建委领导❶。地铁领导小组和国家建委的关系是：地铁领导小组是领导地下铁道修建的决策机构。在地下铁道建设中，国家建委是中央掌管基本建设工作的职能部门。有关重大方针问题，地铁领导小

---

❶ 北京地铁领导小组：关于地下铁道几个问题的请示报告，1966年10月13日，（66）密地铁组字第2号。

组直接报中央，同时报国家建委。以便国家建委秉承中央意图，进行具体工作。地下铁道建设中的具体业务工作，仍由铁道部全面负责。地铁领导小组和国家建委对地下铁道的领导都通过铁道部加以贯彻。

因地铁领导小组中个别成员变动，为了加强地铁建设的领导，会议决定调整、增补小组成员。经地铁领导小组建议，中央研究批准增补了北京市杨寿山、国家建委赵北克、国家计委吴思行为领导小组成员，杨寿山担任副组长。免去万里、佟铮、安志文领导小组成员和万里副组长职务。以杨勇为组长的地铁领导小组共召开八次会议，对地铁开工建设前和施工初期的统一组织领导，发挥了重要作用。

"文化大革命"开始后，一些直接关怀和领导地铁建设的中央领导和以杨勇为组长的地铁领导小组受到了运动的冲击。此后一段时期，地铁一期工程暂由国家建委临时兼管。1968年3月15日，铁道部军事管制委员会在向李富春、李先念并周恩来报送的《关于北京地下铁道修建中几个问题的请示》中，就地下铁道的领导问题提出：地下铁道建设中涉及到国防、人防、城市规划等各方面重大问题。需要有一个强有力的组织指挥领导机构，鉴于原有的以杨勇为组长的地铁领导小组已经瘫痪，建议中央重新指定人员组成新的领导小组，加强对地铁工程的统一领导❶。

1968年12月25日，北京市革命委员会指定郑维山、杨杰、杨寿山等组成新的领导小组，再次加强了对地铁工程的领导。在新

---

❶ 《关于北京地下铁道修建中几个问题的请示》，1968年3月15日，（68）铁军基勘字第351号。

的地铁领导小组召开第一次会议上，讨论了领导小组成员的组成和建立领导小组办公室等问题。会议决定：由郑维山、杨杰、宋养初、杨寿山、兰庭辉、张雁翔、顾毓高、崔萍、钟辉琨、杨守谦、苏杰、张鸿智、张建福等9个单位13名同志组成。郑维山为组长，杨杰、宋养初、杨寿山、兰庭辉为副组长。下设办公室，由北京军区、铁道部、铁道兵、国家建委、北京市各派人组成，办公地址设在铁道部。

进入1969年以后，为确保国庆20周年通车，施工速度加快。此时要合理地使用人力、物力，厉行节约，避免浪费，多快好省地完成地铁工程的修建任务，必须进一步解决好各方面统一指挥和相互协调问题。为此，1969年2月14日，地铁领导小组就施工力量统一指挥问题进行专题研究。鉴于铁道部、铁道兵和北京市共同参加施工。研究决定：建立地下铁道施工指挥部作为统一的指挥机构，由铁道兵12师、北京市建设局、地铁工程局各抽一名负责干部及3至5名工作人员组成。铁道兵12师师长张鸿智任指挥，市建设局荆剑、地铁工程局宋文海任副指挥。办公地点设在地铁工程局。地铁施工指挥部的具体任务是：在地铁领导小组的直接领导下，贯彻落实领导小组的各项决定，充分发挥三个单位的作用，进一步统筹协调解决地铁工程中的计划安排、工程进度以及地铁工程局、铁道兵12师、市建设局的人力物力的平衡调配和技术等重大问题。凡属归口业务，仍由地铁工程局负责。

在新地铁领导小组的领导下，地铁施工指挥部具体承担了1969年施工组织和国庆20周年通车前准备的指挥工作。

四 车站装修与设备安装

早在1965年3月30日，地铁领导小组杨勇、万里、武竞天在向国务院副总理李先念、北京市市长彭真、国家计划委员会主任余秋里汇报工作时，李先念就传达了邓小平关于"地下铁车站的设计要朴素大方，坚固适用，不求豪华"的原则❶。

根据上述设计原则，地铁工程局、建工部、北京工业设计院等设计人员本着朴素大方，经济适用的设计思想，在缺乏经验和资料的情况下，参考借鉴了国外地铁建设经验，发扬独创的精神，深入现场调查研究，搜集了第一手资料，绘制了全线车站若干建筑装修方案，努力把适用、经济、美观结合起来，设计出具有中国特色的建筑风格。

车站装修设计方案完成后，提交地铁领导小组讨论。1966年11月28日，地铁领导小组第八次会议，在听取地铁工程局局长韩曰翰关于车站装修方案等问题的汇报后，决定：车站装修的设计，提请中央文革小组审定。各车站要因地制宜有所不同，但要经济、朴素、大方，在设计上要标准化（分甲、乙、丙三种），不宜太复杂，制作工厂化，构件系列化，语录牌、宣传画的张贴可搞活动的，便于更换和维修。全部装修工程由北京市承担。

车站按建筑规模不同分为甲、乙、丙三个等级，北京站、前门站为甲级；崇文门站、宣武门站、南礼士路站、木樨地站、军事博物馆站、公主坟站、五棵松站、玉泉路站为乙级；和平门

---

❶ 北京地铁领导小组第一次会议记录，1965年3月30日，（65）字密地铁组第1号。

站、长椿街站、万寿路站、八宝山站、八角村站、古城路站、苹果园站（后延长到苹果园站）为丙级。车站站台形式分为两种，站台在中间，线路在两边的为岛式站台；站台在两边，线路在中间的为侧式站台；其中，苹果园站、古城路站、八角村三个站台为侧式站台外，其他均为岛式站台。

装修设计中，在地面、柱面、侧墙的材料、色彩选择上，主要根据各个车站的不同等级、特点，确定不同的装修标准和风格。既要考虑到与地面建筑相协调，又要与当时的年代相烘托。如石景山（古城路）车站，因为石景山钢铁厂所在地，选择了红色缸砖铺地，象征中国钢铁工人所走的红色道路；八宝山车站以枣红色马赛克作为地面材料，象征踏着革命先烈的道路前进，使得车站政治空气更加浓厚，并感到温暖亲切；前门车站位于天安门广场南端，和故宫皇城相望，因此，装修采用了金黄色的天然大理石做墙面饰面材料，与金碧辉煌的故宫相呼应。有的车站，选择乳白色美术水磨石作为柱子饰面，给人一种洁白、清新的感觉。

在车站艺术照明灯具设计方面，考虑到地下铁道用电时间长，耗电量比较大，又要保证一定的照度标准，采用了用电省、光线柔和的日光灯。在灯具的形式上，运用吊灯、灯罩的多样化及变换柱形和饰面的材料、颜色，以及重点装饰等艺术处理手法，以达到朴素大方又具有中国建筑传统风格的效果。为了使车站便于日常清洁和消毒，在墙面、柱面、顶棚材料上都选择了不怕水冲、不怕潮湿的材料，既防水又防火，坚固耐用。

1967年上半年，随着古城路站、八角村站、八宝山站、玉泉路4个车站主体结构施工基本完成，这些车站率先进入车站装修阶段。前门、崇文门、北京站由于拆迁等原因开工较晚，最迟进入装修。截至1969年7月底前，一期工程（401线）16座车站的站内装修全部完成。

在土建结构基本完成后马上进入设备安装阶段。地下铁道通车所需要安装和运用的机电设备主要有铺轨、电力设备、通风给排水、通信、信号、特级部分、车辆部分等。全线共需安装各种风机、水泵337台，通信、信号设备94项，敷设各种电缆840公里，电工测试仪器149台。变电站设备561台，动力、照明、特技等各种类型的开关柜（板）1442面，电工测试仪器149台等。

设备安装工作是地铁施工中的重要工作。它不但复杂而且由于处于地下，这样特殊的条件给施工增加了很多难度。地铁内部空间小，很多大型安装机械不能在洞内使用，对于像几吨重的变压器、几十吨重的人防门，全部是工人们肩扛手拉的运进来、安到位；尤其是供电部门放电缆工作，上百人扛着一根粗电缆，一字长蛇阵走区间、爬风道、钻站台、挂电缆；隧道内光线不足，施工人员用几只手电将光线聚在一起来核对线号、焊接线头、接线；站台板下电缆夹层内高度仅有1米多高，机电安装水管和供电安装电缆的工人爬进爬出、蹲在里面干活一干就是四五个小时，就这样一件件、一根根地完成了安装任务。

地铁内多个专业在同一个时间和同一个空间同时施工。如调整钢轨、安装托架、敷设线缆、安装区间照明灯具等，彼此之间工作井然有序；有的时候各专业是不能同时施工的，如洞内有铺轨、轨道车运输设备材料、三轨通电等情况，这时候各专业施工人员在车站或洞口等待着，一旦调度发出进洞的通知，马上进洞开始紧张的工作。各专业之间不单存在平行作业和互相影响，也存在互相帮助协同作战，有时需要调整工序让兄弟专业先干完，让出场地后，马上进入本专业施工；在管线交叉密集的部位，各专业共同研究调整管线的布置，让相关的各种设施都能实现功能。

变电站调试、试验是关系到试车的中心环节。虽然变电站设备复杂而且大部分都是试制品，工人们对设备性能也不熟悉，但为了完成任务昼夜奋战，研究试验，从而达到送电性能良好，使国庆20周年通车有了根本的保障。

通信设备安装精密度要求很高，焊接十多万个线头，不允许出丝毫差错。承担这项任务的技术人员勤学苦练，细心作业，使焊接的线头质量全部达到了设计要求。

施工部队正在铺设轨道

施工队伍正在敷设电缆

　　1966年10月，八宝山站结构首先完成。玉泉路站至五棵松站贯通并开始设备安装。年底，地铁工程局机电安装处为做好试车各项准备工作，组建了铺轨队、通信信号队；同时，电力安装队、车辆队也配备充实了技术干部和工人。

　　1968年是保证地下铁道在国庆20周年古城至北京站全线通车的关键一年。全线主体结构基本贯通，全面进入了设备安装阶段。此时铺轨已至前门，机电设备安装完成60%，古城至公主坟车站已基本安装完毕并开始试车。1969年7月底，设备安装工作全部完成；8月至9月15日，全线调试和试运转。

五 国产车辆及其他设备的试制和试验

　　地下铁道的修建需要大量的材料和设备，仅需要试制的运营设备就有电动车辆、干式变压器、硅半导体整流器、通信信号、通风机械等。特别是车辆、自动扶梯、防护门、接触轨、电器通信信号、防护密闭门等，这些设备国内过去尚未生产过。因此，在筹划、推进地下铁道施工建设的同时，地下铁道所需设备也在抓紧下达任务和组织研制。

早在1960年4月29日，国家计划委员会、国家经济委员会、国家基本建设委员会、第一机械工业部就联合下发通知，要求全国各省、市承担北京地下铁道工程所需机电设备试制、生产，并将这批机电设备确定为国家专案任务。1962年，由铁道部和一机部组成的联合设计组曾提出过一份地下铁道车辆，技术设计资料，由于地铁工程处在缓建阶段，车辆的设计试制工作暂停下来。随着中央决定地铁工程上马，并提出1966年下半年建成6.7公里进行试运转，1968年修通第一期工程长20.8公里并投入运营。因此，车辆设计和试制工作提上日程。

1965年3月5日，铁道部专门与一机部沟通，请他们尽速恢复车辆设计工作，并组织车辆和配套电机、电器的试制和生产，以满足试运转的需要。考虑到地铁车辆是一项新的产品，新技术、新材料采用的多，牵扯单位多，需要大力协作和配合。4月27日，地铁领导小组办公室召集有关参与机车车辆试制工作的一机部、湘潭电机厂、铁道部工厂总局、长春客车厂、电务事务设计所、地下铁道设计处等单位座谈，商定了1965年第四季度长春客车厂试制出一辆车的底盘及两个台车，以便湘潭电机厂电机和电器在试车线上试验。信号方面采用的列车自动控制新技术，由电务事务所直接与长春客车厂配合研究。

　　地铁车辆既不同于铁路机车，又不同于铁路客车，是一种以直流电为动力的客车，是我国机车车辆产品中的一项空白，国内既无图纸，又无样机。原计划由苏联提供北京地铁车辆的图纸，因中苏关系恶化而中断。在当时，我国与其他国家既无技术交流又无经济合作，连一本地铁车辆的样本都看不到，况且长春客车厂是以生产铁路客车车厢为主的铁路工厂，本身又缺乏电力电器方面的技术人员和生产设备，对长春客车厂来说，像这样全新产品的设计，关键零部件的试制试验，还是第一次，要制造出地铁客车更是困难重重。

　　1965年，接受车辆的设计试制任务后，4月份，长春客车厂立即组织了设计力量，调查研究，收集资料，草拟设计任务书。5月即开始正式设计工作，边画图边向湘潭电机厂、地铁工程局等单位提供各种设计资料。在设计过程中，设计人员坚持多做模型、多试验。先后制作了车体、车钩、转向架、五通阀、司机台等十几种模型。风动门是地铁车辆的关键部件之一，它关系着成千上万乘客的安全。在设计试制中，经过调查研究、分析对比、制作模型，进行了13万次的耐用性能试验。五通阀及风缸也进行了十几万次的动作试验。

　　地铁车辆要采用很多新技术、新材料，为了解新材料的来源、性能和采用的可能性，设计人员参与了新配件新材料的"跑料"工作，并坚持到车间、车辆段、电车公司，与制造、检修工人相结合，共同确定重大技术问题。

　　经过四个月的刻苦攻关，9月份即完成了转向架设计图纸250张、车底架图纸95张并交车间试制，并先后试制出车辆的转向架、车底架、传动装置、电机、电器等主要零部件，对转向架、电空制动等主要部件进行了各项试验。

1966年1月，长春客车厂将试验车部件送到湘潭电机厂的同时，并先后派出技术人员13名，技术工人11名到厂参加总装和试车。正式试车前，湘潭电机厂成立了"地下铁道电动车辆（北京地下铁道第一列电动客车，定型为DKI型车）联合试验工作组"。长春客车厂先做了一个试验用的车底架，湘潭电机厂临时搭上车棚，又专门修建了一条试验用的线路。3月12日总装完成，正式投入试车，自3月13日至4月15日，试验车共进行了34天，运行了1471公里。在各单位的通力合作下，试验车经过多次失败改正，于1966年4月顺利完成了我国第一台地下铁道电动车辆试验车的总装和试车。装车试验后，电机、电器便投入生产。

为加强对地下铁道车辆试制、试验及生产的统一认识、统一步调、统一安排，铁道部将此列为大会战项目。1966年4月20日至4月27日，铁道部召开车辆会战会议，并成立了"地下铁道电动客车作战小组"，小组成员除1965年铁道部、一机部联合指定的由长春客车厂、湘潭电机厂外，另增加四方车辆研究所、天津机车车辆机械厂、长辛店通信工厂、电务事务设计所、地铁工程局五个主要关系单位。

1967年，完全利用国产材料和配件生产的北京地铁电动客车样本试制车001号、002号车试制出厂。DK1型车有2辆编组，是一种全动轴结构车辆，每一辆车都能独立运行。两辆试制车于5月13日送到北京进行调试。5月30日至6月17日，"地下铁道电动客车作战小组"召开第四次会议，对试制车进行现场观摩，并邀请北京内燃机务段等十几个单位对试制车提出改进意见。会议认为：通过湘潭电机厂两次试验车辆，样车基本上满足设计任务书的要求。

为满足北京地下铁道一期工程通车需要，在试制出的DK1型样车的基础上，经过改进设计和工艺后，DK2型地铁车开始批量生产。1969年6月，第一批12辆DK2型客车运到北京，于1969年10月1日正式投入运营。在缺乏技术资料的情况下，长春客车厂、湘潭电机厂从选型、设计、中间试验、试制到交付试用，仅用了两年左右的时间，就制成了我国第一列具有先进设施的地下电气客车，填补了国内空白。第一批DK2型地铁车虽然只有两节车厢编为一组列车，但毕竟是中国自己设计、制造的地下客车。车辆上采用的压缩焊接构架、空心轴、空气弹簧、塑料闸瓦、空重车调整装置等新技术，在当时都赶上或超过了国外地铁电动车辆的技术水平。

1966年，长辛店通信信号工厂承担了"自动闭塞"的试制工作。在试制过程中，为了攻克技术难关，技术人员在春寒的季节，到一处高山隧道进行试验。他们经常蹲在铁轨上，试验火车

1967年北京地铁第一列电动客车DK1型

在各种距离的反映，直到火车逼近时才闪在一旁。就这样经过三个月的奋战，带回了五万多个数据。经过技术人员和工人的研究摸索，最终制造出一种具有先进水平的新型"自动闭塞"装置，它可以准确地自动显示信号，使列车在行驶时确保安全。在车辆试制成功的同时，自动信号等设备也试制成功。

关于地下铁道修建所需机械、设备生产问题，地铁领导小组一开始就明确了：机械、设备，材料应尽量从国内生产中解决，立足于自力更生。进口设备必须经审查小组审查后上报。后来，中央两委两部又以文件的形式下达各有关省市革命委员会和厂矿企业，对地铁所需机电设备优先安排生产、供应和发运。全国28个省市、自治区的798个单位承担了地下铁道机械、装备的加工生产任务，仅材料和机具设备加工订货就有六大行政区178个厂矿单位协作。由于全国各厂矿大力支援，克服各种困难，自力更生为地下铁道研制生产了上万台设备。

一期工程的车辆及各系统设备，其中不少设备是在短期内专门为北京地下铁道第一次设计制造的，如牵引供电系统中的干式牵引变压器、整流器、直流开关柜、电动隔离刀闸、接触轨、主变电所内的油浸水冷变压器、户内式35KV手车式开关等等。通信设备完全采用国内的资源和技术，自行设计与施工。国内自行研制的第一部带汇接功能的小容量多局制JZHQ型纵横制自动交换机、DT250/500有线遥控电子管广播设备，以及具有先进水平的四轨迹自动广播机，这些新技术新设备，有些虽然是一次性、非标准产品，但就其应用技术而言，实属当时全国同行业产品中的领先产品。

第三节 新中国第一条地铁建成通车

一 确定筹备运营管理机构

随着地铁一期工程竣工在即，解决建成后的运营管理问题提上日程。

1967年4月21日，地铁工程局在给国家建委、铁道部《关于北京地下铁道第一期修建情况及存在问题和对第二期工程修建意见的报告》中，提出：第一期工程即将全部建成，由哪个单位接管使用需要即速确定下来，以便使用单位考虑培训运营人员和进行运营管理的准备工作。同时根据地下铁道平战结合的作用，有利于配合地面市区交通条件和有关人防、国防的统一指挥使用，建议由北京市负责接管使用。

7月25日，在国家建委召开的会议上，建委和铁道部一致认为：一期工程建成后，由北京市管理较为适宜，并且建成一段即由北京市接管一段，负责临时运行任务。

北京市革委会工交城建组认为：北京地下铁道是以备战为主兼顾城市交通，平时负担北京市公共交通运输任务，是组成全市交通网的一部分，工程建成后，应该由北京市管理。但是，由于这是一项新的技术，比较复杂的现代化设施，它与铁道系统有密切的关系，而北京市又没有这方面的技术力量和管理经验。因此，在移交给北京市管理的问题上，提出两个建议方案：一是整个工程未建成以前，由铁道部管理。在铁道部的直接领导下，建立管理机构，培训专业人员，先行负责临时运行任务。待整个工程建成并由国家正式验收后，再移交北京市领导。二是现在就由北京市接管。立即着手成立地下铁道管理机构并实行军管。由铁道部负责配备领导干部、技术力量及管理和营业人员的骨干，培训各类专业人员，并将中央批给地下铁道的劳动指标拨给北京市。

9月15日，谢富治在北京市革命委员会工交城建组的请示报告上批示：同意由铁道部门管理。

铁道部军事管理委员会于1968年3月15日就第一期工程建成后的运营管理问题，向国务院副总理李富春、李先念并周恩来总理报告，建议：因地下铁道是一项战备工程，平时主要担负城市交通运输任务，长期由铁道部门管理，有一定困难。但开始运营即由北京市负责，也有困难。因此，根据谢富治的指示精神，在运营初期暂由铁道部负责管理。但为了将来北京市便于接收管理，在组建运营管理机构时由铁道部和北京市共同筹建❶。

由于试车即将进行，并考虑到运营筹备工作比较繁重，必须立即着手进行组建机构、培训人员等工作。1968年6月28日，铁道部军事管理委员会发出《关于成立地下铁道运营筹备组的通知》❷。通知规定：地下铁道的运营筹备工作，由北京铁路局负责。运营筹备组由北京铁路局革命委员会、地铁工程局革命委员会、铁道兵负责施工部队三方组成，共同完成筹备任务。筹备期

❶ 《关于北京地下铁道修建中几个问题的请示》，1968年3月15日，（68）铁军基勘字第351号。

❷ 《关于成立地下铁道运营筹备组的通知》，1968年6月28日，铁道部军事管理委员会。

间不办理正式交接，待工程完成由国家统一组织验收后再正式办理交接。9月29日，铁道部决定：北京地下铁道运营筹备组由北京铁路局指派一人担任组长，组长王树荣。地铁工程局和铁道兵12师各派一人为副组长，副组长张锐、刘汉文。

由于地下铁道主体工程基本完成，管理区段延长，电动客车增加，为便于专业化管理，做好国庆20周年通车前的准备工作，1969年6月，地铁工程局把1967年10月成立的机电安装处古城车辆队一分为二，成立了运管队和电力客车队，并分别建立革命委员会。同时撤销古城车辆队。

通车在即，1969年8月9日，地铁领导小组第二次组长会议讨论了关于通车临时运营管理问题，决定：鉴于当前工程尚未完工，运营和施工暂分不开，为确保安全通车，既要照顾当前施工和通车不受影响，又要为将来正式运营接管创造条件。因此，临时运营管理工作，全部由地铁工程局负责，北京铁路局暂不插手管理。临管期间北京铁路局地铁运营筹备组，归地铁工程局领导，参加运营人员的党团、人事、工资关系由地铁工程局，统一临管，待工程完工后，正式运营时再按现建制原班移交给北京铁路局。有关通车运营的具体问题，由地铁工程局革命委员会宋文海、北京铁路局革命委员会贾志坚负责协商决定。但因地铁工程局、北京铁路局意见不一致，此问题没有得到解决。

1969年9月，北京铁路局地下铁道运营处正式成立，丁继忠任主任兼党的核心领导小组组长，并建立革委会。北京铁路局地下铁道运营处成立后，未能设置工作机构，与地铁工程局机电安装处运管队、电力客车队共同管理运营工作。

通车前夕，地铁工程局、北京铁路局两个运营管理机构同时筹备地铁开通。

二 开通前的各项准备

1968年8月31日，国家建委地铁工程会议传达了中央"北京地下铁道第一期工程（401线）1969年国庆20周年大庆通车"的指示。

1968年12月，新组建的地铁领导小组，在通车前共召开十次地铁领导小组及组长会议，传达、贯彻中央有关方针政策，重点研究解决一期工程开通前的一些重大问题。

随着主体结构的完成、机电设备已经进入全面安装阶段，但还有70%的设备没有落实，影响工程进度。地铁领导小组第四次会议着重研究机电设备落实情况，决定：对所缺机电设备由国家建委、计委负责落实解决，必须保证在1969年1月15日前落实到生产工厂。根据决定事项，3月初，地铁工程局指派专人，组成了华东、华北、中南、华东地区的四个巡回催货小组，分赴有关工厂企业，对已落实订货的机电等设备，特别是对通车必保的设备抓紧催货。并主动与设计、施工、物资、运输部门密切联系，为确保产品按时按质按量交付发货创造条件。3月19日，国家计委、国家建委、物资部、一机部、四机部、铁道部又联合发出"要求补充安排部分机电产品及已订货设备提前交货"的通知，进一步落实了通车所需的物质设备和车辆协作配套产品。到4月初为止，设备到货已达总需要量的80%以上。

通车所用车辆问题。必须保证在9月底生产60辆、10月份再完成20辆、年底再生产20辆，到1970年第一季度累计完成124辆。对通车必需的无线电原件、电动客车所需的二类机电产品列为国家专案保证供应，必须保证通车时所需60辆车的要求。1969年第二季度已完成20辆车。

1969年2月14日，地铁领导小组成立了由铁道兵12师张鸿智任指挥，市建设局荆剑、地铁工程局宋文海任副指挥的新的地下铁道施工指挥部，解决了"统一指挥"和相互协调问题。

安全供电是保证地铁通车的关键问题。地铁领导小组决定：水电部、铁道部共同组织试验35千伏、10千伏电力电缆对通信信号的干扰问题，提出保护设备和措施等。地铁施工指挥部和供电局协作研究通车供电方案。

地铁开通在即，地下铁道车站政治宣传内容及布置问题也提到地铁领导小组面前[1]。领导小组决定：地下铁道各车站政治宣传内容由地铁工程局负责提出设计方案，报北京市革命委员会审定。由于处于"文化大革命"期间，按照中央的精神，内容上必须突出毛泽东思想。各站必须有毛主席像和毛主席语录。宣传制品要朴素、大方、美观、节约和耐用。布置做到"庄重、整洁、适当"。全线16个车站的布置方案、制作，由地铁工程指挥部及北京、上海、苏州等12个单位承办。8月底前上海承办的北京站、前门及木樨地站；苏州承办的新华街站；北京木材厂承办的宣武门站；海军承办的八角村站；地铁工程局承办的礼士路站等已制作完工，并完

---

[1] 《关于地下铁道车站政治宣传布置问题的请示报告》，1969年8月28日。《关于地下铁道车站政治宣传布置问题的报告》，1969年8月29日，（69）地铁组字8、9号。

成了毛主席的照片、语录、诗词、题词和其他作品156幅的制作工作。按要求布置好两个车站，待领导审查后进行安装。

地铁领导小组还对各项工作的完工期限提出具体要求。5月上旬，已完成了一期工程22.9公里隧道主体结构；6月底完成了附属建筑结构车站出入口、通风道、隔断门、铺轨等工程；7月底前全部完成了峒内机电设备安装和土建装修工程；8月底前完成33万回填土工程、13万混凝土路面工程；通车所需的60辆客车，6月底已到北京12辆、8月底到24辆、9月初全部到齐。全线机电设备调试和车辆试运转的准备工作抓紧进行，请有关协作单位的老工人和技术人员来京对每项设备、每辆车都要进行检查试验。8月20日，全线电力、通信、信号、车辆系统进行全面试运行。9月10日前，全部工程达到正式通车水平。

各有关单位随即按照要求，落实筹备地铁开通的各项准备工作。地铁工程局、北京铁路局分别抓紧进行人员调配和培训。1968年为地铁建设的关键之年，主体结构工程计划年内全部完成，设备安装全面铺开，工程任务十分繁重。加之1967年地铁工程局解除了合同期满的1300余名合同工，1968年又按国家规定解除合同工2400人，施工力量明显不足。因此，1968年4月，地铁工程局给北京市打报告，请求补充退伍复员军人1000名，特别是通信信号设备安装绝大部分都是新设备，新技术，希望能选调部分通信、通信电缆、电力等技术工种的人员。1968年12月30日，地铁领导小组讨论决定同意报请中央，从铁道兵或工程兵中补充复员军人4000人。总参谋部根据铁道部军管会的报告，上报中央同意，从铁道兵和北京市在当年分配的复员转业军人中解决，充实了地下铁道专业技术力量和劳动力不足的问题。

　　1968年5月，地铁工程局成立运输管理筹备组。筹备组的基本任务有三项。一是试运，进行车辆试验和设备试验；二是看管，对已完工程设备的看管和铺轨后的施工运输管理；三是培训，根据运营期间的需要，代铁道部为初期运营培训必要的技术工人。为了完成其中的培训任务，对运营初期所需生产人员进行了分析，计划需要初期运营生产人员1655人（其中生产技术工人804、站务人员751人、勤杂服务人员100名），按司机、机电、通信、信号、检修等技术工种技术的难易程度有计划地进行培训，培训方式上采取委托代培。电动客车操纵所需工种委托宝鸡电力机务段、抚顺矿务局等单位；通信信号、电务设备维修所需工种委托电务总队、长辛店通信信号工厂。车辆检修、修理所需工种送湘潭电机厂、长春客车厂承担车辆制造任务的有关单位。副司机、水泵、空压机司机自行培训。

　　1969年2月，北京铁路局在没有电动客车司机、车辆刚刚生产出来的情况下，先后从西直门、永定门铁路内燃机务段、南口铁路技校等单位，调进了内燃机车、蒸汽机车乘务员36人，同15名复员战士一起开始学习车辆理论和操作驾驶技术。6月1日，51名司机学员到长春客车厂进行培训，初步掌握了电动客车的技术性能和操作本领。7月1日，学员们回到北京。三个月后就要完成通车任务，时间紧、任务重。在没有教材、教室和教师的情况下，大家凭着教的记忆，互帮互学。为充实司机力量，8月15日又从铁路调人50名内燃机车、蒸汽机车乘务员。随着北京地铁电动客车的陆续到位，这101名电动客车实习司机，根据图纸和车辆，边学习、边调试、边编写教材和讲稿，一遍又一遍地熟悉车辆性能。经过学习培训，最终掌握了地铁车辆的驾驶技术，成为中国第一代地铁司机。

为了满足群众参观地铁的愿望，学习摸索组织指挥管理的经验，在正式通车前，部分车站已小范围地接待外宾和群众参观。1969年2月，木樨地站开始有组织地接待群众参观，由单位统一开介绍信，每天限制一定的人数，到车站集体参观。后开始接待群众乘车参观，乘车区段为木樨地至公主坟。7月份，组织编写了车站管理、运营机车组织管理等有关规定；编制了通车试运营时使用的第一套15分钟间隔、10分钟间隔、5分钟间隔的列车运行图。8月份，开始试车同时培训了即将参加全国第一条地铁通车试运行接待参观任务的客运人员、司机和管理人员。这些工作人员大部分都是从地铁工程局、铁道兵转入的工人或士兵，正是以他们为主的地铁职工队伍，担负起20周年国庆地铁开通试运营这一光荣任务。

▶ 三 新中国第一条地铁建成通车

1969年8月27日，地铁领导小组传达了周恩来"地铁通车时不举行通车典礼"的指示。9月23日，地铁领导小组召开通车前最后一次会议，讨论研究了一期工程（401线）通车问题。鉴于有关行车组织工作尚待进一步完善，会议决定：目前可组织各单位参观，暂不售票。具体安排9月25日至27日请部队系统、中央各部委、北京市各单位的负责同志乘车检查工作。28日起接待

国庆观礼代表参观乘坐地铁

国庆观礼代表和外宾参观。节后有计划、有组织地邀请中央各部委、部队系统、北京市属单位的革命群众乘车参观。关于通车前的参观接待工作，1969年7月30日，在地铁领导小组召开的第一次组长会议上决定：由地铁施工指挥部负责，从地铁工程局和铁道兵12师抽调人员，组成一个参观接待联合办公室，统一负责通车前的参观接待工作。此次会议进一步明确，参观接待工作，由地铁工程局革命委员会负责。

按照上述指示，运营管理机构和各有关单位认真检查并做好了开通时地铁车辆、设备设施、工作人员、运营组织、参观接待的各项工作。国庆节前共有10000人分三天参观乘坐了地铁；9月30日上午，在叶剑英、李先念、姬鹏飞的分别陪同下，集中接待了来中国参加国庆活动的六批外国国家领导人，有朝鲜委员长崔庸健、越南总书记黎笋等。

1969年10月1日，在庆祝中华人民共和国成立20周年的日子里，经过四年零三个月的紧张施工，由中国人自主设计、自主施工的中国第一条地下铁道——北京地下铁道一期工程建成通车。此时正值"文化大革命"时期，遵照周恩来的指示，地铁国庆通车时没有举行通车典礼。

地下铁道一期工程的建设时间，原定1965年下半年至1968年上半年三年完成。之所以用了四年零三个月，主要是正式开工以后，经地铁领导小组多次研究和现场勘测，在审定线路方案时又陆续增加了一些工程。如石景山至北京站，原设计13个车站，后增设八角村、木樨地、象来街三个车站及进山延长线、加强了全线起爆层、增建四处地下电站、护城河改道等工程，线路长度由20.8公里延长为29.06公里，增加了将近9公里。加之当工程全面铺开不到一年，即赶上了"文化大革命"，作为重要的战备工程，地铁施工建设虽没有停顿，但也因受到动乱的干扰，施工组织多次变化，不得不放慢速度。好在中央军委当时有指示，解放军不搞"文化大革命"，使地铁施工部队保持了相对稳定，为地铁工程的圆满完成奠定了基础。

北京地下铁道一期工程是"一环两线"规划方案中的第一条线，是北京地下铁道东西走向的干线，线路全长29.007公里，其中北京站至古城路站（401线），全长22.879公里。这条线东起北京站，沿古城墙西行，经崇文门、前门、和平门、宣武门、长椿街向北至礼士路、再向西，经木樨地、军事博物馆、公主坟、万寿路、五棵松、玉泉路、八宝山、八角村、古城路，共设16座车站和一座地面车辆段。古城路站至福寿岭站（402线）全长6.128公里，设3座车站。一期工程整体设计是成功的，地基稳固、结构完好、线路稳定、设施配套，工程质量良好。

一期工程建成通车，结束了中国没有地铁的历史，翻开了中国轨道交通建设的新篇章。

第四节 "工改兵"和运营处的诞生

一 周恩来指示"工改兵"

北京地铁一期工程1969年10月1日建成通车后不久，便接连发生两起地铁车辆失火事件。

1969年11月3日早晨8点多钟，3-4号车沿下行线回段，在古城路出站不远的大曲线处，4号车突然发生电弧光，几声巨响，接着浓烟滚滚，火势迅速漫延，沿着电缆烧至车厢，司机立即采取刹车措施，用灭火器将火扑灭。这次事故由于变电所及时跳闸而未造成大事故。

时隔八天之后，又发生一起损失最严重、影响最深远的车辆失火事故。11月11日上午，63-32号列车空车回段通过万寿路至五棵松区间时，因车辆主隔离开关保护性能差，造成短路放弧、车辆走电失火事故。10点55分左右，司机听到车下一声巨响，立即停车，见车下弧光和黑烟四起，赶紧跑到五棵松站报告情况，请求救援。五棵松站调度命令变电站拉闸(大约已过5分钟)，随即又命令立新（公主坟）变电站拉闸。变电所拉闸后车辆继续燃烧不熄，车辆段于11点15分得知地铁车辆失火，领导和部分职工立即乘轨道车奔赴现场，行至五棵松站，站内浓烟弥漫，继续前行时，轨道车上发动机熄灭。抢救人员改步行前进，洞内黑烟滚滚，伸手不见五指，抢救人员无法忍受浓烟刺激，也分不清方向，有的摸黑返回车站，有的向前摸去，窒息于洞内，先是救火，后成为救人。一批批上去，又一批批昏倒。解放军防化部队来救援，也被窒息洞内。北京市消防单位几乎全部出动，救火水车从万寿路一直排到五棵松，因缺少隧道灭火经验，也无法发挥作用。直到下午3时，京西矿务局消防队赶到，戴着防护罩抢救人员，并采取洞内送风办法，风从万寿路送入，烟从五棵松排出，通风后大批窒息人员才得救。下午4点45分大火才被熄灭，足足燃烧了六个小时。事故当天，从万寿路至五棵松地面段实行戒严封闭，中断了交通。据当时统计，参加救火的各方面人员近3000人，中毒窒息的200余人。受伤住院100多人，死亡3人。被烧的两辆车只剩下钢制车体及车下的电机电器和制动装置基本报废，损失达72万元左右❶。

　　这次事故原因涉及到中国地铁初创时期运营组织存在的各方面管理问题，暴露出车辆、供电、通信、通风、消防、救援等技术方面存在的欠缺，引起了地铁领导小组和中央领导的高度重

❶《城市轨道交通》1987年4月。

视。11月11日，地铁领导小组及时上报了《关于地下铁道车辆发生火灾造成人员伤亡事故的报告》，11月12日，周恩来对此作了重要批示："地下铁组织有严重不纯情况，连同技术原因。应从政治挂帅入手，在大批判、清队、整党工作上找出根源，才能纠正错误，有所改革。" ❶

11月14日，地铁领导小组召开第十次会议，传达周恩来对火灾事故的批示。会议重点研究了运营管理工作、安全事故、加强施工统一指挥、车辆技术改进等问题。会议决定：运营管理工作，首先要保证队伍纯洁，地铁工程局和北京铁路局，对参加运营工作的人员必须严格进行政治审查。将地铁工程局和北京铁路局参加地铁运营工作的人员固定，岗位固定，组成一个新的运营处。关于安全事故问题，地铁工程局要从政治上、思想上、组织管理、技术设计、工艺制造等方面，找出发生事故的根源，纠正错误，采取有效措施，防止再次发生事故。并要求关于加强施工统一指挥问题，由张鸿智组织有关人员提出具体方案。车辆技术改进问题，由铁道部负责召集有关单位，对地铁车辆从设计、制造、工艺、材质、安全、防火等方面提出改进意见。

根据周恩来批示和地铁领导小组会议精神，11月21日，地铁施工指挥部就加强地下铁道施工指挥部领导问题进行了研究，并提出了建议方案：地铁指挥部以铁道兵12师为基础，从地铁工程局和北京市建设局抽调政治可靠、业务熟练的人员组成。地铁工程指挥部在北京市革命委员会和地铁领导小组的领导下进行工作。地铁工

---

❶ 北京地下铁道施工指挥部：《关于加强北京地下铁道施工指挥部领导的意见》，1969年12月4日。

程投资、设备和物资，由指挥部与国家计委、建委、物资部对口，单列户头。新的地铁工程指挥部自第二期工程开始实施领导。第一期工程仍由原地铁工程局业务对口，善始善终，负责到底。

12月12日，地铁领导小组召开第十二次会议，研究讨论了地铁领导小组、施工单位统一指挥、运营管理、车辆改造、纯洁队伍等重要问题。作出如下决定：

1. 关于纯洁队伍工作，由地铁工程局军宣队负责，北京市革命委员会工交组协助。对地铁工程局运管队、电客车队和北京铁路局运营处内参加地铁运营的人员除留少数政治上可靠和必要的值班工作人员外，其余人员一律撤出，由地铁工程局和北京铁路局分别组织各自的人员举办为期三个月的毛泽东思想学习班，地铁停止运行，立即进行整顿。对地铁工程局施工队伍12500多人，必须按照参加国防工程人员的标准，进行彻底清理，凡不符合条件的人员，一律调离。

2. 关于地铁领导小组问题。鉴于地铁工程涉及部门多，关系复杂，而又是一项长期性的重要的战备工程，为了加强对地铁工程的领导，建议两个方案：一是取消地铁领导小组，由铁道部直接领导。二是加强地铁领导小组，建议由国务院业务组指派一名同志或刘贤权任组长。倾向后一个方案。

3. 关于统一指挥问题。担任地铁一期工程施工的有四个单位共40000余人。其中：铁道兵12师近20000人、地铁工程局12500余人、北京市8000余人、水电部2000余人。鉴于一期工程缺乏统一指挥，影响了工程进度，造成一些不应有的浪费。必须建立一个强有力的施工指挥部，统一领导所有施工队伍。指挥部建议以铁道兵12师为主，铁道兵副参谋长张鸿智任总指挥，铁道部原基建总局副局长并月、地铁工程局革命委员会主任宋文海、北京市建设局领导小组副组长荆剑任副指挥。

4. 关于运营管理问题。把施工与运营分开，由铁道部重新组成一个独立的运营管理机构，受北京市革命委员会或铁道部直接领导。对现有的地铁运营人员进行严格审查，保证政治上的纯洁，且具有一定业务技能、身体较好的条件。对不符合条件的一律调离。

5. 关于车辆改造问题。年底前先改造好4辆车，经过试运转后再加改进，1970年春节前完成40辆车改造后投入运营，再生产车辆按照新设计进行。

1970年2月6日，周恩来在京西宾馆听取地铁领导小组副组长杨杰等汇报后，就有关地铁建设和运营管理问题作出四点指示：（1）关于施工力量统一领导问题。铁道兵、地铁工程局、水电部、北京市四股施工力量未形成统一领导，会造成一些不应有人力、物力、财力的浪费。因此，二期工程的施工力量应由铁道兵统一领导，整编为军队。现有队伍适合军队条件的改为铁道兵编制，不适合的退回原单位安置，技术人员作为职工。（2）成立新的地铁领导小组。（3）二期工程的投资、物资、材料的申请分配问题，统一由铁道兵归口负责。二期工程设计问题，在第一期工程基础上总结经验、加以改进。（4）运营处先不对外营业，由铁道部负责整顿队伍，审查人员。

当天，周恩来还给铁道兵司令员刘贤权留字条："地下铁改归铁道兵管，并成立一个领导小组，由刘贤权（正）、吴德（副）、杨杰（副）郑维山等人参加。其任务首先总结地下铁第

1970年2月6日周恩来给刘贤权的字条手稿

一期建设经验和规定改进措施，提出二期施工计划，并先提出领导小组名单，报军委、国务院转中央批准。请你办。"

根据周恩来留字条的指示，刘贤权于2月8日召集有关人员进行研究，提出地铁领导小组成员建议名单，并向周恩来并国务院、军委办事组上报。2月10日中共中央批复：新的地铁领导小组由铁道兵牵头，刘贤权任组长，吴德、杨杰任副组长，成员有郑维山、李良汉、袁宝华、杨寿山、苏杰、钟辉琨、彭海贵、张鸿智、路宗成、宋文海。

2月14日，刘贤权主持召开新成立的地铁领导小组第一次会议，宣布了上述批复，并决定领导小组下设办公室，办公地点先设在北京市革命委员会，后改在铁道兵司令部。随后，地铁领导小组积极落实周总理指示和中央批复，于2月26日制定并上报《关于北京地下铁道施工队伍整编方案的报告》。经周恩来批准后，中央军委办事组批复并要求遵照执行。

遵照中央军委批复精神，3月20日，中国人民解放军铁道兵司令员刘贤权、政治委员宋维栻颁布了"北京地下铁道施工队伍整编为铁道兵部队"的命令。决定整编组建中国人民解放军铁道兵北京地下铁道工程指挥部，代号称中国人民解放军总字506部队；将北京地下铁道工程局和北京市建设局参加地铁施工的队伍，整编为铁道兵第15师。编四个团，每团编三个营、每营编五个连，每连编三个排，代号称中国人民解放军5765部队，授予师级军旗一面；以地铁工程局第一、二工程处、北京市建设局第三公司、地铁工程局机电安装处和市建设局一公司五营，分别组建15师第71、72、73、74团，代号依次称中国人民解放军5871、5872、5873、5874部队，各授予团级军旗一面；地铁工程局设计处，编为中国人民解放军铁道兵地下铁道勘测设计队，代号称中国人民解放军总字507部队，配属15师；地铁工程局材料厂，编为中国人民解放军第159仓库，代号称中国人民解放军总字534部队。地铁工程局机械修造厂，编为铁道兵后勤部机械修造厂；代号称铁道兵第6442工厂。该两单位的业务归铁道兵北京地下铁道工程指挥部领导。

为了执行中央军委关于地铁改归铁道兵管理的指示精神，1970年3月17日，铁道部、铁道兵召开"关于北京地下铁道施工队伍整编为铁道兵部队有关计划、财务、设备、物资、营产等交接工作"会议，会议明确了地铁工程局撤销结束和交接日期。3月19日，地铁工程局作出《关于地铁工程局撤销、结束有关移交工作的规定》。移交日期确定为1970年1月1日，具体清点实物移交接收日期为1970年4月1日。地铁工程局归口决算的有关单位的一切经济活动截至1970年3月31日。

1970年4月1日，北京铁路局所属地铁运营处撤销。地铁运营处的物资、设备移交铁道兵第12师管理。

北京地下铁道改归铁道兵管理，成立新的领导小组，这在地铁历史上被称为"工改兵"。"工改兵"的实行，在当时特定的时期使北京地铁摆脱了"文化大革命"的干扰，又集中了力量，对加快北京地下铁道的建设起到了关键的作用。

二 铁道兵地铁运营管理处成立

为了搞好一期工程已完工路段的运营管理工作，同时为二期培养运营管理人员，1970年2月26日，地铁领导小组拟定北京地下铁道施工队伍整编方案，提出：对地铁工程局的运管队伍和北京市供电局管理地铁变电站的20人由铁道部进行整顿，严格审查，保证运管人员政治上纯洁可靠。整顿后，仍按铁道部原编制1650人，编为北京地下铁道运营管理处，由铁道兵12师领导。

1970年3月4日，中央军委办事组通知：为充分发挥地下铁道的战备作用，地下铁道运营管理工作由铁道兵12师领导。铁道兵第12师成立北京地下铁道运营管理处筹备组（以下简称"地铁运营处筹备组"），并由铁道部军管会指派11人参加运营筹备工作。

由北京电力部门设计、施工建设的三座35KV变电所，此时交由地铁运营处管理，但其调度权仍由北京供电局负责。

1970年3月11日，地铁运营处筹备组从战备和防空需要出发，对调入地铁运营处的职工条件作了严格规定。即，必须建设一支在政治上、组织上、思想上纯洁可靠的"三忠于"、"四无限"的运营队伍即："干部在政治思想方面，要无限忠于毛主席、忠于毛泽东思想、忠于毛主席革命路线。有革命干劲，工作一贯积极负责，密切联系群众者。在家庭出身方面要本人历史清楚，家庭出身好，政治可靠。非劳动人民家庭出身的，必须是共产党员，历史清白，在革命工作中，久经考验而立场坚定者"。要求直系亲属历史清楚。要求身体健康，无传染病和较严重的慢性病，要有一定的技术、业务知识。工人在政治思想方面，要本人历史清楚、政治可靠，"三忠于"思想境界高，工作一贯积极负责，有高度的组织纪律性，保密观念强，作风正派，品质好，并在历次政治运动中表现较好者；在家庭出身方面要出身于工人、农民、下中农、革命军人、革命干部、革命知识分子及其他劳动人民家庭。非劳动人民家庭出身的，本人历史清白，一贯在政治上、思想上表现好，确实与家庭划清界限者；直系亲属历史清楚，有一定的技术、业务知识，有培养前途者。

按照上述调入条件，在铁道兵12师的参加下，地铁运营处筹备组协同铁道部军管会，并会同审查单位一起，对北京铁路局运营处和地铁工程局运管队和电客队人员进行政治审查。原北京铁路局和地铁工程局共有运营人员1158人，其中现职干部111人，工人1047人。按照条件确定选留的480人，占41.3%。其中干部49人（内有行政干部41人，技术干部8人），占干部总数的

44.1%；工人431人（内有各类技工251人，普工180人），占工人总数的41.4%。接收北京供电局20名工人，总共确定选留500人。这些干部职工大部分出身较好、政治历史清楚、无复杂社会关系、政治上比较可靠。在调入地铁工作时，他们本人并不知道这一条件，只知道自己是经过严格挑选的。在当时的历史条件下，大家从内心深处感到光荣自豪，工作热情高、责任心也强。这支队伍成为地铁运营处早期的骨干。

1970年3月29日，地铁运营处筹备组提出了有关北京地铁运营管理机构的试行编制和定员方案。方案将地下铁道新的运营机构拟定名为"北京地下铁道运营管理处"。全处共编制1650人。其中干部143名，占职工总数的8.6%；工程技术人员39人，占2.4%；服务性工人15名，占0.9%；生产工人1453人，占百分之88.1%。运营处机关设运营、财务、

1970年3月29日关于北京地下铁道运营管理处筹建工作初步情况的报告

行政管理、器材四个科和一个政治处，定员99人。处下编制16个车站，一个机务营和通信、信号、供电，设备维修两个连队。车站负责行车、服务、卫技工作，共650人，机务营下设乘务连、检修连，共416人。供电通信信号连，负责管理全线的供电、通信、信号设备的值班和维修，共269人。设备建筑连，负责管理全线的线路、房屋建筑和机电设备的维修，共216人。参加运输管理的有关人员，按实际情况实行三班（车站值班员、调度员）和两班（司机、通信、信号、供电、卫技、特技等工种）轮换制。其他工种一律不倒班。为了组织有关专业人员在站区内的统一行动，方案规定"拟以站区为单位组织站区联合委员会统一领导"。

该方案经铁道兵司令部批准后开始实施。4月15日前，确定参加运营管理工作的全部人员交由铁道兵第12师领导。

1970年4月15日，北京地铁运营有限公司的前身——中国人民解放军铁道兵北京地下铁道运营管理处（以下简称"地铁运营处"）正式成立。铁道兵第12师副师长孙维堂兼任地铁运营处处长，刘汉华任政治委员，冯双盛、艾轩任副处长。办公地址在复兴门外南礼士路真武庙二条。

北京地铁运营处的成立，加强了对地铁运营的统一组织和管理，进而为管理好未来北京的地下铁道创造了条件。

第三章

艰难探索

　　新组建的铁道兵北京地下铁道运营管理处，担负着以战备为主的运营任务。在突出无产阶级政治的年代，地铁运营处坚持抓生产、抓工作、抓战备。经过试运营前的准备，经国务院总理周恩来同意，自1971年1月地铁开始售票参观试运营，运营线路从北京站至公主坟站延伸至苹果园站。地铁职工在技术力量不足、经验缺乏、设备故障频繁等艰难情况下，自力更生、艰苦奋斗，积极摸索组织行车、组织客运等。他们一切从零开始，组建机构、建章建制、培训职工、整治设备、改造车辆，使运行秩序逐步稳定。在中共中央、国务院各有关部委和北京市的大力支持下，北京地铁运营处在艰难中探索，在困难中摸索，圆满完成了战备和试运营任务。

第一节 机构设置的调整

一 管理职能机构的调整

地铁运营处组建后，在实践中发现筹备组建议的机关机构不太适应部队上下级对口管理的要求。为便于部队领导，同时考虑企业性质和地铁点多线长的特点，运营处认为实行块块为主、条块结合的形式，便于统一指挥和各工种相互协作，并据此提出调整运营处机关机构设置建议方案[1]。为适应战备需要，对班组采取以"块块"管理为主的方式，同时调整了车站和连队的管理职责与权限。1970年10月23日，该调整方案得到地铁领导小组批准[2]。

根据批准后的调整方案，运营处全处定员2100人。运营处机关设办事、生产、政工、后勤4个组，计170人。面对地铁运输生产过程的复杂性和地方企业的要求，地铁运营处机关各组内又设立了若干个小组。办事组负责行政文秘、接待服务、机关事务等，内设秘书小组、保密小组、勤杂小组，还设专人负责专列和外宾接待工作。生产组负责运输生产、接待参观、运营安全、车辆与设备管理及工人调动、劳动工资等，下设运输小组（负责车辆、专包、列车运输、接待参观、行车安全等，运输组内还设

---

[1] 中共铁道兵第12师委员会：《关于北京地下铁道运营管理处暂行编制定员报告》，1970年9月13日。

[2] 北京地铁领导小组（70）地铁领字06号，1970年10月23日。

有负责运营安全的专职人员），技术小组（负责供电、通信、信号、机电、线路、建筑等设备设施的管理和全处的技术管理），劳资小组（负责工人的调配、劳动力管理、工资管理等）。行车调度和电力调度归属于生产组领导。1974年，为协调夜间作业和统一下达生产计划，生产组内增设生产调度室。后勤组负责全处经费收支、工资发放、物资保障、生活供应等工作，后勤组内设财务小组、器材小组、供应小组，并领导1个门诊所和1个仓库。政工组负责干部管理、党务、政治思想教育、保卫、消防安全等工作，内设干部组织小组、宣传小组、人保小组。人保小组负责地铁的消防与保卫工作。1971年3月15日，各组人员名单正式公布。

经国务院机关事务管理局1971年3月22日同意，地铁运营处管理机关，由复兴门外南礼士路真武庙二条迁址于前门反帝路（今东交民巷）37号办公。

1971年地铁运营处机关所在地东交民巷37号

　　运营处下设的二级机构为营、连、车站。为适应对班组以"块块"为主的管理方式，职责职能也作了相应的调整：一是机务营负责车辆段的全部工作，下设乘务连、检修连，负责车辆的运用与检修工作，增设直属排，负责车辆段内的通信、信号、供电设备的值班及维护和全线通信、信号设备的检修工作；二是撤销通信、信号、供电连，将电力维修班升为电力维修排归属设备维修连，设备维修连统管一期工程全线各类设备，包括高低压供电和风、水、电、线路轨道、建筑和人防战备等设备的维修工作；三是将供电、通信、信号、机电等专业的值班与设备维护班组，就地划归给车站和车辆段直属排管理。各车站除负责行车、服务工作外，还负责该站的机电、供电、通信、信号班的设备管理。为解决车站和车辆段管理机电设备的困难，对有牵引变电所和通信信号班组的车站配有一名车站专业技术员，以协助车站在技术方面管理这些技术班组。

　　截至1971年3月，经调整后的运营处二级机构有机务营1个、车站16个、连队3个（设备维修连、乘务连、检修连）、仓库1个。

　　为加强治安保卫工作，1970年12月，地铁领导小组提出由北京地铁运营管理处抽调部分退伍战士组成公安警卫连，并请北京市派遣部分公安骨干协助训练。1971年5月，地铁领导小组同意地铁运营管理处组建公安警卫连，总定员为210名，由运营处直接领导。组建后，铁道兵12师在地铁执勤部队归队。1971年8月，地铁公安连正式成立，承担地铁警卫和消防工作。1973年7月，地铁领导小组同意公安部、北京市公安局和地铁运营处共同商定的北京地铁公安分局编制方案。1974年，地铁消防

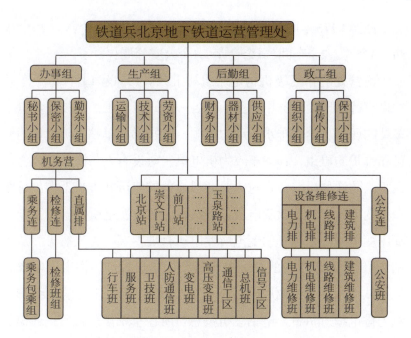

1972年北京地铁运营处组织结构示意图

救援队成立，主要承担地铁消防救援任务。

　　1973年4月15日，地铁领导小组决定由张鸿智、刘谦益负责，成立车辆、设备大修厂建厂领导小组，交通部、北京市派人参加。其任务是审查设计和安排施工并尽快着手组成北京地铁修理厂筹建处。1973年9月25日，地铁领导小组同意在清河北京砖瓦总厂取土坑范围内建厂。1974年5月11日，又组建了北京地铁大修厂筹建处，职工50人，归属于铁道兵北京地铁工程指挥部领导。

　　1975年6月18日，经铁道兵第12师司令部批准，机务营检修连改为设备车间和检修车间。

截至1975年底，地铁运营处二级机构共有1个营、20个车站、3个连、2个车间、1个仓库、1个公安分局。

运营处的第三级机构是班组和工区。1971年1月，每个车站均设有行车班，服务甲、乙、丙各一班，卫技班。卫技班负责本车站的通风、给水排水、动力照明、电扶梯和车站人防设备的值班和维护的班组，1978年改为机电班。对设有人防通风的风道，设立人防通风班，负责对人防通风设备的值班和维护工作。每座牵引变电所和35千伏变电所设变电班，负责变电所的值班工作。降压变电所由相邻牵引变电所变电班管理，实行无人值班。从车站380伏开关柜以上的变配电设备归变电班管理，而电力电缆，包括从变电所至380伏出线第一级配电箱（柜）上方的电缆归属电力排电缆班负责。电话总机按总机所在车站设总机班；通信、信号的沿线设备实行工区管理，将全线通信、信号设备划分为北京站至长椿街、礼士路至万寿路、五棵松至古城共三段，每个工区班管理一段，在北京站、公主坟、古城各设一个信号班，在前门、木樨地、五棵松各设一个通信班。全线通信干线电缆为充油电缆，由设在木樨地站的一个电缆班负责管理。通信、信号设备的维修由设在车辆段的检修所（班）负责。车辆运行实行包乘制，设司机、副司机，每个包乘组固定负责一组列车的驾驶和车辆的清洁、维护保养工作。车辆的检修设有列检班、临修班、电机、电器、机械、制动检修班和试验班等。行车、服务、设备值班班组和乘务组实行24小时值班，三班倒班制。

北京地铁运营处划归铁道兵第12师领导，不太适应加强企业管理的要求，加之车辆设备故障多，各类实际问题难以解决。为此，1974年9月中共铁道兵第12师党委向铁道兵党委提出运营处由铁道兵和北京市实行双重领导的建议❶。与此同时，地铁运营处党委也针对几年来管理中出现的问题，提出了《关于加强对地铁运营处领导的建议》❷。为北京地铁以后机构的调整埋下了伏笔。

二 职工分批调入

由于地铁运营处刚组建时全处人员不足500人，无法完成接待参观任务。最突出的问题是技术骨干不足，就连行车和设备值班的人员也严重不足，车辆检修存在一些缺门工种，难以适应当时的战备要求。为此，1970年5月21日，地铁运营处向铁道部提出报告，要求调选补充行车方面技术骨干34名、车辆检修技术工人23名、技术干部8名。当时铁道部所属的地铁运营处筹建组1300多人员中已被挑选了474人，没有再符合调入地铁工作条件的员工，只好陆续从济南、沈阳、锦州、西安等铁路局、抚顺矿务局、一机部、湘潭电机厂、中国农业科学院、北京电车公司等单位调入部分职工，包括家属子女共计80多人。

但是运营处技术骨干缺额仍然太大，人才队伍仍然远远不适应"要准备打仗"的形势要求，对地铁运营的长期建设和战备任务的完成都影响很大。1970年8月14日，铁道兵12师司令部和政

---

❶ 中共铁道兵第12师委员会：《关于地铁运营处问题的检查报告》，1974年9月14日，(74) 政组字第334号。

❷ 中共铁道兵北京地铁运营处委员会：《关于加强对地铁运营处领导的建议》，1974年10月26日，(74) 运政组字第107号。

治部联合向铁道兵司令部报告，请求从水利电力部为运营处选调43名政治质量好的各类供电专业技术骨干。按运营处筹备组提出的干部调入条件，1970年11月底，经总政治部批准，从水利电力部电力科学院调入19名该院的骨干技术人员和8名4级以上的技术工人。

1970年9月3日，地铁运营处进一步提出缺员情况和解决意见❶。根据正式运营要求，尚缺1081人（不包括培训战士316人），其中行车人员153人，车辆和设备维修人员331人，服务人员421人，专业技术人员31人，值勤民警145人。建议地铁列车司机和车站值班员，请交通部（以下称"铁道部"）❷解决，技术骨干请有关部委、工厂帮助解决，各类维修人员大部分可在复员战士中抽调，服务人员请由战士和北京市知识青年中选调，值班民警请北京市帮助解决部分骨干，其他由复员战士抽调。

为迎接1971年1月15日内部开放运营，接待群众参观，经国家批准，地铁运营处招收新工人400人，从北京市招收1970年初中毕业生300人，铁道兵内部安排干部家属子女100人。1971年3月，又接收经解放军总参谋部批准来自全国二十多个省市的铁道兵复员战士1113人。

由于接受了大批复员战士，充实了公安连和402线，1971年，地铁运营处实际人员已超过1970年10月地铁领导小组批准的2100人。1972年11月7日，地铁领导小组第19次会议同意，地铁运营处增加定员734名，除去二期和大修厂人员，地铁一期工程

❶ 铁道兵北京地铁运营管理处：《关于地铁运营的初步意见》，1970年9月3日。
❷ 1970年至1974年底，铁道部与邮电部、原交通部合并成立为新的交通部，本书中此时段所指的铁道部称为交通部。

定员为2484人。

1975年4月11日，鉴于地铁二期通信、信号、列车运行、防护设施和风、水、机、电设备等方面自动化程度较高，地铁领导小组同意，培训各类急需技工383名，抽调各类专业技术干部97名。6月7日，李先念副总理批示同意地铁领导小组从铁道部、一机部、四机部和北京市抽调67名工程技术干部，其他30名由铁道兵解决的请示。后从北京市和铁道部、一机部、四机部实际招收120多名技术干部补充地铁运营处。

第二节 艰难试运营

一 试运营前的筹备

北京地铁建设是在以战备为主的条件下建设的，建成后要以适应战备为主来管理，而完成战备任务的核心是地铁运输。将停运的地铁恢复试运营，这是摆在北京地铁运营处组建后面前的第一任务。为此，地铁运营处在调整机构、调配人员等日常工作的同时，集中主要精力解决车辆设备方面存在的问题，做到一有能走的车，二有车能走动的路，三有车能走的办法，着手进行恢复试运营的各项准备工作。

1970年正在改造的DK2型车辆

初步解决车辆失火问题 车辆是完成战备和接待参观群众的运输工具，确保其正常运行很重要。1969年11月11日地铁车辆失火以后，地铁一直处于停运整顿状况，但查找车辆失火故障原因的工作一直没有停顿。铁道部将事故发生时的直接相关人员和长春客车厂、湘潭电机厂的领导与部分技术人员集中到铁道部会议楼住宿，进行事故回忆反省及事故原因分析。找到了车下转向架至受流器一段被磨破的电缆外皮等问题。通过对车辆制造各个环节、车辆各个部件的检查，结合车辆运行中暴露的问题，确定了79项123条车辆改进措施，并成立了改车工作组和改车工作领导小组。改车工作组由原交通部军管会生产组牵头，组织了10个单位100多人参加。准备对已运到北京的59辆新车和21辆还未出厂的车辆进行改造，这次车辆改造实际上共改进了116项。

解决车辆失火问题，需要改造的项目很多。为在短时内能有车接待参观群众，1970年上半年对与车辆着火直接相关的项目进行了即时改造，包括更换主熔断器至受流器一段电线电缆、加大导线截面、电缆单独穿管、电缆与插头连接改为压接、取消主接线盒、改进车辆配线等一些措施，完成改车34辆。为找出车辆着火的直接原因，铁道兵负责会同铁道部、一机部成立技术改造小组，邀请株洲电力机车研究所、湘潭电机厂、宝鸡电力机车段总工程师等技术精英来参加此项工作。为研究主保护的分断能力，1969年12月在古城车辆段进行了车辆着火时的模拟试验，结果一合上电闸，操作被试电器分断，一刹那间，被试电器出现电弧，电弧光四射不灭，并发出巨大响声，铜制的开关、钢制的柜体，就像在炼钢炉里被很快熔化。直到变电所直流快速开关切断电源后，电弧才熄灭，重现了1969年11月烧车事故的场景。大家意识到：车上开关分不断电弧，变电所开关也分不断电弧，必然是一场大火。后来的研究试验证明，直流短路大电流电弧中心区的温度可高达5000摄氏度以上，任何电缆都会被烧毁。1969年建成通车时，车上采用的铜熔断器分断短路电流能力只有1100安培，变电所的开关动作电流在4400安培以上，同时还是双边供电。车上的开关和变电所的开关保护不协调配合，才是这场大火的直接原因。

为尽快解决车辆的主电路失火问题，一机部指定上海电器科学研究所、上海人民电器厂、上海电器陶瓷厂分工负责进行试制。这又涉及到许多理论与实践问题，需要较长时间的研究试验。为尽快恢复试运营，只好把380伏低压交流空气开关用于直流825伏，并串联银质快速熔断器，作为替代方案。银质快速熔断器的分断能力提高到4500安培。在1970年11月的现场直流短路试验中，该方案获得了通过，便决定在地铁车辆上采用。

在边运行边改造的3年中，车辆带着诸多的问题满足了接待参观群众的用车需求。

加强设备维护 设备是完成战备任务和接待参观试运营的保障。一期工程建成通车时虽绝大多数设备已安装完毕，但这些设备基本没有经过系统调试，还存在不少的未完工程和基础设备故障。另外，机车信号、调度集中、自动停车、变电所遥控、卫技遥控等自动化设备也不能使用。

从1969年11月车辆失火事故以后，列车供电由双边供电改为单边供电。信号设备虽采用了移频自动闭塞电路，但区间信号显示基本上是一片红灯。1970年6月1日至6月6日，地铁工程指挥部组织对401线工程和机电设备进行了检查，发现变电所有3台变压器线圈被电击穿烧损，电动隔离开关因合不上或拉不开而不敢投入使用，35千伏、10千伏、825伏电缆渗漏油；牵引变电所及行车调度室事故电话未装；全线有五十余处进站及区间弯曲地段信号机显示距离不够，车站用过的污水直接漏到站台板下地面，淹没了电缆，并散发出很大的臭味，31个风道间有8个漏水，行车值班室噪音很大，办理电话闭塞听不清，车站房间通风很不好，潮湿度很大。

地铁运营处组织职工维护设备。35千伏变电所值班员自己动手，维护设备，改变了变电所值班员只管值班、不管维护的规定，并将这一"运行带检修"的做法在全处进行推广，对设备开始进行检查维护与清洁工作。同时，全处坚持独立自主、自力更生的方针，先后培训了司机300多人次，提高了他们的操作技能。这些措施有效地减少了设备故障，使设备维持正常运行。

制定行车和接待办法 如何接待参观群众，如何组织行车，在当时尚无前例可循。运营处在1970年组建初期从原北京地铁工程局、北京铁路局、北京供电局调入和接收了490多名职工，但技术人员很少。这些人员符合"政治可靠"的要求，但对地铁运营却毫无经验。在内部接待参观时，车站服务人员往往不知所措。参观一次，要排三次队，只有在列车进站停稳后，参观群众才从大厅排队到站台依次上车。大家只好临时集思广益，一起商量接发列车怎样用手比划才算安全，逐步确定下来接发车手势、站间闭塞接发车程序等一套行车组织办法。这些不但写进了规章，还被朝鲜地铁借鉴。为探索如何组织行车、组织接待客流、如何给接触轨（北京地铁又称为"三轨"）早晚停送电等，运营处还派出人员到北京铁路局、北京火车站、北京供电局参观学习，并在1970年10月编写了列车运行试行办法等五本最早的规章制度。这些规章主要参考其他单位的规章，对地铁并不完全适用，一年后便作废了，但在当时却起了统一行为规范的作用。在行车组织方面，办理行车的主要设备是各车站的小站继电集中控制台。列车按站间电话闭塞方式行车。车站行车主值班员负责办理和允许接发列车、操纵信号显示、办理进路作业等。在车站上下行列车头车停站位置设行车副值班员，负责在站台用手旗、手势接发列车，包括列车停站地点、指示司机开门关门、发车等。在客运组织方面，在公主坟、北京站指定集合地点，参观群众从车站出入口直接到站台排队候车，避免了在列车到站后参观群众从车站大厅到站台时的忙乱现象。

二 面向社会试运营

组织客运 为做好试运营工作，在试运营前要进行试运行试验。从1970年8月25日起，一期工程开始恢复试运行，有计划地组织免费参观。

地铁运营处开始了"十一"试运营的准备工作。当时全处有59辆电客车，因车辆性能暂不稳定，故障较多。为使车辆安全运行和及时保养维修，采取上下午轮换车办法，扣除专包车、检修车外，正式运营车为36辆，按二辆编组可编18组。列车运行图按上下午各有9组投入运行，列车运行间隔12分，最高时速70公里/小时，旅行时速31公里/小时。每组车定员372人（每车辆设计定员为186人）。地铁运营处建议地铁票价要充分体现社会主义制度优越性，要有国家观点和群众观点，为简化手续，方便群众，可采取八站以下一角，八站以

北京地铁试运行时的参观券和试运营时的乘车票

上二角，或采取单程全线一角这两种办法中的一种❶。

1970年12月3日，国务院总理周恩来对北京地铁内部参观的情况做了调查后，在地铁领导小组提出的《关于北京地下铁道运营准备工作情况的报告》上批示：

1970年12月3日周恩来总理对北京地铁试运营的批示

"拟同意，改为1971年1月开始，在内部售票，运行一段，接待参观群众。"❷ 11日，地铁领导小组决定，地铁一期工程从1971年1月15日开始内部开放，并发出内部通知，规定运行区间为北京站至立新站（公主坟），沿线各站开放，开放时间为每日7时至18时，售票办法是持单位介绍信到各站买票，单程票价为一角。提出的注意事项是遵守秩序，注意安全，请勿携带易燃、易爆品进入，未经允许不得摄影❸。

1月15日，北京地铁开始了内部接待参观群众，参观线路共

❶ 铁道兵北京地铁运营管理处：《关于地铁运营的初步意见》，1970年9月3日。
❷ 北京地铁领导小组：《关于北京地下铁道运营准备工作情况的报告》，1970年10月6日。
❸ 北京地铁领导小组办公室：《关于北京地下铁道内部开放的通知》，1971年1月2日。

10座车站。至1971年1月25日，10天内共接待402791人，每天约4万人，相比之前组织的免费参观时每天不足2500人，极大地满足了广大市民的需求，并基本做到了安全运行，车辆和设备运转正常，未发生事故，受到了好评。在运营中也暴露了一些问题，如购票和等候时间长；车站个别服务人员态度生硬不够礼貌；参观群众数量很大，又只售单程票，给地面交通带来很大压力等。紧邻北京的天津市要求参观的人很多，如不接待，群众有意见，如接待，又造成人员大批来京等。在春节期间，每天售票量由4万张增加到6万张❶。

为解决参观群众给地面交通带来的压力，1971年3月7日开始发售往返票。为满足广大乘客的要求，从5月15日起，各地参观人员可凭本单位证明售票，北京市民还可凭工作证或相当于工作证的部队通行证和机关出入证、学生证售零票，在京中转旅客可凭火车票和所在单位证明购买零票。

1973年3月11日，随着地铁扩大运营试验，将凭证件出售地铁票改为不凭证件出售地铁票，单程票价仍为一角。不售月票，不与地面交通联运。

试运营线路不断延伸　1971年1月15日，地铁试运营正式接待参观群众。列车运行区段从北京站至公主坟，全长10.7公里，全程运行时间为21分钟。每天运行时间为7时至19时。地铁运营处开始编制并使用了第一个列车运行图。以后根据客流大小、时间分布、现有车辆和设备能力、列车存放及运用、包乘组交接班等情况，不断修改和编制列车运行图。3月15日，地铁运行列车由2辆

---

❶北京地铁领导小组：《地铁情况反映》，1971年1月25日。

编组开始改编为4辆编组，不仅增加了一倍的运力，而且还提高了列车运行图的兑现率。8月15日，地铁一期工程接待参观线路由北京站到立新站延长至玉泉路车站，共13座车站，全长15.6公里。

1971年11月7日，地铁一期工程线路因"九一三"事件❶短期停止运营后恢复正常运营。运营线路由北京站到玉泉路延长至古城路站，全长21.0公里。地铁列车运行图随之调整，分为平日、假日和节日三种列车运行图，列车编组2至4辆，列车运行最小间隔平日为14分，星期日为12分，全天开行列车分别为90列、102列、120列，日均开行列车100列左右。日运送乘客达到3万多人次。

1973年4月7日，铁道兵司令员刘贤权决定在北京站至苹果园间跑大环。4月23日，地铁试运营线路由北京站到古城路站延长至苹果园站，运营车站17座，运营线路全长23.6公里，日开行列车改为132列，列车运行最小间隔为13分钟。列车运行间隔又恢复到试验前水平，但运营时间延长至20时30分，增加了一个半小时。

1973年8月12日，中国共产党第十次全国代表大会召开，地铁开始停止试运营。1974年6月9日，国务院副总理李先念同意地铁领导小组《关于恢复地铁内部运营问题》的请示❷。1974年7月1日，地铁又恢复试运营，列车运行区段、最小运行间隔、运营时间仍未变化，日开行138列。这次地铁停运长达323天。

1975年1月12日至1月31日，地铁一期工程因四届人大召开再次停止试运营。

---

❶ 1971年9月13日，林彪乘机外逃，摔死在温都尔汗。
❷ 北京地铁领导小组：《关于恢复地铁内部运营问题》，1974年6月8日。

表3-1 1971年至1975年北京地铁一期工程运营服务主要统计指标

项目	单位	1971年	1972年	1973年	1974年	1975年
年末运营车辆	辆	76	96	120	120	116
年末运营里程	公里	21.0	21.0	23.6	23.6	23.6
全年运营天数	日	296	365	223	184	345
年客运量	万人次	828.4	1503.3	1137.9	1132.4	1943.7
日均客运量	万人次	2.80	4.13	5.47	6.15	6.10
开行列车数	列	25334	35052	28896	23168	40949
日均开行数	列	85	96	129	126	119
走行公里	万车公里	173.88	325.16	244.00	297.19	350.55
兑现率	%			90.9	94.3	97.1
完好车率	%		71.1	71.8	70.7	69.1
工作车率	%		43.9	47.8	33.9	34.3
正点率	%		96.7	83.6	88.9	90.3
安全间隔里程	万列公里/次		1.0	1.1	0.9	1.2
掉线率	次/万列公里			14.6	22.84	16.72
牵引电耗	度/车公里		2.60	2.60	2.60	2.61

从1971年至1975年地铁一期线路主要运营指标（见表3-1）可知，虽然主要经济技术指标，如工作车率、完好车率、安全间隔里程等指标较低，波动变化，但客运量和开行列车数等量值指标逐年增长，1971年日均运送27986人次，1975年达到了1943.7万人次，日均运送56339人次，客运量年递增率达19.12%。

三 周恩来指示暂缓正式运营

　　周恩来总理对地铁安全运营情况一直都很关心。早在1970年4月30日，他就专程来到北京地下铁道，检查安全运营情况。当晚，周恩来走进前门车站西大厅，在列车上详细了解了地铁设备及车辆运转情况，问了每节车有多长、多宽、多高，和三轨防护板安装情况。到木樨地视察了总机室，看到室内挂的两个母钟，他指着说，"钟走得不准"；在行车调度室看调度集中设备，他问，"使用了没有"，并详细观看了列车运行图表；到了电力调度室，询问了电源情况。列车到五棵松站时，看到地铁线路的里程牌挂歪了，指示要把牌子挂正。在1小时44分钟的视

1970年4月30日周恩来总理到地铁前门站视察并乘坐地铁列车(油画)

察中，周恩来作了许多重要指示。他说："修建地下铁道，对我们来说是新的，但在世界上就不是新的了。我们要吸取先进经验，采用先进技术，要注意有所创造，提高质量，要加强防护能力。"❶视察结束后，运营处组织干部职工学习总理指示，结合本职工作找差距，制定措施，在精益求精上下工夫。为刻画总理视察北京地铁留下的深刻印象，表达干部职工对总理的衷心爱戴，不久即在地铁前门车站西大厅挂了一幅总理到地铁前门站时的大幅油画。

随着地铁试运营工作的不断进展，1972年12月27日，铁道兵12师司令部根据铁道兵司令员指示，提出了1973年地铁要正式运营的请示报告：计划安排列车运行间隔由假日13分、平日17.5分改为假日10分、平日13分，每日开行列车平日增至120列、假日增至180列，运营时间改为6时至20时。运营范围，原凭证售票改为免证售票，不售月票，不与地面交通联通。该报告还请求上级解决车辆技术性能存在的问题和修理备件，车辆及地下设备维修厂房及检测设备，古城车辆段改建工程提前完工，补充电客司机，安排五棵松职工宿舍施工，配备救援车、清扫车和车辆清洗设备等问题❷。

1973年3月4日，周恩来在来自地铁领导小组请示报告上，冷静地批示："请杨德中同志约卫戍区吴、杨两同志、北京市万里同志、丁国钰同志、市公安局、外交部、外贸部、对外友协、中联部、旅游局、北京市外事组有关同志与地铁领导小组一起去

❶ 铁道兵第12师政治部：《周总理视察地下铁道的情况报告》，1970年5月5日。
❷ 铁道兵第12师司令部：《关于地铁扩大运营问题》，1972年12月27日。

检查一次，看正式运营是否可不出大乱子，如走电失火，瓦斯窒息，上下车失脚，出入口拥挤等等，并写报告附上。"并随后派出国务院安全联合检查组来地铁检查❶。

3月6日晚，杨德中约集北京卫戍区吴忠、杨俊生，北京市委万里、丁国钰，公安部于桑，地铁领导小组刘贤权、苏杰等全体成员，以及一机部、外交部、外贸部、对外友协、中联部、旅游局、北京市外事组、北京地铁运营处有关领导，讨论落实周总理的指示，会议议定成立治安消防、电气设备、车辆、外事等4个检查组，分别由于桑、万里、苏杰及外交部负责❷。从3月7日开始，检查组到地铁进行为期一周的实际检查。检查组成员深入到各个车站、设备机房和车辆段各厂房。有一天下午，正在玉泉路检查时，听到八宝山站隧道开关柜正发生电弧放电，检查组内一成员说："又着火了。"

地铁运营处一方面向上级反映车辆、设备检修、救援等方面存在的问题，并提出加强运营工作领导的建议❸；另一方面仍积极进行正式运营的准备，并建议从原北京站至古城路站延伸到苹果园站间。1973年3月11日早6时起，第一次试行北京站至玉泉路、古城、苹果园间的三环套跑，最小行车间隔8分，日开行200列。单程运行时间由39分缩短到34分，旅行速度提高到39公里/小时。列车日走行里程由200公里提高到350公里。运营时间改为从

---

❶ 北京地铁领导小组：《关于北京地铁正式运营问题》，1973年2月26日。

❷ 北京地铁领导小组办公室：《杨德中同志传达总理对〈关于地铁正式运营问题〉的批示》，1973年3月7日，此件存中国铁路建设股份有限公司。

❸ 铁道兵北京地铁运营管理处：《关于运营处存在问题的汇报》，1973年1月22日。

早6点至20点半，同时取消凭证售票。北京站及库线晚间停放4组车，并在北京站和车辆段进行列检工作。要求前门、北京站开两端的各个出入口，其他各站开一端的各个出入口。运行图执行后，因古城站的折返线设在古城洞口，离古城站约1.2公里，又采用电话闭塞，车到古城洞口道岔区后,还需与车站联系，难以在8分钟内完成，加之车辆故障很多，只坚持了短时间，就难以维持。3月25日，运营处修改了运行图，最小间隔仍为8分钟，每天开行190列，但列车运行图兑现率仍很低，运行秩序仍不正常。

按设计要求，地铁一期工程实行三环套跑是：北京站至公主坟为小环、北京站至玉泉路为中环、北京站至古城为大环，近期运输能力每小时小环为24对，中环为18对、大环为12对。经过这段试验，古城站作为地铁一期工程列车折返的终点站问题被暴露出来了，其运输能力受到了严重影响。在古城洞口设列车运行的电话闭塞点，不能及时控制洞口道岔，又缺乏值班人员所需的工作条件。据说，古城洞口原设计了一个车站，后被控制投资建议而取消，所以带来了问题。后经请示，改为苹果园站折返，从此苹果园站由战备站改为公开运营的车站。

3月20日，国务院地铁检查组开会研究了安全运营和运营后还需要逐步解决的问题。3月30日，检查组提出了地铁安全检查情况报告。当时人们对周总理指出的地铁运营存在的问题，理解还较肤浅：以为走电失火，是指供电能力不足引起的火灾；瓦斯窒息是洞内漏瓦斯和用煤气；上下车失脚，是指站台缝过宽，当时已解决；出入口拥挤，认为是指只开放了一个出入口。检查报告认为："从检查情况看，基本具备了正式运营的条件"，同时指出，为了保证地铁不间断地持续运行和逐步增加车次密度需要，还需要解决车辆的电气保护、转向架、无线电话，供电的干式变压器、变电所消防、电缆交叉未隔绝，车辆段改造，车辆和设备的备品备件等4个方面问题❶。

1973年4月7日，周恩来在香山听取地铁联合检查组刘贤权、杨德中、吴忠、万里、于桑的汇报，对地铁的运营和建设有关问题作出许多指示。其运营方面主要有：一是"车上和调度中心的无线电话联系，不管花多少钱，一定要搞起来"；二是"车辆、电气和通信设备、干式变压器等没过关的，可以进口一点样品"；三是"要研究解决变电所等地下电气设备房间用什么消防设备好的问题"；四是"地铁客车质量不好的，可以不要，修理工作要抓紧跟上，有问题的要返回厂家修理"；五是"地铁一期工程出入口坡度陡，都是小亭子，要改造，要伸入建筑红线，与周围环境结合，北京市和地铁要好好规划一下"；六是"既然有些问题，给你们加点压力，不把问题解决了不正式运营"；七是"同意成立地铁公安分局，属运营处和北京市公安局双重领导，担负地铁治安保卫工作"。周总理还说"全国就是这一条地下铁道，一定要搞好。"❷

同日，周恩来在地铁安全联合检查组《关于地铁安全检查情况报告》作了批示："经与刘贤权、吴忠、万里、于桑、唐

---

❶ 地铁安全联合检查组：《关于地铁安全检查情况报告》，1973年3月30日。
❷ 北京地铁领导小组办公室：《刘贤权传达周总理4月7日对地铁运营和建设方面的指示精神》，1973年4月9日，此件存中国铁路建设股份有限公司。

龙彬、杨德中同志面商，地铁按现实情况，尚有四个有关安全运营问题未能解决，如果一旦公开宣布运营，初期每日乘客决不止15万人，而且越来越多（内外宾有增无减），各站出入口只有四个，那么小，每分钟行一次车，因电力、车辆所限不能再加，内部消防设备尚未完善，只要发生拥挤，就会又发生1969年那类事故。故以暂不忙公开宣布运营，而以采取目前售票试运行，对外宾组织参观方式为好。待二期工程环线完工，各站出入口改造好，再定公开运营"❶。

周总理举例提出地铁正式运营的四个条件，凝练地概括了地铁安全问题。"走电失火"这四个字是周总理第一次提出来的，一直是北京地铁最突出的问题，现已成为专用术语。"上下车失足"是要防止对乘客无意识行为所造成的伤害。"出入口拥挤"是要解决乘客疏散时的安全问题。当时提出"瓦斯窒息"问题，人们还未领会它的含义，以后积水潭变电站发生了开关着火事故，大家才认识它的危害和地铁消防设施的重要性。周总理在当时经济还很困难时，还提出无线电话等可以引进技术，来解决地铁的安全问题。

周恩来在三次视察地铁中，特别提到"地铁正式运营是否可不出大的乱子"。还说："既然有些问题，给你们加点压力，不把问题解决了不正式运营"。这都给地铁运营指明了方向。倘若不是周总理指示暂缓北京地铁正式运营，在1973年就正式运营，结果将难以想象。

---

❶ 地铁安全联合检查组：《关于地铁安全检查情况报告》，（1973）地领联字13号，1973年3月30日。

四 克服试运营中的困难和问题

随着线路的延长，人们从参观中领略了地铁快速、高效的优点，不知不觉把它作为城市公共交通的工具。从1971年1月至1975年底，北京地铁实际试运营1413天，共接待参观群众6794.3万人次，开行列车153393列，列车走行1390.70万车公里，再没有发生类似1969年那样的火灾等重大事故。

这些成绩是运营处职工共同努力取得的。当时刚成立的地铁运营处肩负着"五保卫"的重大责任，又有近万台件故障繁多的一次性试制、非标设备和车辆；面对技术人员极少，还需"政治建处"，连接发列车都需要从零摸索，生产、工作、生活多靠借住废弃工棚、物资没有供应渠道的情况，运营处开始承担地铁的试运营工作，其困难是可想而知的。

行车事故屡有发生，从1971年至1975年列车运行的安全里程一直维持在万列公里1.0次左右，平均不到4天便会发生一次事故。下面列出的是这几年发生的大事故。

1971年3月27日8时51分，一列由1970年10月最后一批到京的四辆编组列车，由长椿街行至礼士路时，前面两辆车与后面两辆车连接的车钩自行脱开，司机未发觉，在礼士路准备停车时，后面车由于惯性作用尾随进站，造成前车未停稳，后车尾随相撞。致使前两节车辆破损严重，二人轻伤。其原因是解钩阀移位、漏风，造成自动解钩，车上无自动停车装置，在司机室无脱钩显示，出车前未检查出有脱钩迹象。

1972年7月19日下午18时30分左右，正下暴雨。从古城车站至洞口排雨站只有一路小容量电源，地铁古城洞口被雨水淹泡。淹泡近300米，最深达1.5米，造成苹果园到古城站间接触轨停电，四组车堵在洞内。20日全天停止试运营、停止接待群众参观。从而为该排雨站在机电公司建设了双电源变电站。

1972年10月2日10时47分，在玉泉路站一组车由上行站线转下行站线时，因行车值班员误扳控制台按钮，造成道岔中途转换，致使列车进入异线，中断行车5小时。电话闭塞忙中出错，还是要靠自动闭塞等技术来解决问题。

1974年7月16日，古城车辆段信号楼和变电站两处遭雷击，牵引变电站整流电源、操作电源中的整流元件被击毁，风机电源线被烧黑，信号楼小站信号电源部分损坏。变电站自13时50分停电，造成运行于古城站至车辆段间一组列车因接触轨无电，由千分之三十的坡道溜回洞内。从此以后地面车辆段设置了防雷装置。

运营处从每次事故中也得到了经验教训，采取了解决措施，把事故变成了"好事"。车辆故障频繁，失火事件时有发生。车辆是运营的关键。从1969年车辆着火后，经过"二年造车，三年改车"，车辆在试运营中故障依然严重，车辆主保护的问题一直得不到解决，还不断暴露出新问题。比如新制的熔断器在发生接地时仍有不熔断现象，辅助回路熔断器经常发生未到整定值频繁熔断等。1970年，刚改造完的34辆车中就有8台变阻控制器烧损了20次。在试运营的头五年中，从1973年4月至1975年10月，二型车转向架构架发生裂纹92架次，占164个总数的53%；从1973年12月至1975年10月，三型车52台空压机中缸体开裂了6台；从1970年9月至1975年10月，电机传动齿轮箱轴承破损4次，受流器、蓄电池着火不下10次，再加上车辆控制回路接地、车门不能正常开闭、变阻控制器动作失灵、主熔断器无故熔断等惯性故障经常发生，直接威胁着地铁的安全和正常运营，随时都有发生走电失火、停停走走的局面。直到1975年，车辆完好率还不足70%，工作车率达不到35%，1975年，车辆掉线平均每万列公里达到16.7次。车辆问题之多，在地铁运营史上是极少的。

设备故障同样频繁。1970年6月1日至6日，地铁施工指挥部组织检查，普遍存在开关失灵、水管漏水、风机不转、水泵不起、通信失灵、信号显示不正常等现象。 更为严重的是，作为地铁动力的干式变压器故障频繁。立新站（公主坟）的2号牵引变压器一年内就烧了3次，其中有2次发生在一期工程建成通车前的1969年6月和8月。1970年6月11日至7月16日，一个多月内有4台变压器烧损； 1973年7月1日至7月11日，11天中竟有4台变压器被烧损；至1975年10月地铁一期工程24台牵引干式变压器竟烧损了28台次。有一个时期从公主坟以西只剩下八宝山一台牵引变压器在勉强维持运行。变压器烧损如此之多，在地铁是罕见的。杂散电流（又称迷流）严重，据个别地段初步测定，迷流量超过冶金部标准8.3倍，造成电缆、水管、钢筋严重锈蚀，挂在墙上的电缆在列车经过时打火。地铁设计日用水量为86吨，由古城一口井供水，而实际达1000吨左右，只好使用消防水井，1974年对一期工程五口水源井水质进行化验，结果发现前崇区间有三项指标超标而停止使用。

缺乏地铁专业技术的新职工多。23公里地铁的运行，没有足够的人力是不行的。为了做到政治可靠，运营处组建时将大部分参加地铁施工的技术力量和多年从事铁路行车人员调离了，剩下的人员缺乏经验，只好由部队协助驻勤。1970年底，运营处又从应届初中毕业生中招收了近400人，铁道兵战士1113人。为加强技术力量，又从全国各地千里迢迢抽调了部分司机、检修工、电工和技术人员。由于地铁的车辆和设备的专业性和技术性强的要求，职工那时技术水平仍不相适应，随时都有酿祸的危险。因不了解防护门与其他设备的相互关系，1970年6月10日15时，在古城、八角两站同时发生防护门钢丝绳破裂拉断现象。同年8月28日，五棵松变电所6名值班员，进行10千伏开关柜设备清扫，在上一级进线电源未停电时便开始对五棵松变电所不带电设备进行擦拭，结果有一名战士误入带电的电压互感器柜内而被电击身亡。1971年至1975年共发生因违章误操作等造成的行车责任事故117起。在这种状况下运行，所幸没发生特大事故。

工作生活困难重重。不少人认为，地铁冬暖夏凉，工作条件好，其实不然。虽然地铁冬天暖和，但初期地铁从四、五月份开始很潮湿，洞内墙壁结露，温度低，加上噪音大，空气中含尘量高，经地面和地下对照组检查，在地铁洞内工作对身体有一定影响，于是特别给地铁工作人员发放地下工作补贴，还另发防潮服。地铁车站装修很讲究，但有的工作地点条件很差，为实现电话闭塞行车，在古城洞口设有值班员，值班室就在洞口道岔处的碎石道床边，用几块木板围一下，一个电话、一个手提灯就是值班室，风大、灰多、噪音，还无上下水，坚持工作一天，很不容易。站台上贴的"洞内有电、禁止跳下"是对乘客而言的，但洞口值班员必须天天带电下洞，在接触轨旁工作，很危险。当时全处职工有1179名单身，多数住在地铁沿线的废弃工棚中，吃饭喝水无着落，像当时流传的"运营处运营处，一没吃二没住"的顺口溜那样，十分艰苦。供电通信信号连和设备维修连依靠工棚当生产办公室，一块床板垫上砖块，便成了办公桌、工作台。全处只有借来的一辆吉普车和一辆解放卡车，运送器材主要靠人力，运营处领导到地铁现场检查工作主要靠自行车。在运营初期，车辆设备的维修主要是抢修，但物资没有供应渠道，花钱没有保障，再加上工资福利没有标准，管理方面的困难也是难以说分明的。

在这些困难与问题面前，运营处领导没有去空喊"突出政治"之类的口号，而是把上级领导的关怀和指示变成工作的动力，把工作的基点放在依靠群众自力更生、勇于探索上。那时大家工作热情很高，不计报酬、不讲价钱，一心用在地铁事业上。在一次长达325天的战备任务中，运营处有的职工天天在家门口却顾不上进家门，一直坚持在岗，睡在潮湿寒冷的隧道中。供电通信信号连的变电维修班，当时只有七名职工，在木榍地工棚内，维修班变成了抢修队，6吨多重的牵引变压器，烧损了就抢修，一次又一次，靠的是人拉肩扛喊号。开始不会修，只好请沈阳变压器厂师傅来修，后来全靠他们自己拆装铁芯线圈，电焊喷漆，一干就十几小时，能吃上一个馒头夹两片猪头肉，就感到热乎乎的。

在发扬艰苦奋斗精神的同时，地铁运营处还特别注意和加强对车辆和设备的维护管理，开展技术革新与改造。

1971年，运营处进行车辆和设备的清洁、去锈、润滑、调试工作和检修工作。设备值班班组进行运行带检修活动，除值班操作外，还进行设备润滑、调试、小故障处理、易损件更换。车辆包乘组除列车运用外，还负责车辆的清洁、易损件更换等，包括车辆清扫、更换日光灯灯泡、受流器、闸瓦、继电器及一般故障处理。车辆同时加强了维护与检修，每天实行车辆列检，每月进行月检。为设备检修和试验筹备仪器仪表，对变电设备进行一年一次的电气试验和设备解体检查与维修，对通信、信号设备按规章规定进行检查和检修。通过这些工作，工人在实战中得到学习，逐步掌握本专业技术，初步扭转了"人家（厂家）干、我们看"的被动局面，同时也减少了设备故障，保障了设备的运行。

1971年，为落实周总理的指示，将车站站台帽石边缘与车辆地板间的15~18公分缝隙改为10公分；车站站台道床中心沟加盖板，至1972年全部完工。

1972年，开始对古城车辆段进行大范围的改建，改造车场线路布局，调整小曲线半径，并将6号道岔改为7号道岔，接触轨由下部授流改为上部授流，停车道由32道扩建至38股道，对停车场加盖厂房，改为停车库并加装暖气，安装车辆检修设备，如吊

1975年改建后的古城车辆段

车、剪板机、锻锤等，改建车场的牵出线和至西黄村的专用线，车场825直流电缆由直埋改为为电缆沟敷设，重新划分车场供电分区，重建牵引变电所，敷设车辆段至古城站的综合电缆等。

在车辆段改建的同时，运营处还着力解决车辆本身存在的问题。为了充分暴露车辆在质量和性能方面的问题，摸清它的规律，以便尽快得到解决，从1971年试运营开始，采取了大胆试验、充分暴露矛盾、立足于改的做法，要求车辆按技术条件使用，不减低车辆运行速度、不限制使用电阻制动。试运营以来，又发现了车辆存在的一些重大隐患问题，如车辆转向构架裂纹、列车途中开门、电机轴承破损、新试制的熔断器无故障熔断、空压机缸体开裂等不安全现象。对1970年前生产的二型车在配合改车小组进行改车的同时进行技术革新。如解决列车途中开门、加装进级板和延时板，加大制动电阻容量，解决齿轮箱漏油等问题，对新生产的三型车重新设计提高了转向架的强度和性能、增设了通风机，加快了车辆生产进度。到1975年底，到货三型车50辆，一期工程近期配属运营车辆数全部到货。

从1973年起，为落实周总理关于是否正式运营的指示，各站增设了站名牌、地铁线路示意图和乘车注意事项，取消车站站台、大厅等公共场所的所有380／220伏电源插座，以防乘客无意识触摸时发生触电伤害事故；提高新华街（和平门站）等站的站台照度。经现场试验和分析，找出了干式变压器线圈击穿的原因，将筒式线圈改为饼式线圈，改造后的变压器运行20多年再未发生故障。

地铁一期工程因没有正式交接手续，全处只有一套竣工图，但又与实际不符。为加强运营管理工作，1974年6月14日，地铁运营处发出通知，对全处设备按专业进行一次全面的设备清查鉴定。全处抽调64人组成骨干学习班，学习后由处生产组、维修连的技术员和工人、车站值班员组成三结合小组，在大范围内进行设备清查、查线对图、设备鉴定、复制图纸等工作。经过一年多时间，对全处七千多台设备的型号、数量、技术状态基本做到心中有数，绘制图纸一千五百多张，晒图七千多张，满足了用图需要。对查出来的缺陷进行了处理和分类。广大职工通过设备清查，提高了处理故障的能力和业务技术水平。至1975年，通过技术培训和设备查线对图及设备整治，有70%的设备投入运行，绝大多数重点设备达到了正常运行，设备完好率达45%左右。

1975年，二型车开始架修。地铁运营处在长春客车厂、湘潭电机厂等单位帮助下，结合架修，对车辆进行21项改造，主保护采用380伏DW10空气断路器串RSO-400A/750V快速熔断器方案，加装热继电器，转向架全部更换为援朝车DK4型构架，加装模板阀替代三通阀，改用3W-08/8型往复式空压机替代滑片空压机等。

通过以上工作，地铁的运行状况日趋好转。但由于车辆设备质量不高，技术落后，地铁运行仍是困难重重，连美国《洛杉矶报》也称"北京地铁位于艰难运行之中"。

五 承担战备和接待任务

承担战备任务　北京地铁一期工程是按照20世纪六七十年代

"要准备打仗"的方针而建设的，建成后同样要按照"要准备打仗"来管理。1970年铁道兵北京地铁运营处组建后，其主要任务是战备任务，负责战备设施的维护与管理，完成上级指定的地铁战备任务。

地铁一期工程及以后的二期工程，全线采用地下线路，和世界多数城市地下铁道与地面建筑的防空洞一样，在战争年代自然具有一定的人防掩蔽功能。一期工程是按照"以适应军事上的需要，兼顾城市交通"的建设方针修建的。为防御战争，在满足城市交通运输需求的基础上，对地铁结构加强了防护，和地铁洞内至地面的出入口部设置了阻断防护设施，为满足隐蔽人员的生存条件，设置了通风、给水、供电等。同时，为了安全疏散，还设置了疏散通道，包括建设通往西部的402线路和苹果园车站等。

1970年地铁运营处组建时，为充分发挥地下铁道在战时的防空作用，落实战备和"五保卫"任务，要求建设一支在政治上、组织上、思想上纯洁可靠的"三忠于"、"四无限"的运营队伍，对调入工作人员进行了严格的政治审查。运营处组建后，提出了"突出无产阶级政治，走政治建处的道路"。1971年运营处机构调整时，实行了以"块块"为主的班级管理，将各车站的机电设备划归车站管理。各车站为维护与管理车站的战备人防设施和机电设备，设立了卫技班和人防通风班，车站的主要工作是对地铁战备人防设施进行保养和定期调试、演练。1971年，运营处组织制定了《卫技设备维修规则》。为加强402线所有设备正常运用和维修保养以适应战备工作需要，1973年7月，运营处规定每星期一、三、五下午13时至21时通车运行。

1978年以后，北京地铁工作重点虽由"以战备为主"转为"以运营为中心"，但对其人防战备设施仍负责维护管理，贯彻落实岗位责任制，不断地补充完善地铁战备人防设施维护和管理的规章制度，使各项战备人防设施处于完好状态。

北京地铁运营处组建后，按上级要求和规定，完成了各项战备任务。有关各级领导干部和战备值班人员、战备设施维护人员坚持了值班制度。

承担接待任务 1969年七、八月份，地铁一期工程开始全线通车试验，中央领导和国务院、中央军委及各省市领导要求参观地铁的人较多，为此专门成立了一个接待组，由地铁运营处一名领导和二名工作人员组成。由于隶属关系的变化，接待组人员1970年4月后划归地铁运营处办公室，但只专门负责接待外宾和中央领导干部。

为保证安全和顺利完成接待工作，接待组规定：一是在接待中接待组人员担任主要角色，其他人包括地铁运营处其他领导，也不能走在接待人员的前面接近中央领导；二是接待组人员和其他人都不允许拍照。为做好接待工作，在运营处还没有一辆小车时，1970年，铁道兵司令部向国家计委申请为接待组配备了一辆两头翘的上海牌小车，专门用于接待国家领导人和外宾。同时还为接待组人员专门配做了服装，如军大衣、薄军衣和灰色中山装便服等。接待组接到任务后，直接向行车调度室、相关车站和单位下达布置任务，同时向有关领导和部门汇报。

接待任务直接由中共中央、国务院、中央军委的办事机关与地铁接待组联系和安排，确定领导参观视察路线、时间和接待要求。地铁接待用车设有专包、专列和普通列车三种。专包用于接待高级别的领导人，专列用于接待中央领导人和重要贵宾，普通列车用于接待领导人和外宾。对接待组来讲，接待是分级别的，也就是说，不同的领导，接待规格不同：最高规格的是全线停运，开行专包列车；其次是专列，整个车都是专人专用，它可以是专列，也可能是经整备清洁后担当专列任务的普通列车；再就是专门腾出一节车厢，让领导人乘坐；还有一种是，在一个有普通乘客的车厢里预留出一定位置，以方便领导人和大家交流。领导的参观路线一般是先到军事博物馆站东厅听取情况介绍、座谈，然后乘车到木樨地站参观行车调度室、电力调度室、子母钟、通信站、变电站等，之后再乘车到北京站下车参观。有的从北京站下车后出站，多数再乘车返回军博站。同时也根据不同情况和要求，灵活调整参观路线和站点。经常开放的还有公主坟站、前门站、宣武门站等。

同时，北京地铁外宾接待工作也专门由地铁接待组负责。国家级元首、特别重要贵宾的接待任务由中央和国务院办事部门直接安排，比较重要和一般外宾的接待任务通过外交部、外贸部、对外友协、中联部、旅游局、北京市外事组等外事部门联系安排。接待级别最高的是专列，整个车都是专人专用；一般是专门腾出一节车厢，让外宾乘坐；还有就是在一个有普通乘客的车厢里预留出一定位置。接待工作由接待组负责，在接待外宾、华侨参观地铁时要求做到：接待热情、保证安全、注意礼貌、不卑不亢。由接待组人员专门向外宾作介绍，除口头介绍外，还给外宾

柬埔寨亲王西哈努克参观北京地铁

一本比较精制的地铁彩色宣传册，专门介绍北京地下铁道的建设运营情况，担当外宾接待的车站主要是军事博物馆站、北京站、宣武门站。

仅在1971年至1975年，北京地铁就接待外宾2200多起，2万多人次，华侨2.7万多人，涉及198个国家和地区。其中重要的国家元首级有：加拿大总理特伦多，英国首相希思，法国总统希拉克，罗马尼亚总统齐奥赛斯库，柬埔寨国王西哈努克，澳大利亚总理惠特拉姆，埃塞俄比亚皇帝海尔塞拉西，美驻中国联络办主任布什等。

第三节 国家对地铁运营的支持

> **一 指导地铁接待参观**

　　1970年，地铁一期工程经过试运营前各项准备后，如何面向乘客开放，是一件涉及到社会影响与地铁实际运输能力的事情。同年9月，地铁运营处就地铁运营问题提出初步意见，其列车运行区段和票价均提出了两种方案，全线单一票价一角或分段票价，八站以内一角，八站以上二角。

　　1970年12月11日，地铁领导小组就地铁如何运营问题进行了讨论。决定关于开始运营时间和运营方式，遵照周恩来指示，从1971年1月15日开始内部售票，接待群众参观；关于运行区间和运行时间，在立新站至北京站区间运行，每日7时至18时各站开放。关于票价和售票办法，凭单位介绍信在各站买票，票价一角。中央首长视察和外宾参观的接待工作，按原规定执行。考虑到当时地铁作为北京乃至全中国的一件新生事物，开放运营以后会有大量乘客涌入地铁，容易引起事故，决定先内部接待参观。

　　为确保地铁安全运营，领导小组多次总结出现问题，并及时改进。1971年1月25日，地铁领导小组办公室及时总结了开放10天来的情况及分析有待解决的不安全问题，如站台与车辆间隙过大，有的乘客把脚掉下去，站台边缘帽石很滑，有人滑倒等[1]。

---

　　[1] 北京地铁领导小组：《地铁情况反映》，（71）地办字第01号，1971年1月25日。

据此决定将站台边与车辆间的间隙由18公分改为10公分，这一间隙一直沿用至今未变。2月8日，地铁领导小组在地铁开放运营25天后再次进行总结，指出，必须认真总结经验，改进售票方法，做到方便群众，端正服务态度，全心全意为人民服务。加强现有车辆、设备的维修保养，提高出车率，增加车次，提高运量，保证安全。

5月7日，地铁领导小组第12次会议又一次对地铁开放运营进行总结。根据三个多月接待的情况和广大乘客的要求，同意简化售票手续，扩大售票范围。并要求地铁运营工作要健全各项制度，加强车辆维修和管理，做到接待热情、服务周到、保证安全，更好地完成接待参观工作。这次会议还提出："要把接待参观和运送上下班人员相结合，北京站至古城路站早晚增开列车，接送西部重点厂矿人员上下班。"说明当时已考虑要更好地发挥地铁的城市交通运输功能。

二 解决车辆的生产和技术问题

地铁一期工程开放试运营后，车辆暴露的问题很多。车辆及其配件是由中国十几个省市制造生产，受"文化大革命"的影响，正常生产受到干扰，地铁运营处对此也无能为力，只能依靠地铁领导小组给予有力的支持，解决车辆问题。

解决现有车改造中出现的问题 一期工程建成通车时到货的80辆车，除1969年11月烧损的两辆报废外，剩下的78辆车，经检查有100多项需要由厂家进行为期三年的改造。这些车辆边运行边进行改造，在试运营中又暴露了许多新问题。为解决这些问题，1971年9月，地铁领导小组决定成立地铁车辆协作小组。由铁道部指派铁路工业组一名负责同志主持，一机部、铁道兵指定有关人员参加，并由车辆设计、制造、使用单位派人共同组成，负责地铁车辆的改进和技术研究工作。

由于车辆改造造成可用车辆不足，地铁还不具备正式开放运营的条件。为落实首都的战备措施，并早日开放运营，1972年2月，地铁领导小组请求国家计委协助，并请上海市革委会、辽宁省革委会支持，对车辆所缺的空压机、电风扇（上海造）和难燃电线、中空粘接双层玻璃（沈阳造）等配套产品提早交货，以保证车辆生产计划按时完成。同时还要求加强现有车辆的维修保养，提高车辆的完好率和出车率，必须抓紧车辆段的改造工程，增添车辆检修设备计划。1972年11月，地铁领导小组同意在古城车辆段增建维修车间，即现机电公司的所在地；要求铁道部、一机部会同有关单位成立地铁车辆转向架、主保护装置、电制动、稳频稳压装置等专题研究小组，研究解决车辆存在的问题，提出车辆定型意见。

针对铁道部铁路工业局提出的对现有车辆存在问题的改进意见，1973年9月，地铁领导小组同意主熔断器必须继续研究改进，所需的短路电流参数由地铁工程指挥部提出，要求一机部安排试制。为保证双边供电的安全，对立新站至五棵松站区间变电站已安装联跳装置，领导小组要求由地铁工程指挥部负责，北京供电局参加，抓紧组织试验。要求一机部督促上海有关厂集中研究解决车辆空压机质量不过关问题。

关于脉冲变阻车的推广运用问题，1975年1月，地铁领导小组经讨论认为，1972年组装的两辆脉冲变阻车，经初步调试、试用，效果较好，起制动较平稳，主回路元件比较可靠；并议定由湘潭电机厂、长春客车厂、地铁运营处在车辆协作小组主持下，继续抓紧再改装两辆，进行四辆连挂运用考核，年内提出结论意见。关于脉冲变阻新技术的运用考核工作，和车辆生产技术要求，由车辆协作小组会同有关单位尽快研究落实。在地铁领导小组的指示下，地铁脉冲变阻车经考核技术成熟，从1978年起，在一期车辆架修中改造为脉冲变阻车，至1980年，地铁一期工程74辆车全部改造完成。

解决新车生产中的问题　按近期设计要求，地铁一期工程应再生产50辆，DK3型车。从1970年12月至1973年9月，地铁领导小组共召开8次会议讨论，提出了生产进度要求，对中央有关部委、地方有关省（市）革命委员会、车辆和配件的生产厂家限期、限量地提出了生产和交货期要求。在领导小组的关注下，这批车辆于1971年交付2辆、1972年交付22辆、1973年全部交付完毕。

为保证车辆的技术性能及新技术运用，地铁领导小组同样多次提出了要求和建议。

为解决一期工程站台与车体之间空隙过宽，防止乘客掉下站台，保证乘客上、下车安全，地铁领导小组曾要求车辆加宽。在车辆加宽确有困难时，1970年12月，地铁领导小组同意车辆可按原车辆宽度设计，并要求铁道部研究试制车门处增设集中控制的活动踏板，并要考虑到二期车站站台加宽后仍能使用。这次建议在当时没有采纳。

关于采用新技术的运用和考核问题，1971年2月8日，地铁领导小组做出决定，要求新车设计应在原有车辆改进的基础上加以提高，并尽可能采用短期内能达到成熟的新技术、新材料，未经试验成功的新技术，原则上暂不采用。务必要先试制出两辆，经过试运行检验后，迅速成批投产。

关于新车采用脉冲调阻新技术问题，1971年7月，地铁领导小组同意在当年试制两辆，并争取早日装车进行运行考核。如条件成熟，还可多生产几辆。伺服电机传动方案，当年内仍需抓紧研究试验。

针对已出厂的22辆电动客车有些部件质量尚存在问题，部分工艺没达到出厂要求，1972年11月7日，地铁领导小组提出：请铁道部、地铁车辆协作小组进行研究，组织长春客车厂、一机部湘潭电机厂和地铁运营处机务营各派2至3人组成技术小组，继续解决车辆存在的问题；共同研究制定地铁电动客车验收技术标准，作为新车验收的依据。在地铁领导小组的监督下，这批DK3型车辆的质量比DK2型车有了大幅的提高。

解决车辆大修厂的选址问题　按照地铁车辆修程要求，车辆在走行54万公里后应进行大修（厂修），同时，地铁一期工程机电设备7000多台，也需要进行修理。1972年11月，地铁领导小组同意修建一个大修厂。1973年4月15日，地铁领导小组决定成立建厂领导小组负责地铁车辆、设备大修厂的筹建工作，审查设计和安排施工，并尽快着手组建北京地铁修理厂筹建处。

1973年9月，地铁领导小组同意在清河北京砖瓦总厂取土坑范围内建厂，规划用地25公顷，厂房设计要因地制宜，利用取土坑，尽可能搞地下或半地下建筑，既减少回填土，也有利于战备。这样车辆大修厂筹建处成立，并开始了筹建工作。

三 解决设备及自动化方面的问题

地铁领导小组研究解决设备方面的问题有：

一是针对古城车辆段供电轨采用下部授电方式这一供电制式及存在的问题，1971年9月，地铁领导小组同意古城车辆段改为上部授电方式，并要求供电轨防护结构要坚固耐用，防火板支柱间距缩小为两米。在供电轨的两侧和地面进行喷绝缘漆或塑料的试验，成功后可普遍采用。并决定地铁二期工程供电轨由设计的上部授电改为下部授电方式。

二是地铁一期工程试使用的1800千伏安的24台干式变压器，自1969年9月至1972年8月，已发生烧坏事故18台次。经厂家多次派人到现场调查研究，找出了变压器烧坏的主要原因是：产品结构设计不合理，制造工艺较粗，部分材质不好，加上洞内空气湿度大、灰尘多、使用单位注意不够等。为此，1972年8月，地铁领导小组同意一机部提出的两项措施：一是尽快制作部分高压线圈备用品，以保障现有干式变压器不间断供电；二是从根本上解决，重新设计干式变压器，尽快投产两台，经现场试用可靠后，争取在短期内全部更换。经地铁领导小组同意，重新设计的饼式线圈变压器经运行，解决了上述问题，一直良好运行至2003年一期工程改造。

由于工期紧张，地铁一期工程建成通车时不少自动化项目未能完工，需要继续配套完善；另外，1972年国家派出地铁考察组赴法国、匈牙利考察，提出有些项目需要引进部分设备样机。1973年1月，地铁领导小组提出，确实需要进口的，请铁道部、四机部考虑，上报国家计委审批。地铁领导小组第24次会议就一期工程自动化项目配套及改进工作做出具体布置要求：

1. 1974年一季度配套使用行车调度集中装置。该装置集中监视和遥控遥测信号设备，其中选站式控制台易出差错，由铁道部电务工程总队改装成直观式控制台。

2. 增设描绘列车实际运行轨迹的自动记录仪。该装置由小型电子计算机带动，由铁道部电务工程总队研究试验，成功后投入运用。试验用的一台小型电子计算机由四机部1974年生产、交付。

3. 地铁列车上的自动广播设备，主要用于自动报站名和广播注意事项。由铁道部电务工程总队负责选择逆变器样机，装车试验后，一期列车广播设备全部加装逆变器。

4. 根据周恩来总理1973年4月7日指示，增设列车与车站及列车与调度中心之间进行联系的列车无线电话。四机部在1973年内完成的双工无线电台样机，由铁道部电务工程总队组织试验，地铁工程指挥部安装架线。成功后，全部列车加装无线电话。

5. 机车信号检查设备主要是检查机车信号显示是否正确，由铁道部电务工程总队进行设计、选型，力争到1974年一季度完成。

6. 同意配套变电遥控设备，由电力调度中心控制全线牵引电站设备。从1973年10月上旬开始，由地铁工指组织，地铁设计队、地铁运营处、74团参加试验，经运行考核后定型。设计由地铁设计队负责。一期工程近期控制木樨地以西各变电站；远期控制到北热线，南环线由二期工程控制。

7. 同意配套卫技遥控设备，用以控制全线给排水站水泵和通风道风机。其中遥控设备样机试用可靠，待遥测设备试用成功后，即可配套。设计由地铁设计队负责。近期控制南礼士路以西各站；远期控制到北热线，南环线由二期工程控制。

这次会议提出自动化配套项目，表明地铁领导小组期望提高地铁运营管理的自动化水平。虽没能如期实施，但在1978年前已有调度集中、自动记录仪、自动广播设备、机车信号4个项目得以实施，为地铁运营处在1978年顺利完成"五二三五"的运营目标打下了基础。

▶ 四 解决地铁管理中的困难

地铁领导小组多次讨论和批准了地铁运营处最早期定员2100名指标，后又批准增加了公安连210名、司机112名，线路工等384名一期工程定员指标和为二期培训技术工人骨干350名指标，还同意从全国各地调入97名技术干部。

1971年2月，确定地铁运营处的财经管理、工资、劳保福利等制度暂时参照北京地铁局标准，结合实际情况拟定具体办法后执行。解决了增人不增工资的困难，据此统一了运营处职工因来自全国各地所形成的工资差异，也统一了福利制度。

1971年5月，经地铁领导小组同意，地铁运营处新建了设备维修厂房（现机电公司办公楼）、八宝山仓库、五棵松单身宿舍、家属宿舍等生产、生活房屋18360平方米，缓解了当时流传的"运营处运营处，一没吃二没住"的困难。在一期、二期工程验交时，国家同意增加配套用房55000平方米，建设了太平湖小区的办公和生活用房。

从上看到：从1970年至1975年地铁领导小组的29次会议中，有20次讨论和涉及到地铁运营的有关问题，包括接待参观群众、车辆改造、新车设计、车辆配件、车站布置、站台加宽、出入口改建、古城车辆段改造、机电公司（当时称设备维修车间）的建设、公安分局的建立、牵引变压器更换、双边供电联跳、地铁职工定员、工资劳保福利标准、大修厂建设、97名技术干部调入、修建生活用房、一、二期工程配套房屋等等。这些决定，不但解决了地铁运营处当时的一些紧迫问题和困难，也为北京地铁后来的发展打牢了强大的物质基础。

在地铁运营处组建初期，中国处于计划经济年代，奉行举国体制，集中所有力量搞建设。有关地铁的运营问题，大到地铁的战备运营生产任务、车辆设备管理、财务开支、器材供应等，小到职工户口、工资、粮票、住房等生活后勤问题，都需要与各部委和北京市政府协调工作，最终需要地铁运营处请示中央作出决定。在国务院的领导下，各有关部委、北京市和铁道兵领导组成的地铁领导小组，及时指导并解决了地铁运营所存在的各类困难与问题。在当时的国内条件下，地铁运营生产乃至生活后勤工作，若没有国家的支持，实现正常运转都是 不可想象的。

第四节 初创地铁管理制度

一 建立运营生产规章

　　1970年4月，地铁运营管理处组建初期，管理工作只遵循临时制定的一些办法。为确保地铁安全运营，运营处派有关人员分别到北京供电局、北京铁路分局等单位进行参观学习。1970年10月，北京地铁运营处借鉴其他单位的规章制度，制定出北京地下铁道列车运行试行办法、变电运行规章、变电安全规章、通信维修规则、信号维修规则等5本规章制度（草案）。这些规章对地铁不太适用，不久便作废了，但在当时一年多中仍起了规范行为的作用。

1970年10月地铁运营处编制的第一本运营规章

　　到1971年上半年，结合实际制定北京地铁运营规章势在必行，为此，地铁运营处又抽调了34名干部、工人和技术人员，组成了制订规章的"三结合"小组。通过发动群众，深入调查、反复讨论，最后，于1971年12月制定出第一套具有地铁特色的各专业规章（试行草案）共13种，其中包括：列车运行组织规章、客运组织规章、电动客车运用规则、电动客车检修规程、行车设备处理规则、变电运行规章、变电安全规章、变电检修规章、变电试验规章、通信维修规则、信号维修规则、卫技设备维修规则、线路维修规则等。这套规章制度特别强调了"集中领导、统一指挥"的地铁基本制度，对各专业在地铁中的作用作了充分的肯定，对各专业的管理原则、工作范围、设备运行标准、维修周期、类别等相应作了规定。这套规章制定后又在全处进行学习考核和贯彻试行，如车辆检修工作试行列检、月检、定检、定修、架修、厂修6个修程。1971年至1975年，列检为一日一次，月检为1个月，定检由8千公里改为2万公里，定修改为6万公里，架修改为18万公里，据此从1975年开始架修工作。

　　这套规章与"块块"的组织机构相适应，成为地铁日后规章编制的基础。但在当时，制订规章、以法治处与"突出政治、政治建处"却是相冲突的，规章编写人员和审定人员只好白天工作和进行政治学习，晚上编写审查规章。为了"突出政治"，在规章的前后、及条款中都加上毛主席语录，就用这种办法硬是把地铁第一套比较完整的规章建立起来。

　　1975年邓小平主持国务院工作后，中央发出9号文件，要求建立岗位责任制，并指出规章制度没有不行，有了不执行是不允许的。为此，运营处大抓了建立健全岗位责任制的工作，在各车站各班组、设备车间等普遍建立了岗位责任制，提高了职工管好设备的责任心。在落实规章制度中经过设备清扫、维护和保养工作，设备面貌一新，故障率得以下降。

◗ 二 抓基础管理

在计划管理方面，由于1970年地铁试运营初期，未设计划管理部门。在1973年以前，机务营、各连队、车站的正常生产和设备维修计划，由各单位根据规章制度自行安排工作。从1974年起，生产组设立了生产调度室，对年度、季度和月计划由生产组负责安排，根据上级指令安排运营生产。生产调度室设专人24小时值班，处理有关运营生产中的紧急问题，协调和安排地铁停电后的区间作业，统计有关运营生产完成情况及完成指标。

为了抓好财务工作，1970年4月15日，地铁运营处设置财务

表3-2　1971年至1975年地铁运营处财务开支费用表

项目	单位	1971年	1972年	1973年	1974年	1975年
客运收入	万元	82.84	150.3	113.7	113.2	194.3
工资总额	万元	121.3	143.8	147.8	151.9	153.9
电力费	万元	120.0	153.9	131.6	137.0	169
运营成本	万元	432.8	479.3	478.6	472.6	473.5
单位成本	元/百车公里		161.33	261.69	235.10	134.93
收支总差额	万元	−349.8	−330.1	−355.7	−362.6	−269.1
年末职工人数	人	2179	2181	2208	2182	2315

小组，主要负责干部、工人的工资计发和发生费用的报销以及接待参观与试运营中发生费用的收支核算，季度编制会计报表。地铁一期工程处于试运营阶段，不提取固定资产折旧费和大修理费，未开展财务成本核算，基本上是实报实销。

从1971年至1975年主要财务开支费用表（见表3-2）可见，那时地铁的电费支出约占总成本的三分之一左右，工资支出与电费支出相当，职工的平均工资水平有所增长，这主要是增加了夜班费支出。

为节约经费开支，1973年开展了修旧利废，对使用过的废旧物资建立了回收制度。快速熔断器的回收率达到了97%，仅回收快速熔断器，一年节约了4.3万多元。机务营检修连对一些小型备件进行修旧和自制加工，一年来节约资金4.7万多元。1975年下半年，在全处范围内第一次开展了节电活动，将各车站和车辆段1974年6月至1975年3月连续统计用电量的平均值作为考核值，对各车站和车辆段下达了380伏的用电指标，也取得了明显的效果。

在物资后勤方面，1970年地铁运营处组建时，曾从铁道兵15师（原地铁工程局）接收了价值约100万元的物资材料，主要是一期工程施工完成后剩余的材料，如绝缘材料、电缆、线材和配件等。这些材料对车辆和设备维修来说，大部分用不上。地铁车辆和设备维修所需的备品备件，主要通过国家和省市生产计划进行安排，地铁运营处组建初期，地铁一期工程没有正式的交接，也没有交接所需的备品备件和车辆设备维护所需仪器仪表、机械工具等。加之地铁一期工程车辆配件和设备是一次性试制、非标产品多，生产厂家一般没有地铁所需的备品备件，这给车辆和设备的维护带来很大的困难。地铁领导小组为解决地铁车辆和设备所需要的备品备件，在多次领导小组会议上明确地提出了供货要求，同时器材小组通过铁道兵代管参加部分备品备件的订货会，部分通用件得以解决，其余部分主要是器材小组自行找厂家求助，这涉及到中国二十多个省市和国务院十多个部委。

地铁一期工程各车站照明均采用日光灯，需要大量的灯泡，1971年成立了"五七"灯泡厂，年产灯管10万支，除解决地铁自己困难外，还可供应市场一小部分。

三 开展技术培训

地铁设备新，新工人多，开展技术培训十分重要。开展技术培训的主要办法是在实际工作中边干边学，同时对内对外举办各种学习班。

1972年，中国援助朝鲜平壤修建地下铁道，提供全部车辆和机电设备，地铁运营处接待了60名朝鲜实习生。他们都是大学生，分为车辆电机电器、车辆机械兼司机、供电、通信、信号、机电（通风、给排水、低压电、电扶梯）、人防通风、行车与客运、运营管理等10个专业，实习期间为10个月。地铁运营处专门成立了朝鲜实习生接待组，负责接待和教学工作。而运营处的老师却大多数 是初中生、小学生，对他们来说，讲授10个专业10个月的实习课程，的确负担很重。运营处只能现学现教，边干边教。每堂课都要有教材，事前交给翻译。为做好培训工作，

1972年北京地铁为朝鲜培训地铁技术人员时工作人员与地铁运营处领导的合影

运营处还从设计院、制造工厂、防化部队请来部分老师讲课，但主要还是依靠本处人员承担大部分的课程。这次培训不仅圆满地为平壤地铁培养了骨干，还为地铁运营处开展职工教育打下了良好的基础。在朝鲜地铁设备安装和开通试运行时，地铁运营处部分老师又去朝鲜地铁指导工作，尽到了一份国际援助的义务。

1970年推广值班带检修，同时抽调了300多名战士学习各种专业技术。1973年，地铁运营处各专业又普遍集中组织进行了一次技术培训。在第二、第四季度先后举办了卫技、行车、客运、变电、通信、信号、管道、车辆检修、车辆运用等技术短训班，参加学习班人数达到1374人。在这次培训中，利用1972年培训朝鲜实习生教材，把车站的一些大厅、出入口当教室，办起了各专业学习班。那时学习全是业余的，三班倒职工下夜班后要去学习政治，三天中仅有一个休息日学技术。没有课桌、也不发教材，全靠自己把笔记本贴在腿上记。在车站大厅讲课，车辆噪音大，学员们也能细心听，学习态度十分认真。有些教材运营处讲不了，就请外单位人员来讲课。那时技术人员把《红旗》杂志摆在桌子上，有人检查时是"政治"，过后又去学习业务技术，深入运营第一线。就是在这样艰难的条件下练就了技术人员掌握地铁专业知识的本领。

在举办学习班的同时，地铁运营处还派出人员到车辆和设备制造工厂去学习，在试运营的五年中，共有340多人分别去学习工业电视、电子计算机、双工电台、车辆等新技术。还组织部分职工去外单位参观学习，如1973年有200多名车站服务员到北京站、北京南站学习劳动。

第五节 二期工程建设与1973年地铁路网规划

一 二期工程艰难建设

北京地铁二期工程从北京站经东直门、西直门至复兴门站，是毛泽东在1965年2月4日批准的北京地铁"一环两线"近期建设计划中第二期工程的一部分。在一期工程建成通车后，二期工程的设计和施工建设便提上了日程。

1970年2月6日，周恩来就有关二期工程施工力量统一领导问题指出：一期工程铁道兵、地铁局、水电部、北京市四股施工力量不统一，未形成统一领导，造成人力、物力、财力的浪费。二期工程的施工力量由铁道兵统一领导，整编为军队编制，并统一归铁道兵领导。这是二期工程与一期工程建设最大的不同。当时正值"文化大革命"时期，周恩来决定采取军队建制建设地铁二期工程，其意图就是要维护正常工作秩序，集中力量搞建设，摆脱其他因素的干扰。二期工程由铁道兵北京地下铁道工程指挥部（后转为北京市城市建设工程总公司）承担全部土建施工和设备安装任务，并具体安排和分配给铁道兵第12师、第15师施工任务。北京供电局承担35千伏地下变电站设备安装和35千伏、10千伏地面电源的引入工程。

二期工程的设计与一期工程也有所不同。铁道兵北京地铁工程指挥部设计院（现为北京市城市建设设计研究院）负责总体设计。该院和铁道部电务工程总队（现铁道部通号公司研究设计院）、北京供电局、总参防化部和总后卫生部负责各专业系统设计。为加强对设计工作的领导，根据一期工程的经验和二期工程当时设计工作中存在的问题，地铁领导小组第23次会议决定成立北京地铁总体规划设计联合办公室，并由北京市委派办公室主任，总体协调二期工程各设计院出现的问题，有利于及时解决各专业设计中出现的不协调问题和地铁路网规划的设计研究工作。

1970年3月2日，地铁领导小组将北京地铁一期工程总结及二期工程设计意见报告周总理。报告中提出二期工程的人防战备和地铁运营的主要设计原则，提高了二期工程的设计标准，如一期工程车站出入口设在道路两侧，二期工程要求拉进建筑控制红线内，要尽量隐蔽在当地环境中，因地制宜与附近建筑物结合；车站类型一期工程有五种，二期工程只采用一种形式，并加宽了站台宽度；行车组织，同一期工程不变，远期为每小时40对和6节车编组；一期采用三轨授电方式，很不安全，但限于隧道限界，难以改变，二期改为下部授电；车辆段设在太平湖等。报告提出二期工程力争1970年3月份施工，预计在1973年上半年建成通车。3月4日，周恩来批示，"拟原则同意。约时间谈一次。" ❶

环线地铁工程线路的位置，始终是中央领导和北京市民关心的问题。早在1965年2月4日，毛泽东批准的关于北京地下铁道建设问题的报告中就提出：关于环线城的位置，由于现有城墙大部分已经拆除或塌毁，准备利用城墙及护城河，在这个地带内具体选择合适的位置修建地下铁道。这样，既可符合军事需要，又同时避免了大量房屋拆迁。在施工过程中，既不妨碍城市正常交通，方便施工，造价也低。这一地带城市居民比较密集，便于利用。如需用填平护城河时则需修地下排水道。为了加强防护，初步考虑，在环城线地面上修筑一圈高约三四米环城公路，这样既加强了地下铁道的防护能力，同时也有利于修建城市道路立体交叉，方便交通。环城公路，可修水泥防御工事，利用挖出的土方在城东或城南郊堆若干个人造山，以作为城郊国防工程的骨干。

周恩来对这一问题始终关心，他认为地铁环城线，不要在城

---

❶ 北京地铁领导小组：《北京地下铁道第一期工程总结及第二期工程设计意见的报告》，1970年3月2日。

墙根下面挖。因城墙根太硬，不好挖，另外还可以起防护作用，希望重新考虑设计。1971年3月3日，地铁领导小组第11次会议专门讨论此事，认为：地铁环城线的中心位置，是在地铁环线设计时，曾考虑到战备要求、城市交通布局、施工便利和造价比较低等因素选定的方案。同时也考虑过环线内移，要多拆迁大量房屋，其中包括古天文台、雍和宫、苏联大使馆等建筑物；向外移又受护城河的限制，而且旧城墙已基本拆完，沿线房屋、地下管道、通信电缆和货场已基本拆完，地面铁道正在拆除。鉴于上述情况，地铁环城线仍建议按原设计方案施工，并将讨论情况报告周恩来，周恩来无奈的批示"同意不改"❶。

二期工程的建设，是在边准备、边设计、边施工的情况下进行的。从1971年3月动工兴建开始，很多问题在后来建设过程中才得以解决。比如地铁设计中起制约作用的供电轨制式问题，在1971年9月17日地铁领导小组第15次会才进行讨论。同意地铁二期工程供电轨仍采用上部授电方式；并要求供电轨防护结构要坚固耐用，防火板支柱间距缩小为两米。在供电轨的两侧和地面进行喷绝缘漆或塑料的试验，成功后可推广采用。1971年12月，二期工程的初步设计正式上报。

1972年5月15日，地铁领导小组第17次会议提出：为了加强地铁建设，减少地铁施工对地面干扰和少拆房屋，地铁二期工程拟采用暗挖法施工。

鉴于地铁环线施工进度较慢，经地铁领导小组会议议定，今后市内修建地铁，拟采用盾构机械施工。1973年12月19日，向国

❶ 北京地铁领导小组：《关于地铁环城线位置的请示》，1971年3月5日。

家计委提出立项申请，认为这种施工方法，可以减少地面建筑、地下管网的拆迁，可以不因拆迁进度影响地铁建设，不影响首都正常秩序和市容，线路走向和地铁结构易于保密，还便于较合理选择路网❶。

1973年4月7日，周恩来在听取地铁一期工程正式运营安全检查情况汇报时指示：中国就是这一条地下铁道，一定要搞好。二期工程建设要抓紧，要加强领导。并询问二期工程什么时候能通车，二期工程出入口是怎么建设的。

1973年8月，复兴门、阜成门、车公庄三个车站，两个区间基本建成。原计划二期工程在1976年建成，但工期仍不能如期完成。二期工程的建设是1975年以前在地铁领导小组领导下进行的。1976年初，因地铁领导小组撤销停止工作❷，地铁二期工程建设，受到了严重影响。

二 1973年地铁路网规划及审查

北京地铁一、二期工程是根据1965年经中共中央批准的北京地铁近期规划方案施工建设的。路网规划则是工程建设的依据。1973年，北京市城市规划部门提出了北京地下铁道规划方案。该规划方案为8条线，全路网长234公里。1号线为东西向，从石景山至通县，但复兴门至建国门段与2号线南环合并。2号线为内环城线，全长只有23公里。3号线由西北郊经城区至首都机场，但

---

❶ 北京地铁领导小组：《关于地铁采用盾构施工的科研和试制问题》，1973年12月19日。

❷ 北京地铁领导小组：《关于撤销地铁领导小组的通知》，1976年2月5日。

西北郊是从青龙桥经黑山扈到清河方向。4、5、6号线为南北方向，4号线从清河到永定门至蒲黄榆，与5号线相接，5号线从和平里到宋家庄，6号线从地安门，经前门、永定门至南苑。7、8号线主要为东西向，7号线从广安门到广渠门，8号线从朝阳门到阜成门至丰台区火车站。

1974年，地铁领导小组第26次会议决定对1973年版北京地铁路网规划方案进行审查，并就路网规划方案提出修改意见：一是认为路网密度较大，不利于战备，建议取消6号线；二是为解决内环线较小问题，将经广安门、广渠门的7号线与经阜成门、朝阳门的8号线在西郊的北京西站和东郊的大郊亭相互衔接，合并为一条线，形成37公里的环套环线；三是3号线西端改从青龙桥至香山；四是东西长安街线的去留问题，考虑东西长安街是北京市客流量最大干线，如取消，1号线与环线在南环将混合运营，不但线路运输能力达不到原定能力的一半，而且地下平交运转行车也不安全，有可能造成严重事故，建议保留东西长安街方案，并建议在地铁盾构施工试验成功后，再考虑动工兴建。修改后的北京地铁远期线路规划由6条线组成，全长214.3公里，较原方案8条线缩短20公里。

这次会议还讨论了北京市从1976年至1985年的建设计划，计划前五年建设西直门到颐和园、北京站到热电厂、工人体育馆到酒仙桥等三条线，共26公里。后五年建设和平里至蒜市口、莲花池至蒜市口、工人体育馆至西直门等三条线，共26公里。这一建设计划由于地铁二期工程，施工进度一再推后，后因北京城市的发展变化而作出调整。

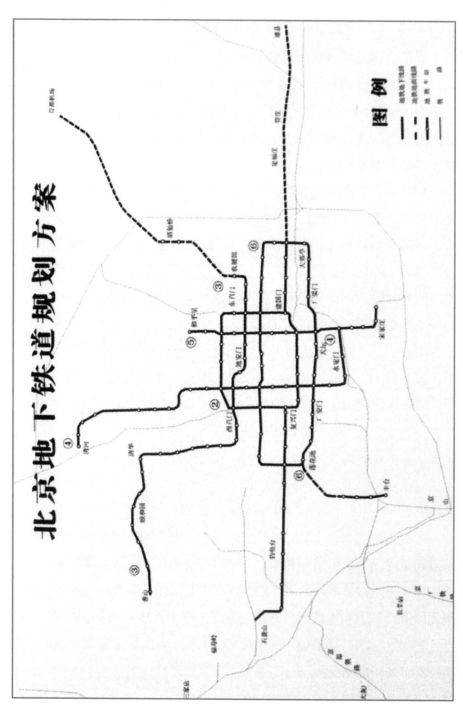

北京地下铁道规划方案

1973年版的北京地铁路网规划方案

第四章

重心转移

　　1975年邓小平主持中共中央和国务院日常工作后，对各项工作进行整顿。北京地铁的领导体制由军队领导调整为地方领导。1976年北京地铁划归北京市管理。北京市地下铁道管理处按地方企业管理要求进行机构调整与完善，实行了二级管理，地铁工作重点开始从"以战备为主"到"以运营为中心"的转移。1978年3月，邓小平在第一次全国科学大会上，提出"科学技术是生产力"的论断。随后北京地铁管理处召开了第一次科技大会，提出了"安全、准确、高效、服务"的运营宗旨，当年实现了"五二三五"的奋斗目标，确定了地铁行车组织的基本模式，地铁从此成为北京市民出行的重要交通工具。1978年中共十一届三中全会以后，地铁管理处提出了"把工作的着重点转移到运营和新技术上来"的奋斗目标，实现了工作重心转移。通过开展技术革新，攻克难关，加强以岗位责任制为主的企业管理，建立了各项管理制度，使地铁安全运行秩序稳定。1981年，一期工程顺利完成了国家验收，为地铁运营和发展提供了机遇。1982年，国家作出了对国营企业进行全面整顿的决定，逐渐拉开了企业改革的序幕。北京地铁通过挖掘现有潜力，实现了5辆车编组运行、行车间隔达到3分钟；通过改革设立"八段一厂"，迈向专业化管理；实行了经济责任制和经营承包制，使各项管理制度得以完善，运营水平有了大幅提高。1983年北京地铁开始环线二期工程初验和设备更新改造。1984年9月，在"边运行边改造"中实现了一、二期工程间的"马蹄形"运行。为以后地铁线路不断延伸和管理职能扩展打下了基础。

第一节 "军转民"和机构改制

> **一 中央指示"军转民"**

1975年，邓小平主持中共中央和国务院日常工作，顶着"四人帮"的压力，在全国范围内进行各项工作的调整与整顿，决心要把国民经济搞上去。整顿工作首先从军队开始。

11月29日，根据国务院、中央军委精神❶，铁道兵北京地铁工程指挥部改编为北京基建工程兵。根据这一决定，地铁领导小组从1975年开完最后一次会议后便撤销。在铁道兵改编为基建兵时，中国人民解放军铁道兵第6442工厂改编为基建工程兵北京指挥部下属第951工厂。

12月23日，国务院、中央军委决定：将铁道兵北京地下铁道运营管理处和铁道兵北京地下铁道大修厂筹建处划归北京市交通局管理。根据这一决定，北京地铁运营处从1976年2月6日起划归北京市交通局领导。同时地铁一期工程八宝山、军事博物馆、前门等3座35千伏变电所归属北京供电局管理。3月31日，经北京市计委批准：建立北京市地下铁道运营管理处，隶属北京市交通局。5月22日，"北京市地下铁道运营管理处"更名为"北京市地下铁道管理处"（以下

---

❶ 国务院、中央军委：《国务院、中央军委同意北京市、国家建委、铁道兵关于铁道兵担负北京地下铁道施工的所属单位交接工作的请求报告》，1975年11月29日。

简称"地铁管理处"）。

二 管理处改制

地铁运营处划归北京市交通局后，交通局派出工作组到地铁进行调查研究，了解和研究地铁运营处的机构设置及干部情况，特别是有关铁道兵12师现役军人干部的安排。认为铁道兵时运营处的管理体制已不适合客观的需要：第一，运营处直接领导三十多个车站、队和党支部，势必事务多，影响抓大事和开展调查研究工作；第二，运营处只有一级管理机构，人事、财务、设备用品等一概由处机关办理，既不方便职工，又不利于生产；第三，机构不完善，也给工作带来"瓶颈"问题，地铁运营处的计划、生产调度、客运服务、办公室都没有专设部门，使正常的强有力的生产指挥成为不可能，一些必要的规章制度的建立和修改也无专人或专业部门负责。这些都影响生产的发展和工作效率的提高。当时地铁二期工程正在施工，交付运营后，人员将增加一倍，压力会更大。面对这些情况，地铁管理处开始进行机构调整改制。把现行的一级管理调整为两级管理，除在处下设车辆段，客运段、电务段，还在各段设与处机关相应的管理机构。

管理处领导机构调整　北京地铁管理处成立革命领导小组和党的核心领导小组。1976年3月31日，经北京市交通局批准，赵增山担任革命领导小组组长和党的核心领导小组组长。1978年，北京市局级机构进行调整，新成立北京市公共交通局，地铁管理处归属北京市公共交通局领导。10月16日，中共北京市委任命冯双盛为公共交通局副局长，党组成员、主持地铁工作。11月28日，北京市公共交通局党组任命冯双盛兼任地铁管理处主任。12月20日，市公共交通局党组同意成立中共北京市地下铁道管理处委员会（以下简称"地铁管理处党委"），由赵增山任党委书记。当时地铁管理处委员会与地铁革命领导小组和党的核心领导小组同时存在。

　　1979年4月，北京市公共交通局党组发文，撤销北京市地下铁道管理处革命领导小组和党的核心小组，同意成立中共北京市地下铁道管理处委员会，重新任命领导班子成员。党委会由赵增山等九人组成。

1977年地铁管理处机关所在地海淀区五棵松复兴路77号

1981年，国家开始政企分开的改革，取消了北京市公共交通局，成立北京市公交总公司。4月20日，北京市政府发出关于北京地下铁道机构设置的通知，鉴于国务院已确定北京市地下铁道第一期工程交由北京市接管。为办理地铁一期工程的接收工作并负责今后运营管理工作，决定在市公共交通总公司地铁管理处的基础上，成立北京市地下铁道公司（以下简称"地铁公司"），归北京市公共交通总公司领导，并决定有关地下铁道的建设和运营管理工作，由市基本建设委员会统一领导，撤销地下铁道工程会战办公室。由此重新任命领导班子成员，改命地铁管理处的主任、副主任为经理、副经理。

1976年12月，地铁管理处办公机关由反帝路37号(今东城区东交民巷37号)迁移到五棵松复兴路77号。1979年4月，再迁移到东城区苏州胡同甲61号。

机关内设机构的调整 1977年2月，地铁管理处机关进行机构调整改制，撤销原办事、生产、后勤、政工四大组，在原小组的基础上改建为科，行政机构设置为：办公室、运营科、车辆科、技术科、安全科、专运科、基建科、计划财务科、劳动科、材料科、行政科等11个科室；党委机构设政治部，下设组织干部科、宣传科，并设工会、团委、人民武装部，其中办公室为党政合一的办公室。科室直接管辖的班组和机构有：运营科—行车调度；技术科—电力调度；材料科—仓库；行政科—医务所；基建科—修建队。机构调整后，各部门都明确了工作范围，并制定责任制暂定试行办法，逐步建立和健全了各种岗位责任制和必要的规章制度。

1979年地铁管理处机关所在地东城区苏州胡同甲61号

1977年，根据国务院、中央军委精神，在调整机构的同时，原在北京地铁运营管理处工作的105名铁道兵12师军队干部和战士征得本人意见就地转业到地铁管理处工作，绝大部分干部保留了原职位。

1978年，为加强生产计划工作，将计划财务科分为生产计划科和财务科。1978年7月，为适应全国科技大会后加强职工教育工作的要求，地铁管理处增设教育科。1979年至1981年，先后增设了政治部办公室、纪律检查委员会、卫生科、总工程师室和广告美术办公室。1981年，按照北京市政府关于北京地下铁道战备人防设施维修管理有关问题的通知要求，原专运科更名为战备人防办公室，作为地铁公司主管战备人防工作的常设职能部门，接受北京市人防领导小组业务指导。1982年10月，经北京市公交总公司同意，北京市地铁公司增设计划生育办公室。

截至1984年4月，地铁管理处有行政科室16个，党群系统科室7个。

> **三 管理方式的调整和职能的完善**

按照专业化分工管理的原则，地铁运营班组由"块块"管理逐步变为以"条条"为主的专业化管理。1977年2月，将设备维修连中的电力排以及各车站和车辆段管理的牵引变电所、降压变电所和通信、信号维护和检修工区划分出来，新成立电力队和通信信号队。1977年，组建了房屋修建队，使地面房屋维修和零星基建项目有了力量，并于1978年6月归属地铁管理处行政科领导。1978年5月，将设备维修连中的机电排和由各车站管理的卫技班、人防通风班划分出来，新成立机电队；原设备维修连中的线路排单独组成为线路队。

经过班组归属管理权限的调整，设备维修连一分为四。1978年后各车站只负责行车和客运服务工作，而各专业队负责管理本队范围内的专业设备的值班与维护工作。1978年，在实行调度集中、自动闭塞行车办法后，司机副司机制发生变革，改为司机车长制，车长要到站下车，负责监视乘客上下车和开关车门。

除了班组管理方式的调整外，地铁管理处还探索管理机构的改革。

1977年2月，机务营更名为古城车辆段，按企业生产管理的需要，重新调整设置车辆段机关职能股室，设有生产行政和党委工作系统股室。车辆段下设乘务队、检修车间、设备车间。1977年组建了家属清扫队，使车辆清扫有专人负责。1979年增设专运队，负责专包专列工作。1980年，家属清扫队改为整备队，负责在北京站和古城车辆段对运用列车的清洁整备工作，以提高车辆的卫生清洁服务水平，同时也减轻了包乘组司机对车辆清洁卫生工作的负担。

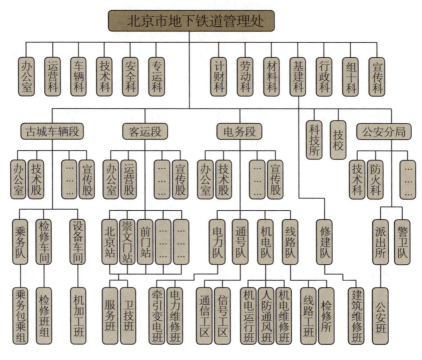

1978年北京地铁管理处组织结构示意图

当时，按照中央关于工业企业的管理体制实行统一领导、分级管理的原则意见，针对地铁点多、线长、工种复杂、专业性强的特点，也为适应地铁线路的不断延伸和职能扩大，地铁管理处开始进行管理模式的调整。在基本专业化管理的基础上，从处、车站（队、车间）、班组（工区、工班）的一级管理二级机构三级组织的管理模式逐步走向处、段、车站（队、车间）、班组（工区、工班）的二级管理三级机构四级组织的管理模式。1978年6月，北京地铁一期工程20个车站组建为客运段；电力队、通信信号队、机电设备队、线路队等4个专业队组建为电务段，并分别成立了筹备组。12月11日，经北京市公共交通局同意，正式成立地铁管理处客运段和电务段，并同时撤销这两个段的筹备组。客运段和电务段同时下设相应的机关职能股室。

1981年4月，北京地铁管理处党委讨论决定，将行政科由职能科改为职权科，作为核算单位，具有人、财、物的管理权和使用权，负责管理处机关及机关直属单位班组的人、财、物管理。至此，北京地铁管理处的二级管理三级机构四级组织的管理模式得以实施。

为完成地铁运输生产及战备人防任务，地铁管理处进一步健全地铁公安保卫部门、地铁的科技开发、职工和干部培训基地等机构，并完善管理职能。遵照周恩来1973年4月7日的批示，1975年开始筹建地铁公安分局，分局职能机关设内保、治安、消防等科，下设4个派出所和1个消防救援中队。1977年，地铁公安连被改编为地铁公安大队。同时成立消防科，隶属公安大队领导，为北京地铁消防安全工作的办事机构。1978年12月，根据北京市领导批准，北京市公安局地铁分局受北京市公安局和地铁管理处党委双重领导。地铁分局主要领导干部参加管理处党委，并根据干部条件担任党委常委或副书记职务。有关地铁的内部保卫以及战备人防等工作，在地铁管理处党委领导下进行，公安业务受市公安局领导。1979年1月，正式成立地下铁道公安分局，同时撤销公安大队。1979年2月28日，北京市公共交通局党组批复地铁公安局机构编制：可按270人编制，分局机关设政治处、秘书科、政保科、警卫科、刑侦科、防火治安科、预审科、行政科，下设6个派出所和警卫队、看守所。1979年4月，北京市公安局地铁公安分局正式成立。组建时消防科改为防火治安科。1980 年11月，改为防火科。地铁公安分局的成立，加强了地铁的公安保卫工作，同时划分清楚了企业与政府的职责。

在加强职工学习和技能培训方面，地铁管理处一直很重视。早在1976年，地铁管理处就从职工中抽调了部分有一定文化基础和培养前途的工人参加"七·二一"大学学习❶。1977年5月17日，正式成立地铁管理处"七·二一"大学，并建立党支部。1978年6月7日，市交通局批准成立北京市地铁管理处技工学校。这是中国第一个为地下铁道事业培养人才的技工学校。1979年3月2日，地铁管理处决定：组建北京市地铁管理处电视大学。1983年4月7日，北京市公交总公司临时党委批准，成立中共北京市地铁公司委员会党校。党校的成立，适应了加强地铁公司干部马克思主义理论、党的基本知识教育和提高干部科

---

❶ 根据1968年7月21日毛泽东在《从上海机床厂看培养工程技术人员的调查报告》所作的批示，按照从工人中培养技术人员，选拔学生，到学校学习几年，再回到生产实践中去的办法，工厂自办的大学，称为"七·二一"大学。

学文化与业务素质的需要。

工会、青年团都是群众工作的重要部门，武装部是同级党委的军事部门，都是联系群众的重要纽带。1976年，地铁管理处正式组建共青团地铁管理处委员会，同时建立了车站、车间、厂到处三级工会筹备组织，并开始筹建武装部。1976年，在工会筹备组、团委会、人武部的努力下，召开地铁管理处第一届体育运动会，并多次举行歌咏会、文艺演出会、球类比赛等，活跃了职工业余文化生活。

1977年，地铁管理处正式建立了工会、武装部。全处共有32个基层工会，会员2660人；22个民兵连，基干民兵1470人，普通民兵743人；选举和配齐了基层工会和民兵干部，各班组设立了工人参与管理的宣传、生产、安全、材料、生活五大员。19个站、队和车间都成立了工管组，从上到下建立了安全、爱国卫生、生活救济、计划生育的各级委员会、小组和管理员。如崇文门站47名职工，40名都有一项或以上社会工作，这样调动了广大职工的积极性，使各项工作有人负责。

这些组织的建立，发挥了群众当企业主人的精神，加强了企业管理。

第二节 运营宗旨确立

一 第一次科技大会确定运营宗旨

1976年是中国历史上极不平凡的一年。这一年"四人帮"倒台，"文化大革命"结束，北京地铁迎来了新的发展时期。

1977年初，地铁管理处召开了先进单位（集体）、先进职工代表会议，会议提出的奋斗目标是"苦战三年，为实现大庆式单位而奋斗"。并对1977年运营、生产、战备、人防等各项工作提出了明确的要求。在2550字的战备运营生产各项工作目标和计划里，谈到战备的地方只有106个字，表明地铁管理处的工作着重点开始转移到为地铁运营服务上。

为了学习和借鉴国外先进经验，1977年10月28日至11月29日，地铁管理处参加了赴日本东京等6城市地铁考察团。日本地铁运营管理自动化水平和"4S"❶的运营管理目标给考察团留下深刻印象。

1978年初，地铁管理处在先进单位（集体）、先进职工代表大会上提出当年工作总目标是抓纲治处，为把地铁管理处建成大庆式单位作出新贡献。要求年底冬运前列车运行间隔高峰时段缩短到5分钟，每天开行200列；三季度实行自动闭塞，并提出北京

---

❶ "4S"是日本东京营团地铁的地徽中Safety（安全）、Security（可靠）、Speed（迅速）、Service（服务）的缩写。

地铁一期改造要向现代化方向发展。

　　1978年4月10日至13日，在全国科技大会闭幕十天后，地铁管理处在五棵松六建礼堂召开了北京地铁第一次科技大会。参加会议的320名正式代表中有技术人员、大专毕业生和热心"双革"的工人，此外还有各单位组织的旁听职工代表，能容纳800人的六建礼堂被挤得水泄不通，有1000多人参加了这次科技大会。开会的代表都是不脱产的，上午集中开会，下午各代表组讨论，晚上回班组上班，第二天继续开会，一连4天。4月10日，地铁管理处领导作了《向地铁科技现代化进军》的报告，提出了"安全、准确、高效、服务"的运营宗旨，布置了扩大运营范围，增加运输能力，提高运营质量等事宜，要求在第三季度末要达到5分钟200列的运营目标，实现调度集中、自动闭塞行车、双

1978年4月10日，北京地铁召开第一次科技大会

边联跳等项目的自动化和革新。4月11日，会议专门介绍考察日本地铁的情况，着重介绍了日本地铁运营管理的理念和自动化水平，让代表了解北京地铁和日本地铁的差距。4月12日，先进代表陆续发言，介绍经验。这些代表中有刻苦钻研技术、掌握5门外语的技术人员；也有小学文化、大搞技术革新的复员战士；还有专心诚意、热情服务的司机和服务员。4月13日，会议传达了全国科技大会的盛况，激发了职工的干劲和钻研精神。会上，有的代表为确保运营表示："风机不转，用手摇；水泵不转，用盆掏"，不惜自己劳苦也要确保运营。当然，要确保运营，除要有精神外，还要有硬实力，要靠科学技术，发挥"科学技术是第一生产力"的作用，提高车辆和设备的质量和现代化水平。

这次科技大会，地铁管理处贯彻落实了全国科技大会精神，制定出《1978年至1980年技术革新、技术改造和科技规划》，《1978年至1980年干部工人业务培训计划》和《地铁行车指挥基本实行自动化的原则设想》等三个规划。提出在三年内通过挖潜、革新、改造，使地铁一期改造向现代化方向发展，到1980年实现行车指挥基本实行自动化，车辆改造达到60年代末70年代初的世界水平，变电卫技设备远动化，车辆和经常运行的设备检修机械化，测试仪表化。1980年达到正式运营，1978年达到运行间隔5分钟的要求。科技大会起到了鼓舞干劲和动员全处职工向地铁科技现代化进军的作用。

这次科技大会第一次提出了北京地铁的运营宗旨，即"安全、准确、高效、服务"。这是学习和深化日本地铁的"4S"运营理念的结果。将"可靠"改为"准确","迅速"改为"高效",更突出了北京地铁运营服务观念第一的思想,这是与国外地铁的运营理念有所不同的,它真实准确地反映和体现了北京地铁的运营理念和市民出行的核心需求。这次会议还明确提出了北京地铁的基本任务从以战备为主,转移到以运营为中心、为乘客服务的要求上来。

二 "五二三五"运营目标的确定

1978年,地铁管理处把运营工作逐渐转移到为乘客服务这个中心上来。9月20日,实行了行车由电话闭塞改为自动闭塞;使用调度集中设备,列车运行由车站监控改为行车调度室直接监控;自动停车,使用保证行车安全,防止列车追尾、相撞的防护设备;安装双边联跳装置,由单边供电改为双边供电;在前门站实现了列车进站时自动广播等5个自动化项目,其中双边联跳、自动广播获得了北京市科技成果奖。9月27日,实行新编列车运行图,即列车运行高峰时段行车间隔由原来平日最小8分钟缩小到5分钟;日开行列车由1977年平日的154列提高到200列;运营时间由6:00~21:00延长为5:00~23:00,增加运营时间3小时,并与地面公共电、汽车运营时间保持一致,实现了"五二三"的奋斗目标,从而变更了整个行车的组织形式。列车按自动信号行车,简化了原来行车的8道手续,节省了大量人力,甩掉了红绿旗。这些都大大提高了地铁的自动化水平和运输效率,保证了行车安全,在组织列车运行的方式上,由20世纪30年代跨进了70年代。

1978年7月18日，在全国科技大会的鼓舞下，根据市交通局党委的指示并经市交通局批准，为加速北京地铁现代化建设，成立北京市地铁管理处科学技术研究所（1986年更名为北京市地下铁道科学技术研究所）。这是中国当时唯一的一个专门从事地铁科研工作的研究所。组建时地铁管理处从各专业技术骨干中抽调9人到科研所工作，以后人员逐步增加。开展了有关地铁杂散电流防护、主保护研究试验、控制地下洞内温升、电流增量保护研究、列车自动检测等地铁运营生产急需攻克的课题。由于按科技规划大搞技术革新和科研，1978年完成的技术革新项目很多，但与运营直接相关影响较大的除上述5个项目外，还有自动扶梯加装了光电式的有人检测装置，并对国内乘客开放。

1978年12月1日，北京地铁开始发行联合月票，为首钢、特钢、锅炉厂、发电厂运送上下班职工。为缓解上下班职工拥挤，地铁管理处将最小行车间隔缩短为4分钟，在星期日开行230列，使西郊上下班职工每日乘坐地铁比坐公共汽车节约一个多小时。为搞好乘客服务工作，这一年还总结出"热情服务，重点照顾，严格检票，说话和气，目迎目送，不夹不摔，积极宣传，站车整洁"八句话服务公约，开展了北京地铁第一次客流大调查，从而规定了客运服务的基本要求和摸索出客流调查的基本方法。

1978年底召开的中共十一届三中全会，号召把全党工作的重点转移到社会主义现代化建设上来。地铁管理处提出1979年的工作目标是认真学习贯彻十一届三中全会精神，把工作的重点转移到运营和新技术上来。1979年初，地铁管理处举行工作会议，第一次明确提出在1978年9月27日已实现了"五二三五"的奋斗目标。在原"五二三"基础上再加上了个"五"，并将自动扶梯列为五个自动化项目之一，凸显出地铁管理处重视科技和为乘客服务的理念。并且通过在1978年三季度开展的"质量月"活动，使以"安全、准确、高效、服务"为中心，深入人心。为工作重点的转移创造了有利条件。

经过大量准备，1979年，地铁工作重点开始转移到社会主义现代化建设上来。地铁管理处开始要求各单位都要以运营为中心，以"安全、准确、高效、服务"为目标，巩固完善"五二三五"的成果。继续实行工作重点的转移，并及时调整战备与运营的关系，做到平战结合。同年，经过第一个冬运和完成全年运营任务的检验，证明地铁工作着重点的转移是符合地铁实际情况的，这也为搞好以后的工作提供了有益的经验。1980年，地铁管理处把工作目标定为：加强企业管理的基础工作，扎扎实实地搞好地铁工作着重点的转移。

经过四年的努力，从地铁第一次科技大会确立"安全、准确、高效、服务"的运营宗旨，到实现"五二三五"的奋斗目标、发行联合月票、制定服务公约，地铁工作重点转移到运营上来，开始迎来新的发展。

▶ 三 "一切为乘客、服务最光荣"

提高服务质量，满足乘客需求 地铁作为城市公共交通，是服务市民出行可供选择的便捷工具。随着经济的快速发展和城市人口的不断增加，居民生活水平不断提高，对乘坐城市轨道交通的出行量和服务水平的要求与日俱增。而地铁的运力增加与服务水平的提高又受制于现有能力和城市经济实力的限制。是需求屈从于运能，还是运能服从于需求，是摆在地铁管理者面前的重大问题。

在战备时期，北京地铁实行试运营。当时主要凭信（介绍信）凭证（工作证、学生证、军人证、车票）才可参观，一票难求，需求屈从于运能。

随着工作重点转移到以运营为中心，北京地铁开始注重运营服务质量。1977年，地铁管理处提出，要努力提高服务质量，树立全心全意为人民服务的思想，一心为群众、服务最光荣。并规范总结出"热情服务，重点照顾，严格检票，说话和气，目迎目送，不夹不摔，积极宣传，站车整洁"八句话服务公约，使服务面貌得以改观。1977年，巴基斯坦哈克将军参观北京地铁时说："我看过很多国家的地铁，英国的、法国的，你们的最干净、最明亮。"

1978年12月1日，北京地铁开始为首钢等工厂和石景山区教育系统15000多名职工发行北京市电、汽车、地下铁道联合月票，票价10元，每月按150人次计算，地上地下各分摊50%。1978年和1979年，列车运行兑现率都达到99.8%以上，运行正点率达到98.7%以上。1978年比1977年提高运力33%。1979年编制并实行了平日、星期日、节假日三种运行图，又比1978年提高运力14%。1979年的客运量比上年增加54.7%，为一期地铁历年之最，达到了运量与运力的相对平衡，上下班高峰不挤、低峰等车时间不长，为乘客创造了比较优越的条件。通过岗位练兵，服务质量和业务水平也有了很大提高，车站卫生和安全正点情况显著好转，服务工作做到标准化，出现了个人售纸质票15万张无差错的好成绩。地铁运行准时，拥堵情况也有所改善，受到广大市民的好评。

1980年，为加强运营生产方面的基础工作，提高运输组织工作水平，北京地铁提出：地铁运营的目的是为乘客服务，所以热情服务十分重要，要提高服务质量，积极开展热情服务活动。保证乘客安全，消除责任纠纷。

在1981年总结工作时，地铁公司认识到：坚持以运营为中心，以安全为重点，一切为乘客，认真做好运输组织工作，是运营部门一切工作的出发点。同年，地铁公司通过两次调整运行图，增开了列车，重点解决晚高峰拥挤和低峰间隔较长的问题，当年国庆节开行列车353列，运送乘客32万人次。同时，开展"五讲四美"活动和"为人民服务、对人民负责"的大讨论。为进一步方便广大乘客，地铁公司年初制定了十条便民措施，增开了七个车站的出入口。在客运、运输、维修、广告部门配合下，改进了站容车容，增添了必要的向导标志，经过服务、行车、乘务人员的一致努力，有效地提高了服务质量，做到了全心全意为乘客服务。

1982年，北京地铁再次调整运行图，节假日增加车次到374列。继续通过开展"五讲四美"、文明礼貌活动，服务人员能够热情宣传、积极疏导、关心正点，使服务质量得以提高。长椿街、木樨地、北京站被公交总公司评为"文明礼貌站"。当年，客运段收到表扬信345封，表扬意见1972条，做好人好事11.3万余件。其他各专业的服务质量也都得到新的提高。

1984年，又一次调整运行图，节假日增加车次到400列。客运部门深入开展文明礼貌活动，不断加强客运组织工作。尽量方便乘客，积极创第一流服务水平，积极为乘客做好事，受到了乘客的好评。

从北京地铁1976年至1984年服务理念和服务要求的变化，反映出增加运力、缩短间隔、提高正点率成为为乘客服务的最主要工作着力点，同时热情服务已成为对地铁员工的基本要求。

开展客流调查，合理安排运力　贯彻落实地铁的运营宗旨，最基本是搞好服务，满足乘客的需求，而满足需求与服务成本之间又是相互影响的。乘客的需求，最基本的是出行。受到季节、气候、生产、生活等诸多因素的影响，居民出行情况复杂，所以地铁客流是不断地变化的。尽管这种变化多种多样，但它总是有一定规律可循。为了配备与之相适应的运输能力，达到尽可能满足客流要求，又能经济合理地使用地铁设备，就需要进行客流调查。不断掌握客流变化的规律，开展客流调查，是了解和掌握乘客最基本需求的有效方法，也是科学合理安排地铁运输能力、编制列车运行图、分析运营效益的主要依据。

在以战备为主时，地铁运输没有常态化，客流需求不足，未进行客流调查。在地铁工作重点开始转移后，1978年4月，对地铁一期工程运营线路组织进行了第一次问答卷式的全面客流大调查，得出全日最大断面流量、全日列车平均满载率、乘客平均乘距等数据。这些调查为顺利实现"五二三五"的奋斗目标、科学合理编制列车运行图、有计划地安排运营生产打下了基础。

1980年4月，地铁管理处和基建工程兵指挥部科研设计院联合进行第二次全面客流大调查，为分析1980年实行的三种列车运行图提供了资料。

1983年，地铁公司为配合北京市第一次客流出行大调查而进行了地铁的第三次大调查。这次调查第一次使用了计算机进行客流调查资料的计算工作，成为全市客流调查资料的一部分，也为地铁客流的变化提供了资料。

除这些大型全面客流调查外，为及时掌握客流情况，地铁管理处每年还组织进行单项客流调查、抽样客流调查。从地铁管理处1979年至1984年度工作报告中可看到：

1979年，为使客运工作做到预见性和计划性，共进行14次较大规模的客流调查，走访了地铁沿线的重点单位，弄清了客流方向、乘车距离以及客流分布情况，掌握了地铁客流四季的变化规律。在此基础上，编制并实行了平日、星期天和节假日三种运行图，使运力提高14%，达到了运量和运力的相对平衡。

1981年，为掌握客流变化规律，共进行大客流和高峰断面调查27次，积累了各个时期客流及满载情况的资料，为合理地编制列车运行图提供了依据。同年，还对列车运行图进行了两次大的修改。6月份，集中解决小高峰乘车拥挤问题，对低峰间隔进行了调整，增开了列车，做到了平日开行240列，星期日260列，节假日300列；进入冬运后，又调整了小高峰拥挤和低峰间隔较长问题，有效地缓解了拥挤，方便了乘客。

1982年，为适应客流不断增长的需要，经济合理地使用电动客车，进行了28次客流调查，比较准确地掌握了客流变化的规律，使运营组织工作有了依据。对平日和星期日运行图作了局部调整，平日由240列增加到262列，星期日由260列增加到280列，重新编制了节日运行图，从302列增加到374列。针对节日高峰过度拥挤，高峰时段行车间隔由原来的4分钟改变为3分钟、开行列车由30列增开到40列。新调整后的运行图，符合实际，体现了经济效益。

从1978年至1983年，地铁客流平均每年递增21.52%。1984年，为适应客流不断增长的需要，加强运输的计划性，又进行了14次客流调查。这为按图组织行车、经济合理地完成运输任务奠定了基础。在取得相关数据后，从"五一"起，对老的运行图做了适当修改，把平日运行图由266列增加到294列，星期日运行图由284列增加到330列，节日运行图由374列增加到400列。进入冬运后，又把平日运行图，由294列增加到314列。经过再次调整的新运行图，基本适应了客流变化的需要。

北京地铁公司为落实工作重点转移，完成运输任务，在运力同运量这对矛盾中，始终抓住运力这个主要方面，采取有力措施，缓和了运力同运量的矛盾。通过年年调整列车运行图，增加车次，基本满足了客流增长的需要，做到了乘坐地铁车，进站不用等，上车有钟点，运输秩序井然有序。

从1976年至1984年北京地铁一期工程运营服务统计指标（见表4-1）可以看出，地铁一期工程1978年客运量超过3000万人次，1980年超过5500万人次，1984年超过1亿人次，从1975年至1984年客运量年递增率19.40%。1978年及以后，列车运行图兑现率保持在99.8%以上、正点率98%以上。

表4-1 1976年至1984年北京地铁一期工程运营服务主要统计指标

项目	单位	1976年	1977年	1978年	1979年	1980年	1981年	1982年	1983年	1984年
运营电客车	辆	116	116	116	108	112	116	120	154	184
年末运营里程	公里	23.6	23.6	23.6	23.6	23.6	23.6	23.6	23.6	39.7
开行列车数	列	44024	50303	56987	76556	84239	88500	97539	98400	108617
日均开行数	列	120	135	156	210	228	243	266	270	350
走行公里	万车公里	422.28	495.76	596.6	749.6	811.0	859.5	944.7	972.5	1358.0
兑现率	%	96.6	97.7	99.8	99.9	99.9	99.9	99.9	99.9	99.6
完好车率	%	63.5	63.3	86.4	89.6	92.4	91.8	91.0	84.0	84.3
安全间隔里程	万列公里/次	1.2	1.6	2.4	6.5	17.0	21.5	23.6	19.9	32.9
掉线率	次/万列公里	23.9	13.53	7.47	4.07	3.68	4.98	5.02	5.41	5.21
年客运量	万人次	2225	2836	3093.5	4785.1	5521	6466	7253.2	8199	10141.6
日均客运量	万人次	6.1	7.8	8.5	13.1	15.1	17.7	19.9	22.5	27.7
正点率	%	92.6	92.2	97.9	98.7	99.1	98.9	98.9	98.6	95.9
牵引电耗	度/百公里	264	234	263	261	267	267	261	269	275
开行列数	列数(平日/星期日/节假日)	13	154/170/186	200/230/200	220/250/300	230/256/302	240/262/302	262/280/302	266/284/374	314/330/400
最小行车间隔	分钟（平/日/节）	13	9/8/7	4/4/5	4/4/4	4/4/4	4/4/4	4/4/3	4/4/3	4/4/3

> **四 运营为中心，安全为运营**

　　以运营为中心，树立大联动机的思想❶ 地铁运营是地铁的最中心的生产任务。以运营为中心，树立大联动机的思想，最大限度地满足乘客的出行需求，不断提高地铁运营管理水平是地铁永恒的主题。这一理念是北京地铁通过多年的运营经历总结而形成的。

　　1976年7月28日凌晨，唐山地区发生了强烈地震，北京地区有强烈震感。地震发生后，所有的值班职工都坚守了岗位。地铁管理处值班领导主动指挥救灾行动，通过生产调度室对各车站和车辆段下达了检查地铁各类建筑设施包括职工宿舍、车辆设备的受损情况的通知。乘务连连长接到管理处提前1个小时开出头班车的通知后，冒着危险带队开出震后的第一组列车。尽管地震当日还下着大雨，全连6名干部全部上车带班，保证了按正常运营计划照常开放运营。28日早上，多数职工提前上班。地铁管理处成立了抗震指挥部，在基层建立指挥小组，组成了由337人参加的32个抢险专业队。他们晚上值班、白天照样工作。车辆段信号楼的值班员在接到立即撤离建筑物的预报后，仍坚守岗位。很多职工家里房屋倒塌裂缝，与亲人失去联系，久无音信，仍始终不离岗位，连续上班。从7月28日至8月15日的19天中，地铁运输照常进行，对首都市民起了很大的安定作用，在国际上也产生了很好的影响。在这突如其来的地震面前，地铁管理处职工在抗震救灾中坚持以运营为中心，做好

------

　　❶ 在地铁，各单位、各部门、各专业都要树立一切事务都要服务于运营服务为中心，而且作为处理各种关系的准则的工作指导思想，比喻为"大联动机思想"。

本职工作，积累了很多经验。这是应对突发事件的一次真实演习，也为继续做好抗震救灾工作积累了经验。

1976年9月18日，为保障北京天安门广场举行毛泽东主席追悼大会的顺利举行，北京地铁对外停运一天。停运期间地铁管理处两次安全及时运送了参加天安门追悼大会的石景山区集体乘车人员。当天下午，为运送石景山区参加大会的群众，地铁管理处将大部分列车事先停放在前门站以东，除前门站外，地铁一期工程沿线各站均不对外开放，关闭各出入口大门。下午大会结束后，石景山区参加大会的人员一起回到前门车站准备乘车。为防止乘车人员拥堵在车站站台和车厢内，采取数人进站的办法。乘车人员在出入口门前排队，按每列车1000人至1300人为一组进站，前列车一开，后一车人员立即从大厅到站台按车门位置候车，车一到便上车。列车各站不停，到指定车站停车下人。共用了一个多小时，便将石景山区参加追悼大会的二万多群众运送完

地铁运营中的前门车站

毕，第一次显示了地铁运量大的优越性。值得一提的是，礼士路以西各车站不少出入口被关闭，而大门上的玻璃却被地下列车所产生的活塞风挤坏挤碎。受此启发，为地铁管理处以后将车站出入口玻璃大门改为栅栏门，利用列车运行所产生的活塞风来改善地下车站通风和降低车站温度提供了实际依据。

1979年，地铁管理处要求把主要精力集中到运营生产上来。各级部门、单位都把工作纳入以运营和新技术为中心，以管理为重点，实行平战结合的轨道，实现了全处工作重点转移。

如何协调好各单位、各方面的动作，是抓好以运营为中心、树立大联动机的思想的主要环节。

首先，按正式运营的要求抓好运输的组织工作。由于担负着西郊1.5万职工按时上下班的任务，形成早晚高峰客流集中的潮汐流，全天运输不均衡。这个特点改变了地铁管理处以往的工作和生活习惯，对列车早出库、晚回库、停送电时间、地下维修作业、尾工安排和列车调试都需要做适当变动和安排，为乘客创造了良好的乘车条件。

其次，加强对车辆设备的改造，不断提高质量。这是搞好运营工作的物质基础。1977年，加强了对车辆设备的计划预修；1978年，开展从"一"开始，对所有车辆设备检修一遍；1979年，开展车辆设备升级活动，使车辆的完好率达到89.6%，电务段的设备优良和合格设备达到了91.7%。1982年至1984年，地铁公司细分并提高了设备完好率指标，将责任落实到每个班级和个人，从而充分发挥了现有车辆设备的能力，为运营提供了物质保障。

再次，搞好调度工作。这是做好运输工作的重要环节。管理处强调行车工作必须"集中领导、统一指挥"，树立调度命令的绝对权威，要求调度人员在列车运行中要注意抓关键、摸规律，指挥列车正点发车、正点运行、正点到站，做到站站下车、照顾旅客、列列安全，形成一个好的运输秩序。这是与行车调度、司机、车站值班员、广大服务人员和公安干警的密切配合分不开的。

最后，加强对生产的领导，建立必要的会议和汇报制度，这是搞好运营工作的关键。做到每星期二召开处正、副主任科长办公会议和每星期二、五的交接班会议，每月12日、22日举行电话会议，进行旬分析、月总结；每月召开一次处务会，研究下月工作，每季度召开生产会议，研究生产任务，各段也建立了一些相应的生产总结、汇报制度。不断总结出地铁运营迎接客运高峰、整治车辆设备、加强调度和运行工作，狠抓安全运营，坚持运输生产制度等经验。

1981年，根据《北京地下铁道一期工程验收交接总报告书》中关于"在不影响战备任务的前提下，有些战备人防设施，平时应充分加以利用"的要求，地铁公司统一研究制定出战备线路的战备和运输方案，对行车设施进行必要的改造，作为节日高峰和重大社会活动使用的存车线。

1982年至1984年，地铁公司要求全体职工必须把安全运营服务作为两个文明建设和经济责任制的重要内容，在各自的岗位上，进一步提高设备质量、安全质量、运用质量、工作质量，提高政治责任心，树立公司一盘棋、大联动机的思想，为实现安全正点运营作贡献。

地铁管理处实现了重点转移，以运营为中心一直是地铁事业发展的基础，而且作为处理各种关系的准则。在地铁，一切事务都要服从于以运营服务为中心。在车辆设备检修与行车有矛盾时要服从行车，在施工与运营有冲突时要保证运营，在发生事故时要优先安排恢复运营等等，形成了一盘棋、大联动机的思想；教育科研、行政后勤各部门，包括新线建设都要为运营服务。培养人才、开设课题都要围绕这个中心服务。实践证明：以运营为中心就能稳定运营秩序，稳定职工队伍，增强地铁自我发展的能力。

安全为运营，没有安全就没有运营 地铁的安全涉及面非常广泛，包括地铁行车安全、人身安全、火灾事故、车辆设备事故、机动车行车安全等，地铁的安全观念和对安全含义的理解深刻程度，是在地铁的运营过程中逐渐形成和深化的。

针对1976年至1977年发生的古城洞口挤坏道岔、车辆齿轮破损中断行车、前门站因受流器起火等大事故，1978年，地铁管理处重点抓好运输安全，建立安全网，进行安全大检查，对重点部位派专人值班，实行了司机呼唤应答制度。杜绝了因工死亡事故，确保行车、人身设备安全，把事故降低到最低限度，防止了挤道岔、错开车门、冒出信号、未办闭塞行车、电力误操作等责任事故的发生。

地铁管理处各级领导和地铁公安分局十分重视安全工作，多次召开安全工作会议，研究、布置、检查安全工作。1979年地铁管理处成立了安全委员会，车辆、电务、客运等三个段普遍建立了三级安全组织，全处上下形成安全网。建立了各种安全制度，培训了安全员，形成人人抓安全、事事带安全的局面。采取上下结合的方法，进行了八次安全大检查，对一百多项不安全的因素，提出了限期解决的办法。开展了全处性的百日安全无事故竞赛。由于一年来围绕运营生产广泛开展安全活动，杜绝了重大、大事故和人身责任伤亡事故，减少了一般事故的发生。

1980年，地铁管理处运用地铁几年来总结出的狠抓安全、坚持运输生产制度等经验，继续开展"百日安全无事故"活动，坚持建立春、秋两季安全大检查机制。各段建立安全股，设专职安全人员。同时，公布了地铁安全监察条例。实现了"四消灭"，即消灭重大、大行车事故，设备大事故、责任死亡事故、火灾事故等。

1981年，地铁公司把安全工作放在第一位，确保地铁安全运营，强调：运营必须保证安全，没有安全就没有运营，也就更谈不上为乘客服务，始终要把安全放在首位。

各级领导亲自抓安全教育和各项规章制度的落实，提高了对运输部门做好安全工作重要性的认识。进一步建立健全了各级安全组织，采取专、兼职结合的方法，从上到下形成一个安全网。安全工作是有规律可循的。根据季节的不同，外部影响等情况，分别采取不同措施，会同公安分局，加强重点部位的检查工作。对检查出的不安全因素和各类隐患，分别做了处理。发生问题"三不放过"，凡影响运营的问题，都是大问题。每当出现一个隐患、一件事故，都坚持弄清情况，得出结论，赏罚分明，严肃处理。

管理处还从车辆、设备和设施上进行技术改造，为安全工作奠定了物质基础。为防止走电失火，对车辆和有关设备进行了技术改造。由于施工质量原因，地铁一期工程15处防护设施超限，严重影响行车安全和轮对使用寿命，经过对古城洞口防护设施等的技术改造，既保证了行车安全，又为国家节省了大量资金，取得了明显的经济效益。

地铁的安全涉及到对乘客和工作人员行为所造成的伤害的预防和防止措施，这种行为防护不仅是指对无意识或误操作行为的防止措施，也包括对故意伤害行为的预防。职工安全意识观念和对工作的责任心则是需要经过长期反复培养的。1982年10月26日，长椿街至礼士路因列车冒进信号发生一起列车追尾，停运5小时58分重大行车事故。1982年12月21日发生一起调车作业违章死亡事故。这两起事故都说明地铁安全工作还要不断加强，常抓不懈。同年10月29日，前门站派出所周怡，为抢救被歹徒推下站台的儿童，生死关头临危不惧，被上级授予全国公安战线一级英雄模范、舍己救人的模范共产党员称号，并荣立一等功。地铁公司机动车联队，连续六年行车无责任事故，被北京市评为先进单位，并荣立集体三等功，受到公司和工会的通报表扬。

1982年至1984年，地铁公司实行经济责任制，将安全指标分解落实到每个班级和个人，使安全情况有了进一步的好转。

总的来说，地铁公司强调"安全为了运营，运营必须安全"，不断提高对安全的认识水平。通过抓好安全思想教育，提高车辆设备的安全可靠性、贯彻规章制度、堵塞危及安全的漏洞、执行春检秋检、开展安全竞赛、总结评比、奖励先进等方法来抓安全工作，地铁安全行车逐年好转，取得了明显的效果。列车安全间隔里程从1975年1.2万列公里/次提高到1984年的32.9万列公里/次。

五　改进车辆设备，优化管理

　　更新车辆技术　车辆是运营的物质基础，车辆的质量不好，安全度不高，地铁管理处提出的"安全、准确、高效、服务"的运营宗旨就无法实现。按照车辆检修规程，加强车辆检修，并不断地开展技术革新和改造，提高车辆的安全和质量，是地铁管理处的一项重要工作。

　　1977年，地铁管理处要求提高修车质量，操作务求精益求精，车辆检修要制定工艺标准，严格验收制度。全年平均车辆掉线率每万公里14次，比1976年减少了10次。

　　1978年，地铁管理处提出要求车辆达到"三个八，一个七"：80%的乘务员熟练掌握操作规程，车辆掉线率万公里降至8次，车辆完好率达到80%，车辆配件加工7万件。乘务操作要做到安全、正点、节电、宣传。车辆检修保养检查要降低材料消耗，贯彻质量验收制。车辆掉线率降至每万公里1.2次，比1977年减少了12.8次。以前转向架发生裂纹，要运到长春工厂去焊接，从1978年开始，全部改为在北京地铁车辆段自己焊接，提高了车辆检修的技术能力。

　　由于对车辆加强保养检修，严格按车辆修程修车，做到车辆检修制度化、常态化，车辆质量有了大幅度的提高。但和国外车辆相比，故障率仍是它们的上百倍，其根源在于车辆本身的先天不足。地铁一期工程车辆采用的是20世纪50年代技术，电气开断接点繁多，加之完全由国内第一次制造，缺乏经验，又值内乱时期，片面强调突出政治，忽视车辆技术，车辆质量存在着许多安全问题，随时有发生走电失火的危险。1969年车辆失火后，虽对车辆进行了100多项改造，仍未能从技术上解决根本问题。小的走电失火故障不断发生，严重威胁乘客的人身安全。为彻底解决车辆存在的问题，除全部更换二型车转向架外，还从暴露矛盾、立足于改出发，依靠自力更生，充分发挥技术人员和广大职工的聪明才智，对车辆进行了改造。

当时可控硅技术（GTO）已开始得到运用，车辆方面有斩波调阻和斩波调压两种，后者比前者技术先进，但还处于研究阶段，而斩波调阻在国内已经过试验。地铁管理处在进行调查研究和比选后，选择了斩波调阻。从1978年开始，结合车辆架修，车辆段改造出第一组直流斩波调阻车，取代了凸轮变阻车。1979年又有5组车被改造成调阻车。经过3年的努力，截至1981年底，除1组车外，已把74辆二型车全部改造为斩波调阻车，实现了技术上的更新换代，基本上满足了运营的需要。

经过改造后的车辆，各种性能进一步提高，起制动平稳，提高了电阻制动的初始速度范围，司机操作更加方便可靠，减少了洞内污染，降低了粉尘；也扩大了总成互换范围，互换率达到75%，减少了车辆掉线，基本达到技术先进，比较好用好修，运行较为安全可靠，经济效果明显，乘坐较为舒适的水平。

车辆部门还加强检查保养工作，贯彻预防为主、检修并重的方针。按照惯例，每年春秋两季进行技术鉴定，对发现的故障隐患，要及时进行处理。除搞好日常保养，完成计划修程外，还实行司机的出入库检查和"三包"，对提高车辆质量起到了重要作用。

随着时间的推移和走行公里的增加，到1984年，累计将有100辆车分别达到54万公里的大修里程；另外，地铁一期工程验交后，大修厂的改扩建在二三年内还形不成修车能力，即使委托铁道部、一机部进行车辆大修，也远水解不了近渴。面对这种情况，在原来车辆改造的基础上，经过分析鉴定，地铁公司认为改造后的车辆可以由54万公里延长到70万公里。北京市建委和公交总公司批准同意了这个意见。如果当时不抓车辆改造，或抓得不紧的话，一期地铁在1984年后就有半停运的可能。

为满足北京地铁客流不断增长的需求，1982年，在车辆扩大总成互换范围、进一步减少库停时间的基础上，扩大列车编组，年底完成2组车由4辆编组改为5辆编组，同时抓紧车辆的大修，修改完善检修规程，下大力建立健全修车工艺，制定好车辆大修技术规程。同年底，开始了第一组车的大修。在提高列车速度，增加列车密度都存在困难的情况下，地铁公司开展的扩大列车编组工作，到1984年，提前完成了23组5辆车的编组任务，提高了运力25%。

面对客流不断增长的需求，车辆通过加强检修保养，改造提升车辆质量，扩大列车编组，延长车辆修程等办法挖掘了运输潜力，缓和了用车紧张状况，实现了安全运营。

设备管理水平不断提高 地铁运营设备涉及面广，种类繁多，点多线长，专业性强，技术含量高，又是地铁运营的基础和安全的保障。加强地铁设备的管理，努力提高设备的运用质量，是地铁运营中不可或缺的环节。

1977年，地铁管理处通过加强设备的运行管理和检修，对变电、通信、信号、线路等设备实行了计划维修，把设备维修重点放在提高质量上，减少了因设备故障影响行车的现象。出现故障及时修复，做到信号灯显示正常，钟表准确，电灯明亮，通信畅通可靠，水管水箱不漏水，门玻璃损坏不过三天，三轨双边供电。重点提高了经常运用的关键设备按设备台小时的考核要求，如风机、水泵、油断路器、直流快速开关、电话、钟表、信号机、正线线路、道岔等的完好率。

1978年，地铁管理处学习大庆整体设备从"一"开始的经验，❶各单位针对设备的故障和缺陷，在内部开展了设备标准化整治工作，按照不同专业，推广先进经验，先后召开了变电、机电、通信、信号专业等7个现场会。在全处掀起了学习技术业务的高潮，重新查线对图、调试检查、拆装设备。通过这些技术改造和练兵，做到了设备管理的规范化。电务段贯彻设备检修以计划维修为主，重点提高了经常运用的主要设备的完好率，延长了安全运行连续天数。为顺利实现"五二三五"奋斗目标、完成运营任务提供了安全保障，同时提高了职工的技术水平。

1979年，通过"挖潜、革新、改造"，暴露矛盾，立足于改，大搞升级活动，重点解决日常的维修保养问题。采用新技术，改造了一些老的设备。电务段通过对地下设备的整治、鉴定和升级活动，使信号设备优良和合格设备达到了91.7%。尤其对调度台的改造和对信号设备的整治后，第四季度发生信号故障

---

❶ 20世纪70年代，大庆油田开展设备整治工作，首先从一台开始，把它认真整治好，达到标准化要求，然后将这一台设备的整治经验和标准推广到其他台设备整治中，称之为从"一"开始的经验。

185次，与上一年同期相比减少了78次；调度设备第四季度发生故障49次，与上一年同期相比减少了63次，发挥了现有设备的能力。

1980年，在经历了按计划预修、大整修和升级，设备整体质量提高后，管理处又加强了调度指挥工作。电调人员认真抓好设备运行，坚持"三票制度"（即在变电所施工时要提出施工申请票、工作过程中要有工作记录票、调度下达调试令时要有操作命令票）和一日工作程序化制度，严格执行安全操作规程，保证安全可靠的供电；机电调度人员，狠抓运行管理，利用现有通风设备，提高换气排热量，每日风机运行不得少于规定的时间，填写运行记录，积累资料；乘务队运转值班室、车辆检修调度、通号调度、机电调度等，健全组织，建立制度，充分发挥调度人员的作用。

1982年，地铁公司通过学习吉林铁路局梅河口电务段和沈阳铁路局通信段实行岗位纵横联锁责任制的经验，即"梅河口经验"，地铁公司结合自身实际，全面搞好质量管理工作，实行以承包为中心的内部经济责任制。除对各专业考核设备综合完好率外，还对设备各子系统建立了量化考核指标，如通信专业除要求综合完好率达到86%外，对行调电话选叫率、通话优良率、自动化设备合格率、"736"计算机功能完整率、列车广播音响优质率、电缆线路完好率等分别提出了考核指标。又如供电除供电专业要求综合合格率达到60%外，还有变压器、硅整流器、油断路器、直流快速开关等考核指标要求。全处共建立了76项考核指标，可细分到每个班组和每个职工。这些设备完好率指标的提出，既表明地铁管理处对设备管理做了大量的统计和分析工作，也表明对设备的管理由定性要求向定量考核转移。

1984年，地铁公司强调地铁是一座大联动机，任何一个环节发生问题，都会直接或间接地影响正常运营。针对各种设备，包括通信、信号、变电、风、水、机电、线路、三轨等设备的老化情况，加强了维修保养工作，为安全运营创造了条件。对通信信号设备实行轮修和检修相结合的方法，在做好检修工作的同时，对凡能轮修的设备一律进检修所，使故障率比1983年同期下降25%，保证了列车正常运行。供电专业严格执行规章制度，延长设备使用寿命，保证了安全可靠不间断供电。机电专业坚持为一线服务，全面完成了照明、送风、供水等任务。工务专业加强对线路的检查评定工作，共发现钢轨裂纹2277处，及时采取防范措施，保证了线路的畅通无阻。

六 发挥科技力量，培养专业人才

发挥科技力量，解决关键问题　为贯彻地铁"安全、准确、高效、服务"的运营宗旨，不断提高地铁的安全防护水平、运输组织水平和客运服务水平，满足乘客出行需求，地铁管理处立足于改，暴露矛盾、找出根源。通过技术革新、技术改造、科研解决问题，发挥科技力量，围绕运营生产中的关键问题组织攻关，取得了较好的效果。

1977年，地铁管理处依靠技术革新，取得了13项技术革新项目，试制了打蜡机、升降器、螺杆式空压机、40瓦灯管封口机，试验了风机电机断相保护，改进了仪表综合试验台、动平衡机、抓灰机。还配合试验了自动停车、工业电视、卫技遥控、脉冲调阻、五型转向架、七级阀等项目。通过技术革新，提高了劳动效率，减轻了劳动强度，提高了车辆设备的可靠性，如打蜡机提高工效三倍多，车辆段自制锅炉抓灰机实现水力清灰，每班由11人减少到5人。

1978年，地铁职工在全国科技大会和地铁科技大会的鼓舞下，大搞技术革新、技术改造，完成了技术革新项目近30项。除"五二三五"中的5个自动化项目外，还有列车进站车站站台自动广播、钢轨探伤车、更换模板阀、改进车门、机械式高度开关、改造移频设备、加设事故电源电缆、改造35千伏变电站消防设施、给排水泵自动控制等，取得了多项革新成果，为提高车辆设备质量，为行车间隔达到5分钟起了保证作用。

1978年至1979年，地铁管理处卫生所开展了"地铁环境因素对人体的影响"研究，通过地下工作人员与地面组对照检查，初步掌握了洞下人员的劳动卫生状况。以大量的科研对比数据，为改善职工的劳动条件、发放地下补贴提供了依据。该项成果也是管理处最早取得的北京市科技成果奖。

地铁科技大会召开以后，新组建的地铁科研所，发挥科技人员的专长，围绕地铁安全运营服务等多方面开展了科技攻关，经过三四年的努力，取得了一批重要成果，解决了地铁安全运营生产中的疑难问题。这主要有：

自从1969年北京地铁发生车辆失火事故后，走电失火问题成为周恩来总理时常挂念的问题，并作为地铁是否正式运营的条件。随后地铁领导小组责成铁道部、机械部、地铁设计院研究解决，但也无太大进展。北京地铁管理处每年的工作计划都要求车辆部门解决走电失火问题，但也只是提醒注意，无法根本解决。1981年，国家建委、国家机械委员会要求，地铁牵引电站和车辆主保护应可靠协调，需研制地铁主保护系统方案。当时，以科研所为主成立了联合试验研究组，开展了北京地铁主保护试验研究。通过大量的现场试验和研究，研究组得到了地铁直流回路短路电流计算方法、地铁短路电流参数，制定出变电所和车辆保护方案，从而实现了变电所与车辆主保护配合，解决了地铁主电路的走电失火问题，大大减少了车辆熔断器无故熔断问题。不但每年节约资金10多万元，还使地铁一期工程顺利通过验收。该项目于1984年获科技进步北京市二等奖和建设部三等奖。

地铁采用直流供电，利用铁轨回流时会产生迷流（即称"杂散电流"），这对地下的结构钢筋、电缆水管设备起着严重的腐蚀作用，是一大公害。科研所成立后承接了对"杂散电流及其腐蚀防护"的研究。经过现场恒定的大电流试验和研究，北京市建委、基建工程兵等27个单位专家联合进行了鉴定，认为"摸清了迷流量及其分布规律、电腐蚀机理和防腐措施，积累了较完整的资料，其排流装置具有定型的价值"。1981年6月，科研所接收了这项管理工作。在人员不足，困难较多的情况下，工程师、技术员们自己动手制作了8台排流装置，夜间停电后在区间坚硬的混凝土上砸出预留块和漏埋的钢筋368块，焊接560块，连接电线近2000根，完成了从北京站到苹果园迷流施工，实现了一期工程全线排流，从而解决了迷流腐蚀这一公害问题。该项成果获得了北京市科技成果三等奖。

针对地铁车站和区间温度逐年上升的问题，从1979年起，地铁科研所在清华大学协助下，首先开展了"控制地铁温升的研究"。通过对现场列车活塞风和热传导环境的测试，提出了改变车站通风方式，取消车站出入口玻璃门，改装栅栏门，减少通风机运行时间等多项建议，取得了明显的降温和节电效果。清华大学利用计算机，开展了"地铁热环境控制"的研究，首次完成了地铁热环境分析软件包。该软件包可快速、准确预测地铁热环境状态，指导和优化地铁通风系统的设计和运行管理。该成果获得了建设部科技成果二等奖。

为解决地铁直流供电时正极电源接地或发生电弧光时的电气保护问题，防止发生电气火灾，从1979年开始地铁科研所就进行了电流增量保护装置的研究。经过现场多次小短路电流（2000~4000安培）和电弧光试验，选取了与当时日本、法国不一样的设计思路，取得成功。该装置经现场运行试验和考核，动作准确，效果良好，其正确动作率在85%~90%之间，列车误动作率达到十万分之一列次，弥补了国内直流快速开关定值下的小电流短路、远距离保护存在的空白，并基本解决了小电流保护的有选择性跳闸，使安全供电更有保障。1984年7月，该装置通过鉴定后，由上海厂家生产运用于北京地铁二期设备改造工程，之后由俄罗斯仿制，用于1990年开始的一期工程技术改造。该成果获得了北京市的科技成果奖。

在组织科技攻关的同时，地铁管理处还广泛发动技术人员进行技术革新和技术改造，解决运营生产中的急需问题。古城车辆段在改造74辆调阻车过程中，废弃了石棉闸瓦，自制了直流电度表，实现节约用电。电务段安装调试了双工电台和逆变电源，进行了工业电视远距离传输试验。调阻车综合改造项目同样获得了北京市科技成果二等奖。

培养专业人才，实现战略任务　作为城市骨干公共交通的地下铁道，与公共电汽车和地面铁道相比，除具有劳动密集型外，又具有技术密集、专业多、技术新的特点，而北京地铁管理处又具有单位新、技术人员少、专业工人少、职工文化水平低等特点。当时在中国没有专门的地铁学校和地铁大学，调入或分配到地铁工作的职工，地铁专业技术水平并不高。为完成地铁的运营战备任务，地铁管理处对地铁职工开展技术培训刻不容缓。

在技术培训方面，1976年，北京地铁管理处在边交接、边运营中，坚持举办了6期技术学习班，组织上百人去外单位学习业务技术，有的学习时间长达9个月。1977年，技术培训从以队、车间等基层单位为主，逐步过渡到以厂段为主，举办了脉冲调阻、自动闭塞行车、驾驶技术、哲学等学习班。1978年起，地铁管理处将技术培训纳入了企业规划，制定了干部工人三年业务技术培训计划，对职工本着干什么工作学什么技能，开展岗位练兵活动。1978年至1979年，开办干部职工技术业务讲座和规章制度学习班及电视业余教育，共有73期4999人次参加了学习；还委托有关单位代培了部分技术工人，有170名青年职工到112中学习中学基础理论，提高文化水平。技术培训做到脱产学习与在职学习、处办学习班与二级单位办班、个人学与集体学相结合，并结合岗位责任制对62个工种共1626名职工进行了技术考试，为此后开展技术革新和技术改造工作做了准备。1980年，以市交通局颁发的技术标准为考工标准，采取多种形式举办职工业余学习班，开展岗位练兵活动，并规定以后凡是调入地铁的职工都要进行三至六个月的培训工作。1981年，针对职工管理和技术水平较低的状况，开展了多种形式的技术和文化教育工作，共举办学习班43期，有2182人次参加了学习。乘务队、电力队、机电队还采取实物教学、现场练兵的方法，提高了各主要工种职工的技术业务水平。经过技术培训，提高职工实际操作技术水平，为安全运营提供保障。

在技术教育方面，1976年地铁管理处筹办了地铁"七·二一"大学。1978年创办了中国第一个地铁技工学校，当年招收了200名学生，分为车辆、供电、机电等专业4个班。1979年，为落实处技术培训规划，当年举办了电视大学，择优录取23名青年职工进电大学习，技校扩招学生达到402名。1982年至1983年，地铁公司积极引进技术人才，通过多方工作，共接收80多名大学毕业生到地铁工作，其中包括原计划分配到北京供电局的，通过工作，调整到北京地铁20多名供电专业的大学生。利用二期工程的验交机会，到厂家参与监造和学习。还请专家讲课，进行技术培训，提出部分设备的设计选型方案。

在指导思想方面，1979年地铁管理处提出在实现工作重点的转移时，必须舍得进行"智力投资"，提高干部职工的科学技术文化水平。1980年，地铁管理处要求广大职工必须努力学习，刻苦钻研，掌握新技术，解决地铁遗留的技术难题和迎接地铁建设的新发展。1981年，地铁公司要求各单位将职工教育列入议事日程，调整充实了教育机构，健全了教育系统。这样，既培养了人才，又提高了整体技术水平，1982年地铁公司获得了北京市委建工部、市总工会、市建委授予的"职工教育成绩优异"奖旗一面。

1984年，地铁公司开展了多种形式的全员培训。随着技术培训工作的加强，群众性小改小革活动进展顺利，职工掌握新型车辆和设备的本领得以提高。科研成果也不断涌现，当年共评定技术革新成果70多项。随着干部管理水平提高，各级领导开始逐步掌握用经济规律管理经济，逐步充实完善经济责任制，实行指标分解，层层承包，责任到人，做到责、权、利相结合。供电段等单位搞了值班人员的改革试点。在自选班长的基础上，由班长挑选主值班员，再由主值班员挑选副值班员，既节省了劳动力，又保证了安全供电。这些措施，调动了职工的生产积极性，促进了各项任务的完成。

七　一期工程通过国家验收

从1971年1月15日起，地铁一期工程开始内部售票，接待参观群众，开始试运营。截至1972年底，共接待参观群众2300多万人次，列车运行正点率和运行图兑现率达到96%以上。1972年，地铁领导小组向国务院提出一期工程正式运营交接报告。1973年3月，周恩来对此报告作出批示，并指示派出国务院联合检查组到地铁进行现场检查。因一期工程还存在走电失火等安全隐患、列车与行车调度员之间无通信以及车辆和设备故障较多等诸多问题，周恩来在听取了检查组汇报后指示，暂不忙公开宣布运营，并提出"待二期工程环线完工，各站出入口改造好，再定公开运营"。一期工程验收交接暂被搁置，当时，运营处党委反复研究，上下统一了认识，充分发动群众，排查隐患，解决问题，继续进行地铁正式运营的前期准备工作。

1978年，地铁管理处开始了工作重点转移到以运营和新技术为中心，实现了"五二三五"的目标，发售了地铁月票，实现了地下地上联运。地铁运营秩序逐步走入了正轨，但周总理提出的地铁运营要解决走电失火、无线电话等问题，并未得到解决。1973年，地铁领导小组24次会议要求一机部和地铁设计院解决车辆的主保护问题，没有进展；无线电话也尚未安装。1975年地铁领导小组召开两次会议，就地铁出入口的改造问题进行了讨论，提出了4种形式的改造方案，经国务院副总理谷牧同意，在礼士路、木樨地、军事博物馆等车站进行试验❶。

1979年，国家建委和北京市要求在"十一"前实现地铁正式运营，满足市民的出行需求。地铁管理处把此项工作列入了当年工作目标。1979年8月22日至23日，地铁管理处党委就一期工程正式运营与验交问题进行了专题讨论，8月28日，提出了《关于地铁一期工程验收交接的讨论意见》的报告。报告首先提出一期工程经过四年零三个月建成通车，速度比较快，质量比较好，可取的经验是多方面的：一是领导重视，周恩来总理亲自过问，专

❶ 北京地铁领导小组：《关于地铁一期工程出入口改建问题》，1975年5月7日。

门成立了地铁领导小组，地铁建设中的重要问题解决得及时；二是地铁体制健全，组织指挥统一；三是地铁投资、设计、施工三位一体，设计服从投资，施工服从设计；四是专款专用、专料专用。但是一期工程从1969年通车试运营已经十年，工程遗留一百多项尾工迟迟未开工，运营的车辆、设备不过关，处于艰难运行的状态。报告还提出二期工程"少慢差费"，一期工程"艰难运行"，教训甚多。主要原因是领导关系不固定，对地铁使用部门不重视、不关心，不给投资、也不给设计权。设计施工部门并不考虑运营管理的需要，也听不进去使用单位的意见，导致北京地铁管理处掌握不了自己的命运。报告建议验交后需解决地铁运营管理与地铁建设、设计的统一领导问题，并建议地铁管理机构应升为专门机构。

该报告反映出地铁建设和管理中存在的不少问题，加之地铁车辆、设备还存在诸多问题尚未解决，验交工作再度推后。

为准备地铁正式运营交接，地铁管理处加紧了对车辆和设备的攻关和改造，1979年至1980年安装了150兆的晶体管无线电话。鉴于地铁电气保护系统不太可靠，是危及行车安全的一个重要因素，1981年，国家建委和国家机械委联合下发文件，要求车辆保护和变电所保护构成一个完整的系统，由工程设计单位牵头组织解决[1]。为此，北京市专门成立了主保护试验领导小组，下设试验小组，经过两个多月150多次的现场试验，终于解决了问题。

1981年2月21日，国家建委根据谷牧的指示，约请国家计

---

[1] 国家建委、国家机械委：《印发〈关于北京地铁二期工程所需车辆问题的会议纪要〉的通知》，1980年12月31日。

委、国家经委、国家机械委、铁道部等部门领导开会，就一期工程正式验收交接中有关接管单位、验收交接范围和现状交接的原则、运营亏损和战备人防设施维护费核定、车辆设备大修、战备人防设施使用等问题商定了意见和办法，并决定成立北京地铁一期工程验收交接委员会，由国家建委、国家计委、北京市政府、基建工程兵、铁道部、一机部、财政部、建设银行、总参谋部、北京军区等部门组成。委员会下设办公室和6个专业组，具体办理验收交接工作❶。

1981年3月，国务院批转国家建委关于北京地铁一期工程验收交接的报告❷。根据文件精神，地铁公司抽出130多名管理和技术人员，在5个月时间里，参加了地铁一期工程的验交工作。通过调查研究，弄清了地铁的设备数量，核定了固定资产，对工程状况进行了评定，对存在问题提出了处理意见。

1981年9月15日，北京地下铁道一期工程验收正式交付使用。由北京地下铁道一期工程验收交接委员会，正式办理验收交付使用手续，国家建委等16个单位领导在验交证书上签字。验交报告包括总报告和19个分报告，长达180多页，涉及工程、车辆设备、运营、财务、管理等各个方面。北京地铁一期工程，包括北京站到古城和402线，全长29.007公里，地上地下建筑各8万多平方米，共有7700多台设备，124辆电客车和主要战备人防设施。验收时还成建制地接收了基建工程兵951厂等。工程总投资

---

❶ 国家建委：《关于北京地下铁道第一期工程验收交接问题的报告》，1981年3月16日。

❷ 《国务院批转国家建委关于北京地下铁道第一期工程验收交接问题报告的通知》，1981年3月23日。

70062万元，移交北京市地铁公司管理的固定资产为49549.2万元（其中提取折旧和大修的固定资产为13586万元），同时接收包括设计、竣工文件及文件报告67箱，图纸46000多张。验收报告认为："地铁一期工程设计是成功的，地基稳固，主体结构良好，线路稳定，设备基本配套，工程质量达到了良好。"北京地铁一期工程从建成通车到通过国家验收长达11年，从地铁主要功能作为城市公共交通工具而言，验收各方对设计规定的运输能力能否达到意见不一，验收报告的这一结论是经各方协商的结果。

对验交后存在的问题，作了明确规定。一期工程存在的52项尾工，需投资1100万元，由财政部一次拨付北京市，专项包干使用。地铁的财政补贴问题，由财政部1981年补贴运营亏损1548万元(含951厂125万元)；战备设施维修费100万元；车辆设备一次性大修和更新费2000万元。确定车辆大修由铁道部和一机部安排。对战备人防设施管理问题，要求地铁要有专职机构和队伍。根据北京市已下达的有关文件，这个问题也基本上得到了解决。

一期工程的验交，对北京地铁运营管理来说是一次重大转折。首先表明一期工程经过10年的试运营，存在的走电失火等影响安全运营的问题已基本解决，车辆设备存在的可靠性问题已大部分得到解决和落实，一期工程工作重点转移到了以运营为中心。10年中共运送乘客2.46亿多人次，对缓和北京市交通紧张状况发挥了一定的作用，已基本具备了正式运营条件。通过一期工程验收，国家和北京市政府对地铁运营管理工作更加重视，对地铁建设、运营管理和机构升级起了一定的作用。从1982年起，北京地铁开始提取车辆和设备的更新折旧费和大修理费，建立了企业基金，适当地扩大企业自主权范围，克服了过去在花钱上"吃大锅饭"、实报实销的状况，这对搞好正式运营，加强企业管理，充分发挥一期工程的优势，无疑是一个巨大的推动。

第三节　二期工程建成与初验

一　二期工程建成

北京地铁二期工程是北京地铁规划2号线的一部分，起于一期工程北京站折返线东端，经建国门向北，至雍和宫向西，到西直门向南，在复兴门南与一期工程相连，呈"马蹄形"，因2号线为环形，所以又称为环城线工程。线路全长16.1公里，共有12座车站。1971年3月开工后，工程建设比较艰难。设备安装采用分段施工和重点突击的方法，每一区段的各专业设备安好后，立即进行调试，然后采用综合试运转，完成一段，运行一段。西环线土建工程在1976年基本完工，设备安装后较长时间未投入运行，影响了设备运行性能。

1978年9月16日，国务院副总理谷牧召开会议决定：在北京市的统一领导下，成立地铁会战办公室，以国家计委为主，成立地铁建设帮助小组，协调地铁的建设工作。9月，北京市革命委员发出关于《北京地下铁道工程会战会议纪要的通知》，决定地铁二期工程要在1980年建成通车。

但由于拆迁的影响，东四十条站拖到1981年建成，二期工程1981年底才基本竣工，并由施工单位临时管理。

二期工程共完成开挖1371万立方米，回填土667万立方米，灌注结构钢筋混凝土129万立方米，道路面混凝土35万立方米。在建设中拆除了安定门城楼和箭楼，将东、西护城河道改成暗沟。西北城墙外的"太平湖"全部填平，修建为地面车辆场。

二期工程全部为国家投资，工程投资总额为11.76亿元。

二期工程总结了一期工程经验教训，在埋深、车站建筑、装修、电力供应、通信、信号设备等方面都有所改进和提高。

二期工程埋设深度较一期工程深，地下水位问题较突出，为了有效地控制地下水位，确保土方顺利开挖，根据地质情况，分别采用了明排、大口井和深井泵降低地下水位方法，降水效果明显。

二期工程车站比一期工程显得高、宽、大，除复兴门站为19.1米宽、6.5米高外，其余均为20.1米宽、8.2米高，车站全部采用钢管柱。车站均为岛式站台，除复兴门站台为12.1米，其余均为13.1米，比一期最宽的车站还宽0.6米。根据领导决定，为战备需要，车站出入口均拉出建筑红线以外，每座车站布置3至4座出入口。其中复兴门立交车站，因受地形、地物的限制，暂时只在一侧各设两个出入口。车辆段至正线设有2条"八"字形的联络线。

车站装修与一期工程相比有很大改善。1984年4月27日，中

北京地铁东四十条车站被评为北京市20世纪80年代十大建筑之一

共中央书记处书记胡启立在视察地铁时指示：要在车站搞点壁画、雕塑，画家可以在自己的作品上署名，车站灯光色彩单调，今后要考虑灯光不要一个颜色。按照这一意见，地铁公司在东四十条、建国门、西直门等车站装饰永久性大型壁画。东四十条车站的建筑装修，被评为"北京市八十年代十大建筑"之一。雕塑工程在二期工程通车后才完成。车站站内照明光源主要为日光色荧光灯，灯具有露明管外加隔式的吸顶灯，也有圆形放射性吊灯。

按平战结合的原则设计，二期工程的电力供应全线设牵引降压混合变电所9座（包括太平湖车辆段），降压变电所4座，35千伏变电站3座；复兴门站设35千伏开闭所1座，电力调度置于西直门车站。机电设备也是平战结合的。通风系统中的战时通风系统能力有了较大的提高，普通通风均为可逆式轴流风机。

通信、信号设备也有了较大的改进和提高。为保证二期工程建成后和一期南环线形成独立运行系统，除二期工程外，对礼士路和南环6座车站的通信设备进行技术改造，增设南环和木樨地至复兴门站区间通信电缆。信号新设环线设备和电缆外，对南环6座车站进行了技术改造和北京站设备的扩建。在行车调度和列车运行自动化方面，分别增设了电子计算机和自动控制设备。其中的卫技遥控系统由遥控总机、操纵台、表示盘及遥控分机等设备组成，以供遥控、遥信和遥调使用。

和一期工程一样，二期工程的车辆和设备在"独立自主、自力更生"的方针指导下，完全是100%的国产设备。由于受"文化大革命"期间极左思潮影响，不少设备采用了小型化的设计，电气设备的绝缘空间较小，加上安装的设备不但一次性、非标产品多，而且质量差、故障率高，搁置时间长，西环线安装的水冷整流器，在一期工程试验中已失败，在二期工程建成通车时只好更换。

> ### 二 二期工程初验与改造

二期工程初验 1981年9月15日，在地铁一期工程验交签字仪式上，国家建委副主任彭敏指示："为及早发现和解决二期工程中存在的问题，抓紧先期进行一次初验工作。"遵照这一指示，1982年7月7日，北京市组织设计、施工、运营单位成立了"地铁二期工程初验领导小组"。初验工作是根据设计标准和上级领导的指示，本着"安全运营"的原则和"坚持原则、实事求是、顾全大局、协商解决"的精神进行的。对工程存在的问题，边检查、边处理。由北京供电局设计和施工的二期工程建国门、雍和宫、西直门3座35千伏变电所交付北京地铁公司管理，参与初验工作。

在"抓好一期、搞好二期"的指导思想下，地铁公司组织了200多名技术干部和工人参加这一工作，专门成立了二期工程初验工作办公室，组成了若干个专业小组。初验工作从调查研究入手，本着一切经过试验，摸清设备现状，培养职工管理工程本领的思路进行。

由于二期工程设备质量差，存在问题较多，初验工作进展缓慢。1983年4月1日，二期工程西直门至复兴门4个站开始试运行。5月1日，该区段开始接待参观。9月19日，积水潭变电站在正常停电操作时，发生开关柜爆炸烧毁的重大事故，中断了二期工程已经开始的试运行，初验工作被迫暂停。

积水潭变电站着火事故发生后，中央领导十分重视。1983年10月14日，中共中央书记处书记胡启立、国务院副总理李鹏受邓小平的委托，在北京市委第一书记段君毅等领导陪同下，亲临北京地铁二期工程视察。胡启立指示："教训要吸取，不要只追求先进，先进的前提是安全、稳妥、可靠、实用，几十万人昼夜流通，这样一个大动脉，血管不能堵塞，用试验产品不行，一切没把握的新产品、新技术，先慢上这儿来。"李鹏指示："环线要尽快投入试运营，及早暴露缺陷。尽快解决后，早日发挥效益"，"二期工程迟迟不通车是个政治影响问题"，"地铁建设要为城市交通服务，这是第一位的"，"一定要把设备搞好，该换的换，该改的改，不能发生问题了，解决不了可以引进……"随后，国家经委副主任林宗棠被委派到地铁公司来主抓二期工程设备改造和运营准备工作。

二期工程改造　积水潭事故发生以后，供电和机电专业很多设备不能投入正常使用，地铁公司压力很大，困难很多。在内部，地铁公司首先抓了目标管理。确定了二期工程改造工作的5个奋斗目标，即：1984年元旦西环试运转；1984年春节全线试运转；"五一"全线发票参观；"十一"前售票参观；1984年底主要设备完善化并正式投入试运营。

1983年11月17日，李鹏和国家经委、机械部、铁道部等领导，在北京市市长主持召开的地铁二期工程主要设备情况汇报会上，听取了地铁公司和有关单位领导的汇报，并进行了讨论。会上，经北京市人民政府批准，确立了北京地铁公司提出的改造工作的5个阶段奋斗目标。在国家经委的领导下，地铁公司认真组织协调有关省市和130多个厂家的工作，使各有关厂家对完成自己的任务有了明确的时间观念，使验交工作取得了顺利进展。

为实现上述目标，国家经委组织了180余名专家进行技术咨询，确定了116个改造项目，还为是否达到设计运输能力论证了方案。当时，为尽快挽回国内外政治影响，首先二期工程的改造只对直接影响通车的设备进行更换和过渡性整治。在国务院10个部委和15个省市的大力支持下，经过130个厂家的共同努力，设计、施工运营单位密切配合，大力协作，克服种种困难，更换了22座变电站中的13座电站的电器设备；过渡整治了16座低压变电站的304面低压配电柜；整修了线路、道岔、供电轨和通信、信号、风机、空调等部分设备。

为组织好环线设备改造工作，地铁公司绘制了更换各专业设备的进度网络图。对二期工程所需设备，从新产品的设计、试制、生产，运输、安装、调试、运行，直到土建和材料等各个环节的工作，都分别制定出网络图，做到了合理安排，环环相扣，以避免失误，促使各厂家单位以最快的速度，最好的质量，按期限完成了各自的任务。

1984年牵引变电所经改造发电

为保证新产品的质量，地铁公司在向有关厂家单位宣传中央指示的同时，还向北京、上海等相关厂家派出几十名技术人员和有经验的工人驻厂学习。通过近一年的驻厂学习，参与监造，既保证了产品质量，又提高了职工的技术管理水平。各厂家对产品精益求精，用实际行动响应中央号召，表现出支援首都建设的无私援助的大协作精神。

另外，地铁公司在组织协调各厂家单位工作，进行必要项目配合的同时，也加强了管理工作。建立健全各种规章制度，实行了经济责任制。制定教育计划，进行各种形式的培训，提高了职工的技术业务水平。开展对各种设备的考核工作，进一步暴露了有关问题。为环线配备了各主要专业的值班维修人员和管理干部2010人。用2万多个工日整治了照明电缆电路，保证了低压线路的安全。迅速形成了运输和车辆检修能力，经过考试，配备了12组车的包乘司机，检修了20辆车。制定出接待和正式运营的试行方案。9月19日以后，还抓紧了遗留项目的清理工作，完成了对35千伏变电所内10千伏开关柜进行更换，并将水喷雾消防装备更换为1211干粉自动灭火装置，第二批35千伏变电站发电。还对信号、风机设备的样机进行了试验和自动化设备的技术论证等。

在这次改造任务中，直流开关的选择是影响工程进度的关键。当时国内没有成熟产品，国务院领导指示，国内不能解决的要引进。但引进时间过长，影响改造工程进度。为了争取时间，选择了国内样机试验刚通过的DS12开关。该开关在小批量生产中，其工艺不如样机生产时精湛，在设备安装完工后的现场试验中，发现该开关带有较大的分散性，虽投入了运行，但给以后带来了隐患。

总之，通过加强管理，推进改造工作，地铁公司进一步掌握了设备状态和生产进度，锻炼提高了职工队伍，为搞好此后的企业管理，做好新线开发的组织工作打下了基础。

1983年11月24日，北京市政府召开会议传达中共中央书记处书记胡启立对地铁工作的电话指示："看地铁开放的线非常之紧，主要原因为车次少，5~6分钟一趟车，晚上15分钟一趟车，能不能把间隔缩短到3分钟一趟，问一下有什么困难没有。二期工程收尾未完，电器设备要更换，要抓紧，如不抓紧，再拖一年也完不了。"同年12月30日，二期工程的第一阶段目标实现，李鹏在北京市市长陪同下，对外省市来京支援北京地铁建设的同志表示感谢，并提出搞好第二战役的安排，第二战役搞好了，第三战役年底可提前到"十一"。

1984年1月31日，二期工程的第二阶段目标实现，国务院副总理姚依林、李鹏、国务委员谷牧、陈慕华、张劲夫，在北京市委书记段君毅等领导陪同下，视察北京地铁二期工程，并做了重要指示：一定要保证设备质量，做到安全可靠；不行的设备要彻底换掉，国家不能解决的要引进。

北京地铁公司的地铁徽

1984年4月，北京地铁公司设计、制作了北京地下铁道企业标志——地铁徽，并首先安装在建国门站出入口。该地铁徽标志的外形采取圆形，设计者当初以汉语拼音字母"G"构成，示意地铁的隧洞，含有高速（GAOSU）之意；中间字母"D"，示意地铁车辆，是电车（DIANCHE）的缩写；D的内心有实字母"B"，表示北京（BEIJING）。"B、G、D"三个汉语拼音字母构成"北京高速电车"的缩写。蓝、白、金三色（后改成蓝、白两色）既协调又醒目，适合在各种环境中佩戴和设置。本标志放大后不会空洞，缩小后不会含混不清，做徽章、纽扣、帽徽也皆适宜。本设计符合当前世界各国地铁标志设计中简练、含义准确和几何化的趋向，具有现代感，并能经受时间的考验。本地铁徽"B、D、G"三个字母也可理解成"北京地下轨道（铁道）"（BEIJING DIXIA GUIDAO）或"北京地下公共交通"（BEIJING DIXIA GONGGONGJIAOTONG）的标识。

三 二期工程通车试运营

地铁二期工程经历了长达13年的施工建设，在初验中又发生变电所开关着火事故。经邓小平亲自过问，胡启立、李鹏一年中多次来地铁检查工作和通过电话询问，并派专人负责此项改造工作，要求环线必须尽快运营。在这一形势下，从1983年9月19日积水潭发生火灾后，整整一年中，环线的设备更新改造工作一直在紧张而有序地进行。从中央决定改造，到确定改造设备范围，提出116项设备改造方案，组织专家论证，不足3个月；从开展设计、确定设备供货厂家、新产品试制、组织订货到设备生产，不足6个月，留给设备安装时间不足3个月，十分紧张。

为保证按期实现环线工程的通车目标，设备安装采取了组织突击队的办法，并且每隔一个车站进行施工改造。到1984年9月，有一半的变电所的直流开关柜完成了改造，基本具备了从建国门到复兴门通车运营的条件。

1984年9月19日9时，庆祝北京地铁二期工程建成通车典礼大会在建国门车站召开。中央和北京市领导参加了庆祝大会。李鹏在通车典礼大会讲话中指出："地铁是一个现代化的交通设施，应该有一个现代化的劲头，我们的管理，也一定要现代化。"对地铁公司的工作提出了更高的要求。二期工程地铁顺利实现通车，也使北京地铁运营里程提升到两条线40公里。

经过一段试运营，并实现了环线环起来，按1983年北京地铁线路规划1号线、2号线（环线）实行分开独立运营。1989年12月20日，二期工程交由北京市并通过正式验收，市验交委员会认为：地铁二期工程的设计、施工、生产单位在总结一期工程的经验教训基础上，做了大量的细致工作。设计、施工等方面水平都比一期工程有所提高，总体设计是合理的，主体结构是合格的，能够满足运营的需要。

地铁二期工程开工时，正值"文化大革命"中期，基建程序被打乱，规章制度被废除。由于前期准备工作不足，只好边设计，边施工，设计无鉴定，工程无概算，质量无要求，为日后运营遗留了很多问题。二期工程尾工的数量较大，建成通车后，职工有些松劲情绪，加之款源不足，已定的项目没能安排上，这给此后工作带来一定困难。可贵的是，1983年至1984年二期工程中已更新改造的设备运行一直基本稳定，故障率低，其中绝大多数设备一直运行到2003年北京地铁一、二期消隐改造工程。

四 路网规划设计

在地铁一期工程通过验收、二期工程即将竣工验收交接时，一、二期工程如何运行提到了议事日程。按1974年地铁领导小组意见，这两条线应各自独立运行，但预留的复兴门站没有折返条件。为此，北京市政府请示国务院，希望1982年动工修建复兴门至西单段1.6公里地下铁道，并建议在复西工程未完成前，一线仍由北京站至西郊，环线按复兴门经西直门、东直门至建国门马蹄形运行。中央领导及时作出了批复，同意修建从复兴门至西单1.6公里地铁线路❶。这对发挥一期工程优势，完善环线工程，保证行车安全，方便广大群众具有重要意义。

复兴门至西单线（复西线）的建设，首先与1973年的地铁路网规划方案不一致，在1974年地铁领导小组讨论规划方案时，提出要保留东西长安街线，但市规划部门的方案却取消了东西长安街线。因而复西线的建设虽有中共中央、国务院的批复，仍未能被国家计委列入"六五"计划。在1983年北京地铁路网规划方案调整后，1985年6月10日，国家计委发文同意复兴门至建国门地铁工程的可行性研究，并要求实现统一规划，分期建设，先建设复兴门至西单段地铁，建成一段使用一段。

总结十年的试运营经验，地铁公司认识到，要把地铁建设得更加合理，提高运营质量，要解决好使用、设计、施工各部门之间的地位和关系问题，建议地铁运营管理部门应在地铁建设中

---

❶ 北京市人民政府：《关于修建地下铁道复兴门至西单段的请示》（京政文字〔1981〕78号），1981年10月1日。

提出新建线路的走向及使用条件，设计部门根据使用要求进行设计，施工单位按设计施工，最后使用部门按设计要求验收。地铁作为城市公共交通的一部分，应有一个完整的体系，地铁与其他公共交通配合，才能合理地解决城市交通问题。所以地铁的建设必须符合城市长远规划，是城市规划中极为重要的一部分。1982年初，依据复西线的建设计划，地铁公司提出要主动工作，积极参加规划设计，为新线建成通车作贡献。做了如下的工作：

一是地铁科研所设立了规划研究室，与地铁运营部门一起，参与地铁一线多次客流大调查。 1983年又配合北京市公共交通研究所组织的全市公共交通客流大调查，利用现有的地铁客流增长资料和北京市的社会经济发展资料，建立了地铁客流增长模型和客流预测数据，为制定地铁规划方案提供了客流参考数据。

二是总结了地铁一期工程建设经验和需考虑的问题。地铁一期工程在中央政府的直接领导下，具有建设速度快、造价低、车站多数设在地面客流量大的集散点，有利乘客换乘地面交通等优点。其中不足的是，在以战备为主的建设方针指导下，对地铁的客流缺乏全面调查和预测，仅以一日（1962年10月21日星期日）的客流为依据，设计的车站大厅和西部车站出入口能力偏小；对运营缺乏系统研究，设计的公主坟、玉泉路、古城路站间三环套跑难以实施，玉泉路没有折返库线，古城路站没有折返道岔；车辆设备试制品多，安全性低、故障率高，自动化水平低，近期每小时24对的行车能力很难实现，因而只好按现状验收。一期工程验收报告关于一期工程设计是成功的，设备基本配套等结论，是各方协商的结果。

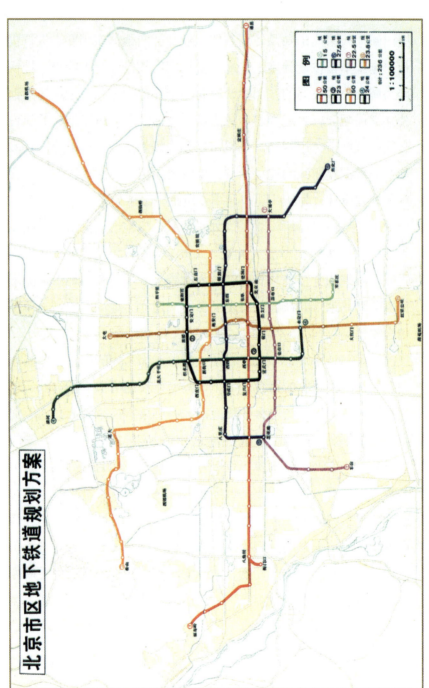

北京市区地下铁道规划方案

1983年北京市区地铁规划方案

三是从如何发挥现有地铁的效益出发，提出了地铁路网规划的建设建议方案。配合地铁路网规划方案，协商和建议地铁车辆段的设置地点和方案，地铁与市政建设的一些配合条件和要求等。

北京市规划部门在1973年地铁规划方案的基础上，提出了1983年地铁路网规划方案。该方案由8条线组成，全长236公里。和1973年方案相比，一是贯穿了东西长安街并延伸到通州，使1号线成为一条近50公里长的直线，1、2号线可以分开独立运行；二是恢复了中轴线，规划改为8号线，并从地安门向北延伸至大屯路；三是6号线拆分为6号、7号两条线，其中6号线东端延伸至焦化厂，解决了6号线车辆段及"6"字形大环线的车辆出入问题。1983年版地铁规划方案的确定，比较合理体现了运营的要求，为复八线的建设提供了依据。

第四节 企业管理专业化和规范化

一 实行专业化管理

针对地铁点多、线长、工种复杂、专业技术性强和新技术迅速发展的特点，地铁的管理机构有必要进一步实行全面的专业化管理，以适应今后北京地铁线路的不断延伸和地铁管理处职责的提升。北京地铁在原有车辆、电务、客运等三个段的基础上，进一步对二级机构进行调整和改制。

1979年8月，北京地铁成立太平湖车辆段筹备组，协助基建单位做好太平湖车辆段规划建设，统筹安排机械设备安装等工作。1982年5月，经市公交总公司批准，成立北京市地铁公司太平湖车辆段。段内设机关职能股室和运用车间、检修车间、设备车间，为做好地铁二期工程验交和运营准备工作提供了条件。

为了搞好地铁运营管理，地铁公司参照铁路专业化管理的经验，决定对原电务段统管职能按专业陆续进行分离。

1981年12月，地铁公司党委决定成立通信信号段筹备组，将原属电务段统管的通信信号队生产指挥权和全队人员划归通信信号段筹备组领导。1982年1月1日，经北京市公交总公司批准，北京市地下铁道公司通信信号段正式成立。段内设机关职能股室，下设通信第1至第3领工区、通信自动化室、通信检修所、电台、列车广播、数字传输、计算机领工区，和信号第1至第3领工区、调度集中领工区、车辆段信号领工区、信号检修所、信号中修队、机车信号检修所、修配所等。

1982年4月，地铁公司党委将原电务段统管的机电队分离出来，成立机电段筹备组，后经北京市公共交通总公司批准，正式成立北京市地下铁道公司机电段，同时撤销筹备组。下设第1至第5领工区、修配所和人防战备队。同时，将原电务段统管的线路队成建制划出来，直属地铁公司直接领导，队内设职能组室，下设古城领工区、太平湖领工区。1984年9月，经地铁公司批准，将原公司所属的线路队改为工务段，职能组室升为科室；原电务段分离出通信信号队、机电队、线路队之后，电力队保留了原电务段名称，段内机关设职能股室，下设第1至第3领工区、降压领工区、检修车间。1984年9月，经地铁公司批准，电务段改名为供电段。

1981年7月，为加强企业管理和实行专业化分工的原则，经地铁公司决定，修建队脱离行政科关系，改为公司直属单位，由公司基建科负责业务指导工作。1983年，该队下设机构调整为工区，设古城、五棵松、北京站、太平湖等地区工区和水暖、机电、大修工区。

从1981年7月1日起，基建工程兵北京指挥部下属951工厂成建制划归北京市地铁管理部门领导，同时撤销原北京市地下铁道管理处车辆设备修理厂筹备处。1981年12月，市公交总公司通知，951工厂定名为"北京市地下铁道公司车辆设备修理厂"。主要承担地铁电动客车的大修加工改造和地铁设备的大修改造任务。厂内设生产行政和党委工作科室，下设铸造、机械加工、机具、金属结构、电机电器、建筑木工、总装、运输等车间。

截至1984年4月，地铁公司下属的运营生产机构已形成"八段一厂"，即古城车辆段、太平湖车辆段、客运段、供电段、通信信号段、机电段、工务段、修建段和车辆设备修理厂，为全面实行专业化管理具备了基础条件。

二 建立健全生产规章和管理规章

地铁管理处组建后，对其职能机构和职权机构作了重大调整，生产班组的管理也改为"条条"的专业管理，全处范围内实现了二级管理。1978年，为适应把地铁工作重点转移到以运营和新技术上来，也为实现"五二三五"的奋斗目标，地铁管理处决定修改补充和充实、完善运营生产规章制度。

1978年至1979年初，地铁管理处在普遍建立岗位责任制的基础上，开展了第3次大规模的整章建制工作。在原有的行车组织、变电、通信、信号、线路、卫技、车辆检修和运用等13项规章制度的基础上，根据地铁运营八年的经验教训，参考国外地铁有关资料，对原有的规章进行了较大范围的修改，补充了1971年以后生产管理和技术方面的进步，特别是实现"五二三五"后引起的生产关系方面及技术管理的变化内容。同时，新增加了变电继电保护和自动装置检验规程、电力调度规程、机床设备保养规程、汽车保养规范、电动客车乘务员安全守则、电动客车操作、司机自检自修的范围、故障列车处理暂行规定、行车组织自动化设备的使用办法等10项规章制度，此次修改的行车组织规章由最早期的70条，增加到200条，比较系统地摸索总结出了地铁运营管理的经验。

此次整章建制后，在生产技术上做到了有章可循。车辆段整理技术资料，严格图纸的校对和审核手续，编写电动客车讲义，全处共建立了58种各工种各等级的技术标准。各单位还把法制教育与贯彻规章结合起来，使职工明确遵章与守法的关系，进一步推动了各项规章制度的贯彻落实，提高了职工执行规章制度的自觉性。

1980年，地铁管理处在车辆方面又制定出专包专列维护保养规范，建立健全车辆检修的原始记录和制定检修工艺，逐步编制自制配件、易耗件、外购件记录，规章制度覆盖到全处每一个岗位，为贯彻落实岗位责任制考核打下了基础。

1982年，为适应专业化管理和大联动机的要求，满足地铁线路及新技术发展的需要，地铁公司全面开展整章建制工作，进行了第4次大规模的规章制度修订工作。

1983年，车辆专业制订了车辆大修工艺规程。经过近8年的时间，先后制定出技术管理规程、行车调度规则、行车组织规则、客运组织规则、地铁伤亡事故处理办法等149项规程、规则、管理制度和办法。行车组织规则全面规定了与地铁列车运行有关的各种组织办法，增加到499条。

加强企业管理工作，地铁管理处领导认为，把工作着重点转移到运营和新技术上来，就必须建立健全各项管理制度，从基础工作抓起，不断提高企业管理水平。

1977年，地铁管理处机构调整后，各部门便着手制定工作范围及责任制，建立必要的管理规章制度，以加强管理工作。各站队车间纠正了有章不依、违章不纠的现象。首先抓了劳动考勤制度，木樨地、五棵松等多数单位实行和坚持了点名制度。仓库建立了按资金管理的账簿。劳动部门对926名职工进行了定职工作。检修车间在计财、材料科和车辆段协助下进行了架修、定修材料消耗定额试点工作。

1978年，地铁管理处各业务部门和基层单位，修改和制订有关劳动保护、劳动保险、探亲假制度，统计规程，财务制度，材料领发、保管、采购制度，技术资料管理办法，设备事故分类办法，设备管理工作办法，设备质量验收、调拨、购置制度，地铁火灾抢救方案、防火管理暂行规定等，基本做到管理上有章可循。

三 建立完善责任制

建立完善岗位责任制 地铁管理处领导认为，要搞好生产，必须依靠群众，应该逐步建立一套依靠群众、符合生产发展要求的科学管理制度，做到群众管理和专业管理相结合。

1975年，按照中央关于铁路工作的9号文件精神，地铁运营处各班组普遍建立了岗位责任制。地铁管理处组建后，1977年，调整了生产班组管理范围和权限，上半年各单位广泛发动群众，普遍制定了班组岗位责任制。下半年又统一了行车、服务、通信、信号、变电等工种岗位责任制，做到了工作有要求，办事有标准，人人有职责。车站站台服务员建立岗位责任制，设立了"服务台"，要求工作有岗位，接车按要求，乘客很满意。通过贯彻岗位责任制，使职工责任心加强，劳动纪律变好，责任事故减少。并在处机关同时制定了科室责任规范，使科室工作有了初步分工。

1978年，地铁管理处对1977年制订的班组岗位责任制，同工种未统一的部分进行了统一，进一步完善明确了机关科室的职责范围。处、段、站、队制订了管理制度，贯彻党委领导下的分工负责制，明确各级领导干部、管理人员、生产工人的职责范围。岗位责任制从工人扩展到干部，做到事事有人管，人人有职责。

同时要求要充分依靠群众，调动和发挥每个职工的积极性。广大职工要积极参与企业管理，确实成为企业的主人。各单位之间、各班组之间，职工之间要互相配合，团结协作，保持和发展劳动过程中人和人之间的社会主义新型关系。

1979年，地铁管理处以岗位责任制为中心，对不同专业的班组建立了指标。本着有利生产、有利管理、有利团结出发，经过试点，从6月1日起，在全处实行了基本奖加增产奖、百分制奖、全优超产奖、计评结合等级奖等四种奖励形式，促进了职工的生产积极性。乘务队把处段下达的9项指标，归纳为安全、正点、车辆质量和劳动管理四个方面，再分解为若干小指标，下达到班组和个人，对各种指标按分值规定出分数，与奖励、公里津贴、竞赛相结合，兼顾了国家、集体和个人利益，体现了按劳分配、多劳多得。此外，还通过报表统计，正常交接班，不定期抽查和个别评比的办法，加强了考核工作。这样做体现了政策，做到了以生产为中心，责任到人，使政治工作与经济工作紧密结合起来。尤其是利用经济手段，充分发挥经济杠杆的作用，大大加强了管理工作，调动了职工生产的积极性。

建立企业内部经济责任制　实行经济责任制是进行企业整顿的突破口。对于北京地铁来说，人员来自四面八方、隶属关系多变、工种复杂、技术先进，而且担负城市交通运输和战备人防任务，属于政策性亏损企业，既是技术密集企业，又是劳动密集企业，既有事业单位性质，又要按企业来管理，问题很多。进行经济方面的改革，为国家减亏、为企业增效，实行经济责任制是必要的。

从1982年开始，地铁公司从加强企业整顿、改善经营管理、提高经济效益出发，在企业内部实行了以承包为中心的减亏留成、超减多分的经济责任制，调动了企业和职工的生产积极性。通过通号段试点，在当年7月1日前，公司内有11个单位先后实行了经济责任制。

地铁公司为全面加强企业整顿，保证经济责任制的实行，采取如下措施：

第一，坚持以计划经济为主的原则，从计划管理入手，根据国家对地铁的各项补贴，编制出各年度计划，下达各单位。各单位以"责"为核心，在普查设备、摸清底数之后，针对生产技术等方面的问题，对公司承担76项经济技术指标，比以往公司下达的指标增加了一倍。按照"责"字当头的要求，各单位还把对公

1983年牵引变电所值班员正在值班

司承担的指标，逐项分解，层层落实到集体和个人，平均每人承担21项，从而明确了各级的经济责任。地铁公司初步建立了一个新的指标体系，保证了各项任务的圆满完成。

第二，加强了基础和专业管理工作。为便于提高各专业的设备质量、运用质量和工作质量，各单位比照铁路系统，分别建立了一些技术标准和有关规章制度，做到工作有标准，质量有要求，考核有依据。尤其通过发挥各级职能部门的作用，开展"质量旬"等活动，严格进行考核，完善巩固经济责任制，提高了各级职能部门的管理水平。

第三，坚持物质利益原则，使奖金起到了鼓励先进、鞭策后进的作用。经过职能部门考核，做到人定岗，岗定责，责定分，分定奖，初步实行了责、权、利的结合，在保证完成国家计划的前提下，职工收入普遍有了提高。1984年，地铁公司职工工资总额777万元，人均1088元，比1981年分别增加了128%和25%。

第四，把贯彻按劳分配与思想教育结合起来，激发了职工们的主人翁精神和责任感。地铁公司涌现出大量不为名、不为利、埋头苦干的先进人物，出现了上一道工序对下一道工序负责，二线为一线服务的良好局面。

第五，为从组织上保证经济责任制的落实，按专业化管理原则，新组建了通号段、机电段、太平湖车辆段，把线路队、修建队作为独立单位后，设置了职能组室，使管理工作有了加强，实现了专业化管理，使生产和技术管理走向规范和系统化。各二级单位明确目标和职责，这对经济责任制的实行，对今后地铁的发展和接收环线后的运营生产，都具有意义。

实行经济责任制，就是在国家计划的指导下，搞好企业经营管理，把企业和职工的利益与承担的责任和取得的成效联系一起，做到责、权、利一致，对国家、企业、个人都有好处，扩大了企业管理的内涵。北京地铁公司结合地铁特点，按照不同专业，实行了多种形式的责任制，在一定意义上讲，使各单位有了一些自主权，企业管理和经济效益有了提高。同时，加强计划管理、质量管理和经营管理，改变了"吃大锅饭"、"平均主义"的状况，调动了职工的积极性，为实现安全运营、开创地铁各项工作的新局面发挥了作用。

四 加强企业基础管理

北京地铁划归北京市领导后，对管理机构作了专业化调整，实行了专业化条条管理。地铁管理工作随着时代的发展和地铁公司的进步发生了很大变化，从1976年的"两参一改三结合"，到1978年建立健全岗位责任制，再到1982年试行经济责任制；从单一经营到"一业为主，多种经营"。地铁公司立足从计划、财务、劳动、节约降耗等多方面来加强企业自身的管理。

计划管理专业化、制度化 1977年2月，地铁管理处成立了计划财务科。1978年，计划财务分开，成立了生产计划科，各专业段相应成立了计划股，从而完善了计划专业管理体系，加强了计划管理工作。

有了计划专业机构后，开始编制年度、季度和月生产计划，逐步实现了有计划地组织运营生产。用计划手段协调运营生产与各管理环节的相互关系，把运营生产活动与资金融为一体，在安排各方面工作和任务时按不同渠道落实资金来源。计划管理工作由1977年的生产型逐步向生产经营型转变，形成了以年度计划为主的计划体系。

为加强计划管理的执行力度，建立健全了生产指挥系统。地铁管理处负责生产的领导干部随时掌握生产动态，在各级调度机构，处及各段、队、车站的领导和调度室都实行了24小时值班制度。

1979年，建立了生产、质量、消耗、成本等10项经济技术指标。根据年度计划，按季度指标任务与技术组织措施一起下达到各单位，进行定额管理，做到人各有责。为有计划搞好运营生产和开展劳动竞赛创造条件，把这些作为劳动竞赛和奖励的依据。对加强生产的计划性，克服盲目性，起到了重要作用。

地铁专业统计工作是从1976年开始的，当时是借鉴了北京市公共交通和铁路部门的一些统计指标，结合地铁的实际情况，初步建立了以运营为主的统计指标体系。1978年，建立了地铁的统计制度，分析制度和处、段两级"日交班，旬分析，月总结"的制度。一些群众反映："这些制度的建立，比过去发现问题早了，解决问题快了。"1980年，计划科会同有关部门参照有关资料编写了一本《统计规程》（试行），制订了各单位的各项经济指标，以便做到运营生产有计划，竞赛考核有标准。通过统计制度的建立，到1985年，基本摸清了北京地铁的家底。

建立财务核算制度 作为一个企业，必须有财务核算制度。在地铁运营处时期，归属于部队领导，财务管理工作是不计成本、不讲核算、不讲效益的实报实销。1976年3月31日，地铁划归北京市交通局管理后，成立了财务专业管理机构，开始向生产经营型企业转变，一切收支纳入计划管理。运营亏损纳入一期工程投资之中，零星基本建设被纳入北京市基本建设计划之内，计财科统一汇总计算盈亏，按北京市企业财务管理科目要求，建立了地铁的财务科目，执行财务核算制度。

1978年，为加强财务工作，地铁管理处贯彻国务院有关扭亏增盈的指示，进行了财经纪律大检查。北京市建设银行前门支行对地铁的财务工作进行了全面检查，对地铁贯彻财政政策起了推动作用。北京地铁接收了兵办移交的部分固定资产及流动资金。在车辆段的检修车间和乘务队，电务段的通号、线路、电力、机电等方面制定了材料消耗定额。在全处制定了行政管理费用定额。检修车间开展了班组经济核算，降低了成本。

建立财务核算制度，有了企业基金。为把国家、集体和个人三者的利益结合起来，对完成经济指标好的单位和个人，根据贡献大小来分配企业基金，不能干多干少一个样，干好干坏一个样，以利于调动职工的生产积极性。从1979年1月1日起，地铁管理处实行了经济核算。同时，车辆、电务、客运3个段按照处制定的经济核算实施办法，实行了内部独立核算制度。处先拨给各段一定数量的流动资金，每月按运营支出计划拨款，各段要按处的统一计划负责合理组织生产财务活动。运营支出由各段自行掌握。客运段把财务指标分解下达到各站，保证了票款收入指标的完成，车辆段通过内部核算，百车公里成本为40.32元，比年计划的百车公里46.68元，下降了13.62%，为国家减少了亏损。

为讲求经济效果，进一步建立健全财务核算管理办法，1980年，地铁管理处实行了班组经济核算的试点工作，解决了"吃大锅饭"的问题。同时严格执行财经纪律，财务管理实行了一级核算，二级管理。地铁所属单位分别实行了内部收支、核算、成本支出，但不独立计算盈亏。

由于地铁属于政策性亏损单位，1980年以前，地铁运营一直处于亏损状态，但因未提折旧，亏损较少。地铁一期工程试运营长达11年之久，从未提过折旧。1981年一期工程验交后，固定资产开始计提折旧，从此企业有了自有资金的积累。由于折旧率偏低，计提折旧的范围又受到限制，每年平均提取折旧和大修理基金只有643万元，这对于地铁在建设中存在着的许多问题，缺乏足够的资金。有关部门向财政部反映了存在的实际问题后，得到了财政部的大力支持，为此，专项拨付15000万元更新改造资金。同时，经北京市财政局批准，扩大了计提折旧范围和适用分类折旧率。当年补提折旧费1752万元。从1981年地铁一期工程已通过国家验收起，北京市政府对地铁一期工程实行定额补贴，运营补贴统一被纳入北京市财政收支计划之内。

从1982年起，北京市对地铁的财务管理实行定收、定支、定补，减亏"四六"分成和一年一定的财政补贴办法。地铁公司对段实行"五定三包"（定消耗、定成本、定维修费用、定工资基金、定流动资金，包产值，包质量、包利润），段对车间、队、车站实行"四定二包"（ 定人员、定消耗、定班组维修费、定设备保养，包产值、包质量）的管理办法。

1982年至1984年，地铁一期工程运营收入共2377万元，总支出5780万元，亏损3403万元，财政补贴4299万元，补贴后的留利710万元，人均留利水平275元，是北京市留利水平较低的企业。从1983年起，国家又对地铁公司实行以承包为中心的减亏留成、超减多分的经济责任制，为地铁的发展提供了财源。

加强劳动管理　地铁职工是地铁运营生产中最活跃的因素，加强劳动管理，就是充分发挥干部职工生产和工作积极性、创造性，圆满完成市政府交付给地铁的责任与使命，努力提高企业的经营效益和劳动效率。

1976年"四人帮"被打倒，思想获得解放，但受到"文化大革命"遗风的影响，地铁管理处还存在劳动纪律松散等现象。从1977年开始，地铁管理处提出劳动管理的任务是要努力提高劳动效率，建立岗位责任制，定职、定员、定工作（作业）标准，大力开展劳动竞赛、安全竞赛，做到出勤要出工，出工要出力。要求生产维修工种每月实际工作要不少于150小时，并对926名职工进行了定职工作。同时，加强劳动力使用计划性，调动每个职工的生产和工作积极性，逐步对地铁车辆设备主要派修工作建立劳动定额。

1979年，地铁管理处按照"两定一岗"（定编制、定定员；把各级机构的职责范围和各级干部、工人的岗位责任制建起来)工作要求，制定了各级生产行政领导和业务部门的职责范围，核实现有工种，进行人员构成分析，初步开始了定员编制的调查研究工作。对不同专业的班组建立了考核指标，通过总结乘务队实行生产奖励的经验，制定出各工种的生产奖励办法，并结合岗位经济责任制，使生产奖励得以实施。在调查研究的基础上，修订劳保用品使用发放办法。对退休老工人也进行了合理安置。

1980年，地铁管理处在健全岗位责任制考核中，不断改进奖励办法，贯彻多劳多得的原则，克服平均主义，充分发挥经济杠杆作用。认真搞好定员、定额的编制工作，杜绝人浮于事，有计划地抽调人员组织技术培训。

从1982年后，为贯彻对企业全面整顿的要求，地铁公司整顿劳动纪律。在落实内部经济责任制的同时，开展宣传地铁管理处内劳模和好思想好作风活动。要求干部改变软弱涣散状况，既要敢于管理，又要善于管理，对严重违犯劳动纪律又屡教不改的，要按有关规定严肃处理。

在整顿劳动纪律的同时，还要做好劳动力的调配，加强职工培训。1984年，地铁公司加强了内部的管理工作，在组织协调各厂家和单位参加地铁二期工程改造工作中，在进行必要项目配合的同时，从一开始就加强了劳动管理工作，做到了不失职，不失

表4-2 1976年至1984年地铁管理处财务开支费用表

项目	单位	1976年	1977年	1978年	1979年	1980年	1981年	1982年	1983年	1984年
客运收入	万元	223.0	284.0	307.0	440.0	508.0	598.0	672.0	759.0	946.0
工资总额	万元	171.5	182.0	220.0	232.2	322	341	490	562	777.0
电力费	万元	184.2	196.3	200.0	234.7	325.5	344.4	376.5	389.9	459.3
运营成本	万元	522.0	601.6	655.6	787.0	887.0	1448.0	1859.0	1909.0	2022.0
单位成本	元/百车公里	123.61	121.05	115.92	105.03	109.37	168.57	196.93	196.40	148.90
收支总差额	万元	-300	-321	-369.7	-367.6	-405.0	-864.0	-1508.	-1425	-1366.0
年末职工人数	人	2681	2833	2978	3204	3702	4041	5725	6771	7507

误。同时，为地铁二期工程配备了各主要专业的值班维修人员和管理干部2010人。建立健全各种规章制度，实行了经济责任制，制定了教育计划，进行了各种形式的培训，提高了职工的技术业务水平。

节约降耗，加强物资管理 质量、消耗、积累，是企业管理水平和技术水平的综合反映。地铁作为城市公共交通工具，其能源消耗相比同运量的小汽车和公共电汽车而言，仅是10%~20%，属于资源节约和环保节能型，但就其地铁本身而言，作为能源物资消耗大户节约降耗，尤其是节约用电和加强物资管理也是十分重要的。

1977年，地铁管理处就提出，把目前生产中存在的质量低、效率低、浪费大、管理差的现象扭转过来，增产节约，增收节支，降低消耗，降低成本，并要取得显著成绩。

1977年，北京市电力供不应求，市政府要求抓好节电工作。为此地铁管理处进行了广泛动员，提出了节电措施，组织专人进行了认真检查，杜绝了不合理用电。节电工作取得了一定成绩，1977年比1976年多开6000多列车，每百车公里用电减少了30度，牵引用电减少了近150万度，全处节电约200万度，近17万元。10月以后，各单位领导干部亲自抓，在22个单位成立了节电小组。11月至12月，车站动力照明用电比1月至9月平均每月节约了11万度，绝大多数单位达到了用电指标，崇文门、长椿街、木樨地、苹果园、八宝山、礼士路、玉泉路等车站在节电中都取得了很好的成绩。电力队停止了各电站牵引变压器的空载运行，每月节约用电4万多度。

在降耗方面，检修车间在计财、材料科和车辆段协助下进行了架修、定修材料消耗定额试点工作，有的职工过去用汽油大盆装、随手倒，现在自制了小盆，节约使用。未实行定额前，架修一组二型车消耗材料36000多元，而定额为26000多元，11月实行定额，架修一组二型车只消耗17000元。有了定额，广大干部职工增强了主人翁精神，培养了勤俭作风。为厉行节约，他们努力节约一度电一滴水，尽量增加收入，减少国家支出。车站职工不怕脏和累，自觉地修理墩布、扫帚、熔断器、灯管、果皮箱。各设备队职工自己动手修复管道阀门、电器仪表、防护板支架、五金工具。车辆段自己修复闸瓦钢背、接触器、开关电器。设备车间锻工班把车削的铜屑、铝屑铸成铜棒铝块430多公斤。全处修旧利废节约价值83600多元。

从1978年开始，各队、车间根据工作性质，组织专人开展修旧利废工作。地铁管理处继续抓好节电工作，全年平均每月节电20万度以上。摸索牵引供电的经济运行方式，合理使用车辆，节约行车用电，车站为达到节电指标，严格电炉管理。努力降低材料消耗，有消耗定额的按定额发放节约用料，回收废旧物资，废钢铁、机油和包装品。努力增加收入，收取向外单位供给的水电费和电缆设备费。下达售票指标，严格检票制度，各单位非运营收入一律要上交。减少非生产性开支，反对铺张浪费。

在节电降耗、收旧利废的同时，加强物资管理。1977年，仓库就建立了按资金管理的账簿。从1978年开始，加强了物资管理。在材料渠道不完全通畅的情况下，物资管理部门积极主动找料源，广开门路，通过调查研究，健全长期物资供应的通道。对库存的机电设备进行了大清查，摸清了家底。对多余和报废物资进行了处理，进一步搞好清产核资工作，改变了材料管理体制。建立材料消耗定额后，又建立健全领料、限额发料和退料制度，加强了材料采购供应的计划性，开展了班组核算工作。

建立健全物资管理，解决了当时地铁运营生产和战备任务的用料问题，为搞好运营生产提供了物资保证。

关心职工生活，努力解决吃住问题　根据需要和可能，在抓运营生产和战备任务的同时，为逐步解决职工生活中一些迫切问题，地铁管理处做了大量的工作。

1976年7月28日，受唐山地震波及，车辆段四栋家属楼发生裂缝，机务营领导干部冒着大雨和群众一起抽调了9组电动客车，安置700多名职工家属避震。对一些乘务司机等重点工种的职工还专门安排了车辆，保证他们休息好。全处对职工居住集中的地方，如天坛、仓库、维修队等地宿舍搭了帐篷，对家在唐山地区的30户职工家属进行了慰问。对一些散居职工，发放物资协助搭防震棚。车站在搞好运营的同时，还积极安排了职工家属到站避震，做到了组织好，安排好，接待好。在此期间，全处共接待避震职工11251人次，避震群众28168人次。

地铁职工吃住问题是个长期未解决的问题，上千名单身职工除机务营、维修连外，分散居住16处，不少职工住房拥挤和婚后无房。这是关系到职工生活安定，"抓革命，促生产"能否安心的问题。1976年初，狠抓了地铁生产用房和职工宿舍的建设，当年有17个单位的315名单身职工住进了五棵松大楼。1976年至1979年，为了满足更多困难职工解决住房需要，在只增加五棵松

87户和古城90户家属宿舍房屋的条件下，经过调剂解决了400多户职工住房问题。通过对调、单调、三角对调办法，解决职工两地分居问题，1976年至1978年，共对调职工677名，并为外地职工购买了铁路通勤票，提供了方便。

职工收入方面，在国家不涨工资的情况下，1977年，地铁管理处有47.7%的职工增加了工资，连增加夜班费、洗理费在内，每月职工增加收入14900多元，人均5元多。1978年1月，为37.9%的职工调整了工资；4月，又解决了洞下补贴问题。

在职工生活方面，为解决职工因困难借公款的问题，各单位成立了互助会，对生活有困难的职工每年进行适当补助。在医疗方面，1977年，对全处82%的职工进行了胸透，培训了26名医生。1978年，又对全处职工进行身体状况普查，在五棵松和古城车辆段修建了托儿所。1979年，进行了地下环境调查，自制了水力除尘车，加强送风工作，改善了地下工作人员的工作条件。根据地铁运输特点，统一了地铁服装。1976年至1981年，共安置530多名待业青年家属就业，将地铁"五七"擦车队转为集体单位，使本处职工待业子女的工作问题基本上得到了解决。

在职工文化方面，在工会、共青团和人武部的努力下，1976年，召开了地铁管理处第一届体育运动会，同时举办了歌咏会、文艺演出会、球类比赛等活动。1977年，举办了游泳、乒乓球、羽毛球、爬山、长跑、射击等体育活动，组织单位文艺演出121场次。五棵松房管所还建立了图书室，供职工阅览。所有这些，都活跃了职工业余文化生活。

随着经济的发展，人民生活的改善，地铁职工在生活方面的困难逐渐减小，单身职工的问题也已基本得到解决，职工的困难主要反映在住房方面。地铁管理处在1980年后，利用一期工程验收和二期工程初验，经过努力，新建了苏州胡同、礼士路、古城车辆段南区、太平湖小区等10多栋家属宿舍，给职工工作年限和在地铁工作年限较长的职工分配了住房。为吸引知识分子到地铁工作，单独抽出太平湖2号楼宿舍，优先分配给在地铁工作年限短的知识分子，解决了部分知识分子的住房困难。此楼被称为"地铁的知识分子楼"。从1975年前地铁只有古城一处4栋简易楼住房8040平方米，到1984年有地铁较集中住房5处，面积近70000平方米。地铁职工住房问题得到了极大改善。

通过以上努力，地铁公司解决了地铁部分职工的困难，也促进了全公司的安定团结，调动了职工的生产积极性。

第五章

职能拓展

中国共产党第十二次全国代表大会召开以后，全国推行了城市经济体制改革。北京市地下铁道公司（以下简称"地铁公司"）在推行经济体制改革的过程中，由北京市人民政府（以下简称市政府）从北京市公共交通总公司中划分出来，改为市属局级公司。

地铁公司从此由过去承担的运营管理、兼顾战备人防的职能，拓展到新线建设、工业生产。地铁公司通过对上理顺与市政府之间的关系，对内理顺运营管理、战备人防、新线建设、工业生产之间的关系，对下理顺与职工个人的关系，形成了"以安全运营为中心，以新线建设为重点，兼顾战备人防，发展工业生产的四项职能'一肩挑'"的企业经营管理的指导思想，逐步走上符合时代要求的轨道。

第一节 公司升格

一 地铁公司改为市属局级公司

1984年5月10日上午，北京市副市长张百发和中共北京市委城建部、北京市市政管理委员会等部门领导到地铁公司，参加地铁公司召开的干部大会。会上，宣读了《北京市人民政府办公厅关于北京市地下铁道公司改为局级公司的通知》，内容是：市委、市政府决定，将市地下铁道公司从市公共交通总公司中划分出来，改为市属局级公司，名称仍为北京市地下铁道公司，归口市政管理委员会。同时宣布了中共北京市委对地铁公司领导干部任命的决定，李春生任党委书记，冯双盛、李运安任党委副书记，冯双盛任地铁公司经理，巩万铭、李建国、余雅仙任地铁公司副经理，闫景迪任地铁公司总工程师。此后，领导班子成员陆续增加：同年9月，李跃宗任地铁公司副经理；1988年1月，赵玉林任地铁公司总经济师；1989年5月，李振成任地铁公司副经理。

张百发在大会上讲话说：地铁公司改变隶属关系是经过市委、市政府慎重研究决定的，是市政管委系统进行体制改革的继续。地铁公司升格为局级公司，是因为地铁公司的运营管理任务和新线建设任务都很重，特别是随着北京城市交通的发展，必须有一个相应的机构来完成地铁发展的任务。

地铁公司升格为市属局级公司以后，为了更好地履行职责，决定实行四级管理体制。即公司为企业的决策型管理机构，厂、段为组织型管理机构，车间（站、队、所、领工区）为执行型管理机构，班组（工区）为基础型管理机构。根据地铁公司具有技术构成高、专业化分工细、生产指挥高度集中统一的特点，承担运营生产、新线建设、战备人防和工业生产四大任务的需要，于当年8月22日，重新设置了机关行政职能机构：经理办公室、生产调度室、基建办公室、总工程师室、安全监察室、战备人防办公室、"五讲四美三热爱"活动委员会办公室、审计处、计划处、财务处、劳动人事处、教育处、行政处、运营处、车辆处、电务处、工务处、物资设备处、广告美术处，共计19个处室。同时，提出了各行政处、室的职责要点。要求各部门在这个基础上进一步制定本处、室的职责范围、定员编制和建立健全岗位责任制。

地铁公司的所属单位未做变动。

▶ 二 财政补贴及经营管理方式的变化

1984年，地铁公司的体制机构变化以后，运营管理、战备人防、新线建设、工业生产四项职能"一肩挑"。在职能增加的同时，地铁公司也承受了多方面的压力：在运营管理方面，已经运行了十四五年的车辆设备日益老化，又受到大幅度增长的客流量的冲击，运力与运量的矛盾相当突出；新线建设方面，迫切需要开展新线建设的前期规划、勘察设计等工作，但经费没有着落；工业生产方面，因为地铁一、二期工程基本建成，北京市地下铁道车辆设备修理厂处于半停产状态，要"找米下锅"。工作上的压力可以转化为干事业的动力，但干事业没有资金却是扛不过去的。地铁公司开始用改革的思路去探索用经济手段管理经济的办法。

1984年8月23日，地铁公司报请市财政局改革对地铁实行的"亏损指标包干，减亏分成"的财政补贴办法。提出改革财政补贴办法的依据是，1981年确定的市财政局对地铁的财政补贴办法规定两年不变，现在两年时间已过；"亏损指标包干，减亏分成"财政补贴办法规定减亏分成，上交国家六成，地铁公司留四成，超亏不补，没有考虑政策变化因素。而随着经济体制改革，北京市于1982年起征缴城市附加税，1983年起征缴交通能源基金，1984年动用企业自有资金为职工调整工资。超亏不补的政策导致企业成本上升，亏损加大，入不敷出；经济体制改革政策要求企业建立生产发展基金、职工福利基金、奖励基金、后备基金等四项基金，地铁公司因为亏损而无法建立。因此，地铁公司认为，为了增强企业的内在动力和活力，也为了调动地铁公司在解决首都乘车难问题上的积极性，改革财政补贴办法势在必行。经过测算，地铁公司提出改革财政补贴的意见，即每运营车公里补贴0.3060元，每客运人次补贴0.2007元，两项合计去掉尾数为0.50元，"定额补贴，减亏留用"，一定三年不变。在要求改革财政补贴方式的同时，地铁公司还提出9项企业内部改革的措施，强调改革的目的是为了促进安全运营，促进更好地为人民服务，决不单纯为了多减亏多留利多得奖金而使车辆设备失修，使服务质量下降，地铁的安全、准确、高效、服务是最大的宏观效益。

北京市财政局对地铁公司提出的报告十分重视，邀请市政管理委员会的有关部门反复就改革财政补贴办法进行讨论，对企业成本和政策性亏损数据进行详细计算，并就财政补贴的具体意见提出看法。市财政局表示，对地铁公司的情况很理解，提报的意见应予支持，但由于北京市的财政状况也很吃紧，希望地铁公司能较多地降低补贴基数，而且此事关系重大，建议地铁公司直接向市长报告。

1984年11月20日，地铁公司向市长提出《关于请求对地铁实行"定额补贴，减亏留用"办法的报告》。11月25日，市政管理委员会主任批示指出：为鼓励地铁广大职工积极性，同意地铁公司将现在实行的"亏损指标包干，减亏分成"的办法改为"定额补贴，减亏留用"的办法。韩伯平副市长批示：同意，考虑一下再定。市长批示：我看可以同意，但要规定其留用的方向和比例，加以控制和引导。

1985年5月30日，经过与地铁公司多次商讨，市财政局发出《关于改进地铁亏损补贴办法的通知》，对地铁公司的亏损弥补办法做出新的规定：

一、亏损补贴改按每客运人次补贴0.23元的标准，由财政六分局核定拨给。其计算公式是：全年财政弥补地铁亏损补贴额＝地铁年客运运营人次×0.23元。

二、财政补贴后的减亏部分，财政不再参与分成。全部留给地铁使用。

三、本通知从1985年1月1日起试行，同时取消原"亏损包干、减亏分成"的办法。今后遇到较大的政策变化，将重新确定财政补贴办法。

实行新的财政补贴办法以后，地铁公司的效益有了较大幅度的提升。1981年至1984年的4个财政年度，由于实行"亏损指标包干，减亏分成"办法，运营总收入为2684万元，总支出为5828万元，亏损了3144万元，财政补贴6040万元，企业留利710万元，人均留利275元；实行新的"按每客运营人次补贴0.23元"办法以后，1985年至1987年的3个财政年度，运营总收入为4103万元，总支出为15511万元，运营亏损为11408万元，财政补贴15469万元，企业留利4061万元，人均留利1158元。地铁公司有了留利后，按57%的比例提取生产发展基金，按10%的比例提取福利基金，按18%的比例提取奖励基金，按15%的比例提取后备基金。"四项基金"建立起来了。

新的补贴办法解决了地铁公司运营管理所需要的经费开支，但并未解决地铁公司接收的固定资产的大修和更新改造所需要的资金。地铁公司在报请解决运营亏损补贴的同时，曾一再提出希望能够一揽子解决。市财政局认为地铁公司的情况较为特殊，且涉及国家财政政策，需要商请国家财政部共同研究解决。

1985年新年开始，北京地铁的客流量猛增，一期工程线路上一、二月份的客流量比上一年同期增长37%，运营高峰小时的断面满载率高达138%，运力与运量的矛盾更加尖锐。特别是车辆设备不断地发生故障，不仅影响运营，还威胁行车安全。3月22日，地铁公司向市领导和市政府作了紧急报告，请求解决地铁一期工程的严重问题，其中的一个问题是地铁一期工程现有122辆运营车辆，都已经达到规定的54万大修公里里程，许多已经超过60万公里，需要大修。但是地铁一期工程正式验收交接前1970年至1981年的11年没有提取固定资产基本折旧和大修理基金，而且国家在1981年至1984年期间规定的基本折旧和大修理基金的提取率很低，即使把已经提取的上述两项基金都用于大修车辆，还有1438万元亏空。同时，根据地铁一期工程设计的近期要求，应配置186辆车，急需订购尚未配置64辆新车来缓解运力与运量的矛盾，而订购新车的资金无法解决。另一个问题是地铁一期工程有7700多台件设备，因运行14年之久已经老化，影响行车安全，急需进行更新改造。例如电站现用的DS1型直流开关是国家机械部于1982年列为淘汰的产品，地铁公司仍在使用，仅1985年1月份就跳闸193次；信号设备是20世纪60年代的产品，电路设计、工艺结构不合理，元器件可靠性差，每年因故障影响行车时间都在300小时以上；地铁公司对地铁线路上所用的钢轨进行探伤检测后，发现伤裂钢轨2277处等。对这些设备进行更新改造，也要花费巨额资金。

北京市领导非常重视地铁公司反映的问题，指示有关部门迅速上报国家有关部委协助解决。

1985年6月11日，市财政局根据市领导指示在与地铁公司核实后，向国家财政部报送了《关于解决地铁一期工程欠提折旧、大修理资金以及急需解决的更新改造问题的请示报告》。报告指出，北京地铁一期工程总投资为70062万元，验收移交的固定资产原值为49549万元。自1970年开始试运行到1981年8月未正式移交的11年半期间，没有提过基本折旧和大修理基金，1981年7月移交到1984年底，限于财政力量三年半的时间里累计提取两项折旧基金3357万元。若按地铁一期工程49542.2万元固定资产中的洞体结构、加强层、隧道等33496.4万元固定资产不计提基本折旧基金，只计提大修理折旧基金计算，过去的15年应提取两项折旧基金39549.4万元，而实际提取的两项折旧基金仅3357万元，欠提36192.4万元。由于补偿资金严重不足，长期欠账运营，除我市已报请拨给122辆地铁车辆大修款4238万元以外，当前急需更新改造的六大项工程即需10585万元。

1985年7月21日，市财政局将国家财政部〔85〕财工字第230号的《关于解决北京地铁一期工程更新改造专款的函》转发给地铁公司。国家财政部复函的主要内容是，为了解决地铁一期工程长期欠提折旧基金和大修理基金而造成地铁车辆、设备以及12座电站等项工程改造资金困难问题，同意给予一次性补助1.5亿元，分四年拨给，其中1985年至1987年每年4000万元，1988年3000万元，列"企业挖潜改造资金"科目；地铁一期工程固定资产（扣除洞体结构、加强层、隧道等固定资产原值），可按国务院〔1985〕63号文颁布的《国营企业固定资产折旧试行条例》和原规定的大修理提取率提取两项基金。财政部在复函中还要求地铁公司抓紧组织落实车辆、设备大修和更新改造计划，专款专用，确保地铁安全运营，并进一步加强经营管理，逐步提高自我改造的能力，以减少国家财政负担。

1985年，地铁公司共计提取两项折旧基金2958.3万元。由于有了国家财政部的一次性补助1.5亿元和每年按着规定提取的两项基金，连同地铁运营亏损补贴的资金，地铁公司有了在运营管理和大修更新改造方面的极其有利条件。为了落实财政部等有关部门的要求，地铁公司立即开展了固定资产大清查工作。首先派出人员赴铁路系统的南京电务段学习取经，然后组织内部试点，进行400人参加的大清查摸家底的工作，用四个月时间彻底查清了地铁一期工程的全部固定资产。从此，地铁公司按年度提取固定资产基本折旧和大修理基金，增强了自我完善的后劲。

三 车辆厂改扩建

1984年11月2日，地铁公司下发了《关于确定车辆设备修理厂改扩建生产纲领的通知》，正式确定北京市地下铁道车辆设备修理厂（以下简称"车辆厂"）的生产纲领是：承担地铁车辆设备大修和运营所需配件的加工制造任务，兼顾地铁新线建设施工服务。为此，地铁公司要求机关业务处室充分调查研究，考虑地铁的发展，重新提出符合修理、运营、新建实际需要的生产数据，为制定车辆厂改扩建总体方案提供有利条件。

为加快车辆厂的改扩建工作，地铁公司于1984年12月14日决定成立改扩建设计任务书编制小组，要求编制小组集中办公，年底前提报设计任务书。设计任务书按着限定的时间编制出来，交给车辆厂以后，地铁公司委托铁道部建厂局设计院（以下简称"设计院"）进行改扩建初步设计。为了把初步设计做得更加适应大修地铁车的需要，地铁公司领导带领地铁车辆厂和设计院的主管人员，赴唐山机车工厂进行考察，了解厂房、机械加工设备以及工艺布局的具体情况。地铁公司领导嘱咐车辆厂和设计院的有关人员，改扩建设计方案一定要抓住地铁电动客车大修这个关键，特别要认真研究解决铁路工厂没有而地铁必须进行的车辆电机、电器部分同时大修的问题，考虑好地铁车辆大修后必须带电进行动态实验的问题。

车辆厂改扩建初步设计方案报送市建委后，市建委副主任李秀、业务主管刘永清两次主持召开改扩建初步设计方案鉴定会，在1985年7月24日召开的第二次鉴定会上获得通过。对于地铁公司工作人员来讲，对早前召开的第一次鉴定会更加难忘。这次会上，设计院的有关人员汇报完初步设计方案后，当讨论中有两位同志对试车线的设计提出问题时，主持鉴定会的刘永清打断他们的提问并询问他们是哪个单位的。当听到他们回答是在地铁公司工作的时候，刘永清讲，地铁公司向市建委提报的设计方案连你们自己人都有不明白的地方，这个鉴定会怎么开？当即决定休会。地铁公司经理送走李秀、刘永清后，对留下来参加会议的所有地铁工作人员"发了火"。他说，车辆厂改扩建是公司的一件大事，是地铁车辆亟待大修的大事，时间紧、任务重，而今天我们把本来想争取的时间给耽误掉了。通过今天的教训，地铁的所有人都要学习当甲方，当好甲方。甲方一旦向政府提交了送审报告，审查时主要是听取外部专家的意见，从今天起，绝不允许再发生影响甲方形象的事情。

1985年9月12日，市建委正式批准车辆厂的改扩建初步设计方案，市计委也决定投资2700万元支持车辆厂的改扩建工程。车辆厂立即动员全厂干部职工投入"三通一平"的紧张战斗，一个月的时间就拆除了部分废旧厂房，搬运了上千吨钢材，清运渣土2.6万吨，平整场地1.8万平方米，接通了施工用的水、电、气。同时，通过招标由中建一局机械化施工公司承接施工任务。11月6日，地铁公司在车辆厂举行改扩建工程奠基仪式，工程正式开

1986年车辆厂改扩建中的厂房

工。为了加快改扩建工程进度,车辆厂反包了室内外配套工程、非标准设备的加工制造,以及新厂房内的机械设备安装。在一年的时间里,人工挖沟并修砌砖砼结构动力沟7680米,土方量达到2.7万立方米,铺设水泥管道和动力电缆1.3万米,扩建道路修筑混凝土路面8200平方米,自制非标设备78台套,拆装设备400台套。施工队伍在车辆厂干部职工的干劲鼓舞下,也发起了劳动竞赛活动,一年的时间完成了新建厂房的主体工程。这次改扩建工程,新建了车辆解体和静态调试车间、电机电器大修实验车间、中心配电室、计量室等13项建筑,共计13763平方米;新购置了630吨压力机,轮轴压力机、轮对试验台、剪板机、卷板机、折弯机、车钩试验台、风动门试验台等共计39台必备设备。

　　车辆厂改扩建得到许多上级部门的支持和帮助。地铁车辆大修需要经过铁路线进出工厂,地铁公司商请铁道部运输总局及时解决了这个问题。在修建试车线征用土地遇到困难的时候，地铁公司报请市政府后得到解决。地铁公司还商请国家物资部、市物资局解决了物资供应渠道，为车辆厂改扩建创造了良好的外部条件。

车辆厂从改扩建伊始，就把主要精力投放到转产大修地铁车辆上来，派出大批技术干部和和生产工人分别到地铁车的生产总装厂、主要配套的电机电器生产厂，以及专门从事铁路机车改造和搞电力传动的工厂学习，特别注意到地铁列车使用和维修管理的兄弟单位学习。然后组织工程技术人员收集需要大修车型的图纸，分别绘制出配件加工图和装配调试图。根据地铁公司提出的修车时要做到大修加改造，即将原车内装修所用的木材全部换成难燃材料，将全部电线电缆更换为难燃缆线，制动机更换为新式SD型制动机等新要求，请地铁公司车辆部门有经验的工程技术人员来协助完善设计图纸，并从铁道部长春客车厂和机械部湘潭电机厂聘请生产技术方面的专业人员到厂帮助指导。1987年10月，经过两年时间的奋战，车辆厂完成改扩建工程并同时试修出第一辆地铁电动客车。

1988年1月18日，是车辆厂历史上一个难忘的日子。上午10时，工厂的锣鼓队把锣鼓敲得震天响，乐队吹奏着欢快的迎宾曲，热烈欢庆工厂改扩建竣工暨第一组大修车落成。全厂欢快的气氛感染了前来参加庆祝大会的所有人员。张百发高兴地说："现在看到你们改扩建搞得很好，第一组车也修出来了，连厂里的小朋友们都高兴，我也非常高兴。我要说，北京地铁从今天起结束了依靠外埠修车的历史。我还要说，北京不仅能大修地铁车，还要能造出地铁车。"

车辆厂当年修出了8辆车，第二年又修出36辆车，很快把地铁多年积累欠修的车辆全部大修一遍，从源头上消除了地铁运营安全上的一项重大隐患。

▶ 四 实行"一包两保一挂"承包经营责任制

1987年底，北京市财政局对地铁公司按每运营人次补贴0.23元的办法到期后，由市政管理委员会牵头，市财政局、市劳动局、市税务局参加，重新研究对地铁公司的财政补贴问题。早在此前，国家已经开始推行承包经营责任制。1987年8月31日，国家经委、国家发改委印发《关于深化国有企业改革、完善承包经营责任制的意见》。《意见》指出，实行承包经营责任制，必须坚持"包死基数、确保上交、超收多留、欠收自补"的原则，兼顾国家、企业、职工三者利益，承包基数要体现鼓励先进、鞭策后进的原则。承包后新增加的留利，要大部分（70%以上）用于发展生产。1988年2月27日，国务院颁发《全民所有制工业企业承包经营责任制暂行条例》。根据国家有关实行承包经营责任制的政策和要求，市政府4个部门与地铁公司于1988年5月23日签订了《地铁一期工程运营实行"一包两保一挂"承包经营责任制》。承包经营责任制协议书的内容主要包括：

第一，政策性亏损定额补贴包干：

从1988年至1990年，每年财政补贴定为6966万元（包括截至1990年二期职工的全部效益工资及留利）。在承包期间，如果提高票价，提价的净收入全部上缴财政；承包期内，企业按规定提取的固定资产折旧，三年累计如果达不到1.16亿元，差额部分相应减少补贴指标。

第二，保社会效益和保经济效益：

1. 保运营公里，三年累计完成6120万车公里；列车正点率不低于95%；保国有资产完好及不断增值；消灭行车重大、大事故。

2. 保客运量，三年累计完成6.37亿人次；达到优质服务；全员人均服务量不低于23400人次水平。

第三，完成两保指标，亏损包干指标如数拨付，完不成时，酌情扣减。

第四，在承包期间为了提高社会效益和经济效益，地铁公司继续按市劳动局、市财政局、市税务局有关部门的规定实行工资总额同运营公里、客运量双挂钩浮动办法，此办法三年不变。具体指标由市劳动局、市财政局、市税务局另行核定。

地铁公司在与市政府四部门签订承包经营责任制后，于1988年6月18日与所属"八段一厂"签订了"三保一包一挂"综合指标管理责任制协议书。这份协议书分八项内容。

第一项内容是"三保"，即把地铁公司对市政府承包的保社会效益和经济效益，也就是把保运营公里和保客运量的指标分解落实到各单位，同时增加地铁运营生产必须做到的保质量、保安全。第一"保"是"保运营生产任务"，即保运营公里和保客运量指标。运营公里和客运量是地铁车辆运行、供电、机电、通号、线路等各种设备保障，以及行车指挥和车站服务的共同成果。因此，看起来运营公里是落在古城车辆段的肩上，其实每个单位肩上的责任都不小。地铁公司在对古城车辆段的协议中规定的保运营生产任务的指标是全年必须完成的车辆列检、架修、定修和月修数量，而在对各专业设备段的协议书中规定的保运营生产任务的指标则是保证全年维修计划的兑现，在对客运段的协议书中规定的保运营生产任务的指标是保证全年的客运量和票款收入。第二"保"是保质量。在对古城车辆段的协议中的保车辆运用质量的指标是列车掉线不超过2.5次/万组公里，缺线不超过25次/万组公里，晚点不超过12.5次/万组公里。而在对专业设备段的协议中保质量的指标则紧紧抓住保列车运行和客运服务需要，例如通信信号段（以下简称"通号段"）保的是全年行车设备故障延时不超过4180分钟/百万车公里，影响列车间隔高峰期间不超过3个/次，低峰期间不超过2个/次，全年服务设备（电话、广播、电视等）故障延时不超过30分钟/百万人次；机电段保的是中断照明在车站不超过1个列车间隔，区间不超过2个列车间隔，35千伏高压电站水压不得低于1公斤且时间在30分钟以内，洞内年平均温度不得高于18.64℃；供电段保的是供电故障延时不超过20分钟/百万车公里，高峰期间影响列车间隔不超过3个/次，低峰期间影响列车间隔不超过2个/次，等等。第三"保"是保安全。除给各单位换算出一般事故的指标外，均规定要消灭重大、大事故。

第二项内容是"一包"，即把地铁公司对市政府签订的亏损补贴包干费用分解列各单位，核定出运营成本费用数额包干使用，节余留成，超支不补。

第三项内容是"一挂"，即把全年的工资总额和"三保"指标挂钩，通过协议书确定下来。地铁公司给各单位规定了年末职工总数，人员增减工资总额不变。

第四项是辅助指标及考核办法。即把列车运行正点率为97%的指标交由所有单位集体承担，每降1%则扣减工资总额0.05%。其他则依据每个单位的情况而定。

第五项内容是目标管理。给各单位规定要负责编写出检修工艺、维修标准、劳动定额、消耗定额等相应的管理制度或办法。完成的项目经地铁公司组织评审通过的，每个单项给予1000元的一次性奖励。

协议书中第六、七、八项分别是签约双方的责任、协议调整的相关规定及有效期规定。

地铁公司上对市政府，下对所属单位签订的承包经营责任制协议书，理顺了国家、企业和职工个人三者利益的关系，让地铁公司作为一家公益性国有交通运输企业的形象更加鲜明了。地铁公司在国家宏观调控经济政策的指导下，在市政府明确规定的运营生产任务的目标下，第一次全面地、系统地编制企业的经营方针、目标和措施计划，第一次真正意义上在运营生产指标的制定、大修更新改造计划的实施、企业的经济收入和成本支出、劳动力的掌握和工资总额的分配、企业管理目标的实现等方面实现自主决策。各厂、段把承包指标分解到所属车间（站、队、所），组织协调内部的人力、财力、物力，全面完成各项任务指标，成为地铁公司的组织型管理机构；各车间（站、队、所）把承包指标分解到班组（包乘组），带领职工完成各项任务，成为地铁公司的执行型管理机构；班组（包乘组）把指标分解到每一位职工，职工个人根据承担的指标和要完成的任务，在各自的岗位上为全公司的总体任务和指标努力工作，成为地铁公司的基础性生产管理机构。地铁公司各个管理层及职工的责、权、利清晰了。地铁公司的所属单位在向下分解承包指标的时候，在与工资总额挂钩的做法上，普遍把原生产奖金部分与工资总额捆绑在一起，让生产奖金活起来。客运段则把生产奖金与原浮动的一级工资一起捆绑与工资总额挂钩，拉大了收入差距，更加有利于发挥承包经营责任制的激励作用。地铁公司用经济的手段管理经济的措施具体了。

第二节 环起来向东进

一 "马蹄形"运营

1984年9月20日，北京地铁二期工程开始运营。

10月5日晚9时，是地铁运营历史上难忘的时刻。邓小平又一次视察北京地铁。当小平同志走到复兴门站口时，地铁公司的领导大声问候："小平同志好！"邓小平一边与地铁公司的领导握手一边回答："大家好。"步入地铁站厅后，邓小平见没有乘客便问道："我来是不是影响了老百姓乘车？"地铁公司的领导连忙解释说："二期现在还没有环起来运行，客流量很小，暂时只运行到晚上八点钟。"到站台前的时候，地铁

1984年10月5日，邓小平视察地铁二期工程

公司的领导指着两侧各存放的电动客车问邓小平："先坐哪组车？"邓小平问："有啥子区别？"地铁公司的领导向邓小平介绍说其中一组是国产车，另一组是刚刚引进不久的日本车。邓小平说："先坐国产车，先坐国产车好。"落座后，地铁公司的领导手拿两份示意图向邓小平汇报，先用地铁一、二期工程运营示意图向邓小平汇报二期工程是以"马蹄形"的线路运行方式，然后用"一环七条线"的北京地铁规划图向邓小平介绍北京地铁的建设规划。地铁公司的领导向邓小平建议：还是像开始筹建北京地铁一期工程那样，由中央明确一个单位，统一管理地铁的规划设计、投资、车辆和设备生产等问题好。听到这里，邓小平幽默地说："你这是向我要钱哪！"这时，紧

坐在邓小平身边的小孙女急忙说："我爷爷没有钱，我爷爷的钱都在我奶奶那儿。"引得在场的人哈哈大笑。缓缓行驶的列车停靠西直门站后，邓小平下车查看了站容站貌，便接着乘车到雍和宫站下车察看。地铁公司的领导向邓小平介绍说："二期工程各个车站都考虑了地面重要建筑景观的特点，每个车站都相应突出了各自的风格和特点。"

随后，地铁公司的领导陪同邓小平改乘引进的日本车。列车启动后邓小平问道："国产车好还是进口车好？"地铁公司的一位领导回答说日本车好。邓小平追问："国产车就一点好的地方也没有了吗？"地铁公司的这位领导连忙回答说："日本车的优点是质量好，故障率相当于国产车的二百五十分之一；国产车主要是没有质量保证，故障率高。日本车的价格贵，而且零件坏了不容易更换；国产车价格便宜，配件好解决。"邓小平听了这样的回答后说："这才是辩证地看问题了嘛。国产车能用的部分就用自己的。国外可靠的技术要引进来。"地铁公司的领导说："我们从日本引进车就是为了仿制，我们也引进了关键技术。"这时，列车缓缓停靠在建国门站。邓小平在地铁公司的领导陪同下乘自动扶梯出站后，去往三元桥继续视察。

邓小平视察地铁二期工程时坐过的日本车是9月17日剪彩后参加运营的。引进这组车也经过了十多年的历程。时间可追溯到1973年7月13日邓小平第一次乘车视察地铁一期工程运行时的情况。当地铁公司的领导向邓小平汇报说地铁运行很艰难，主要是车辆等一些保护系统技术不过关，容易出问题，没有办法运营时，邓小平讲："容易出问题的设备可以从国外引进嘛。"从那时起，地铁公司的领导就动起了引进地铁车的念头。改革开放以后，地铁公司多次商请铁道部一道引进并仿制日本车辆事宜。地铁公司提出的具体办法是，由地铁公司出钱铁道部出外汇额度购一组整车样车，铁道部长春客车厂仿制。经过前期准备，地铁公司的领导参加了中技公司和铁道部组织的赴日团组，于1982年9月10日签订了合同，从日本东急车辆制造株式会社引进地铁车，日立制作所引进关键部件生产技术。仿制车由长春客车厂总承，电机电器部分的主电动机、逆变器、断路器、转换开关、电磁接触器、单位开关等7项制造技术由湘潭电机厂配套仿制，斩波调压机组的斩波器和逆变电源由永济电机厂仿制配套，引进的关键技术由日本日立制作所进行生产指导、产品测试并发合格证书。样车运抵后，长春客车厂和湘潭电机厂先进行了测绘，然后在北京地铁进行运行考核验收。日本车每辆车四对车门，门宽开度1300毫米，车门下方有凹槽沟及凸起门挡装置。地铁公司组织大批人员对日本车进行上下车拥挤试验，无论怎么样的挤法，车门不变形而且开关自如，上下乘降迅速。仿制的样车经过三个工厂的协力生产，而且湘潭电机厂和永济电机厂的产品经日方检测合格，但整车装配后在运行实验时，可控硅管总是被击穿。虽然仿制车没有在国产化上开花结果，但是通过引进过程中的技术培训，使一大批技术人员学习了新技术，在仿制过程中改进了制造厂家的生产技术装备，提升了制造工艺水平，使得地铁车辆的生产技术和能力进了一步。

地铁公司对地铁二期工程通车运营进行了精心准备。在1984年9月20日的前一周，地铁公司发布告示，自9月20日起开始运营，运营时间为每日6：00~21：00，票价定为一角。为准备运营，地铁公司配备了9组电动客车，全面检查了车辆，整理了车容车貌，对司机进行了行车规章、安全规则等系统教育。各个专业设备段组织职工对分管设备进行了全面检查检修，并配备了抢修人员在运营时到现场值班。客运段认真组织清扫站内杂物，检查了行车设备，统一着装。地铁公司决心按照李鹏在二期工程竣工剪彩庆祝大会上提出的要以一流的服务搞好新线开通的要求，把地铁二期工程管理好。

地铁公司万万没有想到，这个向建国35周年献礼，又是人们期待的地铁二期工程一开通，迎来的是一片质疑声、批评声，甚至是谩骂声。人们质疑的是为什么不能"环起来"运行；人们批评的是这项经过长达10年建设期，在中共中央、国务院和北京市领导过问后又经历了3年初验、设备整治的地铁二期工程，怎么会是以"马蹄形"方式运行；人们谩骂的是由于二期工程与一期工程不衔接，让两条运营线路上的乘客在换乘时都要先出站到地面马路上，花费较长时间再进入另外一条线的车站换乘。地铁二期工程立刻成为各界人士、广大乘客和新闻单位的热点话题。所谓"马蹄形"运行方式，是地铁二期工程以地铁复兴门站为起点，向北沿阜成门站、车公庄站、西直门站，向东经积水潭站、鼓楼大街站、安定门站、雍和宫站，向南经东直门站、东四十条站、朝阳门站，到终点站建国门站。列车在建国门站折返后，再按原线路反方向运行至复兴门站。由于北京地铁一期工程线路与北京地铁二期工程线路不能衔接运行，给两条线路上需要分别换乘到另外线路上的乘客造成很大的不方便，造成了在北京地铁南礼士路站和复兴门站之间、北京站和建国门站之间，马路上尽是奔走换乘，以及那些提着大包小包、抱着小孩、搀扶着老人的乘客。在这种情况下，很难有人能为这样的北京地铁二期工程说一句好话。

面对这种情况，地铁公司只能借助人大代表、政协委员视察，以及新闻媒体采访的机会，实事求是地向社会各界介绍北京地铁一、二期工程，指出这些工程都是过去在以战备为主兼顾城市交通的指导思想下规划设计和施工建设的，属于"先天不足"，请各界人士和广大乘客对此予以理解。同时表示，地铁公司现已接受北京地铁新线建设的重任，一定优先考虑北京地铁二期工程"环起来运营"的问题，从速发展北京地铁的新线建设。经过各方面、特别是各大新闻媒体的宣传解释工作，北京地铁二期工程这个热点焦点问题才渐渐平缓下来。

▶ 二 "环起来"运营

1987年12月28日，地铁二期工程正式"环起来"运营，结束了"马蹄形"运营历史。为了"环起来"，人们等待了三年，地铁公司奋斗了三年。

由于地铁二期工程"马蹄形"运营引起社会上的一片哗然，这让刚刚受命担当地铁建设职能的地铁公司深感责任重大。在与市规划设计部门协商之后，地铁公司于1984年10月31

日邀请市建委主任苏兆林、市政管委副主任王海青听取地铁建设工作的汇报。地铁公司和规划设计部门向这两位同志提出，当务之急是让二期工程"环起来"，而这需要把一期工程线路由南礼士路向东推进至复兴门。为此，建议按着地铁建设规划尽早开展复兴门至八王坟段的可行性研究，首先建设复兴门至西单段，以便于二期工程尽快"环起来"。

苏兆林归纳与会者讨论的主要意见提出了7项要求：1. 要认真总结地铁一、二期工程的经验教训。2. 复兴门至西单段地铁系复兴门至八王坟线的一部分，为适应城市交通需要，要全线统筹安排，统一规划，分期建设，分段交付使用。首先建成使用西单站。3. 建设复兴门至八王坟地铁是城市建设的大事，要充分考虑社会效益，施工方法确定车站明开，区间暗挖，不再争论。这段地铁设计、施工要求具有80年代水平，建设要高速度、高质量、高标准，要文明施工，最大限度地减少对交通、环境的干扰。复兴门至西单段地铁要求两年内完成，设备一要可靠，二要先进，关键设备可以从国外引进。4. 遵照中央领导的指示，这期地铁以交通为主，在方便交通服务交通的前提下，兼顾其他。5. 关于西单站路口规划，同意西单地铁站放在路口以东，远期地铁南北线在上的方案。6. 地铁新线建设中，充分利用地上、地下有效空间进行以运营为主的多种经营，减少地铁亏损。7. 以地铁公司为主，规划、设计单位参加，立即开展工作。

地铁公司依靠市政府有关部门的指导帮助，依靠规划设计单位的专业知识和技术支持，用了不到半年的时间编制出《复兴门至八王坟段地铁项目建议书》。市计委于1985年4月29日向国家计委报送了项目建议书。6月10日，国家计委在《关于北京市复兴门至建国门地下铁道项目建议书的复函》中，同意对复兴门至建国门地下铁道工程进行可行性研究。同时指出，考虑到国家财政情况，整个工程实行统一规划，分期建设。先建设复兴门至西单段1.7公里，建成一段使用一段。复函强调在编制可行性研究报告时要认真总结一、二期地铁工程的经验，力求投资省、效益大，并保证施工期内交通顺畅、安全。

就在地铁公司在组织编制可行性研究报告的时候，国家科委、中央引进智力办公室，市科委、市引进智力办公室先后向地铁公司推荐了加拿大、英国、法国的轨道交通专家到北京地铁进行考察和技术交流，共同探讨地铁一、二期工程技术改造，以及利用盾构技术建设地铁新线的可行性。地铁公司在与外国专家研讨地铁一、二期工程技术改造时，提出在地铁复兴门站修建一条折返线，让地铁一期工程列车在复兴门站折返，同时实现二期工程"环起来"的想法，外国专家认为可行。市计委、市建委、市政管委的领导十分支持这个想法，连续召集规划、设计、施工等方面的专家进行讨论。各方都同意在考虑新线整体性的前提下，把修建复兴门折返线作为过渡措施。虽然在一些问题上不再争论，但在地铁施工方法上大家意见仍不尽一致。由于当时只有大开挖施工方法，所以决定用明挖法施工。地铁公司对此极不甘心，考察了京西矿务局，邀请了抚顺矿务局的专家，研究矿山法施工的可能性。专家们认为，北京属第四纪古永定河冲击形成的地质条件，地质条件复杂，开挖地属砂卵石层，以砂卵石为主黏土层为辅，暗挖极易下沉塌陷，矿山法不可取。国家计委向地铁公司推荐了铁路长大隧道的建设正在采用的新奥法施工方法，并列举了铁道部隧道工程局在建的大瑶山、军都山等在施项目。地铁公司赶赴军都山隧道考察发现，新奥法完全可以移植到复兴门折返线的施工上来。为了慎重对待，地铁公司先后邀请国家计委，国家科委、市计委、市建委、市政管委、市科委有关部门的领导分六次前往军都山隧道考察，他们在考察过后均表态支持用新奥法施工建设折返线工程。在邀请铁道部隧道局的领导和专家实地考察了复兴门折返线施工环境后，地铁公司委托北京市城建总公司和铁道部隧道工程局分别做可行性方案。

1986年5月，市建委、市政管委和市计委主持论证会，邀

复兴门折返线施工方法论证会

请铁道科学研究院和北方交通大学的专家钟桂彤、高渠清、何展、刘启深、邵根大，以及二炮、海军的隧道专家崔久江、何益寿，对两个方案进行评估论证。专家们首先介绍了国际上施工新技术的新奥法的主要技术特点是边开挖边衬砌，保证施工安全；利用激光导向，暗挖时中轴线极少偏差；机械化施工，施工进度快；喷锚支护，顶面基本无下沉。在对两个方案的讨论中，专家认为都有可取之处，其中铁道部隧道工程局由于有在大瑶山、军都山等隧道工程的施工经验，而且是科研、设计、施工"三位一体"，设计方案比较具体，工期和造价制定的比较合理。因此，苏兆林代表与会领导决定，复兴门折返线工程由铁道部隧道工程局用新奥法（暗挖）施工。国家计委对复兴门折返线工程给予了很大支持，决定投资2000万元包干使用。1986年7月30日，市长办公会决定，复兴门折返线工程务必于8月15日开工。

1986年8月15日上午，苏兆林主持复兴门折返线开工仪式，北京市、铁道部和国家计委等有关领导参加了开工仪式。张百发在开工仪式上讲话说：盼望已久、准备已久，中央、北京市领导和广大群众非常关心的折返线工程开工了。建成以后，地铁可以吸引100万乘客到地下，大大减少地面的客流量，方便广大群众，而且有很大的政治影响。希望国家计委给予大力支持从此向东继续修下去，不再停工。北京市各有关单位要尽职尽责，团结协作，互相帮助，发扬风格，精心设计，精心组织，精心施工，多快好省地建成折返线。他最后说，明年八月十五月光明的时候再请市长来庆功祝捷。

在北京繁华的市区、长安街修建地铁工程，其风险难度难以笔墨形容。地铁公司把参加折返线施工方案论证的几位专家，全部聘请为地铁公司顾问，请他们在施工技术方面协助把关。地铁公司还与铁道部隧道工程局组成施工技术的科研攻关课题组，决心通过地铁建设史上的第一次暗挖，不仅获得工程的胜利，还要在施工方法和技术上有所建树。复兴门地铁站内东端，施工场地狭窄，进口的大型施工机械没有用武之地，开始只能人工掘进。为了防止砂卵石层土质坍塌，先用导管注浆形成一个管棚面，然后在管棚下开挖。这时就有人给暗挖法起名字了，叫做"管棚法"。开挖后立即用钢结构件将管棚支撑起来，支护后再向支护构件上喷锚注浆做第一次衬砌，在第一次衬砌后的洞体上粘贴防水塑胶布，最后在防水塑胶布外做第二次衬砌，封闭成洞。开挖掘进施工中，利用激光导向掌握偏差度，利用在长安街地面的上百个监测点，掌握洞体开挖后的地面沉降量，严格把最大沉降量控制在30毫米以内。地铁公司、隧道工程局和专家组，每天记录着施工情况，研究分析采用多长多粗的导管，导管上开多少个注浆孔，导管进尺的深度，防水塑胶布的选用等等。在施工过程中不断地改进、优化，丰富和完善施工工艺及方法，最终用"管超前、严注浆、短进尺、强支护、紧封闭、勤测量"十八字口诀高度地概括出复兴门折返线隧道的施工方法。经过反复起名和修改，科研攻关组与专家们共同认为，一期工程施工叫浅埋大开挖，那么复兴门折返线的施工方法的名字就叫"浅埋暗挖法"好。地铁公司为了把担当建设甲方后的第一项地铁建设工程管理好，复印了"隧道译丛"分发给专业管理人员，邀请有关专家授课指导，与施工技术人员一起爬掌子面做实际观察，参加每一个技术难点的攻关论证会。在专家的指导下，经过全过程管理的实践，一批"暗挖"外行的地铁专业技术干部成为浅埋暗挖法的内行。

复兴门折返线工程规模不大，工程建设隧道全长只有358公尺，但工程断面变化却非常大，由单线断面净宽5.16公尺、净高4.70公尺向东推进，到双线断面时净宽增至9.76公尺、净高增到6.71公尺，而工程最大断面开挖的宽度又到了13.7公尺，高度达到了8.72公尺。隧道顶部距地面厚度最小为10公尺。但是这样一个建设规模为限额以下的工程，却引起中共中央、国务

1987年5月1日，万里副总理视察北京地铁复兴门折返线工程

院、北京市领导的极大关心。1987年5月1日，国务院副总理万里视察复兴门折返线施工现场，当看到开挖成洞的跨度为14.6公尺的大断面的时候，连说："了不起！好！挺好！"万里还说："这回施工技术解决了，就剩缺少资金啦。那我就去呼吁，努力解决。"1987年8月28日，李鹏视察复兴门折返线工程时题词"建设地铁为首都服务"。北京市和国家有关部委的许多领导也都分别视察过复兴门折返线施工情况。

复兴门折返线工程建设并非一帆风顺。问题出在二次衬砌。地铁隧道建设有一项防水防渗漏的要求，这道关口不把好，就会重蹈二期工程安定门站结构漏水的覆辙。因此，二次衬砌时需要在一次衬砌的层面上粘贴防水塑胶布。施工单位为赶工程进度，有的是在裸露的导管未做处理的情况下，就把塑胶布粘贴上去，极易形成"空谷"；有的是在塑胶布焊接尚未密实牢固的情况下，便开始二次衬砌，极易漏水。地铁公司对施工单位和个别不负责任的监理人员予以了严肃批评。在地铁公司的严格监控下，施工质量上去了，施工速度却降下来了。眼睁睁地看着"八月十五月儿明"的日子越来越近，又一天一天地离去。隧道施工工期滞后，影响了专业技术设备的安装调试工期。由于铁道部隧道工程局没有专业设备施工队伍，加之专业技术设备均与一期工程接续，所以地铁公司承揽了设备安装调试工程。为了把竣工时间控制在年内，地铁公司与铁道部隧道工程局连续召开领导人联席会，协调工程进度。鉴于土建工程进入收尾阶段，双方决定将工程建设的指挥权移交地铁公司。

　　为了早日完成工程建设，地铁公司决定主管副经理于1987年11月1日进驻工程指挥部，负责工程现场指挥；地铁公司主要领导每日下午参加现场办公会；各专业设备安装施工队伍按计划工期进退场，其单位领导随施工队伍进场坐镇指挥，完不成任务不得退场。

　　工务施工队伍第一个进场，按着事先预定的"中心开花，先西后东"的施工组织方案，首先打响在中心铺设交叉渡线的第一炮。由于事前在地面上做了预铺，较计划提前4天完成任务，紧接着用三天时间完成了由交叉渡线向西与一期工程线路接轨的钢轨铺设任务，打通由西向东铺设南北正线的通道，也给其他专业的施工创造了条件；供电专业施工队伍紧随工务专

折返线工程指挥部

业进场，连续奋战4天3夜安装了电力825伏供电系统设备，仅用一个晚上铺设了重达5吨的两条825伏供电电缆，以及相应的三轨回流线缆，在精心准备后825伏供电系统一次送电成功；机电专业按工期要求完成了库线内的给排水和电力照明系统设备；通信信号专业施工队伍进场时，还有72个小时就到了"关门"时间。在这短短的72小时里，安装了行车调度电话和库线广播设备，安装了各道岔处的电动转辙机，架设了相关的信号机，敷设了信号电缆等，成功地完成了信号联锁实验，保证折返线信号系统实现了电气集中联 锁和调度集中控制。

经过紧张的施工建设，复兴门折返线于1987年12月15日正式交付运营部门管理。16日上午，地铁公司组织车辆对复兴门折返线进行冷、热滑试验。当晚23时30分，组织车辆对复兴门站至南礼士路站区间进行冷、热滑试验，17日凌晨2时40分，组织3列6辆编组的列车，以正常运营的时速和行车间隔，由公主坟站至复兴门折返线进行运营试验。试验得出整个工程包括专业技术设备满足运营要求的结论。在复兴门折返线做竣工考核和运营准备的同时，二期工程在完成"环起来"车辆、设备所必需的改造、整备后，18日晚11时52分，地铁公司的领导陪同市政管委的领导乘坐试运行列车环形运行一圈后抵靠复兴门站，一同见证了地铁二期工程"环起来"的历史时刻。

"环起来"运营受到中共中央、国务院高度重视。1987年12月24日，中共中央政治局常委、国务院代总理李鹏，中共中央政治局常委、书记处书记胡启立，中共中央政治局委员、北京市委书记李锡铭，以及国家部委、北京市的有关领导莅临地

1987年12月新建成的地铁复兴门折返线

铁复兴门站，参加复兴门折返线通车庆典。李鹏、胡启立为通车剪彩。

1987年12月28日，全长23.03公里的地铁环线正式"环起来"运行，共有18座车站。环线地铁的票价经国务院办公厅和国家物价总局批准定为每张0.2元，连续乘坐一线及环线两条线的票价定为每张0.3元。原售二期工程运营与公共交通的每张7元的联合月票取消，保留原地铁与公共汽车每张10元的联合月票。地铁二期工程"环起来"的同时，地铁一期工程运营改为苹果园站至复兴门站后折返运行，线路全长16.9公里，共有12座车站。单程票价为每张0.2元未变。

采用浅埋暗挖法施工的复兴门折返线工程与明挖法相比较，明挖方案需要占地10000平方米，伐树500棵，拆迁费1000万元；而暗挖只占地157平方米，移树8棵，伐小灌木13棵，拆迁费只用了6万元。暗挖法没有封路占道，也没有扰民现象，社会效益和经济效益十分明显。1989年，北京地铁浅埋暗挖施工技术成果获北京市科学技术进步一等奖。

三 二期工程验交

复兴门折返线建成后，地铁二期工程实现了规划上的"环起来"试运营。经过两年的试运营，1989年10月3日，国家组成了北京市地下铁道二期工程验收委员会验收交接。

国家验收委员会主任由北京市常务副市长张百发担任，副主任有北京市市长助理、市政管理委员会主任，国家重点建设监督协调司副司长沈吕英，北京市城乡建设委员会主任施宗林。委员由国家计委、财政部、建设部、铁道部、机械电子部、物资部、国家审计署、国家环保局、国家档案局、建设银行总行、总参作战部、总后军交部、国家人民防空委员会、北京军区作战部，以及北京市委、办、局等22个单位计26人组成。

北京地下铁道二期工程验收的范围是：

1. 从一期工程的北京站东端折返线车档起，经建国门、东直门、西直门，至复兴门与一期工程长椿街站至礼士路站的区间相接部位，正线全长16.1双线公里，通信、信号、供电、机电及其他配套设施；

2. 复兴门、阜成门、车公庄、西直门、积水潭、鼓楼、安定门、雍和宫、东直门、东四十条、朝阳门、建国门，共12座车站；

3. 太平湖车辆段及车辆；

4. 人防工程。

北京地铁二期工程的验收标准依据的是工程设计标准：

1. 行车组织为环线独立运行，近期4辆车编组，每小时24对车，配备164辆车，远期6辆车编组，每小时40对车，配备402辆车；

2. 主体结构能达到防护所要求的标准；

3. 人防工程的设计原则；

4. 车站一律为岛式站台，宽13.1米，长118米，可停靠6辆车；

5. 线路为双线，1435毫米标准轨距，线路上部建筑为短枕式混凝土刚性道床，50公斤钢轨，最小坡度3‰，最大坡度24‰，最小曲线半径正线250米，联络线150米；

6. 信号系统设计有行车指挥自动化和列车运行自动化；

7. 通信系统有450门纵横式自动交换机，地铁专用电话系统和行车无线电话系统；

8. 供电系统，地铁设专用35千伏电源，每个牵引变电站和降压变电站设有双路进线和联络电源，牵引供电为直流825伏，动力、照明、信集电源为交流380伏、220伏；

9. 通风系统，平时采用纵向机械送排风和列车活塞通风，战时采用过滤通风；

10. 设有独立的给排水系统。

国家验收委员会在听取验收情况汇报时，许多委员对于地铁二期工程近期和远期分别有14项和6项工程未完成、二期工程总投资与实际支出尚有不清楚的问题等，表示了不满，并且认为难以在验收证书上签字。

张百发向国家验收委员会的成员发表了有关看法和意见：北京地铁二期工程自1971年开工建设，到1981年建成想试运营，发现了许多问题，中央领导亲自过问后，经过一番改进，1984年开始试运营，到现在又过了5年多。这么多年，二期工程建设的隶属关系多次变化，历史情况也比较复杂，许多事情恐怕一时也说不清。依我看就现状验交吧。当然，按现状验交会给地铁公司在管理上造成一些困难和麻烦。我的意见是我们在验交时把这些问题写清楚，有明确意见最好写上，让地铁公司踏实。实在没有明确意见的，今后国家也不会不管，北京市也会帮助地铁公司解决。

国家验收委员会成员对张百发的讲话和意见表示理解，同意按现状验收交接。在"验收结论"的开始，写入了张百发讲话的主要精神。验收结论指出，二期工程的设计是按"适应军事上的需要，兼顾城市交通"的原则进行的，设计、施工等水平都比一期工程有所提高，总体设计是合理的。但由于种种历史原因，安装的设备一次性、非标产品多，质量差、故障率高，工程至今还不完善配套，目前只能4辆车编组，每小时15对车，最小间隔4分钟，最大单向运输能力为每小时1.3万人次，达不到设计的近期运输能力。为了尽快地发挥二期工程的投资效益，为首都的交通运输做出贡献，国家验收委员会同意对地下铁道二期工程按现状（4辆车编组，15对/小时）进行验收。

验收委员会对若干遗留问题提出了处理意见：

1. 关于尾工投资：按设计标准，近期要建成收尾工程14项，需投资18900万元；人防保留设施完善500万元；二期仓库1160万元；以及1988年、1989年试运营费3600万元。以上共需投资24160万元。其中由国家计委基本建设基金拨款8000万元，财政部拨款3500万元，其余12660万元由北京市利用外资和自筹解决。

2. 关于试运营费用财务账目的处理：北京地下铁道二期工程自1984年9月至1989年末，试运营费达8642.5万元。鉴于二期地铁试运营时间较长，费用数额较大，北京市地下铁道总公司（1989年7月15日北京市政府决定将北京市地下铁道公司更名为地下铁道总公司）又属政策性亏损企业，不宜再增加固定资产，试运营费用按"核销投资支出"特殊处理。

3. 关于工程拨改贷投资豁免：北京地下铁道二期工程尚有国家基建拨改贷款12240万元。由于北京市地下铁道总公司属政策性亏损企业，无力偿还，国家验收委员会认为：在北京地下铁道二期工程通过验收正式交付运营后，由北京市向有关部门申报豁免。

4. 关于工程正式交付运营后的亏损补贴：根据财政部（89）财地字第56号文的要求，北京地下铁道二期工程正式运营后的政策性亏损额每年由北京市财政局报财政部审核，由中央财政和北京市财政各负担百分之五十。

5. 关于物资供应：二期工程的收尾项目所需基建物资和正式运营后维修、更新改造等物资指标，按现行物资分配、供应办法，列入北京市渠道供应北京市地下铁道总公司。如有特殊情况，由北京市专题上报物资部协调解决。

6. 初验中提出二期工程急需要改造完善的23项工程，需投资18225万元。国家验收委员会认为这个问题确需解决，但需另行研究，专题解决。

7. 关于物资仓库建设：一、二、三期地铁要统一考虑，所需投资由一、二、三期各出三分之一分担解决。

8. 关于工程档案移交管理：为尽量保证地铁档案的完整性和使用方便，现存放在铁道部办公厅和铁道部工程指挥部的有关地铁工程档案，由国家档案局协调，移交给北京市地下铁道总公司。

9. 关于人防：设备能用的用，不能用的报废。

国家验收委员会要求，北京市地下铁道总公司要加强经营管理，搞好安全运营，不断提高社会效益，为解决首都"乘车难"做出贡献。同时，请国务院有关部委继续支持北京市解决好验收中提出的问题和今后的建设与运营问题。验收证书明确指出，北京地下铁道二期工程自国家验收委员会1989年12月20日通过现状验收后，交付运营。北京市地下铁道二期工程国家验收委员会主任、副主任、委员在验收证书上签了字。

地铁二期工程经国家验收交付运营，使北京市地下铁道总公司运营管理的地铁线路由一条增加到两条，线路总长达40公里。特别是地铁二期工程实现"环起来"运营，使地铁成为北京市区公共交通的骨干和中枢线路，全市形成了以地铁环线为依托、向各方放射的公共交通网，为解决首都"乘车难"做出了贡献。

四 西单站开工

1989年7月15日，地铁公司在西单站的施工现场举行了开工典礼。

由于种种原因，包括西单站在内的地铁复兴门至八王坟段的可行性研究报告当时尚在等待国家审批之中。虽然这段地铁新线的可行性研究报告颇费周折，但西单站的开工打破了关于地铁东进数年来的争论。

早在1984年10月，市政府主管部门就提出了这段地铁新线建设的目标，并且确定了统一规划、分段建设，建成一段、使用一段的原则。而且在编制可行性研究报告的过程中，并没有任何单位对这段地铁新线的建设规模提出异议。

1986年，市计委和国家计委把这段地铁新线的建设规模由

1989年7月15日，北京地铁西单站开工

复兴门至八王坟缩短到复兴门至建国门。地铁公司认为这段地铁的建设规模缩小以后，有3个弊端：1. 违背了北京城市地铁规划的原则。北京地铁规划上的1号线是从苹果园至通县，分西段（苹果园至复兴门）、中段（复兴门至八王坟）、东段（八王坟至通县）。如果把中段再分成两段，不利于整体规划。2. 不利于从整体上保证1号线各段的有机衔接和运输能力匹配。3. 不利于建设后的运营管理。中段的规划中有一个八王坟车辆段，缩短了的线路甩掉了八王坟车辆段，意味着要对古城车辆段改扩建，而且建国门站的折返能力很差，无法满足1号线延长至建国门后的运营需要。从经济上和未来运营管理上看都不划算。尽管对这个问题百思不得其解，地铁公司还是一边反映自己的意见，一边组织规划设计单位按照国家计委的批示，做复兴门至建国门段地铁新线可行性研究的前期准备工作。

1986年10月20日，市计委在给地铁公司的《关于开展复兴门至八王坟段地铁工程可行性研究工作的批复》，又同意了地铁公司的意见。《批复》指出，复兴门至八王坟段地铁工程本是作为一个项目，后因考虑"七五"期间国家基本建设投资有限，才把这项工程分为两段分期建设的。这让地铁公司明白早前把这段地铁的建设规模缩短的原因是缺乏资金。《批复》还指出，为便于在工程的可行性研究时考虑地铁新线（复兴门至八王坟段）和旧线（苹果园至复兴门段）的有机衔接、运力匹配及车辆设施的综合利用，防止土建和设备的脱节现象，同意地铁公司在可行性研究中，将复兴门至建国门、建国门至八王坟两段地铁工程作为复兴门至八王坟段地铁一项工程来考虑。

这个《批复》虽然同意将这段地铁的建设规模回到规划上来，但也给地铁公司留下了悬念。《批复》最后指出，鉴于国家计委尚未正式批复建国门至八王坟段地铁工程项目建议书，为避免与国家现行基本建设程序相矛盾，复兴门至八王坟段地铁工程的可行性研究，应作为项目的预可行性研究。

地铁公司根据市计委批复精神，把复兴门至八王坟段地铁工程建设的可行性研究合为一个项目，总体考虑两段同时运作，即复兴门至建国门段做可行性研究，建国门至八王坟段做预可行性研究。鉴于复兴门折返线工作已经开工建设，为了使地铁建设工程不间断地"向东进"，地铁公司于1986年11月委托铁道部隧道工程局对复兴门至西单段地铁工程进行可行性方案研究。

这个时期，许多国家和地区的外商都把参与北京地铁建设作为他们的目标。仅就复兴门至八王坟（以下简称"复八线"）地铁新建设工程而言，日本的"雄谷组"在为中国香港地铁工程进行了盾构法施工后，便主动联系采用盾构施工技术参与复八线工程建设。德国的一家隧道建筑公司甚至提出用十个月的时间来完成复八线的隧道工程建设。加拿大的兰万灵公司在与地铁公司合作，作西直门至颐和园、东四十条至酒仙桥轻轨交通预可行性研究时，更是开出加拿大政府愿意赠送西直门至颐和园轻轨线中西直门至国家图书馆（白石桥）的3公里示范段的优惠条件。由于北京地铁新线建设工程尚处于可行性或预可行性研究中，关键是工程建设没有投资来源。因此，无论这些国外的商家想参与北京地铁新线建设的设想具有多么大的吸引力，都变成了无法实施的空谈。

北京地铁新线建设的资金来源问题，是困扰地铁建设工程的最大难题。20世纪80年代后期，城市规模的扩大与经济发展引发了城市"交通难"、"乘车难"。因此，国务院在关于加强城市建设的通知中，明确提出在大城市要发展大容量的快速轨道交通。一时间，全国百万人口以上的大城市纷纷提出发展城市快速轨道交通，"地铁热"至少在全国20个大中城市蔓延。由于从1985年2月开始，国家对基本建设投资进行改革，实行"拨改贷"新政策，这就意味着地铁建设工程资金要由贷款来解决，国家拨款进行建设的日子一去不复返了。这样看来，北京地铁复兴门折返线工程由国家计委投资2000万元建设，应当是国家投资地铁建设的最后一例了。地铁建设不能因为"拨改贷"而停，资金来源究竟如何解决为好？当时国家已经使用日本海外协力基金低息贷款建设了一批基本建设项目，第二批贷款尚有余额，第三批贷款正在组织备选项目。经市政府积极争取，北京地铁复八线被国家计委列为首选项目。使用日本海外协力基金只能获取建设资金的一小部分，大部分资金还需要国内配套。为解决国内配套资金，国家计委副主任在与北京市协商时曾提出由国家计委、财政部和北京市"三家抬"（各出资三分之一）。根据"三家抬"的投资方案写出会议纪要送请财政部会签时，财政部的主管副部长说，你们这是"缺席审判"，现在财政部是"吃饭"财政，全国尚有相当部分人"吃不饱饭"，财政部抽不出经费投资基础设施建设。北京市向国家计委申请"两家抬"，国家计委表示有困难，"三家抬"的投资方案就此落了空。

北京地铁复兴门至西单段建设工程由铁道部隧道工程局于1987年3月编报出可行性研究方案，地铁公司组织有关专家进行了三次讨论后认为该方案是可行的。随即向市计委提报了计划任务书。市计委于当年四五月召集有关方面对可行性研究报告和计划任务书进行论证后，同意由地铁公司委托做施工设计。经过市政府努力，国家计委和外经贸部大力支持，确认了使用日本的海外协力基金第二批贷款余额作为建设西单站的投资，用国际招标的办法落实了西单站地铁工程所需建筑材料和设备，并且经过反复论证，确定了西单地铁站与规划的立交桥建设分离、西单站向西单路口东移，西单站工程必须暗挖的设计施工原则。1989年4月，地铁公司召开地铁西单站及其东折返线土建工程评标会，专家赞同用"浅埋暗挖法"设计施工，并确定由铁道部第十六工程局和铁道部第三勘察设计院组成的联合体中标；通过定向议标确定，由铁道部隧道工程局承接西单折返线施工。当年7月，市长常务会议决定，地铁西单站工程于7月15日开工。

为加强对北京地铁新线建设的管理，1989年7月15日，北京市市政管理委员会对地铁公司《关于加强调整北京市地铁建设组织领导的请示》作了批复，同意成立北京市地下铁道建设公司（以下简称"建设公司"），隶属地铁公司领导，负责地铁建设的各项工作。同日，市政府领导批示：同意将北京市地下铁道公司改名为北京市地下铁道总公司（以下简称"地铁总公司"）。

地铁总公司于当年8月1日决定了建设公司行政机构的设置，计有：工程技术处、材料设备处、规划技术处、计划处、财务处、拆迁处、办公室、劳动人事处、设计所等9个部门，各处、室、所为副处级机构。同时还根据市建委的批准，成立了北京市地下铁道建设监理公司。明确规定监理公司对内为建设公司的职能部门，对外具有代表地铁总公司的职能。监理公司设置的所属机构有技术协调办公室、质量检查科、材料设备科、设计科、办公室等5个科室。所属科室为正科级机构。同年10月9日，市计委批复由地铁总公司拨付280万元资金，将北京市地下铁道建设公司注册为独立核算、自负盈亏的全民所有制企业。此举强化了地铁总公司新线建设管理的职

1989年地铁总公司办公地址迁至西城区北河沿2号

能，为迎接地铁建设新高潮提前做了组织准备。

1989年7月15日，北京市、铁道部和国家计委等有关领导参加了开工典礼。张百发在开工典礼仪式上讲话说：地铁西单站开工，标志着首都政治稳定，社会经济生活稳定。地铁西单站开工建设，吹响了地铁新线建设的东进序曲。

1989年11月，地铁总公司机关迁至新建成的地铁指挥中心大楼内办公。

第三节　坚定运营宗旨

一　运营惠泽人民

地铁公司升级以后，一肩挑起了安全运营、新线建设和战备人防等多项职能。为适应公司职能提升新形势、新任务的需要，确定了"以安全运营为中心，不断地扩大运力，坚持安全、准确、高效、服务的运营宗旨，全心全意地为乘客服务"的业务指导思想。

1984年，国家开始在城市中推行经济体制改革，北京市的经济建设快速发展起来。当年北京地铁的客运量从上一年的8199万人次上升到10304万人次，增长了25.6%，首次突破了年运量1亿人次大关。这个日均28.2万人次的客运量超过了一期工程设计上配置的近期27万人次的运输能力。运量超过运力，广大职工为此要付出更大的努力。

地铁公司的主要领导，每天早晨7点左右在运营早高峰到来之际就到了行车调度室，察看行车表示盘上列车运行的情况，询问有关运营组织和客流情况。高峰过后回到办公室，通常第一件事就是找相关处室研究安全运营中存在的问题，商量解决问题的措施。开始时，很多相关处室领导都很纳闷，公司主要领导是如何知道这许多问题的？经过一段时间以后，他们才知道了原委。主要领导坚持到第一线了解情况的做法，感染了许多机关处室和二级单位的领导，很多干部都在早高峰开始时到运营生产第一线去了解情况。古城车辆段的段长一般都是早6点就随车添乘到北京站，直到早高峰过后返回。后来，由于下班时间的晚5点到6点半也变成了拥堵的高峰，机关处室和二级单位有关人员又每天到运营一线战晚高峰。很多职工看到干部们天天如此，不禁问道："你们每天加班怎么算？"这些干部说："我们的日历天天是3月5日'学雷锋'。"干部们到运营生产第一线去战高峰，不仅仅是帮助车站维护秩序，帮助推推人，更多的是想着怎样去解决安全运营中反映出来的各种问题。有许多好的建议、办法和措施都是在深入运营一线获得灵感后提出来的。例如：看到列车进站后，有些乘客虽然经历了挤车大战但仍然挤不上车的情况，便有了5辆车编组、6辆车编组的试验（下文将有详述）；看到重大节日高峰时间乘客拥挤几乎失控，有了临时到地面售票、改变出入口双向进出、临时关闭车站等10项措施，等等。

1987年底，地铁二期工程"环起来"运营之后，地铁一线、环线运营生产格局发生重大变化。地铁公司安全、运营、专业技术处室和相关单位的领导，每天早高峰时便自动到复兴门站与公司领导聚齐，观察了解运营生产情况，及时发现并解决问题。"学雷锋"就这样在地铁公司作为一项传统延续下来。

地铁公司在领导带头深入运营第一线的同时，还开始借助经济手段来促进安全运营生产。1984年底，地铁公司提出了旨在确保安全运营，搞好优质服务，提高社会效益和经济效益，增强企业活力的《超运量承包联锁补贴办法》。这个办法把地铁运营生产中起着关键作用的调度员、列车司机和列检人员，以及北京站、古城站、苹果园站等3个列车折返车站的人员组织起来，就安全运营的主要指标列车始发正点率、列车运行正点率和日客运人次实行承包。同时，把保障列车运行的设备单位人员、客运服务和公安人员联锁进来。大家把《超运量承包联锁补贴办法》叫做"三家为主，八家联锁"。这个办法制定的承包指标简单明确：1. 列车始发正点率98%，列车运行正点率97%；2. 以日运乘客27万人次为基数，每增加1万人次允许指标下浮2%。补贴的具体规定是以每日27万客运人次为基数，每超运量1万人次，"三家为主"的人员补贴0.20元，联锁单位的人员补贴0.10元。这个承包联锁的办法，把地铁运营生产的"大联动机"更加紧密地联结在一起，安全、高效地为广大乘客服务。行车调度员按照列车运行图兢兢业业地组织指挥行车；列检人员精心检查车辆让列车安全上线运行，司机服从命令、听指挥正点发车，力保安全正点；苹果园站、古城站、北京站等3个列车折返运行的车站，认真组织行车，确保列车正常折返；供电值班员为运营提供不间断的安全供电；线路巡道人员确认第一组车安全运行，线路畅通；通信专业为运营提供通畅调度和行车电话；信号专业提供行车指挥和列车运行的信号自动化服务；客运和公安人员竭尽全力维护地铁的站、车秩序和保持良好的治安环境。

随着地铁二期工程"马蹄形"开通运行和"环起来"运行的临近，在地铁一期工程运营线上实行的《超运量承包联锁补贴办法》已经不适应地铁发展的需要了。地铁公司于1986年11月开始试行《运营指标包干责任制》（以下简称"责任制"），4个月后作为正式实行的责任制颁发实行。这个责任制把实行的范围扩大到二期工程中直接参加运营生产的二级单位和新建立的行车调度所及电力调度所。地铁公安分局因改按国家机关待遇，不再参与企业责任制考核。这个《责任制》对原《联锁办法》作了重大改动。《责任制》是从首都总体规划赋予地铁的城市客运任务、缓和首都"乘车难"的根本任务出发，围绕提高地铁运输能力和为首都人民提供更多更好的客运服务而制订的。《责任制》突出了安全，并把安全指标作为对各单位的共性考核指标。区别各单位的不同情况制定出相关的奖罚考核标准，同时制订了考核呈批表和考核程序表。《责任制》要求各单位逐级制订联保办法，共同完成各项包干任务。各单位把指标和考核标准层层分解，落实到每一位职工，调动了广大职工的积极性。好多职工说，拿到这个考核指标表就像拿到了商场里的价目表，想多挣钱就要"不掉线"、"跑正点"、"多跑圈"，"是骡子是马运营线上遛遛"。特别是各个单位都把单位的生产奖金与这个《责任制》直接挂钩，统一考核，加大了考核力度和分配差距。地铁公司党政工团各级组织把落实《责任制》作为大事，分级分层地举办讲解培训班，大力宣传《责任制》的目的意义，各项指标制订的依据和考核对安全运营生产的作用，工会还专门组织了《责任制》知识竞赛，让《责任制》深入人心。《责任制》促进了职工思想观念的转变，"高、大、半"的特点更加突显。列车检修人员为协助司机跑正点、不掉线，经常随车添乘掌握车辆状况，车辆段的职工星期六、日主动去车站协助维持秩序保正点。这个《责任制》为市政府有关部门对地铁实行《"一包、两保、一挂"承包经营责任制》，以及地铁公司按照该《责任制》对所属单位实行《"三保、一包、一挂"综合指标管理责任制》奠定了基础。

为了提高地铁的运营和服务水平，地铁公司注意培养人才，努力改变很多职工文化程度低、专业技术能力差的面貌。自从1978年建立起地铁职工技校以后，便根据运营生产各岗位需求状况，有计划地开办车辆、信号、供电、通信、卫技（机电）班，开始招收初中毕业生，接着就改为招收高中毕业生。地铁公司升格后，马上建设了4800平方米的新校舍。到1989年，地铁职工技校共培训了1820名合格技术工人进入安全运营生产岗位，这些技术工人逐步成为地铁安全运营的"脊梁"。地铁公司并未忘记那些曾经为建设地铁付出辛苦劳动的复员战士，通过补习文化课使他们大多具备初中文化水平，部分达到了高中文化程度，并通过岗位培训、技术练兵步入中级工行列。地铁公司注重专业技术人才培养，除了自己举办计算机、外语等专业培训班外，还委托科技干部进修学院、建工学院等协助培训，组织大批专业技术干部参加国内外技术交流、考察，以及出国培训。由于国内没有专门培训地铁专业技术干部的院校，地铁公司的专业技术干部经过多年运营生产的锻炼，都成为实实在在的地铁专业人才。

地铁职工存在工资低、子女入托难、住房难等方面的问题，地铁公司在每年召开的"职代会"上，都听取职工代表意见并报告工作中的问题和困难，努力解决职工的困难，建起了幼儿园、职工食堂、乘务员公寓、职工住宅、适当提高其他福利待遇等，得到了广大职工的支持和感谢。

1987年，香港地铁主席李敦先生来考察北京地铁运营管理时，听到北京地铁为安全运营所做的工作后，称赞地说：内地把这些叫"全心全意为人民服务"，这句话在香港叫做"惠泽人民"，我请人专门制作了烫有"惠泽人民"字样的托盘，送给你们留作纪念。

惠泽人民，是对地铁公司的褒奖。

二 运力"水涨船高"

中共十一届三中全会以后，地铁的客运量每年都以20%以上的幅度增长。1985年，地铁由于有二期工程"马蹄型"运营的加入，全年的客运量达到了13963万人次，日平均38.2万人次。而地铁公司两条线的列车保有量只有185辆，平均每公里4.62辆，与世界上其他大城市无法相比。例如，莫斯科的地下铁道平均每公里有15.2辆，伦敦地下铁道平均每公里有9.7辆，纽约地下铁道平均每公里有16.3辆。北京地铁的车辆明显过少，加上地铁的行车自动化设备不配套，运力难以满足客流需求。因此，这个单方向高峰小时只有1.15万人次运力的线路，却要运送乘客1.56万人次，造成列车的满载率达150%以上。以致每辆进站的列车基本上都是满员的，上下车乘客在车门前争抢上下，结果是既上不去也下不来，若不是站务员生拉硬推，列车几乎无法关门行车。这种状况使得车上拥挤不堪，站台上的乘客乘车难。

为了改变以上状况，践行"安全、准确、高效、服务"的运营宗旨，地铁公司在最大限度地满足乘客需求的运力上下工夫，决定打破地铁设计上的2·4·6辆车编组的设计规定，采取5辆车编组提高每组车运力25%的措施。5辆车编组的列车一上线运营，就收到明显效果，不仅缓解了列车上的拥挤程度，而且每到一站，基本上可以将滞留乘客请上车，运输效率也同时提高了。随着客流的急剧增长，地铁公司没有满足取得的进步，继续慎重组织6辆车编组运营试验，并在解决了乘务员调配和培训，列车在站台长度较短的车站的停靠位置，站务员与乘务员监护列车开关门的分工及责任，电站和信号设备的适应性改造，6辆车编组运行的相关规章制度，特别是古城车辆段停车、列检库的延长改造等一系列问题后，地铁一线全部实现了6辆车编组运行。

5辆车、6辆车编组受到乘客欢迎，留给地铁公司的困难却很多。5辆编组的列车启动电流加大，造成地铁电站开关频繁跳闸，而电站的DS1型开关又是机械部已经明令淘汰的产品，电务部门在解决该开关更新之前，精心计算后适当地调整了开关的整定值，为5辆车编组保驾；同样，由于5辆编组的列车启动瞬间电流加大，还常常造成信号移频设备的大功率管被击穿，故障影响行车。专业技术部门和通号段对设计电路和元器件进行完善后，保证了5辆编组车通畅运行。

5辆车编组、6辆车编组的列车上线运营，在一定程度上起到了缓解乘客拥挤的作用。但是对于需要以地铁为上下班主要交通工具的乘客而言，高峰时段的运营才是最关键的。考虑首钢等大厂职工的要求，地铁公司决定将高峰时段的列车最小间隔由5分钟缩短至4分钟，同时为保证低峰间隔不大，日开行列车增加到300列。不要小看这一分钟的变化，为了这一分钟，地铁公司组织了专门调研，由专人用秒表计算列车折返一次的时间，研究全线的列车运行图，综合考虑各个车站的客流量以及列车在站的站停时间。调研发现，由于苹果园站原本不属于运营车站，在地铁开通运营后，苹果园站的折返能力满足不了行车组织的要求。调研的结论是，唯一的办法就是缩短列车在苹果园站的折返时间。于是，地铁公司决定改列车驾驶"包乘制"为"司机、车长制"。司机、车长制就是把原在同一司机室内驾驶的司机、副司机，改为分别在列车首车和末车司机室，由司机在首车司机室驾车，车长在末车司机室控制车门开关，瞭望站台和车门开关情况。

实行司机车长制，让列车的首尾车各有一名乘务员，当列车进入折返线后，司机、车长的身份相互转换，就挖出了原来包乘制时两名乘务员在折返线内需要从列车的一端走到另一端约120公尺的时间。

地铁的客流量似乎总是与地铁的运力过不去。刚刚采取了措施使运力基本适应运量的需求，度过了运营组织的艰难阶段，新的一波客流冲击就接踵而来。于是，地铁公司在客流调查分析的基础上，把最小列车运行间隔4分钟、日开行300列的运行图进行修订，编制出列车运行最小间隔时间不变，日开行列车分别为平日开行344列，星期日开行360列，以满足三种不同情况下客流量对运输能力的需要。针对列车运行图能解决均衡运营而难以解决客流高峰时段内巅峰时的紧张状况，地铁公司又研究出台了巅峰时间在公主坟站至北京站区间加开"小圈"列车运行的办法。大家把按运行图在苹果园站至北京站区间运行的列车叫"跑大环"，这样在地铁一期工程的列车运行就有了"两环套跑"的一说。"小圈"列车运营的时机是在地铁运营巅峰时段，当列车在苹果园站、古城路站就已经满载，到了万寿路站便被拥挤得没有办法的时候，公主坟站发出空车将公主坟站候车的乘客全部请走，并将向北京站方向的沿途各站乘客基本请走，使后续列车安全正点抵北京站。几个"小环"套跑车下来，运营高峰期的巅峰尖子就削掉了，度过了这种日复一日的高峰大战。

在"环起来"运营以前，地铁公司在组织协调运力方面压力很大。二期工程"马蹄形"运营阶段，乘客感到换乘极不方便，客流较小，而一期工程线路上的客流量又猛增，运力十分不足。地铁公司就调用二期工程线路上的列车到一期线路上参加运营。不要简单地认为都是地铁电动客车，在哪条线上跑还不是跑。地铁一期工程与二期工程在设计上信号系统的制式是不一样的，因此地铁车辆使用的信号设备和保安装置也不相同。调用二期工程配置的列车到一期工程线路上运行，车辆和信号专业人员都要做许多技术方面的准备工作，确保万无一失。而当二期工程"环起来"运营以后，人们越来越感到乘坐地铁快捷方便，环线客流量开始大幅度增长，一线的乘客并未因终点改到复兴门站而减少。

这样，地铁两条线的运营情况就发生了较大变化。一线的客流量仍然有增无减，环线的客流量猛增，让两条线换乘最集中的复兴门站成为客运组织的焦点。一线换乘的客流进入环线，几乎都是前往前门站、北京站方向的，环线的复兴门站至北京站这段就成为了环线的热点区段。掌握了客流去向和分布的基本规律，地铁公司根据一线运力得到了改善和加强之后，便从一线抽调列车支援环线，并且在环线的复兴门站至北京站区段加开"小圈"列车，这种运行方式被称为"一线支援环线大小环套跑"。

面对客流量不断增长的压力，地铁公司不断地研究改进和提高运输组织能力的各种方法和措施，度过一个又一个的运营困难时期，战胜了一个又一个的运营安全危机，不断地满足日益增长的客流需要。实行"大小环套跑"之后，地铁公司开始算经济效益的大账了。在复兴门站至北京站开行小环列车，每列车比跑大环一圈少开行11公里左右，按其节约的牵引电耗、减少车辆的磨损和检修费用等综合计算，每个月可以节省费用28万元左右。当然，这只是地铁公司在特定的两条线客流量不够平衡、运输能力也不均衡的情况下，采取的比较特殊的运输组织方式。地铁公司认为，最根本的办法还是尽快按着规划开发建设地铁新线，形成北京的地下铁道交通网，与城市公共电、汽车一道，为解决首都"乘车难"做出应有贡献。

三 打好安全翻身仗

1984年10月17日，在运营线上发生了列车在古城洞口道岔区段脱轨，中断运营5小时56分的重大行车事故。1985年11月26日凌晨，在古城车辆段的停车库，发生了列车逆变器插座进水致蓄电池短路失火，造成两辆车车体烧毁的火灾事故。这两起事故都是在"十一"运输任务告一段落转入日常运营之后发生的。事后查明，第一起事故是在信号设备已经故障显示的情况下，当值司机主观臆断地认为出不了事，属安全思想淡薄，违章驾驶造成的。第二起事故是在车库大门紧闭的情况下，护厂人员主观臆断地认为不会有事而未按规定去车库巡视，错过了发现和扑救火灾的时机；而设备检修人员没有执行规章所规定的列车回库后，所检修车辆没有异常应切断电源后方可离去的规定，离开时未能关闭逆变电源的开关，成为导致火灾事故的直接原因。针对这两起事故，地铁公司不仅严肃地处理了事故的直接责任者和间接责任者，同时还处分了对事故负有领导责任的责任单位领导。

在对这两起事故的调查分析和处理过程中，市安全管理和消防管理部门的人员一致认为，地铁公司不缺少各种规章制度和管理规定，也不缺少各类安全防范组织和措施。事故究竟是怎样发生的呢？通过开展"查领导、查安全思想、查安全制度、查设备质量、查组织纪律"的五查活动，总结出几个方面的原因：1. 领导责任不落实。知道安全工作的重要性，但在日常工作中是布置多、检查少，浮在面上多、深入基层班组（车组）少，重大节日抓得多、日常管理抓得少。2. 安全思想不落实。领导抓了就重视，稍不抓紧就放松，重大节日都重视、紧张过后就放松，车辆设备故障时就重视、正常运营就放松。3. 安全制度不落实。学习考试全记住、日常工作忘脑后，安全检查全记住、检查过后全不顾。参加事故调查的人员认为，发生事故的主要原因是安全生产的观念树立不牢，各种规章制度执行不力，领导疏于日常的安全教育和安全管理。地铁公司在组织"五查"中也发现，地铁公司的安全运营生产越是在重大节日、重大活动的情况下，工作就越扎实牢靠，而且这些重大节日、重大活动需要运行的列车比平日要多，运送的乘客量也要大得多。这就说明，地铁公司针对这些情况所做出的工作部署是恰当的，各级领导亲自部署、亲自检查，直接深入运营生产第一线，对职工的安全运营思想教育和影响力是有成效的，之前对车辆设备的检查，组织精检细修是扎扎实实的。而在平日很难这样大张旗鼓地组织安全教育和车辆设备的集中检修。

为了接受事故教训，切实做好地铁运营生产的安全工作，1985年11月27日，地铁公司决定在全公司开展"百日安全竞赛活动"。党政工团齐抓共管打一场安全运营生产的翻身仗。工会还以百日安全竞赛为目标，组织开展劳动竞赛活动。针对"五查"结果，地铁公司把重大节日、重大活动组织运营生产的经验常态化，建立起每周一次的运营生产交班会，每月一次的安全例会，基层生产班组每周一次"安全日"的例会制度。这些日常的例会制度加上元旦、春节、清明节、"五一"、"十一"，以及"暑运"、"冬运"等重大节假日和重要运营期间的专题会议，在各级领导中形成了安全常抓不懈的观念。针对车辆设备状态不良、故障极易引发事故的教训，地铁公司在坚持每年的车辆设备春季鉴定和秋季鉴定之外，又建立起由公司机关专业技术部门每月对分管的车辆设备管理单位进行一次车辆设备抽查制度，敦促有关单位加强车辆设备的维修管理，这些检查结果与百日安全竞赛和经济责任制考核挂钩。在车辆设备加强维修的同时，为防止在地铁发生"翻车、掉道、死人、着火、撞车"等重大恶性事故，提出抓要害、抓重点的相关措施。在车辆的电机电器和走行部位、伤损钢轨、列车保安装置、自动扶梯，以及电缆电线等加大财力、物力投入，确保这些关键设备的大修改造和日常维修。应当说，这是地铁公司经过升格、解决了运营补贴以及提取两项基金之后，为解决车辆设备"先天不足，后天失调"所做的重要举措。

地铁公司升格前实行的是"秋后算账、亏损包干"的财政管理政策，上边拨多少钱办多少事。所拨经费勉强维持运营、保住工资。因此，在车辆设备的维修投入上只能做到简单地再生产，根本无力进行大修和更新改造。大家说，地铁的车辆设备出厂时是"先天不足"，维修没有钱叫"后天失调"。"先天不足，后天失调"的车辆设备给管理者造成巨大压力。20世纪80年代初，地铁钢轨伤损的情况开始严重，当时负责维修管理地铁线路走行轨和第三轨的线路队正、副队长多次向上级（电务段）报请增加维修费和大修费，强调若不解决经费将随时有发生严重事故的危险。苦于当时的财政情况，他们的申请无法满足。这两位负责人说：这真叫"巧媳妇难为无米之炊"，我们男爷们儿更做不了啦，地铁的安全责任之大谁都明白，那就谁能做这无米之炊就让谁来做吧。任凭上级领导怎样地做工作，这两位负责人还是坚决地辞掉了干部职务改做了生产工人。

解决"先天不足，后天失调"的车辆设备问题决非一日之功。地铁公司为消除"翻车、掉道、撞车、死人、着火"等重大事故隐患，防止"群死群伤"，提出在解决"先天不足，后天失调"问题的同时，必须突出抓好"十防"，即：防止列车转向架断裂，防止列车切轴，防止电客车走电失火，防止电站失火，防止电缆失火，防止钢轨断裂，防止保安装置失灵，防止错办列车进路，防止自动扶梯折断，防止给水管跑水。对这需要做好"十防"的关键设备和部位建立起安全责任制，规定由公司相关处长，二级单位的段长、车间主任承包，强化安全检查。对于其中不便于检查或自检能力不强的车轴和钢轨等，雇请专业人员进行探伤检测，同时指派专人学习求教掌握技术本领，购置相关的检测设备，充实自己的检测能力。经过近一年的努力，线路工人探明了地铁一期工程伤损钢轨多达2350处，并按其伤损程度分别标注出星号，1个星号处为一般伤损，2个星号处为中等伤损（须严密监控），3个星号处为重伤轨（须立即更换），及时更换了300余处重伤轨。

地铁公司在安全运营生产中坚持党政工团齐抓共管，各级党的组织把运营生产和安全工作作为检验党的组织建设和思想建设的重要指标，并作为考核基层组织战斗力和党员先锋模范作用的主要依据之一；党政工团共同推行建设地铁文明一条线的活动，按安全、服务、质量等指标量化到安全运营生产的各个环节中；工会通过组织劳动竞赛，不断地总结表彰在安全运营生产工作中涌现的好人好事和先进模范人物，推广"208"、"405"车组以及尹玉芝、孙军祥、王光元等获得国家或北京市表彰的先进集体、先进模范的事迹，在职工中形成学英模事迹，走英模道路的好风气；地铁公司还拨出专项奖励资金用于百日安全竞赛，为工会组织的劳动竞赛拨付竞赛奖励基金，为安全运营或防止重大事故的有功人员奖励晋升工资等；共青团组织在广大团员青年中以安全运营生产任务为中心，开展争当青年突击手活动，并通过抓好复兴门站的"共青团站"建设，推动共青团的组织建设。

正是有了党政工团齐抓共管的深入思想政治教育，有了抓好安全运营生产的各项管理措施，有了辅以经济上奖惩的手段，地铁公司的安全运营生产形势一年比一年好。1986年发生一般性事故52件，1987年下降到26件，较上一年下降50%，1988年又下降到22件，比上一年下降15%，1989年发生18件，比上一年又下降了18%。地铁公司开展的百日安全竞赛活动，推动安全生产由一个百日奔向另一个百日，自1986年起连续夺得三个安全年。直到1989年5月7日晨，因环线鼓楼变电站值班员违反了必须一人操作、一人监护、两人现场操作的规定，由一人独自操作，导致积水潭变电站开关起火烧毁，造成积水潭站的外环中断2小时20分的行车大事故。这次事故让地铁连续安全运营1257天的纪录画上了终止号。这次行车事故使地铁公司的安全生产又从零开始，重新起步。

地铁安全运营生产这部"大联动机"，真正是各个环节一环扣一环。任何一个环节的松动或疏忽，任何一个人的违章或不慎，都会导致这部"大联动机"上成千上万人日复一日、年复一年的群体努力功亏一篑。

四 车辆设备大改观

北京第一条地下铁道诞生以后，当人们看到富丽堂皇的地下宏伟建筑，我国自行设计、生产的地铁电动客车，代表我国装备制造业最高水平的供电、机电、通信、信号等设备，一致称赞"了不起"。然而令人想不到的是，地铁刚刚开始试运行就发生了电动客车走电失火的重大事故，试运行在车辆设备不断发生大大小小事故的影响下，不得不走走停停，停停走走。人们陷入了地铁出事就"了不得"的担忧，而地铁管理部门对此更是焦虑不安。受管理体制的限制，地铁管理部门难以有所作为。

1978年，地铁公司确立"安全、准确、高效、服务"的运营宗旨，提出实现"五二三五"的运营生产目标，将北京地铁由"战备型"转为"运营型"以后，地铁公司试图把设计生产上"先天不足"的车辆设备进行全面维修和必要的更新改造，终因资金匮乏而作罢。

地铁公司升格以后，人们看到了光明的前景。实行新的运营亏损按每客运人次补贴办法，保证了车辆设备的维修经费。在争取到提取两项基金以及国家财政部一次性补助1.5亿元以后，地铁公司开始逐项实施车辆设备大改造的奋斗目标。

职能提升后的地铁公司要做的第一件大事就是把自己的车辆大修基地建起来，第二件大事就是订购新车，第三件大事就是修建复兴门折返线，让二期地铁工程"环起来"。地铁公司把三件大事合并到一篇大文章中来做，其出发点和归宿都是为增强运力，发展新线，解决"乘车难"。三件大事都直接与地铁车辆有关。

车辆大修基地不仅要修车，将来还一定要造车。以前，地铁公司无论是订购新车还是返送原厂大修车辆，都必须先向有关厂家的主管部委申请安排并下达生产计划，需要协调总装厂与主要配套厂的生产进度，需要帮助厂家解决物资材料供应渠道，需要协调解决生产质量方面的问题，甚至配套厂向总装厂发送配套产品的铁路运输计划都要帮助解决，等等，生产厂家可以有很多理由不按计划交车。自从地铁公司的大修基地建成以后，车辆大修的问题首先彻底得到了解决。待大修基地具备了造车能力以后，地铁公司在订购新车上也从容得多了。

订购新车也是"一波三折"。早前地铁公司吃尽了国产车性能差、故障率高，特别是安全没有保障的苦头，所以借引进三辆日本样车进行仿制之机，与生产厂家商谈了订购130辆仿制车的意向。当仿制车遇到困难时，地铁公司为鼓励生产厂家仿制决心，甚至提出可以考虑先购买30辆老车作为过渡，待仿制成功再批量订购仿制车。但结果令人失望。对此，热心支持仿制车的机械部电工局的领导感叹地说："非不能也，是不为也。"地铁公司订购仿制车的希望破灭之后，转而订购了铁道部长春客车厂的64辆电动客车。长春客车厂对这批车辆的生产十分重视，吉林省政府为支持北京地铁，要求生产厂把这批车作为省优产品生产。虽然仿制车给人们留下了遗憾，但生产厂家大批专业人员赴日培训交流，引进若干专业生产技术装备，给这批新车创造了一定的质量保证条件，这批新车经2~3天的调试即可上线运营，解了运营线上的燃眉之急。随着二期工程"环起来"的需要，地铁公司又订购了52辆电动客车。在购入新车之前，地铁公司就提前为古城车辆段安排了车库延长的基建工程项目，为太平湖车辆段安排了停车、列检库和综合检修车间的基建工程项目，为新车到京就能及时投入运营打了有准备之仗。

地铁公司在升格后不久，决定对一期工程线路上运行了多年、已经超过规定大修里程的老车进行返原厂大修，这不仅给原本十分紧张的运力带来很大影响，而且让地铁公司吃尽苦头。当时城市经济体制改革刚刚推行，各地都忙于体制改革，企业改革还在摸索之中，生产很不正常，这就让签了合同等待接车的地铁公司不得不去做那些让人很难想象的额外工作：总装厂说配套厂的配件未生产出来，地铁公司派专人去配套厂驻厂催货；配套厂生产出来后说铁路没有车皮，地铁公司就商请铁道部下达运输计划，安排车皮；配套厂说总装厂催促的急件走铁路运输来不及，地铁公司就让他们派汽车先送到北京，然后由地铁公司派汽车接力运往长春。最让地铁公司无奈的是产品质量。地铁公司商请机械部的一位主管局长去有关厂家解决电机产品的质量问题时，电机厂厂长汇报说，电缆厂发给我的电缆质量就不好。当局长追到电缆厂时，电缆厂厂长汇报说，冶炼厂发给我的铜坯质量就不好。这位局长颇有感慨地说，产品质量问题谁都可以往外推，就是不从自己身上找原因。地铁公司不得不对厂修后发运回京的车辆一组一组的精心调试，要求有关厂家派人逐一解决存在的问题，确保了厂修后的车辆安全地投入运营。

地铁公司解决供电、机电等设备的大修情况比车辆大修要好了许多。虽然涉足地铁专业设备大修改造的队伍比较有限，但有些施工队伍，一听说是必须在晚上停止运营到早晨送电前的有限时间内施工，施工还不得影响运营，不敢去冒风险就打了退堂鼓。为了推动专业技术设备的大修改造，地铁公司把急需进行改造的电站大电流机组项目作为试点采取内部承包的办法来进行。试点单位在地铁公司机关和科研所的支持下，组织队伍，深入动员，做了充分的施工准备，仅用一个多月的时间就高质量的完成任务，一次试验就发电成功，工程投资也比外委节省7万元（预算20万元）。地铁公司在认真总结这个试点经验后，先后出台了《基建工程项目承包试行办法》和《大修、更新改造、零星基建工程内部承包试行办法》。两个《办法》都强调，组织企业内部承包部分大修、更新改造和基建工程项目，是调动各方面积极性、提高投资效益的有力措施，可以锻炼队伍，提高技术，保证质量，缩短工期，节省投资。《办法》规定承包工程要履行编制计划任务书、实施方案和工程预算书等手续，签订合同。《办法》还规定了工程验收等相关规定。地铁公司的两个内部工程承包办法得到市政府有关部门和开户银行的支持。为了更好地推行两个《办法》，地铁公司调整了职工技协的领导，投资注册了职工技术交流站，由职工技协和技术交流站代行签订合同与工程项目管理，地铁公司转为业主监管。

两个《办法》调动了各个方面的积极性。地铁公司向市政府报告的亟待解决的6大类27项问题，通过承包的方式逐年落实到各承包单位加以解决。电站大电流机组改造、调度集中总机改造、电调模拟盘安装、纵横制总机改造安装、人防立转门改造等工程先后竣工。人防立转门改造经专家鉴定为国内先进。其中最有代表性，难度较大的是工务换轨工程。对于这样的工程，地铁公司不是签了合同一推了事，而是由主管副经理来担任工程总指挥，由承包单位主要领导及地铁公司有关处室领导担任副总指挥，通过强有力的组织指挥，打好更换地铁线路上伤损钢轨的全面更新改造之仗。经过建立地面上的焊轨场，改造制作向洞下运送钢轨的平板吊装车等准备，正式成立了地上焊轨、钢轨吊装运输、洞内换轨三大施工作业组，展开了地铁洞内轰轰烈烈的换轨大战。由于白天要保证运营，夜间停电到送电之间仅有3个小时可供施工作业。经过施工单位不断地总结、修改和优化施工组织方案，施工人员咬牙挺过了500多个日日夜夜，比计划工期提前10个月完成了工程任务，这一繁重而又艰巨的双线抢修换轨任务，全长46公里，总重量达4865吨。市政府领导在得知地铁这个重大安全隐患被根治的消息后，当即提出表扬，并指示新闻单位进行采访，报道为地铁安全作出无私奉献的群体事迹。

北京地铁一期工程建设采用的通信信号设备虽然较铁路系统更为先进，但由于它们是第一次设计一次性生产的产品，在长时间的运营中不断老化，故障率高，易引发事故。二期工程安装的设备虽然有所改进，但行车自动化系统仍然存在不少问题。中央和北京市领导在解决地铁不能如期开通问题的过程中，多次指示关键技术装备可以引进。1985年，地铁公司在与加拿大、英国、法国等专家进行技术交流的过程中，考虑利用国外的先进技术对一期工程的通信信号系统进行技术改造。赴英、法地铁考察后，地铁公司开始编写《北京地下铁道一期工程技术改造可行性研究报告》。地铁公司编写的可行性研究报告，经市计委组织专家评估后报送国家计委，国家计委委托中国国际工程咨询公司评估后，国家计委1989年6月10日正式批复。由于实行对外开放的政策，很多外国政府表示愿意参加地铁一期工程技术改造项目，主动提出为改造提供贷款，竞争比较激烈。地铁公司先后与法国的铁路工业集团、马特拉集团，英国的贝尔福比提公司进行了3轮技术谈判，长时间的商务谈判，最终决定选用在香港有成功运营实践并在新加坡进行改造的英国西屋公司提供的系统，主要包括列车自动监控（ATS）系统，列车自动防护（ATP）系统，列车自动运行（ATO）系统，无线列车调度电台，闭路电视，程控交换机以及电力自动化、电客车车门系统等。待通信信号自动化系统改造按照方案目标实现以后，北京地铁将把具有20世纪80年代自动化水平的新的地铁运营系统展现在人们面前，为广大乘客提供更加安全、准确、高效的运营服务。

第六章

管理升级

1989年春夏之交北京发生政治风波之后，1989年11月，中国共产党十三届五中全会作出了关于进一步治理整顿和深化改革的决定。1992年10月，中共十四大进一步提出，我国经济体制改革的目标是建立社会主义市场经济。同年底，中共北京市第七次党代会召开，会议贯彻中共十四大精神，对北京经济社会改革发展作出部署。北京改革开放的步伐加快，以转换企业经营机制、建立现代企业制度为中心的多种形式的改革继续推进。1993年10月，国务院正式批准了《北京城市总体规划》，对首都城市基础设施现代化建设提出了更高要求。

面对改革与首都建设提速的历史机遇，北京市地下铁道总公司（以下简称"地铁总公司"）从公司的实际和发展任务出发，确立了"一业为主，多种经营，以副补主，全面发展"的方针，逐步把地铁总公司建设成为集地铁安全运营管理、线网规划与建设、车辆设计制造和维修、相关专业技术装备安装和维修、科研设计、职工培训、技术咨询、工程监理、出租汽车、地下通信、书报刊物、车站商业、媒体广告以及房地产开发等业务为一体的大型交通运输企业。

第一节　企业升级

一　组建新的党政领导班子

1990年5月26日，北京市常务副市长张百发在地铁总公司的干部大会上宣布：根据中共北京市委决定，地铁公司经理冯双盛离休，党委书记李春生改任为正局级巡视员，免去党委书记职务，新任党委书记李凯、经理高毓才。这些决定，相继在当年6月、10月召开的市政常务会议上通过。经过陆续调整，这一届党政领导班子成员为：党委书记李凯，副书记高毓才、李运安、王德兴（1991年12月任命，1995年4月继任党委书记）、齐书志（1998年4月任命）；经理高毓才，副经理李振成、余雅仙、李建国、李跃宗、宋书珍（1991年12月任命）、高德龙（1992年9月任命）、刘洪涛（1993年12月任命）、彭泽瑞（1994年4月任命）；总工程师闫景迪、谢正光（1994年8月任命），总经济师赵玉林。

地铁总公司新一届党政主要领导上任后，按照干部"四化"❶原则和德才兼备的标准，对二级单位领导班子和处级干部作了较大幅度的调整和充实。在此基础上，1991年1月25日，重新组建机关行政处室。调整后的地铁总公司行政处室27个：经理办公室、总工程师室、人事处、劳动处、监察处、计划处、车

---

❶ 20世纪80年代初期，邓小平提出干部队伍要"革命化、年轻化、知识化、专业化"。

辆处、财务处、总调度室、科技处、战备人防办公室、教育处、物资设备处、多种经营办公室、技术引进办公室、电务处、运营处、房地产管理处、卫生处、安全监察室、运营服务处、审计处、档案室、企管处、行政处、法制处、基建办公室。地铁总公司所属的二级单位机构未作变动。

根据企业自身职能即安全运营、新线建设、地铁车辆制造、战备人防以及适应企业深化改革的需要，本着效能、统一、精简的原则，地铁总公司重新调整了机关的工作职责，并发布了27个机关行政处室的工作职责，以加强企业管理，做好企业升级工作。

1992年1月14日，地铁总公司报请北京市市政管理委员会确认了各二级单位的行政级别。客运段、太平湖车辆段、古城车辆段、通信信号段、供电段、机电段、工务段、修建段、技校、科研所、建设公司、党校等12个单位为正处级，广告公司、劳动服务公司为副处级。

新一届领导班子上任后，认真总结了北京地铁的发展历史和工作经验，认为之前以下几个方面的工作奠定了北京地铁发展的基础：

1. 确立"安全、准确、高效、服务"的运营宗旨，由战备型向运营生产型转变，成为首都公共交通必不可少的骨干力量。坚持平战结合的方针，完成了战备人防任务。1987年底复兴门折返线竣工，实现两条线联网运营，充分发挥了环线在市中心缓解交通拥堵的作用。组织完成复八线（复兴门至八王坟）可行性研究。西单车站开工，标志着在国内首次实现了大跨度地铁地下车站的浅埋暗挖施工。安全运营和新线建设一肩挑，开始了地铁建设发展的新阶段。

2. 坚持"安全第一，预防为主"的方针，从管理入手，边运营边摸索经验，制定各项安全制度，建立安全网络，开展群众性的安全竞赛活动，特别是1985年以后取得了1000多天无重大、大事故的安全成绩。1986年起，为进一步提高运营安全水平，增加地铁运力，开始对一期工程进行技术改造，并完成技术改造所需引进技术的前期准备工作。投资对地铁车辆厂改扩建，1987年试修成功第一组车；1990年北京亚运会前夕，又造出了新型宽体电动客车，结束了北京不能修车、造车的历史，也为地铁车辆安全打下了基础。

3. 1975年以后重视企业基础建设，三次大规模修改规章，完善了各项规章制度。教育工作不断加强，科学技术日益进步。建立了技校和科研所，培训出大批技术工人，科研成果丰硕。职工生活得到改善。

二 确立发展方针

在研究北京地铁发展历史并深入了解各机关处室和二级单位工作情况的基础上，地铁总公司领导班子对以后一个时期的主要任务作了梳理：

地铁总公司是首都城市交通不可或缺的重要企业，首要任务是安全运营；复八线开工标志着北京地铁建设进入新一轮高潮；为提高运力和新线建设需要，建设好地铁车辆大修与生产制造的基地也是一项重要任务；地铁总公司与北京市政府第一轮承包合同即将到期，在第二轮承包合同中市政府提出了以利润为主的效益指标，以技术改造为主的后劲指标，以提高企业素质为主的管理指标。三大指标的提出，使地铁总公司面临新的挑战。

从面临的任务出发，地铁总公司研究了主要矛盾：

在安全运营方面，分析了地铁运营以来的情况。北京地铁建成初期，1971年客运量仅有828万人次，平均日客运量为2.2万人次。而1989年客运量为3.1亿人次，为1971年的37.5倍。根据这组数据推算，以后5~10年，客运量按既有线路同比至少增长10%以上。客流量增长突显运力不足的问题。运力不足主要反映在车辆和设备上，车辆短缺影响扩大编组和缩短列车运行间隔，设备日益老化，故障多发，危及安全，影响运力。运力严重不足，是影响北京地铁安全运营和发展需要的第一大矛盾。

在新线建设方面，研究了地铁总公司升格以来的情况。复兴门折返线工程建设以前，北京地铁的建设投资由中央财政负责；从复八线建设开始，地铁建设投资为北京市政府负责。这一重大变化，造成地铁新线建设的投资严重不足。投资不足是制约北京地铁发展的第二大矛盾。

安全运营、新线建设、技术改造、加强企业管理、提高经济效益等等，都需要一大批高素质的人才。繁重的工作任务和多方面人才的短缺，是北京地铁发展中的第三大矛盾。

上述三大矛盾严重制约了北京地铁的发展，克服这三大矛盾又需要集中全公司的精力，在北京市政府的支持下连续若干年努力。为此，地铁总公司作出了以下工作部署：

1. 以安全运营为中心。安全运营是地铁总公司各项工作的中心和灵魂。为确保安全运营，在加强一期工程技术改造顺利、快速完成的同时，提高地铁车辆厂的造车能力，实现安全运营"五消灭一减少"❶的最终目标。

2. 以发展建设为重点。要提高北京地铁的运力，加快新线建设是根本手段。必须凝聚全公司的技术力量和管理手段，在确保工程质量的前提下加快新线建设，并大力探索新的投融资方式，以逐步解决投资不足的困难。

3. 加强教育和科技进步工作。地铁安全运营、新线建设、工业生产、企业管理等均存在发展与人才的矛盾，特别是缺乏专业技术方面的尖子人才。当时预计到2000年，有85%的高级专业技术人才、30%的中级专业技术人员达到退休年龄，可能出现人才"断档"的危机。为此，必须树立"科学技术是第一生产力"的理念，把教育和科技进步作为一项战略任务来抓，重点要放在引进技术的消化吸收上来。首先要体现在一期工程技术改造中，同时对相关技术人员和职工进行培训，尽快在工人中实行技师考评制度。

4. 加强企业管理。按照北京市级先进企业标准管理企业，争取早日进入市级先进企业行列。继续推行承包责任制，加快在二级单位实行费用包干，逐步实现两级核算。为提高效益，大力开展多种经营，在逐步减少国家财政补贴的同时，使地铁总公司职工收入在北京全市国有企业中处于中等偏上水平。

地铁总公司总结历史经验教训，研究和分析了主要任务及

---

❶ 消灭行车重大、大事故，消灭设备重大、大事故，消灭火灾重大、大事故，消灭人身伤亡事故，消灭机动车重大、大事故，减少一般事故。

存在的三大矛盾，作出了一个时期主要工作的部署，并把它归纳为"一业为主，多种经营，以副补主，全面发展"的企业发展方针。这个企业发展方针在1992年6月中共北京市地下铁道总公司委员会召开的第一次党员代表大会上得到了确定。

1992年地铁总公司第一次党代会会场

三 争创北京市级先进企业

　　北京地铁建设和运营关系首都城市建设和社会经济效益的提高，对中国其他城市轨道交通事业的发展也起着积累经验的作用。为适应北京城市发展的客观要求，推进企业管理现代化，地铁总公司积极开展企业升级工作。1991年1月23日，地铁总公司提出了要在1991年达到北京市级先进企业标准，1992年达到（建设部颁发的地铁行业）国家二级企业标准的企业升级目标，并为此发布了《北京市地下铁道总公司企业升级实施办法（试行）》（以下简称《办法》）。

　　《办法》在详细阐明企业升级的各类措施后，指出：企业升级工作重点是要抓好员工的思想教育和企业基础工作。要进行自力更生、勤俭办企业、讲求经济效益、加强企业管理、现代管理等思想教育，思想教育不仅要深入持久，而且要与达标升级竞赛活动相结合。基础工作是企业管理的基本功，要下大气力抓好标准化、定额、信息、计量、规章制度、经济责任制、基础教育、班组建设等工作。

　　为落实《办法》，在地铁总公司统一领导下，建立起提高运营质量、提高工作质量、降低物资消耗、增强经济效益、确保安全生产、加强思想政治工作等六大保证体系。并对这六大保证体系的性质和任务、主要工作职责、构成和职责分工作了规定。各保证体系的组长、副组长均由地铁总公司的领导班子成员担任，机关相关处室的领导为小组成员。地铁总公司所属各单位也建立领导小组，负责本单位的企业升级工作。

　　地铁总公司制定的企业升级考核标准包括运营服务、车辆和设备运行质量、电耗、生产消耗费用、经济效益、全员劳动生产率、安全等主要考核指标。考核强调各项指标缺一不可。为了使考核具有可操作性，地铁总公司发布了企业升级管理工作考核细则。

　　《办法》还就企业要在1991年度、1992年度达到的升级目标作了《企业升级规划》（以下简称《规划》），要求：各二级单位据此制定本单位的升级规划，升级规划要自下而上地进行，并经职代会审议后上报地铁总公司。

　　对照北京市级先进企业标准，《规划》对地铁总公司的发展状况作了分析和评估，认为：企业升级有一定基础，但存在一些差距。首先是运营指标较高，效益指标较低，表现在以下三个方面：

1. 1988年实行承包责任制以后，车辆、设备、线路的使用率不断提高，1990年列车走行公里平均为9万公里/辆，接近世界地铁（时为70个）第10位水平；每公里线路完成客运量954万人次，达到世界第11位水平；车公里牵引电耗2.70度，处于世界第8位水平；列车运行图兑现率达99.9%；地铁服务在亚运会期间达最好水平。这些说明，运营指标并不低。但是，由于设备老化，进一步提高的潜力不大。

2. 有些指标不稳定。与北京市级先进企业、国家二级企业指标相比，1988年有3项指标、1989年有5项指标、1990年有1项指标未达标；行车责任重大、大事故频率，1985年至1989年曾1257天无大事故，却在1989年连续发生两次电站开关着火事故。

3. 客运量会因票价调整而变化，职工人数会因新线建设而受到影响，以及一期工程技术改造进入实施阶段等因素，都可能会影响运营效益和安全指标的实现。其次，安全管理、专业管理和基础管理与考核指标有较大差距。另外，随着改革形势的发展，企业整体素质仍需不断完善和提高。

对两年内企业升级目标的有利因素和不利因素综合分析后，《规划》进一步细化了企业升级措施，采取统一领导，集中管理；加强教育，提高认识；指标分解，层层落实。同时，明确重点是加强定额工作，修订标准，完善规章，重视档案工作；健全计量机构，实行方针目标管理，加强综合部门的管理、班组建设和现场管理。为推进落实《规划》的力度，建立了领导干部联络点制度。简言之，"抓管理，上等级，争创市级先进企业"，成为地铁总公司进入20世纪90年代后一段时间的工作重点。

地铁总公司邀请专家学者分8次作了关于企业升级概况、全面质量管理、标准化、计量、档案、设备管理知识的讲座，培训了1600多名骨干。配套制发了标准化、全面质量管理、教育以及定额方面的工作计划。建立了标准化工作委员会，明确总工程师室承担计量管理的职责，并在主要二级单位建立计量（科）室，规定主要二级单位组建企业管理办公室。同时明确企业达标升级从班组抓起。通过这些，以保证把地铁总公司的企业管理措施落实得"横向到边"、"纵向到底"。

北京地铁车辆厂是地铁总公司推出的率先达到北京市级先进企业标准的单位。该厂属国家大型二类生产企业，管理基础较好。六大保证体系直接指导该厂"查标"、"核标"、"对标"、"建标"的工作，本着"少什么，补什么"的原则，很快完善了企业管理的各项规章制度以及相关标准。全厂在"质量是车辆厂生命线"理念的引领下，奋斗一年，在1991年大修DK8型电动客车12辆，新造自行设计的BD1型宽体电动客车12辆，生产转向架120个，修理轮对128根，全年工业产值2115万元。修车、造车质量均达到标准，为北京地铁安全运营、解决运力与运量的矛盾起到了积极作用。地铁总公司组织考核小组逐项逐条地考核，确认该厂达到了市级先进标准后，报请北京市市政管理委员会检查验收。

北京市市政管理委员会与地铁总公司组成的联合验收组经过"看"各项规章制度、标准，"听"企业领导人和被考核科室、车间、班组的汇报，"问"机关、车间、班组一般工作人员和生产工人对企业达标升级工作的认识、态度，"考"规章制度和标准等熟知程度，"查"班组管理、现场管理、定额管理、计量管理、档案管理、财务管理、材料管理等，一致认为该厂通过企业达标升级提高了安全、质量、效益、管理水平，较好地完成了各项生产任务，职工思想稳定、积极向上，全面达到了市级先进企业标准。

地铁总公司在抓北京地铁车辆厂企业升级的同时，还选择了北京地铁管理上相对薄弱的计量管理、档案管理作为突破口。通过强化管理，1991年，所属"八段一厂"的计量管理全部通过市三级计量认证。档案管理也全部跨入市级先进单位的行列，其中地铁总公司机关的档案管理达到市级机关二级管理标准。推广北京地铁车辆厂企业升级各个阶段经验，成为地铁总公司其他所属单位的助推器。随着北京地铁车辆厂达到市级先进企业标准，地铁总公司的班组建设有60%通过了达标验收。在此基础上，全公司修订后的《管理标准》、《工作标准》、《岗

1991年，地铁总公司颁布的新修订的《管理标准》、《工作标准》。

位标准》和《技术标准》也颁发执行。

对照北京市级先进企业标准，1991年，地铁总公司企业升级完成指标情况是：列车运行图兑现率99.9%，提高了0.9%；列车运行正点率99.8%，提高了1.8%；行车责任事故频率1.48次/百万车公里，降低了1.32次/百万车公里；行车责任重大事故频率为零；完好车率84.8%，提高了1.8%；车站服务合格率91.3%，提高了6.3%；车辆服务优良率86%，提高了1%；牵引电耗2.73千瓦小时/车公里，降低了0.02千瓦小时/车公里；人均客运周转量350.6千人公里/人，提高了30.6千人公里/人；人均运营里程3.64千车公里/人，提高了0.19千车公里/人。

四 荣膺北京市"经济百强"

中共十四大确立社会主义市场经济的改革目标后，北京市开展了"经济百强"评估活动。评估活动是政府部门对企业的规模性调查研究活动，目的是了解企业，把握全市企业经济发展，加强宏观调控，大力培育市场体系。地铁总公司借助"抓管理，上等级，争创市级先进企业"的工作，不仅跨入北京市级先进企业行列，而且荣膺1992年度北京市"经济百强"中市政公用类企业的桂冠。

当时，地铁总公司管理全长41.6公里的两条运营线路，设有30座地下运营车站（内含1座换乘车站），拥有地下地上建筑、地铁车辆、供电、通信、信号、机电、线路等专业技术装备，以及列车行车指挥自动化和列车运行自动化系统。另有独立的供电、通信、给排水和战备人防系统。1992年底，职工总数10106人，直接从事运营生产的职工8443人；保有电动客车323辆，各类运营生产设备17766台（套），固定资产总值17.9亿元。

按三年期评估，地铁总公司1992年完成客运量4.28亿人次，比1989年增长37.6%，占北京全市公共交通运输总量的12.5%，列世界70个城市地铁第13位；完成客运周转量33.2亿人公里，占北京全市公共交通周转总量的16%，列世界地铁第11位；运营里程3016万车公里，每节车年走行9.34万公里，列世界地铁第13位；车公里电耗2.69千瓦小时，比1989年降低2.7%，列世界地铁第8位。按北京市级先进企业考核标准，地铁总公司的安全、质量、消耗、效益等四类考核指标均达到或超过标准。

在评估期内，地铁总公司面对客运量大幅度增长、车辆设备老化造成的运力与运量的突出矛盾，坚持"安全、准确、高效、服务"的运营宗旨，以安全运营为中心，以"抓管理，上等级，争创市级先进企业"为重点，狠抓企业升级工作。建立并完善了企业安全、质量、消耗、效益四大类共74项量化管理和考核指标，区别各单位情况，将指标层层分解到相关厂、段，直到班组。签订了第二轮承包经营责任制。按企业管理升级要求，制定出企业技术标准1469项，管理标准1589项，工作标准2003项。1990年，地铁总公司在全国城市公交企业竞赛中获"优胜企业"称号，被北京市授予"亚运先进单位"称号。1991年，北京地铁车辆厂验收成为市级先进企业。1992年，8个运营生产专业段全部达到市级先进企业标准。1992年，再度在全国公交企业竞赛中获得"优胜企业"称号，在物价上涨的情况下，比1990年减少运营亏损555万元。

为解决运力与运量的矛盾，地铁总公司加大了企业技术改造力度。1990年初，地铁一期工程实施技术改造。先改造了频繁跳闸而影响运营安全和效率的10千伏、750伏、380伏供电系统。在供电能力不足的西部地区增建了2座地面牵引变电所。在已经不能满足乘客需求并危及乘客安全的八角站和古城站增设了出入口。从1990年自主设计和制造出第一辆BD1型宽体电动客车后，至1992年已累计制造出20辆，不仅使每辆车的承载量提高10%，还结束了北京不能制造电动客车的历史。

地铁总公司加强了地铁新线建设与开发。1992年6月，组织复八线上的永安里、大北窑、热电厂3个站开工。半年后，又组织天安门东站、天安门西站、王府井站、东单站和建国门站相继开工。10月12日，西单站建成，在国内首次实现了地铁新线工程"建成一段、通车一段"的目标。

在深化改革方面，企业评估情况是：地铁总公司在新形势下提出了"一业为主，多种经营，以副补主，全面发展"的工作方针，即在以安全运营为中心，确保安全运营的基础上，发展了多种经营事业。陆续兴办了房地产开发公司、边贸公司、物资公司、科技公司等37家多种经营企业，从主业中分离出841名职工参加多种经营。利用西单站的地理优势，联合社会企业创办了西单地下商业城。利用地铁资源优势，开发了电子广告、灯箱广告、车厢广告、车票广告等，有的打入国际市场。加强企业内部管理，实行了企业用工、干部聘任、工资、住房制度以及建设投资的改革。1992年，多种经营的营业额为

2700多万元，出售职工住房款400多万元，在北京地铁历史上第一次发行建设债券2亿元。

地铁总公司建设前景、深化改革、转换机制、市场前景也是被评估的内容，评估认为"前景乐观"。

北京市"经济百强"不是终身制。地铁总公司在北京市第二届（1993年度）"经济百强"的评比中，再次名列市政公用类企业榜首。

地铁总公司荣膺北京市1992年度经济百强

这次金榜题名是以地铁总公司的经济技术指标大幅提升为基础的：1993年共运送乘客49109万人次，较上年增长14.71%；人均客运周转量45.3万人次/人年，增长15.27%；人均运营里程3.84千公里/人年，增长7.56%；车公里电耗2.61千瓦小时，下降2.92%。这些指标平均高出市级先进标准19.32%，列世界（81个）城市地铁第11位。特别是为适应社会主义市场经济的要求，积极推进了企业劳动人事、工资制度、用工制度的改革，实行了全员劳动合同制，在加强企业管理的同时，实现了企业经营机制的转换。采取强有力的措施保证了一期工程技术改造与安全运营"两不误"、"双丰收"。认真探讨筹集资金建设地铁新线的有效途径，使地铁总公司在运营主体、建设主体的基础上，成为集资主体。充分发挥优势，扩大多种经营企业（由37家增至48家），不断提高经济效益。继续加强企业管理的基础工作，加大标准化建设和落实规章制度的力度，这些都推动了北京地铁事业的持续发展。

地铁总公司在企业升级达到北京市级先进企业标准之后，连续两届荣膺北京市"经济百强"称号，对内是个极大的鼓舞，对外则提高了知名度，扩大了企业在社会上的影响力。

第二节　三项制度改革

一　劳动人事制度改革

地铁总公司的劳动人事制度改革是从客运段做起的。客运段是地铁总公司所属的一个二级单位，有职工1872名，干部（含聘用制干部）178名，担负北京地铁1号线、环线（2号线）29座车站的客运服务和行车组织工作任务，是劳动密集型又具有地铁"窗口"服务特征的部门。

随着北京地铁的客流量持续增长，1990年客运总量为36775万人次，客运段承担着日均百万人次的客运组织和近800列车次的接发车任务。紧张而又繁重的客运服务让一些职工产生了烦躁情绪，导致服务纠纷时有发生。而部分干部和车站领导的管理意识差，工作方法简单，遇事推诿，又使得干群关系紧张。这让1991年1月刚刚调整后的客运段领导班子感到忧虑。他们认为，客运段是地铁的"窗口"，客运服务直接影响地铁的声誉和形象，所以必须提高干部素质。于是他们决定对干部队伍进行调整。

这个决定是有充分依据的。在162名科级及以下干部中，50岁以上的有26名（占16%），35岁至49岁的有94名（占58%），35岁以下的有42名（占26%），总体上属年龄偏大。而这162名干部中，文化程度又明显偏低，具有大专以上学历的有38名（占24%），高中学历的有57名（占35%），初中及以下学历的有67名（占41%）。

客运段调整干部的做法是，首先组织职工对干部进行测评，然后妥善安排了9名，最后按照"中青结合，文武相当，兼顾专长，合理配备"的原则，对其他干部进行了岗位调整，特别是重新搭配了运营一线27座车站的领导。

客运段在调整干部工作中，一个重要的环节是从优秀工人中选聘干部。他们在妥善安排一些老干部的工作以及解聘几名干部后，对于空缺的干部岗位采取了由所在单位领导和职工推荐与自荐报名，群众测评打分，择优选聘的办法。1991年7月，有72名职工报名参加干部岗位竞聘，经过三轮筛选，9月份最终选聘了16名职工到干部岗位工作。这些人中有北京市"五一"劳动奖章获得者，有优秀共产党员，都具有大专（或在学）以上文化程度，有的是自学成才的硕士研究生，平均年龄33岁。他们步入管理岗位工作后，与职工促膝谈心，了解情况，征求搞好工作的意见，结合车站的具体情况建章立制，建立相关的管理数据库，有的新任站长还对所有站务员进行了家访。由此，客运段日常客运组织管理和服务水平得到很大提升。

1992年1月25日，劳动部、国务院生产办、国家体改委、人事部、全国总工会联合发出《关于深化企业劳动人事、工资分配、社会保险制度改革的意见》（以下简称《意见》）。《意见》指出：党的十一届三中全会以来，企业劳动人事、工资分配、社会保险制度改革取得了一定成效，但从整体上看，企业内部"铁交椅、铁饭碗"和"铁工资"的弊端没有完全破除，影响了职工主人翁责任感和积极性的发挥。深化企业劳动人事、工资分配和社会保险制度改革，在企业内部真正形成"干部能上能下、职工能进能出、工资能升能降"的机制，"成为当前转换企业经营机制的重要任务"。

地铁总公司在继续推动企业"抓管理，上等级，争创市级先进企业"的基础上，认真贯彻《意见》所提出的转换企业经营机制的要求，针对北京地铁的具体情况，确立了"以安全运营和发展建设为中心"和"一业为主，多种经营，以副补主，全面发展"的工作方针。地铁总公司决心按照这个工作方针来转换经营机制，并于1992年3月9日在客运段召开了聘用制干部工作的现场经验交流会，向总公司所属厂、段推广客运段公开招聘企业干部工作的经验。地铁总公司指出，客运段从优秀工人中公开招聘干部，符合企业人事制度改革的方向，有利于优秀人才脱颖而出；

有利于干部队伍"革命化、年轻化、知识化、专业化";有利于打破干部终身制。地铁总公司特别指出,把优秀工人补充到干部队伍中参加企业管理,是党全心全意依靠工人阶级的具体体现。要求各级领导提高认识,更新观念,把从优秀工人中招聘干部作为大事抓好。并决定自1992年起,总公司机关和各单位都要推广客运段的做法。

为了规范聘用制干部的管理,地铁总公司随即制定并下发了《北京市地下铁道总公司聘用制干部管理实施细则》(以下简称《细则》)。《细则》共九条:

第一条为制定细则的依据,是北京市人事局(1991年)第5号《关于进一步做好聘用制干部管理工作的通知》。

第二条为被聘用人员的条件,具体是:1.坚持四项基本原则,遵守法纪,作风正派,品行端正,热爱地铁事业,有强烈的事业心和责任感。2.初聘年龄在35岁以下,地铁工龄满3年,直接聘用为厂、段中层以上职务的,初聘年龄放宽到40岁,续聘的不限。3.具有高中以上文化程度,具备被聘用岗位需要的专业技术水平和领导才能。4.身体健康,胜任干部岗位工作。

第三条为聘用程序及审批权限。规定:1.坚持公开、平等、竞争原则。要采取不同形式公布拟聘用人员的岗位、条件、名额和聘用办法。2.民主推荐。包括组织推荐、个人自荐、群众举荐和领导提名。3.考试测评。应聘者都要参加相关的笔试、口试、民主测评。4.集体讨论。按干部管理权限对拟聘用者在党委或行政办公会上集体讨论。5.公示。对经过集体讨论后的拟聘用者进行公示，接受群众监督。6. 审批。对聘用的干部进行审批，各二级单位聘用的科级及以下的行政和专业技术干部报地铁总公司人事处审批，党、群及副处级以上干部报地铁总公司党委组织部审批。7. 签订聘用合同。组织人事部门办理审批手续后，与被聘用者签订合同，下达任职通知。

第四条规定了聘用期限，一般聘期为2至3年，最多不超过5年。聘用期满可按规定续聘或解聘。

第五条为续、解聘规定。1. 聘用期满，工作需要且本人愿意续聘的需个人写出总结，听取民主评议和接受群众测评，根据德、能、勤、绩的综合测评分数，由聘用单位确定续聘与否。2. 决定续聘的按规定办法完成聘用手续。3. 个人提出解聘或经民主评议、测评落聘者，用人单位下达解聘通知，报主管部门备案。

第六条为聘用期内工作调动时的相关身份的说明。

第七条为聘用期的待遇。规定享有录用制干部的工资、福利、培训、职称评定等同等待遇。规定聘用干部受聘时间满10年及以上者，退休时可按干部身份办理退休并享受同级干部退休待遇。若本人愿以工人身份办理退休的，则遵从本人意愿。

第八条为日常管理规定。

第九条为《细则》的解释权。

这个《细则》使地铁总公司内部在聘用制干部管理方面做到了有章可循，具有很强的可操作性，有力地推动了企业内部的劳动人事改革和用人机制的转换。

客运段在实施干部聘用制以后，又于1992年7月16日实行了全员劳动合同制，并且随后制定了岗位结构工资制度，对工资制度进行改革。其他厂段也都分别在三项制度（人事制度、工资制度、劳动用工制度）改革工作中有不同进展。地铁总公司抓住这个时机，于11月13日至15日召开了三项制度改革经验交流会，主要领导在交流会上强调，"实行三项制度改革，就是要把竞争机制、激励机制引入地铁的各方面工作之中，在每个领域都要体现转换经营机制，只要有利于机制转换的改革，我们就要坚决地进行，各级领导要统一思想，真正进入角色，摸清本单位实际情况，充分调动职工的积极性，掀起宣传改革的热潮，让群众理解、参与、支持改革。"这次经验交流会成为加快北京地铁三项制度改革步伐的动员令。

1992年，地铁总公司机关完成了处室岗位定员工作，并且实行了机关处室主任科员和副主任科员的制度，也为工资制度改革奠定了基础。各二级单位全部制定了干部聘用制改革实施细则。

1993年，地铁总公司全面实行干部聘用制。同时，在地铁总公司5个技术密集型企业实行旨在建立激励机制，促进职工学习专业技术技能，增强企业活力的工人技师考评办法，并在北京地铁车辆厂试点推行。当年8月13日，北京市劳动局、市市政管委有关部门领导与地铁总公司领导一起，向首批9名工人技师颁发了技师证书。根据地铁总公司的规定，工人技师享受工程师工资待遇。这是地铁总公司在转换企业经营机制、针对地铁技术装备更新改造和大量引进新技术后，鼓励生产技术工人爱岗敬业、钻研技术、解决技术难点的举措。

地铁总公司不断地总结完善劳动人事制度改革的经验，并且逐步深化。1995年起，又实行了对新任处级干部一年试用期的制度。至此，经过几年的扎实工作，地铁总公司较好地进行了企业劳动人事制度和干部制度的改革，完成了企业干部人事制度的转换，建立起完整的选人、用人和干部能上能下的机制。

二 工资制度改革

继推行人事制度改革后，地铁总公司于1992年初决定推行分配制度改革，并提出力争在当年上半年制订出分配制度改革的三个方案的设想：大方案，打破原有工资制度，按照岗位、技能、贡献、工龄重新核定工资标准的方案；中方案，打破原有工资制度，把部分基本工资、浮动工资、生产奖金以及部分补贴捆在一起，实行浮动工资制度；小方案，只把浮动工资与生产奖金捆在一起浮动。无论哪种改革方案，都要体现多劳多得、奖勤罚懒、奖优罚劣的原则。

地铁总公司不搞"一刀切"，而是根据所属单位在运营生产中各有特点，相互间没有可比性的具体情况，提出各单位可以根据本单位实际情况，研究本单位的工资改革方案。同时，继续在劳动工种相对单一的客运段进行试点。客运段在地铁总公司有关部门的帮助指导下，经过认真研究，制定了客运段的岗位结构工资制，并经该段的第四届第二次职工代表大会通过。

客运段在1992年11月地铁总公司召开的三项制度改革经验交流会上介绍的岗位结构工资制，是由岗位工资、累计工资、效益工资和各种津贴4个部分构成的。主要有5个方面的特点：

第一，突出重点岗位，向一线倾斜。一线的班组长，枢纽站（列车折返）的行车人员，站台岗的服务员的岗位，工资较最低岗高出30元；运营一线的岗位划分为8个等级，后勤工种划分为6个等级，一线岗位高出后勤岗位2个等级15元。

第二，建立起合理的工资晋级机制。

第三，奖勤罚懒，突出激励机制。这个岗位结构工资制对于劳动表现突出（如冬运、暑运）累计积分达1000分的职工可以较其他职工提前2~3个月晋级。而违章违纪或被优化下岗的职工，则只发44元的岗位工资并停止当年的晋级资格。对于造成各类责任事故者，其岗位结构工资的4个部分均受到不同程度的影响。用职工自己的话说，"不仅一年白干，连下一年度的晋级都受到影响"。

第四，岗位结构工资4个部分的比例为岗位占32.8%，累计占26%，效益占25%，津贴占16.2%。客运段的岗位结构工资方案考虑了同一岗位但劳动付出不同的状况。如都是90元标准的售票岗的岗位工资，但前门等大站的售票量要高出小站几万张，他们在效益工资部分则向劳动强度大的大站岗位适当倾斜。

第五，综合平衡，相对合理。由于岗位工资向一线和苦、脏、累、险的岗位倾斜，鼓励年轻职工到岗位工资相对较高的这些岗位去工作，调动了年轻职工的积极性。为使年龄偏大的职工既规避风险，又不产生失落感，考虑他们对地铁劳动贡献的时间较长且原工资基数较大，所以对这部分职工规定的晋级级差稍大。

整个工资改革方案受到各方面好评，调动了全段职工的积极性。

客运段的分配制度改革在地铁总公司引起强烈反响，广大职工纷纷要求尽快实施工资制度改革。地铁总公司因势利导，提出1993年要以分配制度改革为龙头，带动三项制度改革全面起步。并提出在1993年7月1日前，所属单位根据自己特点制订的工资改革方案要全部出台，争取在第三季度绝大多数单位实行改革后的工资制度。地铁总公司再次强调，各级领导干部要从传统的经营思想和管理模式中解放出来，加快改革步伐，加大改革力度；只要有利于地铁的发展建设，有利于安全运营，有利于提高干部职工的生活水平，看准了的就要大胆地闯，大胆地试，放开手脚，开拓进取。

地铁总公司所属的古城车辆段于1993年4月23日召开职工代表大会，审议通过了该段的岗位技能结构工资改革方案，是地铁总公司第二个完成分配制度改革的单位。

古城车辆段实行的岗位技能结构工资制，是经过充分酝酿并有广泛群众基础的。他们先于1992年4月就工资制度改革问题在全段职工中做了问卷调查。广大职工一致反映，"铁工资"再也不能继续，有80%的职工拥护地铁总公司提到的工资改革的"大方案"。该车辆段根据职工的呼声，先后召开了职工代表、老职工、女职工、青年职工、班组长和中层干部座谈会，广泛听取对工资改革的意见、建议。根据各方面意见，确定了岗位技能结构工资制由5个单元组成：岗位工资、技能工资、累计工资、效益工资、津贴。古城车辆段与客运段的工资改革方案不同之处在于增加了技能工资单元，突出车辆维（检）修和车辆驾驶技能在该段运营生产中的地位和作用。确定了5个单元后，他们组织对5个单元的工资所占比例以及各工种职工3个年度实发工资情况做了统计分析，并对工资改革的预期进行了测算，提出工资改革初步方案。1992年8月开始在全段征求意见。他们编印了包括工资改革的指导思想、改革方案、实施方法，每个工种工资的计算依据和方法等在内的宣传提纲，召开了各种不同形式的专题会，吸收了职工提出的23条好的意见、建议，最终形成岗位技能结构工资制方案。

古城车辆段岗位技能结构工资的特点表现在：

第一，工资分配向重要岗位倾斜。最高岗位与最低岗位的岗位与技能工资之和差距达1.6倍，而且在级差和晋级时间上也有较好的体现，高岗位的职工级差大，晋级时间相对较短。一般情况下，高岗位的职工出色完成各项运营指标后，一年左右晋升一级工资。

第二，考核指标明确。如电动客车司机主要以安全运营优质服务和行车公里为主，量化岗位和效益工资标准。安全驾驶并优质服务累计走行3.7万车公里晋升一级工资，副司机则要累计走行4.7万车公里才能晋升。

第三，建立起正常的工资晋升机制。每位职工根据安全运营生产所规定的指标量化考核，只要达到考核标准，全面完成任务即可晋级。

第四，建立起技能激励机制。该工资制度充分考虑了技术工人的专业技术学习和提高技能的激励机制，规定职工在劳动态度（占30%）、理论知识（占30%）、实际操作（占40%）的三项考核中成绩优秀者，可晋升一级技能工资。

第五，兼顾老职工、女职工利益。该办法充分考虑老职工对企业的历史贡献和女职工的生理特点，合理地制定了老职工的岗位工资标准以及女职工的相应政策，保护了老职工和女职工的切身利益。

地铁总公司的其他各单位，学习客运段和古城车辆段实行工资制度改革的经验，经过认真细致的思想教育和方案研究，履行了民主程序后，先后于1993年10月前实行了工资制度改革。地铁总公司所属厂、段，除了客运段外，都针对其技术密集型特点，与古城车辆段一样，实行的是岗位技能结构工资制。

地铁总公司在抓好职工工资改革的同时，研究制订了地铁总公司各级干部的工资改革方案、实施细则和考核标准，并于1993年10月起正式实施。这标志着地铁总公司在全公司范围内实现了新旧工资制度的转换。新的工资制度不是过去等级工资制度的简单转换，而是调整了工资结构，理顺了工资关系，克服了原分配制度平均主义"大锅饭"的几个弊端：职工不安心一线上工作紧张、条件艰苦的岗位，因此则设法向二线、三线流动，造成一线紧、二线松、三线肿的不合理用人状况；分配上的短期行为与长远利益脱节，造成职工出勤率较低的状况；工资分配上熟练工种与技术工种几乎无区别，造成技术工人学习技术积极性不高的状况。

新的工资制度在除弊兴利方面有重大突破：1. 岗位工资，通过对岗位劳动的基本要素（劳动技能、劳动责任、劳动强度、劳动环境）综合评价，合理地将工资分配向技术含量高、岗位责任重要，以及苦、脏、累、险的岗位倾斜，稳定了运营生产一线的职工队伍，引导劳动力向一线流动。2. 技能工资，解决了技术岗位职工由于实习熟练期时间较长，转正定级较晚，与熟练工种相比经济损失较多，因而不愿意做技术工人，以及技术水平高低与工资分配不挂钩的弊端。从而使技术工人提高了钻研技术业务的积极性，有利于地铁事业的发展。3. 考核机制，配套工资制度改革出台了切实可行的岗位技能工资考核办法，彻底打破了"大锅饭"，亦保证了新的工资制度健康运行。4. 晋级机制，新的工资制度建立起正常的职工工资晋级机制，使职工自己掌握自己的命运。通过勤奋努力工作，考核积分累计业绩达到晋级标准即可晋升工资。

地铁总公司根据安全运营和发展建设需要进行的工资制度改革，实现了分配机制的转换，打破了"铁工资"的桎梏，建立起以安全运营为中心，提高社会经济效益为重点的按劳分配和较为合理的工资晋级激励机制，受到广大干部职工的拥护。实践证明，这个新机制充分调动了广大职工的劳动积极性和为广大乘客服务的热情，在客流量迅猛增长而运力严重不足的情况下，连年超额完成北京市政府下达的安全运营生产的各项经济技术指标，企业也有了较好的经济收益。因此，地铁总公司连续多年向职工兑现了确保职工收入在全市企业中处于中等偏上水平的承诺。

三 劳动用工制度改革

1993年12月15日，地铁总公司召开全员劳动合同制签约鉴证大会。总经理高毓才与所属各二级单位的党政领导分别在劳动合同书

1993年12月15日，地铁总公司召开全员劳动合同制签约鉴证大会

上签名。这是地铁总公司实行全员劳动合同制的标志性的一天。

国家劳动部政策法规司司长刘贯学和北京市总工会副主席韩荣岱、市政管委副主任阜柏楠、劳动局副局长洪士珩等有关领导出席了签约鉴证会。洪士珩当场赋诗"思想解放认识高，工作扎实基础牢，以点带面稳步走，配套改革效果好"。这不仅是对地铁总公司实行全员劳动合同制的支持，同时也是对地铁总公司几年来为转换企业经营机制、配套进行三项制度改革的做法给予充分肯定。

地铁总公司实行劳动用工制度改革，紧紧抓住推行全员劳动合同制，领导亲自挂帅，亲自动员和部署，并把这项改革与人事制度改革、工资制度改革放在一起，作为企业转换经营机制的系统工程积极推进。首先在客运段进行试点。考虑到地铁总公司拥有万名职工且各单位的运营生产任务不同，为了积极稳妥地在全公司推行这项改革，又选择了技术密集型的所属通信信号段作为试点单位。

地铁总公司领导认为，尊重职工在企业中的主人翁地位，全心全意依靠职工是办好企业的根本。为此，他们改变过去由领导机关制定政策、办法，所属单位执行的做法，把政策直接交给广大职工，发动广大职工参与有关制度的制订。地铁总公司在企业的《北京地铁报》上刊载了国家有关规定和文件，以全员劳动合同制专刊的版面，精选出职工最关心的25个敏感问题作出政策解释，把北京市劳动局的文件印发到班组供职工学习。通过工会，组织职工参加劳动合同实施细则、合同文本，以及各有关附件的制订。

地铁总公司采取的这些举措，不仅有力地推动了试点单位的工作进程，而且在全公司引起极大反响。所属各单位根据总公司"不搞一刀切"和"不搞模仿式"的指示精神，与试点单位一样，积极对职工进行宣传教育，召开各种形式的座谈会、研讨会，为推行全员劳动合同制做了充分的动员工作。

1992年7月16日，客运段召开全员劳动合同制签约鉴证大会。地铁总公司总经理高毓才与客运段党政主要领导在劳动合同书上签名。客运段段长受总经理委托，与该段副职和科级领导干部也在现场签署了劳动合同书。海淀区劳动局的领导现场作了鉴证。北京市劳动局副局长洪士珩在会上赞扬地铁总公司深化企业改革，在转换经营机制上又迈出了可喜的一步。地铁总公司要求所属各单位学习客运段为实行全员劳动合同制在思想发动、掌握政策、制订文本、民主讨论、职代会通过等各个阶段的工作方法和经验，抓住机遇，加快改革步伐，把北京地铁事业搞得更好。

实行全员劳动合同制，搞好用工制度改革，在技术密集型单位尤为重要。在地铁这种特殊企业中，培养一名技术工人往往要花费3至5年的时间，若要培养出高级工通常需要8年以上甚至更多的时间。劳动合同制搞好了，企业才能做到"事业留人，感情留人，待遇留人"，不然就会造成"想留的人留不住，想请出的人请不走"。试点单位通信信号段的许多工程技术人员和技术工人早就开始被"佳能"、"摩托罗拉"等一些企业"挖走了"。所以，通信信号段和地铁总公司的专业技术单位尤为重视全员劳动合同制实施细则、合同文本以及配套文件的制订。

地铁总公司所属的专业设备段在制订全员劳动合同制实施细则时，注重解决用工制度改革的难点，及时请北京市劳动局或属地劳动局予以指导，探讨在法律允许的情况下，制订出符合企业与职工共同认可的政策措施。特别是地铁总公司对所属单位不搞"一刀切"、"不搞模仿式"的放权政策，使各单位能够针对自己的难点去研究制订实施细则。据地铁总公司劳动主管部门分析，在各单位报送的方案中，一般有50%以上的内容是突出了单位自身特点的。其中主要的是在签订劳动合同的年限上注重保护生产骨干和为地铁事业做出过贡献的老职工的利益；在确定职工的医疗期的问题上注重职工的承受能力；在制订违约金赔偿条款时注重分清相关责任及不同种类；在制订劳动合同书的内容上注重职工最关心的劳动报酬、劳动保护和劳动条件、劳动保险福利待遇等。

1993年10月23日，通信信号段职工代表大会通过了该段的

《全员劳动合同制实施细则》之后，完成了用工制度改革试点任务。通信信号段用工制度改革顺利实行，也得益于北京地铁当年10月全部实行了工资制度改革。工资制度改革在很大程度上起到了稳定职工队伍，特别是专业技术骨干队伍的作用，同时破解了劳动用工制度改革中的一大难点。

客运段、通信信号段两个试点单位实施全员劳动合同制后，地铁总公司总经理高毓才在《北京地铁报》上发表《实行全员劳动合同制是深化企业改革的方向》的署名文章。

文章说：原有的用工制度是一种高度集中的"终身制"，是适应计划经济的一种劳动用工制度，如不加以改革，作为生产力中最活跃的因素——人，其作用就不能充分发挥出来。全员劳动合同制正是适应社会主义市场经济形势应运而生的。这种新型的用工制度的核心内容是，以增强企业活力为中心，建立激励竞争向上的用人机制，以充分调动劳动者的积极性、创造性为目的，在保障企业和劳动者双方合法权益的前提下，不断促进劳动资源的合理配置，从而建立起"国家宏观指导，企业自主用工，多种形式并存，全员劳动合同"的新机制。全员劳动合同制的改革，不仅在实践中显示了生命力，而且为企业增加了活力。

文章最后号召：目前，实行全员劳动合同制工作已在总公司全面铺开，希望各单位因地制宜，根据本单位的实际情况，制订出切实可行的实施方案，以保证全员劳动合同制工作取得实效。

这篇文章是地铁总公司全面实行全员劳动合同制的"加速器"。所属各单位在前期准备工作的基础上，发挥工会组织和职工代表的纽带作用，依靠广大职工的支持，在较短的时间内全部提交职工代表大会表决通过了《全员劳动合同制实施细则》。从表决统计结果上看，地铁总公司各单位的职工代表没有投反对票的，个别单位有的职工代表投了弃权票，赞成率也在99.5%以上。

地铁总公司的全体职工（其中地铁公安分局干警不属于签订范围）都分别签订了1年、5年、10年或至离退休的劳动合同。在1994年的劳动人事管理中，依法辞退及解除劳动合同9人，档案关系转至街道办事处15人，转至劳务市场11人，均无劳动争议和其他纠纷。这些充分体现出企业转换经营机制的改革效果。

第三节　一期工程技改和继续东进

一　西单站建成通车

地铁西单站位于西长安街和西单南大街交叉路口的东侧。车站西端距南北永久中心线65米，车站南正线与长安街规划永久中心重合。自1989年7月动工之后，西单站建设就是北京市政府关心的一项重点工程。北京市政府决定要在1992年建成通车试运营。为了如期通车这一目标，各方克服重重困难，不断探索。

西单站开工伊始，就遇到长安大戏院（位于规划中的车站西南口处）拆迁的困难。文物部门强调，长安大戏院属市级重点保护文物，虽然已鉴定为"危房"，但是不能拆迁；文化部门强调，长安大戏院因属"危房"不能正常演出营业，曾经计划拆迁，迟迟未有定论。在北京地铁建设投资中只列有每平方米200元的拆迁预留费，已经远远满足不了拆迁重建的需求。对于文物主管部门和文化主管部门的意见和要求，地铁总公司是无法解决的。经过近10个月的努力，最终北京市政府决定在长安街上易地重建长安大戏院，重新核定拆迁重建所需经费。这样，才解决了长安大戏院的拆迁纠葛。

西单站开工时，国家计委尚未对复八线工程建设做出正式批示。1990年1月22日，国家计委正式批准这一工程，在发给北京市计委、市建委《关于同意北京地铁复兴门至西单段开工建设的通知》中写道："你市（89）京建市字第293号文收悉。经向国务院请示，同意北京地铁复兴门至西单段在一九九〇年开工建设。所需国内配套资金全部由你市自筹解决。"而在建设西单站工程时，地铁总公司遇到的最大困难就是资金不足。虽然在国家计委、外经贸部和北京市的帮助下，部分地使用日本海外协力基金（日本政府贷款）第二批贷款余额，但配套人民币全部由北京市自筹解决。从此，北京地铁建设投资全部由北京市政府承担（过去全部由中央财政承担）。

使用国外贷款引进材料、设备的价格昂贵，引入国内需要按规定缴纳的各种费用同样不菲。地铁总公司精打细算，为能把贷款资金用足，报请北京市计委批准了将引进材料、设备在国内结算的费用改按人民币结算；为筹措北京地铁新线的建设经费，报请北京市商请国家计委和中国人民银行总行批准，历史性地发行了2亿元的北京地铁建设债券。

西单站工程由地铁总公司的下属单位建设公司作为甲方负责建设，铁道部"第十六工程和第三勘测设计院"联合体作为乙方负责施工，其中复兴门至西单的区间隧道和东折返线由铁道部隧道工程局作为乙方负责施工，施工方法为浅埋暗挖 ❶。地铁总公司集西单站各设计、施工方案于一体，编制出复兴门至西单新线工程的施工组织大纲，按照"中间开花"（重点抓住车站主体建设）、"两厢跟进"（控制复兴门至西单的区间隧道和东折返线施工进度），领导土建工程建设，1991年完成了工程总量的80%。

西单站的结构为三拱二柱双层岛式，车站长度按8辆车编组设计长度为260米，车站站台宽度为16米，车站站台两侧线路的中心距离为18.9米。车站开挖的高度为12.52米，开挖宽度达到25.86米。车站顶端的覆盖层距地面厚度为6~7米。车站的西端与复兴门至西单的隧道区间相衔接，东端建一条约350米的折返线，复兴门至西单段工程全长1.81公里。西单站底层为站台层，上层为站厅层，站厅层的两侧是地下商业城；建有5个敞开式出入口，为乘客购物和出入乘车提供方便。

在西单站工程的设备安装项目上，地铁总公司决定将全公司的供电、机电、通信、信号、线路专业的骨干力量拉上工地自己安装，借此进一步锻炼队伍，提高技术，熟悉设备，以利于设备安装施工和运营接收"无缝"链接，便于运营管理。这是国内地

---

❶ 最初建设北京地铁一期工程时，因解决不了暗挖问题，致使过天安门段的地铁被搁置，1号线只修到复兴门，然后沿原城墙走向修建了环线地铁。复兴门折返线的建成，使暗挖技术获得成功，既不影响交通，造价也低。

铁建设的甲方首次较大规模用自己的队伍安装地铁设备，也是地铁总公司试图降低造价的新尝试。按照预先部署，线路专业队伍于1991年6月28日率先进入复兴门至西单区间，并在年底前完成铺轨任务。

北京市政府决定，西单站要在1992年10月通车试运营。为此，地铁总公司进一步加强对这项工程的领导，把指挥部迁至施工现场，直接控制工程的安全、质量和进度。在土建施工滞后并影响设备安装工程进度的情况下，针对各专业设备安装工程交叉作业的特点，优化了施工组织方案，合理调整了各专业施工顺序。复兴门至西单段地铁工程新铺设的3600米钢轨及线路设备，敷设122100米的各类各种型号的电缆，11399台（套）设备均按期竣工交付，所有运营设备联合调试一次成功，试运行演练一次成功。同时安装的6860米的给水干管、12台水泵和14台大型风机为车站提供了服务保障。

1992年10月9日，全国人大常委会前委员长万里视察了地铁西单站。10月10日，西单车站举行通车典礼。国务院副总理邹家华以及国家有关部委和北京市领导参加了通车仪式，并乘坐了西单至复兴门的第一趟列车。邹家华还为地铁总公司题词"发展经济，繁荣地铁"。

西单车站是地铁总公司第一次肩负起建设一段完整线路和北京地铁史上最大规模的地铁车站。由此，地铁总公司获得了地铁开发建设的新经验（暗挖法施工不断完善，首次利用外资等），更加坚定了"一业为主，多种经营，以副补主，全面发展"的信心，决心加紧复八线建设。

1992年10月9日，万里视察北京地铁西单站

二 一期工程技改的立项

　　北京地铁一期工程是按"战备为主，兼顾交通"的方针进行建设的，当初对客流量估计不足。自1971年投入运营后，客运量年递增率达到21%，至1987年，单向运量已达1.5万人次/小时，高峰期超负荷10%~30%，车内闷热，拥挤不堪，运力和运量矛盾严重。地铁设备大多是20世纪60年代的非标准产品，通车后经过近20年运转，设备老化，故障频发。比如，1984年邓小平来视察时关心的车辆问题，故障率达万公里12.6次，比日本地铁高210倍；1987年线路钢轨伤损已经超过3000处；至于列车运行所需要

的通信、电器等设备，合格率低，有的已被列为淘汰品或停止生产。这些问题对运营安全造成威胁，也影响运营效率。

北京地铁公司升格以后，通过提取两项基金并获得财政部一次性补贴1.5亿元而有了资金保障，于是决定对这些一次性设计并生产的车辆设备实施大修改造。不过，地铁公司又十分慎重。在作了周密论证并且派出专业技术人员赴英、法两国地铁进行考察之后，于1987年完成《北京地下铁道一期工程技术改造可行性研究报告》，把需要进行更新改造的项目进行了梳理，作为一个项目申报。

这份报告以1978年至1985年实际客流量统计为基础，采用指数平滑、多元回归等多种方法，并考虑了复八线建设后的影响等因素，对北京地铁一期工程2000年建设及2015年运量做出了预测。据此提出的改造目标是：2000年实现6辆车编组、2分钟间隔❶，单向客运能力达到每小时4.3万人次。报告还提出从国外引进列车运行自动化系统和通信系统，并列举了车站建设、车辆检修等改造项目。

中共北京市委、市政府对北京地铁安全问题一直高度关注。北京市计委接到这份可行性研究报告后，及时委托北京市工程咨询公司进行评估，然后又邀请部分北京市人大代表、政协委员，市政府有关部门和市地铁专家组人员进行再审议，取得一致意见后报送国家计委审查。国家计委委托中国国际工程咨询公司对北京市计委报送的可行性研究报告进行评估。

中国国际工程咨询公司向国家计委报送的评估意见是：1. 北

---

❶ 至2010年，实际运行间隔为2分15秒。

京地铁一期工程进行全面技术改造是必要的。2. 技术改造的规模是合适的。3. 设备改造要重点保证客流需要，建议引进设备注意标准制式统一和国产化问题。4. 一期工程车辆段的改造与复八线车辆检修统一规划是必要的。5. 国家计委原批准该项目技改总投资5.26亿元（含外汇3410万美元）略显不足，建议调整到5.5亿元（含外汇）；外贷部分由国家统一借贷，北京市负责归还本息。6. 现行票价较低，若将票价提高到一定程度，其内部收益率有较大提高，则该项目经济效益较好。评估意见的结论为该项目是可行的。

1989年6月10日，国家计委在给北京市计委的《关于北京市地下铁道一期工程技术改造可行性研究报告的批复》中，批示将该项目列入北京市技术改造计划，所需物资设备指标纳入北京市技术改造规模。1990年5月31日，经中英双方政府确认，地铁总公司在地铁一期工程技术改造中使用英国政府贷款协议正式生效。就这样，北京地铁公司1987年提报的一期工程技术改造项目被正式批准。由此，北京地铁史上第一次大规模的技改工程拉开了帷幕。

三 北京地铁特色的技改管理

国家计委正式批准北京地铁一期工程技术改造项目之后，地铁总公司迅速投入这一重大项目。按照一期工程技术改造总目标的要求，地铁总公司将需要改造的内容共划分为六大类27个大项103个子项，即地铁电动车辆类5个大项，10个子项；地铁供电类

4个大项，22个子项；地铁机电类5个大项，9个子项；地铁通信信号类6个大项，31个子项；地铁线路类3个大项，8个子项；地铁建筑类4个大项，23个单项。

要在一期工程运营线上进行北京地铁史上第一次大规模的技术改造，无疑是个极为严峻的挑战。由于改造工程是在地铁运营的间隙即接触轨停电期间施工的，除去送电前清理并撤离现场所必需的时间，施工作业时间仅几个小时。但一旦为施工抢时间、争速度、占场地，其后果是不堪设想的。为此，地铁总公司对改造工程的管理作了极其严格的规定。

通过划分机关管理部门和技术改造按分类所在单位的职责，地铁总公司把这一工程管理编织成一个庞大的系统工程。计划处为这个系统工程的龙头，把六大类27项103个子项绘制出总图，把各类各项的开竣工计划、进度计划、投资计划等，一目了然地显示在总图上。财务部门、各专业技术部门、企管处、运营服务处、总调度室、安全监察室等各司其职，为技改工程做好审核、服务或监管等工作。改造工程中的重大问题均由地铁总公司有关单位、部门向改造工程领导小组报告，由领导小组上会研究解决。

这一改造工程是以下面两种形式实施的：

工程各类子项目中的单体或局部改造项目，允许各分类主管单位的职工技协或多种经营实体承包。这是基于此前地铁公司对车辆设备进行大修改造时，经北京市市政管委、市计委、市建委等上级部门同意，曾有将项目内部承包的尝试，不仅节省了企业自有资金，还锻炼了队伍。为把这项政策用好，地铁总公司于1991年将这个办法报请北京市市政管委等有关部门批示。11月19日，北京市市政管委、市劳动局、市财政局、市税务局联合发文，予以批复。其中规定：内部承包所发生的劳务费和工程节余的10%用于奖励个人的部分，并入工资基金；要缴纳工资调节税和工资所得税。

改造工程的另一种形式，是按《合同法》规定，把购置新车、整车大修改造、一定规模的建筑类项目，通过合同谈判后委托的。改造工程中的系统设备安装工程是以招标方式选定的，必须是国家"正规军"、"王牌军"级别的企业才有资格参加投标。比如，担当引进的通信信号系统改造的施工队伍是中国铁路通信信号工程总公司。

为保证改造工程的施工安全，地铁总公司规定社会上的施工单位必须在北京地铁公安分局登记备案，施工人员逐人登记注册、查明身份；对所有施工人员进行安全教育，制订安全施工保证措施，实行安全责任制。为确保安全运营和技术改造工程"两不误"，规定各施工单位编制的施工组织计划、施工的技术方案、施工的设备改造过渡方案、新旧设备的倒接方案、设备系统的调试方案等，均需经地铁总公司的专业技术部门审查批准后方可实施。

在施工管理方面，地铁总公司要求是设计、施工、监理、外商、甲方（配合）、安全等"六位一体"的管理。设计方必须在现场进行技术交底；施工方必须按施工规范和工艺要求施工；监理方必须"旁站监理"；外商必须做安装督导；各分类项目的主管单位作为甲方，必须现场管理并协调有关事项；安全员必须现场管理并协调有关事项，做到开工前讲安全，施工中提示安全，收工后检查安全；甲方配合人员负责施工登记、管理机房运营设备，同时学习安装施工技术。

对改造后设备交付运营方面的管理是，凡单体或独立运行的设备，经"六位一体"试验合格后即作为初验合格投入运营，如电站开关等；凡需要在改造后交由使用单位的单体或独立运行的设备，在"六位一体"的基础上必须有使用单位人员参加初验交接使用，如线路道岔、车站广播等；对于必须作为一个子系统交付使用的，则要求待系统安装调试完毕后，单独向地铁总公司提报系统倒接计划。地铁总公司组织各有关方面对倒接方案、组织措施、事故预案等进行论证。

北京地铁一期工程技改，在边运营边改造的管理上所采取的管理模式创造了"北京地铁模式"。这个模式建立起来的运营安全和技术改造施工安全的保证体系，在长达6年的改造过程中保证了运营和施工的安全。这在国内乃至世界地铁改造史上是少有的。这个模式做到了新老设备"无缝对接"；这个模式建立起来的培训体系，让一大批工程技术人员和维修工人对设备系统有了深刻了解，专业技术素质明显提升；这个模式还大大提升了地铁总公司对重大技术工程施工进行系统管理的水平。最根本的是，通过这一工程，培养了多方面的人才，增强了企业发展的后劲。

▶ 四 一期工程技改的效果

长达6年的一期工程技术改造，牢牢把握安全运营这个中心，以提升运营管理水平为重要目标，为缓解运力与运量之间的矛盾，改善站、车环境，更好地为乘客服务奠定了物质基础。

这次技术改造大大提高了供电的安全可靠性。经过改造的供电系统容量增大，分断能力成倍提高。如10千伏开关由140兆伏安提高到500兆伏安。改造后的高低压电站设备消除了以往那种频繁跳闸、设备烧毁的事故隐患。引进的电力自动化系统大大提高了电力调度指挥的准确性与故障处理速度。技术改造还治理了电网谐波，降低了牵引空载电压，节电效果也相当惊人。以1996年的牵引电耗与改造前的1989年相比，年节电400万度以上。同时，安全可靠程度大大提高，使得操作简化，原有的"一人操作，一人监护"的操作规程随之失效，为企业加强管理打下了基础。

这次改造大大提高了北京地铁线路的安全可靠性。线路专业在率先完成全线钢轨的轮换工程之后，随着信号系统引进国外先进技术的需要，采用了闪光接触焊新技术对线路钢轨做了长轨焊接。在配合道岔改造中，更换了道床、枕木，并选用了新型的具有弹性的钢轨扣件、弹条，增强了轨道的平顺度和稳定性。线路专业还历史性地引进了钢轨锯轨机、打磨机、线路匀缝机等机械设备共计56台，从根本上改变了线路工人长期以来靠人抬、肩扛、手锯等繁重的体力劳动状况。更可喜的是，这次技术改造中研制出了地铁轨道检测车，使线路检测的效率成倍提高，检测结果更加精确。线路工人自豪地说：真想不到我们这些整天拼体力和"傻大黑粗"打交道的人也有了"自动化"。

这次技术改造是北京地铁史上通信制式的重大变革。改造中全部淘汰了一次性生产的纵横制交换机、列车无线电台、机电式子母钟、电子管的车站广播、硒整流的电源设备等，包括曾引发车辆失火并烧毁两辆车体的列车逆变电源。一系列一时让人难以记住名称的全新设备组成了一个庞大的地铁通信系统。主要有数字程控交换机、光纤多路复用脉冲编码调制传输系统（PCM）、光纤传输电视图像集中监视系统、450MHZ三信道列车无线通信系统、有线遥控广播系统、DTZS智能型三级复合数字显示子母钟系统等。由此，在地铁总公司的指挥中心建立起立体式现代通信安全网络，使运营指挥实现了"看得见"、"听得到"、"联得快"，既确保了指挥通信系统的安全、稳定、畅通，又为系统维修管理由日常维修转换到故障修、状态修创造了条件。

这次信号系统改造引进了英国西屋公司的信号系统。主要有列车自动监控系统（ATS）、列车自动安全防护系统（ATP）、列车自动驾驶系统（ATO）、列车自动识别系统（PTI）以及不间断电源（UPS）等。这些信号系统不仅使地铁运营行车指挥实现了自动化，而且提高了列车运行的安全性，为实现6辆车编组、3分钟间隔立下头功。

这次信号系统的技术引进和技术改造，同时考虑了以后复八线和一期工程衔接及设备制式与标准接口问题。在引进和改造过程中，地铁总公司还部署了有关设备国产化工作。地铁总公司的信号专业人员和大成计算机有限公司一道，对引进的无绝缘轨道电路进行消化吸收，进而实现了国产化。这个突破不仅解决了该系统的维修问题，先后在天津地铁的技术改造以及复八线建设中派上用场。这个专业的管理单位与北方交通大学合作，消化吸收引进的车载ATP技术并实现国产化。这个国产化的产品具有很强的兼容性和适用性。此后，这个产品在北京地铁新造车、天津地铁和大连轻轨的车载设备上打下了国产化的印记。

通过这次技术改造，北京地铁环境和服务设施得到优化。机电专业对车站和出入口照明进行了全面改造，消除了过顶电线电缆老化短路失火的安全隐患，在增加照度的同时还达到了节电效果。更新改造了隧道区间的排水泵，防洪排污的能力大大加强，还消除了让乘客反感的"地铁味"。更新改造了地铁内的各类风机，改善了车站和隧道的空气环境，若遇地铁突发火灾事故还可起到洞内排烟的作用。特别是更新改造了自动扶梯，给广大乘客乘坐地铁带来极大方便，深受广大乘客欢迎。机电专业的技术改造还开发出设备监控系统，革除了过去每台设备启动、关闭都要人工操作的弊病，有利于减员增效。为保障公主坟以西的供电安全和可靠性，新建了3座地面牵引变电站，把公主坟以西的供电距离平均站间距缩短至1.7公里。配套对古城车辆段进行了改扩建，增强了存车能力和检修能力，并且为复八线建成后与八王坟车辆段通盘考虑和调整车辆检修分工做了准备。

一期工程技术改造中焕然一新的车辆设备，构成了6辆车编组、3分钟间隔的运营"硬件"保障系统，也为公司管理这个"软件"的升级注入了强劲动力。地铁总公司上下掀起了学技术、学业务的高潮。为了学好引进技术知识，有关单位组织翻译了外文资料并编写出教材，培训职工；专业技术管理部门与专业设备段共同编写出新设备管理的安全操作规程、设备检（维）修规程等；运营管理部门根据"硬件"提供的综合运输能力，研究客流变化情况与规律，编制出更加科学的列车运行图；综合管理部门从"硬件"出发，开发出适应新情况的管理"软件"。

北京地铁一期工程技术改造为解决首都不断增长的客流量需求与地铁运力严重不足的矛盾，为解决北京地铁发展与职工素质不相适应的矛盾，跨越了一大步。从1996年10月12日起，北京地铁实行新的列车运行图。这份运行图将过去平日开行列车412列提升到440列（假日开行列车452列），最小运行间隔由过去的3分半钟提升到3分钟，初步实现了技术改造的目标。这一天，这条17公里长的运营线上共运送乘客56.9万人次。由此，北京地铁一期工程的安全运营站在了新的起点上。

五 为复八线融资借贷

地铁复八线是上世纪50年代就规划了的地铁1号线（苹果园至通州）的中段部分，但由于施工技术（天安门和长安街的特殊政治意义，不能采用明挖的方法）、资金短缺的原因，致使在60年代末完成西段（苹果园至复兴门）之后就长时间搁置下来。而建设地铁西单站，不仅完善了暗挖的施工技术，而且还开辟了投资来源的新渠道（利用外资）。1991年1月26日，国家计委对复八线工程可行性研究报告作了批复：同意建设复兴门至八王坟地铁工程，工程规模为全长12公里，总投资20亿元，其中利用日本海外协力基金贷款192亿日元。这样，复八线工程规划蓝图在经过数十年的等待之后，终于迎来了成熟的时机。

1992年11月13日，经国家计委和中国人民银行总行批准，地铁总公司发行"北京地铁建设债券",发行总额为两亿元,筹集复八线建设资金。同年6月24日,建国门至八王坟即地铁1号线的东段开工(八王坟站因运营组织管理的需要,改为八王坟东、西两座车站,为此向东延伸了1.5公里)。12月28日,天安门东站、天安门西站、王府井站、东单站开工。至此,13.5公里的复八线全线开工,吹响了1号线继续东进的号角❶。

1993年,北京市又修订出北京地铁长达300公里的12条线的新规划。

由于建设资金严重短缺,在建设西单站时,争取到使用日本海外协力基金第二批贷款余额,并把复八线建设列入使用第三批日本海外协力基金贷款备选项目。这笔国外贷款只是复八线工程建设投资的一部分。由于没有足够的投资,施工进度大受影响。况且,国外贷款也有苛刻的附加条件。按照日本海外协力基金规定的原则,该贷款主要用于建筑材料和机电产品的国际招标采购,而且要优先采购该国的产品,若确需购买第三国的产品,则限制贷款金额的使用比例,以保证其贷款大部分用于该国。

从可行性研究开始,复八线就确定了与一期工程老线衔接的原则,从整体考虑车辆设备的一致性,以便于建成后的运营组织管理。由于复八线工程进展缓慢,一期工程技改决定使用英国政府贷款,引进英国西屋公司的信号技术。但日本海外协力基金强调贷款采购全额的分配比例,使得复八线不得不去采购日本的通信系统设备。这自然给以后的贯通运行带来麻烦。

❶ 1997年,复八线12座车站的名称被规范为:复兴门站、西单站、天安门西站、天安门东站、王府井站、东单站、建国门站、永安里站、国贸站、大望路站、四惠站和四惠东站。

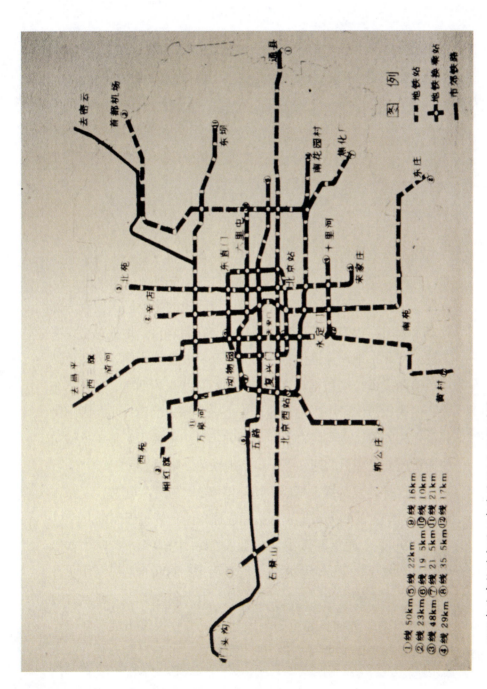

1993年北京轨道交通12条线路300公里规划图

国际招标也不是灵丹妙药。在与日方的通信系统采购合同中，其中的无线列车调度通信系统设备是日方交由在加拿大的一家小公司生产的。该公司不了解北京地铁一期工程技改后使用的无线列车调度通信系统的情况，故迟迟未能设计生产出来。待设备生产出来试运行，问题很多；经多方面努力，呼通率也仅为90%。

不仅如此，复八线开工后，又赶上了国内经济过热，水泥、钢材等原材料价格开始上涨，1994年上升幅度高达21.7%。原工程概算未考虑物价上涨因素，工程进度还未过半，20亿元就已花光。为此，北京市申请调整投资概算，最后国家计委批准的投资额度为31.1亿元。受到国家紧缩信贷政策的影响，尚留有一部分资金缺口。为筹集建设资金，1994年10月10日，地铁总公司决定发行"北京地铁建设债券"2500万元，并协议由中国人民建设银行信托投资公司包销。这对浩大的复八线工程而言，是杯水车薪，但毕竟迈出了中国地铁建设史上融资探索的第一步。因国民经济暂时困难，国务院办公厅于1995年发出《关于暂停审批城市快速轨道交通项目的通知》，给"地铁热"降温。

就这样，复八线工程成了建建停停的"胡子"工程。北京市政府此前确定的1995年把复八线建成通车的计划也因而推迟。

1996年，通货膨胀得到有效抑制，中国经济实现"软着陆"。1997年，亚洲金融危机又席卷而来。这种形势下，中央作出了扩大内需的决策，通过政府投资，拉动经济增长。地铁建设是拉动国民经济增长的重要手段之一，一些大城市又重新燃起了"地铁热"。1997年5月30日，国家计委批复"同意复八线初步设计概算由原来批准的31.1亿元调整为75.7亿元"。经过有关部门的大规模考察后，地铁总公司于同年12月26日向国家开发银行、建设银行贷款共计30亿元。这也是北京地铁建设史上第一次向国内银行贷款搞发展建设。

1998年，北京市政府决定给予复八线建设工程减免城市基础设施"四源"费❶等16项税费的优惠政策，支持复八线工程建设。至此，复八线工程久而未决的资金问题得到解决，工程建设迅速推进。

地铁总公司在总结复八线开发建设经验教训的基础上，1998年在八通线（八王坟至通州）、1999年在13号线（城市铁路）开发建设的前期以新的筹集资金方式投资建设。地铁总公司代表北京市政府控股，联合具有相当经济实力的集团（公司）共同出资注册组建股份有限公司，再由股份有限公司向银行适量贷款充实建设资金，从而走出了一条筹集建设资金的新路。这种融资贷款开发建设地铁新线的方式，彻底改变了以往因建设资金不足而使工程变成"胡子"工程的状况。北京地铁筹集新线开发建设资金的新模式，已经成为国内其他城市开发轨道交通建设的主要筹资方式。

---

❶ 自来水厂建设费、污水处理厂建设费、煤气厂建设费、供热厂建设费

第四节 "安全质量管理年"活动

一 深化企业改革的载体

从1996年起，地铁总公司连续5年开展了"安全质量管理年"活动。在这5年中，地铁总公司将"安全质量管理年"活动作为深化企业改革的载体，以"一业为主，多种经营，以副补主，全面发展"的方针为指导，推动各项工作向更深层面和更宽领域发展。

狠抓班组基础管理。在运营生产第一线上，地铁总公司有700多个基础生产班组，是安全运营的主力军。自从"抓管理，上等级，争创市级先进企业"以来，总公司一直把班组管理作为企业基础管理的根本来抓。1994年，总公司做出了进一步加强班组建设的决定，由总公司党政主要领导任领导小组组长。经过4年努力，1998年，全公司班组达到总公司级优秀班组标准。之后，班组建设转到班组自主管理。班组管理进入自行组织生产完成各项任务，自主选择课题攻克各种难关（QC活动），自愿进行"传帮带"共同提高，自觉约束自己坚持奖罚分明，自我进行教育提高综合素质的"五自主"时代。

加大教育培训力度。随着地铁大量新技术的应用，减轻了劳动强度，但相应地对员工的专业技能提出了更高的要求。为此，地铁总公司投资建立通信、信号、电工、电焊工、电动客车司机、行车人员等专用培训基地，编写地铁内部28个工种的工人技术等级标准和考核大纲，组建职业技能考评队伍。通过短短几年的努力，地铁总公司干部队伍中具有大专以上学历的占56%，专业技术干部中具有高级职称的占52%，职工队伍中取得中级工以上证书的占56.3%，其中高级工以上的占19%。1998年起，地铁总公司党校成为市委党校成人教育分院，还联合北方交通大学合办地铁运输管理专业大专班，拓宽了育人渠道。

继续深化改革，转换机制。地铁总公司把连续开展的"安全质量管理年"活动与巩固企业三项制度改革的成果有机结合，继续探索和深化劳动人事、工资制度和劳动用工制度的改革，各项举措更加明确、具体，推动了总公司不断进步。地铁总公司根据安全运营、新线建设，特别是一期、二期工程引进大量新技术的形势和任务的需要，不失时机地推出了"持证上岗"的新举措。组织编写出各岗位的工作标准、管理标准以及相关的教材，前后花费了4年时间对包括处级干部在内的全体员工进行了轮流培训和考核，实现了全员"持证上岗"。"持证上岗"成为地铁总公司新招收（调入）人员、技校和大中专毕业生、复转军人、新聘（任）用干部，以及内部员工岗位变动的管理制度，同时也成为干部任期内考核的重要依据。地铁总公司在一期工程技术改造后，特别是复八线建设进入新的高潮期，鼓励并支持所属单位进行车辆设备维（检）修管理体制的改革。客运段的站区管理、供电段的一人值守或者无人值守、机电段的远程控制和车站无人值守、通信信号段的检修与值守分开等新的管理模式相继试行、出台。

这些新的改革措施，实现了地铁总公司关于深化内部改革，向复八线输送合格人员，并且各专业设备段原则上不再增加人员的要求。这些新举措也响应了地铁总公司为加强管理而提出的"竞聘上岗"、"向违章违纪宣战"、"向维修不到位宣战"等号召，掀起了新一轮的岗位培训和专业技能培训的高潮，并在兼顾老线运营和新线发展需要的前提下，重新定岗、定编、定员，实行竞争上岗。例如，通信信号段的通信一队是担任1号线、2号线专用通信（含电视监视车门）的维修管理队伍，108名员工承担了10000多（台）件设备的运营维修任务，通过值守方式改革和竞争上岗，一下子有23名职工离岗参加培训。这不仅有力地促进了安全运营，离岗培训后的23名职工也都成为了合格人才。

地铁总公司还借签订了3至5年劳动合同的职工到期，需要重新签订劳动合同之机，配套制订了《考勤管理办法》、《职工奖惩条例实施细则》、《辞退违纪职工办法》、《职工待岗规定》来加强管理的各项制度，并且不断深化工资改革措施和绩效考核办法，使职工收入持续增长。这样，地铁总公司通过深化企业内部改革的新举措，在加强了企业管理的同时，不仅妥善地解决了老线安全运营和新线发展的用人需要，而且进一步解决了安全运营、新线发展与人员素质之间的矛盾。

突出综合管理。计划管理1996年完成总投资4.3亿元（其中贷款2020万英镑，财政部拨款1.5亿元）的北京地铁一期工程技术改造和投资1.65亿元购置72辆电动客车，1999年完成总投资2.36亿元的安全消隐工程，1999年投资1600万元对北京地铁车辆厂进行一期扩能改造。此外，从1995年起，利用返回土地出让金和减免大市政费的优惠政策，在古城地区建设住宅楼（解决部分职工住房困难）、古城车辆段车库用地，开创了综合开发利用、为主业筹措资金的新途径。

突破"常规"建设。在新线建设投资匮乏的情况下，对于复八线所需地铁车辆，地铁总公司没有采取整车从国外引进的办法，而是发挥所属车辆厂的优势参加工程建设，同时达到降低造价的目的。北京地铁车辆厂和铁道部长春客车厂联合设计制造复八线新车，采取引进国外关键技术和主要配件而自行生产的方式，不但使车辆整体技术迈进世界先进水平，而且造价与整车引进价格相比降低65%，节省了近5亿元的投资。在复八线距建成通车只有5个月时，把已在地铁专业技术设备安装工程中占有优势的内部各大专业拉上工地，保证了复八线如期建成通车。现在，地铁总公司在车辆设计生产和专业技术设备安装调试方面，已具有很强的市场竞争力。

改进财务管理。在"财务管理是企业核心管理"思想的指导下，学习市场经济条件下财务目标成本管理方法，在内部推行成本分解，加强核算，严格考核的制度，实现了连年减少亏损和增加职工收入的目标。1998年，财务管理进入网络时代。

地铁总公司诸多方面的改革和进步，为应对不断增长的客流需要和安全运营打下了基础。1996年至2000年共运送乘客22.69亿人次，连同前5年的运量，10年的总运量近46亿人次。地铁总公司30年共运送乘客62.7亿人次，而这10年的客运量占73.2%。在安全运营方面，自1996年1月15日至2000年零时，创造出北京地铁史上连续安全运营1810天的好成绩。

在搞好"一业为主"的同时，"多种经营"也闯出新天地。

1993年成立的北京地铁经济贸易总公司实力不断壮大，统一管理广告业、房地产业、商业、通信业、设备安装业、文化产业共6大类产业结构。1995年，新组建北京地下空间通信有限公司，应用高新技术建设了地铁隧道内无线寻呼、移动电话通信系统。1996年，组建北京地铁商贸发展中心，对商业资源统一规划、开发管理，改变了地铁内商贸管理混乱的状态，到1999年，累计收入3000万元。

1997年，与香港通成推广有限公司合作，成立北京地铁通成广告公司，引进外资3500万元；1998年营业收入为3566万元，1999年增长到6502万元；同时，注重社会效益，投资制作上千幅公益广告。1998年，成立地铁图片社，在北京地铁内的23个冲印网点实行一处交付冲印，任意一处可取的便民服务。这个图片社招聘下岗职工，为多种经营积累了经验。

1999年，成立北京城市轨道交通咨询有限公司。在我国，咨询业是新兴的知识技术密集型的服务产业。地铁总公司拥有高级工程师、技师300多名，在地铁规划设计、施工建设、运营管理、设备维修等领域具有几十年的实践经验。借助国内20多个大中城市在规划发展城市轨道交通事业的契机，地铁总公司将多年积累的经验为兄弟省、市做好咨询服务。

地铁总公司确立的"一业为主，多种经营，以副补主，全面发展"的方针，引领地铁总公司初步形成了集地铁安全运营管理、车辆维修与设计制造、专业设备维修与安装、新线规划和建设管理、科研设计、职工培训、技术咨询以及房地产开发等多种经营的现代化的技术密集型企业。

二 举办大型的安全展览

随着中国对外开放和国有企业改革步子的加快，地铁总公司也步入发展的快车道。至20世纪90年代中期，地铁总公司在保证主业的前提下，发展多种经营，拓宽市场，实力有了很大提升。同时，大力加强精神文明建设，不断提高职工待遇，增强了企业凝聚力。然而，就在地铁总公司满怀信心地向前发展的时候，在短短的几个月内竟连续发生重大、大事故。

1995年10月1日，已列入安全消隐工程、即要更新改造的北京站至崇文门站区间的825伏电缆击穿接地，中断环线内环行车2小时47分钟，造成行车大事故。11月5日，地铁环线内环在长椿街站至复兴门站区间发生追尾事故，并造成23名乘客轻伤。此次事故中断运营5小时，构成行车重大事故。12月12日，地铁1号线八宝山站至玉泉路站区间发生车辆事故，为行车重大事故。北京地铁这一年内发生两起重大事故，占历年发生重大事故总数的14.28%；1件大事故，占历年发生大事故总数的12.5%。接着，1996年1月14日，在北京铁路西客站承担自动扶梯施工任务的一地铁员工被自动扶梯挤压头部不幸身亡。

短短的几个月时间内连续发生地铁行车重大、大事故和人身伤亡事故，令人震惊。地铁总公司领导更加感受到地铁安全责任的沉重。然而，在严肃处理这几起事故时，总公司内部出现了"事故难免"、"事故有周期性"等与总结事故教训极不和谐的声音。这种声音所反映出来的问题，在某种程度上比事故更可怕。安全问题解决不好，企业有再好的发展目标都会被干扰和破坏。为强化公司全体员工的安全意识，经过精心准备，于1997年5月12日举办了"让过去告诉未来——安全是地铁的生命线"大型图片展，作为"安全质量管理年"重要活动之一。

这个大型图片展收集了北京地铁自1969年10月试运营至1996年底，累计发生的各类行车事故的翔实资料，用图表、照片的形式，展示345件一般事故、280件险性事故、8件大事故和14件重大事故。地铁总公司所属各单位党政领导带队，车间（站、队）领导组织，班组长点名签到，有序地参观这个展览。共计11400人次（占员工总数的95.3%）受到教育。

这个展览显示，北京地铁各类事故中有72%是由违章违纪造成的。违章违纪是地铁安全的头号"敌人"。地铁总公司发动了"向违章违纪宣战"的攻势。广大职工在大讨论中认为违章违纪是多方面的，主要表现在维修和保养车辆设备时有漏检漏修、维修质量差等问题上。这些问题反映在职工身上，但有时是干部管理不到位甚至是不作为造成的。

地铁总公司因势利导，在全公司展开了"向漏检漏修宣战"、"向管理不到位宣战"、"向领导干部不作为宣战"的活动，深入查思想、挖根源、定措施。并且把各个单位在"宣战"中的典型经验，利用"安全在我心中"的演讲形式，在员工中进行再教育。

通过教育，消除了"事故难免"、"事故有周期性"的认识。更重要的是，挖出了事故的根源即在维修、操作、管理各个层面上缺乏责任心的人。人是掌握安全与否的最根本要素。人与事故的直接关联表现有：人的惰性造成事故；侥幸心理造成事故（展览中有8件大事故、14件重大事故体现了这一点）；从众心理造成事故。

地铁总公司还采取积极措施来巩固这次安全展览教育成果：

建立健全地铁总公司各级安全组织。全公司共有安全员697名，生产一线的85个基层单位都设有专职安全员。全公司设有49个安全机构，配专职安全管理干部281名，占全公司干部总数的17%，如此大的配备比例，也是北京地铁历史上少有的。

地铁总公司开展经常性的安全生产教育活动

树立起"抓小防大，安全关前移"的安全工作指导思想。强调领导干部深入一线，从细微处抓起；强调车辆设备从隐蔽处、最小零配件检查和维修做起；强调检修质量和维（检）修工艺从正确使用工具仪表、每个细小元器件甚至每道螺丝扣做起；防止安全事故，从每一个最小的隐患做起。

整肃纪律，将技术培训提升到新高度。重新修订岗位责任制和岗位技能标准；配套开展岗位技能培训；实行持证上岗制度；规定违章违纪或技能考试不合格者待岗或再培训合格后方能重新上岗；做出了违纪辞退的新规定。

强化安全检查和抢险队伍建设。地铁总公司各级安全组织和安全管理干部，每个月必须有一半以上的工作日深入一线、深入基层进行安全检查；重要运营阶段或重大节日的运营期间，必须坚持在运营第一线。开始深入研究突发事故的抢险预案，配备抢险设备和器材，进行抢险演练等。

地铁总公司接受事故教训，举办大型安全展览，发动广大职工开展安全大讨论，向违章违纪宣战，制订出新的安全工作措施，引领北京地铁向安全运营1000天的新目标前进。

三 完成安全消隐工程

北京地铁的安全问题历来受到中央和北京市领导的高度关注。1996年11月20日，中共中央纪委书记兼中共北京市委书记尉健行在《国内动态清样》第3214期反映北京地铁存在严重火灾隐患的栏目里作了批示，要求对历史上遗留的设计、设备问题进行有计划的更新改造，无论如何不能发生重大人身伤亡事故。

1997年1月6日，市长办公会讨论北京地铁火灾隐患和消防问题，决定用3年时间解决北京地铁存在的重大隐患，每年投资7000万元。同年5月1日，市长贾庆林检查地铁安全运营工作，指示："要制订一个积极的能够按计划实施的消除隐患的方案，尽快实施；要加强监控，加强监测，随时进行维修，保证安全运行；对于用安全标准衡量而不合格的电器设备，该更换就更换。"5月7日，地铁总公司向贾庆林报送了《关于地铁实施11项消隐工程计划安排的报告》。

在这份报告中，地铁总公司列举了11处重大隐患：1. 军博、八宝山35千伏电站运行27年未曾大修，35千伏开关早已是淘汰产品，开关的检修难以为继。2. 电流增量保护和直流接地开关。由于地铁列车增加、负荷加大，原有的供电系统保护装置故障多发并多次烧毁设备。3. 老一线使用的825伏油浸纸绝缘电缆运行了27年，绝缘性能下降，击穿事故增多。4. 环线380伏开关柜。5. 地铁电动客车的转向架裂纹超过200个。6. 一线的37台风机已运行25年，应报废；环线的35台风机1984年初验时就已确定淘汰。7. 一、二期工程以自备水源供水为主，因地下水位下降、井壁坍塌等问题，原12口自备水源井只有4口能使用。8. 环线钢轨经十几年运行，伤损日益严重（伤损1090处），直接威胁地铁行车安全。9. 一期工程380伏电缆为易燃橡胶铅芯电缆，运行27年已老化。10. 复兴门35千伏电站开关。11. 35千伏油变压器放置地下，没有隔离和防火措施。

针对每处隐患，报告还提出了相应的解决方案。

为了更好地完成消隐工程，地铁总公司总经理和各副总经理直接担任"治理重大事故隐患领导小组"的组长、副组长，将列入大修更新改造的项目作为"折子工程"下达到总公司有关基层单位，按"特"字号管理，并在每年召开的职代会上报告完成情况。地铁总公司对消隐工程项目采取积极而又慎重的态度，对危害性较大，又有成熟实施方案的项目立即上；对技术难度较大、缺乏成熟方案的要进行调研论证，先搞改造样板，认真总结推广；无论是立即进行的，还是需要论证的，在完成改造之前必须

"死看死守"，绝不允许出现事故。

这次改造的绝大多数属供电系统。为锻炼北京地铁的电力队伍，由供电设备的主管单位担任甲方，全面接受规划设计、设备选型、招标投标、施工监理、施工管理、验收交接、竣工结算等有关任务。由于甲方是给地铁列车、各专业技术装备以及车站设施等全方位供电，改造工程必须是依靠"大联动机"的大协作才能顺利实施。甲方需要着眼全局，组织施工计划，并做好相关预案，以做到运营、改造"两不误"。相关单位对这项"折子工程"全力支持配合。施工人员不畏艰难，做好夜间施工。比如，变压器超大，洞内通号线缆影响通过，通号职工就爬到轨道车顶部仰面朝天移动线缆，保证变压器按时运抵，不影响凌晨送电和正常运营。甲方在消隐改造工程中特别注意新技术、新工艺的应用。在接触轨（三轨）连接电缆的工程中，采用了并联连接组焊的方案，解决了直流开关频繁跳闸的问题，还达到了节电的效果。

按预定计划，这次安全消隐工程在1999年底完成。

这期间，正是北京地铁开展安全运营1000天并取得了1000天的胜利后向2000天目标发起冲锋的时刻。安全消隐工程为保证北京地铁安全运营功不可没，是一项让人们"放心"的工程。

四 总结安全运营2000天的经验

1998年10月10日，北京地铁迎来了安全运营新的1000天的日子。这一天，地铁总公司召开了安全运营1000天总结和表彰大会。会上，总公司领导作了《总结过去，开拓进取，为争创安全运营2000天而努力奋斗》的报告。

这个报告总结了安全运营1000天里各方面创造出来的经验，主要有：着力提高干部职工队伍综合素质，进行深入持久的职业道德、职业纪律教育，增强安全意识和敬业精神，提高岗位技能；狠抓车辆设备质量；大力推行质量标准化工作，强化质量检验和考核，重视技术改造；完善规章制度，强化科学管理，让"向违章违纪宣战"做到有章可循、有法可依、执法有度；坚持统筹安排复八线建设、安全消隐工程等各项工作，把牢安全运营关；党政工团齐抓共管，抓好党建保运营。

在这次总结大会上，地铁总公司发出了"向第二个安全运营1000天的目标前进"的动员令。自1996年1月15日起至2001年7月6日，北京地铁实现安全运营2000天。这2000天里，安全行车22398万车公里，运送乘客23.99亿人次，列车运行正点率由1996年的98.63%提高到2000年的99.41%，列车运行图兑现率从1996年的99.78%上升到2000年的99.95%。这是北京地铁史上前所未有的辉煌成绩，留下了极其宝贵的安全运营经验：

（一）"标本兼治、重在治本"是安全运营的根本保障

地铁作为庞大而复杂的"大联动机"，它的每个环节的诸多因素无不影响整个"联动机"的安全运转。其安全工作也因此而非常复杂并极具挑战性。有职工曾经这样形容地铁安全运营工作的压力："犹如坐在火山口，提心吊胆"。地铁总公司在深入持久的"安全质量管理年"活动中作了深度思考和新的探索。

第一，要树立"抓小防大、安全关前移"的思想，加强安全基础建设，治理隐患，预防为主，即突出一个"治"字。安全科

学的理论揭示，事故的根本原因在于系统诸要素及其相互作用的过程中存在着各种危险和隐患，正是由于这些危险和隐患经过积累或加强并获得适当条件组合而产生事故。实践证明，地铁的安全问题主要集中在人员、车辆设备、规章制度和管理等方面。为此，地铁总公司明确提出并部署安全基础建设，以从根本上减少和消除隐患。并且旗帜鲜明地提出"抓小防大，安全关前移"，坚决反对并克服对所谓小问题司空见惯的现象，坚决反对并克服被动应付而疏于主动防范的现象。安全工作实现了从被动的事后处理型向主动的超前防范型的转变，工作重心也从疲于应付各种突发事态转移到安全基础建设，构筑安全保障体系。

第二，落实重点部位承包责任制，对暂时没有解决的隐患和重点部位严密监控，即强调一个"控"字。安全是相对的，所谓安全是指系统的危险性不超过允许限度。作为一个复杂的系统，地铁始终存在隐患，并时刻威胁着安全运营，特别是重点部位隐患，一旦酿成事故，将产生严重后果。为此，地铁总公司重视对整个系统特别是重点部位的监控，及时发现隐患并采取措施加以防范；对已发现但尚未解决的重点隐患"死看死守"，确保安全。为此，地铁总公司在加强安全基础建设的同时，部署落实重点部位承包责任制，以最大限度保障安全。

第三，提高抢险救援能力，筑起最后一道安全防线，即强调一个"救"字。虽然对重点和隐患部位严密监控，制定并落实一整套行之有效的监控措施，但对地铁这样一个复杂系统来说，有些事可能防不胜防。为此，地铁总公司强调提高抢险救援能力，努力控制各种事态的发展，将其影响降到最低程度，筑起安全运营的最后一道有效防线。

（二）强化基础建设，努力构筑基础安全保障体系

第一，更新管理理念、完善规章制度、强化科学管理。地铁总公司之所以提出并要求全体员工树立"抓小防大、安全关前移"的思想，一方面是使职工认识到小与大只是相对而言，安全无小事。另一方面，总公司加强安全信息管理，分析评价安全形势，及时发现苗头并采取针对性措施。从此，北京地铁的安全管理逐步深入细致，过去被忽视的所谓小问题已成为普遍高度重视的大问题，采取针对性措施增强了安全管理的科学性，克服了随意性和盲目性。

第二，坚持以人为本，教育和纪律并重，提高员工综合素质。地铁总公司结合精神文明建设、创文明行业和班组建设，采取各种有效形式，对广大干部职工进行深入持久的职业道德和纪律教育。利用国企改革、减员增效的契机，教育职工克服"大锅饭、铁饭碗"心态，树立"不爱岗就下岗、不敬业就失业"的新观念。同时，逐步建立和完善内部待岗制度和竞争上岗机制。自实行内部待岗制度以后，全公司共有290余人次内部待岗，接受再培训教育。广大干部职工的危机感和责任感逐步增强，爱岗敬业的良好风尚逐步形成。安全教育常抓不懈，培育安全文化。在这2000天里，地铁总公司所属各单位共组织职工安全教育达3175次，提高了职工的安全素质。大型安全展览"让过去告诉未来"、声势浩大的"向违章违纪宣战"等活动使全体员工的安全思想经受了一次前所未有的洗礼。地铁总公司不失时机地将一系列举措形成制度。

第三，坚持技术改造，精检细修，确保设备状况良好。几年间，全面完成了1号线扩能技改工程，又在中共北京市委、市政府支持下，有计划地对存在严重隐患的设备进行了改造。这些，不仅消除了安全隐患，而且提高了设备的技术水平和运行的稳定性与可靠性。在完成计划的消隐工程后，为避免老隐患消除、新隐患出现，地铁总公司又尽可能安排资金对使用已达30年并存在隐患的设备进行更新改造。另外，还对设备易出故障的薄弱部位加强技术攻关。这些措施，为安全运营奠定了良好的物质基础。同时，维修过程中强调主观努力，检修精细，确保质量。通过开展声势浩大的"向漏检漏修和维修不到位宣战"活动，坚持"记名修"、"三检制"和"质量重点控制"的过程管理，车辆和设备的维修质量不断提高，故障率逐年下降。1996年至2000年，车辆和设备故障率以年均11.6%的速度递减。

第四，改善运营环境，营造良好氛围，减少环境影响。环境影响安全。在逐步改善车辆设备运行环境的同时，地铁总公司不断改善车辆设备维修现场的周围环境：不仅逐步改善职工的作业环境，而且注意工作间休条件；不仅注重提高职工的待遇，而且注重稳定职工队伍，增强企业凝聚力。此外，努力防止和减少乘客各种不安全行为对安全运营的干扰，包括有效控制易燃易爆等危险品以及各种破坏活动和其他社会治安问题对安全运营构成的威胁。

（三）整顿行车秩序，严格按图行车，增大安全系数

地铁总公司通过认真分析历年所发生的事故后发现，如果能够控制好行车秩序，就能避免很多事故。为此，从1997年开始，北京地铁整顿行车秩序，严格按图行车，并持之以恒。列车早点

纯属人为原因，对安全危害性很大。地铁总公司从以往最普遍的列车早点现象入手，规定列车早点3分钟即给予考核，明显减少了列车早点的现象。

深刻的实践带来深刻的认识，深刻的认识又进一步坚定地铁总公司严格按图行车的信心和决心，向更高的目标迈进。1998年，将早点考核标准缩小到2分钟。2000年，又将早点考核标准缩小到1分钟。至此，北京地铁实现了正负1分钟的正点标准。实际正点率从1996年的98.63%稳步上升到2000年的99.41%。北京地铁的运营水平有了质的变化和提高。

（四）对重点和隐患部位"死看死守"，强化抢险救援

一代代北京地铁人为保证地铁运营安全，形成了"十防100条"的安全措施和23项重点部位安全质量承包责任制，并形成了一套行之有效的突发事件处置办法。这是北京地铁人的优良传统，也是保证北京地铁安全运营的重要经验。

对于当时已运行20多年的北京地铁来说，隐患始终存在。消隐工程需要一定周期，有的项目甚至需要几年的不懈努力。在消隐过程中，隐患仍然威胁着运营安全。为此，必须强化对隐患和重点部位的监控，努力发现不安全因素并采取防范对策。

抢险救援是控制和减少突发事件事态，保证运营安全的最后一道防线。为此，地铁总公司于1996年编制下发《突发事件应急处置办法》。随后各单位结合实际编制实施细则，并对专、兼职抢险救援人员进行业务培训，组织突发事件应急处置演练。此项工作基本做到了"人员、器材、措施"三落实，抢险救援工作逐步系统化、规范化。

（五）积极稳妥地推行运营组织和管理的改革

改革是提高地铁安全运营的必由之路。北京地铁自1998年开始探索并从此走上改革运营组织和管理的征途。这一年，地铁总公司进行了改革车门确认方式的可行性研究，提出车长一人通过电视监视器确认车门的改革方案，并于1999年投资460万元，在老一线安装电视监控系统。该系统试运行后，于2000年4月10日正式投入运营，不仅提高了效率，节省了大量人力，而且解决了瞭望死角、配合失误、推诿扯皮等隐患，使安全运营更加安全可靠。

在进行充分的准备工作之后，2000年2月20日，在复八线正式进行轮乘制试验；5月10日，老一线开始轮乘制试验；6月28日，复八线与老一线贯通运营，全线实现轮乘制；10月20日，在环线（2号线）推行轮乘制。至此，包乘制在北京地铁宣告结束。轮乘制不仅提高了效率，节省司机40%以上，而且使管理更加科学，安全更加可靠。

（六）党政工团齐抓共管、分工协作，形成合力保安全

安全运营是北京地铁的中心工作，地铁总公司党政工团始终围绕着安全运营这个中心开展各自的工作，团结协作，齐抓共管，形成合力，为安全运营提供思想、政治和组织保证，提供精神动力和舆论支持。

地铁总公司把安全运营2000天作为精神文明建设的大舞台，总公司党政工团各级组织利用这个大舞台，组织领导规范化服务，创建地铁文明行业，弘扬企业文化，宣传先进典型，唱响主旋律，激发斗志，从而提高了企业整体素质。

五 开展创文明行业规范化服务活动

1996年，地铁总公司在开展"安全质量管理年"活动的同时，还将这一年定为"规范化服务年"。让这两项大的活动联系起来互动互补，推进安全生产、车辆设备维修、运营服务，以及企业管理等各项工作，实现"建首善、创一流"的目标。

地铁总公司针对站容车貌、站车秩序、服务态度等窗口形象不尽如人意的诸多问题进行梳理，制订出《北京地铁文明评价标准》和《地铁总公司规范化服务达标验收办法》。

《北京地铁文明评价标准》包括效益目标、基础设施、服务质量、规范管理、组织保证等五大方面共计44项内容。五大方面44项内容分别以分数量化，总分合计1000分。《地铁总公司规范化服务达标验收办法》明确达标范围是总公司所属各单位。其中以车站、车间、工区班组为重点。规定的达标内容主要是：建立健全各单位、专业、工种和岗位的职业道德、管理服务规范；建立健全监督、约束和激励机制；建立健全检查考核制度，把规范化服务的优劣与职工个人利益挂钩。细化的专业标准主要是站容车貌、环境卫生、服务态度、车辆设备完好率、车辆设备的故障和故障延时、生产计表兑现等。细化的通用标准主要是要求各单位进行规范化服务的职工培训率达到100%，职工对服务规范和标准的知晓率达到98%，执行率达到95%。细化的社会评价主要是将地铁的硬件服务设施和运营服务的各项指标，采用调查问卷的方式向广大乘客征询意见，验证规范化服务的效果。

规范化服务达标验收采取的是，逐级自查、合格申报、分层验收的程序进行。验收结果与社会评价对照，社会评价具有一票否决权。

规范化服务年活动收到较好效果。阜成门站和212车组被命名"城建系统规范化服务示范单位"；阜成门站、木樨地站、车辆厂运输车间被授予"首都文明单位"；通信信号段通信检修车间等9个单位被评为总公司级文明单位。

1997年，地铁总公司乘势而上，制定了《北京地铁（1997年至2000年）精神文明建设规划》（以下简称《规划》）。《规划》提出了要在安全运营、新线建设、多种经营三大任务中，取得良好的经济效益和社会效益，实现跨世纪的发展战略，各项综合指标达到全国同行先进水平，使地铁跨入文明行业，精神文明建设走在全国同行业前列的奋斗目标。《规划》提出阶段性工作目标：到1998年底，建立起完整的规范化服务体系，为创建文明地铁行业打下良好基础；到1999年底，推出首都文明标兵单位1个，文明单位3个~5个，总公司级文明单位达到20%，厂（段）级文明单位达到40%；力争到2000年底，北京地铁建设成为文明行业。

为落实《规划》，地铁总公司围绕安全运营优质服务的中心任务，在员工中深入开展以职业责任、职业道德、职业纪律，以及职业技能为主要内容的创建活动。1998年，按照建设部颁发的城市公共交通示范窗口单位的服务内容和标准，制订出《北京地铁创文明行业标准体系》。完善了班组、车间（站、队、所）、厂（段）、总公司四级检查考核机制。充实了用户监督、新闻媒体监督和上级监督网络。

地铁总公司连续多年坚持开展规范化服务、创建文明行业活动，收到良好效果：自1996年开展规范化服务起，至2000年6月1日，创造了地铁运营30年以来连续安全运营1600天，列车运行正点率99.4%，列车运行图兑现率99.89%的最好的阶段性成绩。领导建设了西单至八王坟地铁新线，新增（含改造）12座车站，运营线路延长11.7公里；在连续3年财政补贴零增长的情况下，1999年负增长的减少了财政补贴1680万元。综合社会评价，地铁社会形象的满意度为98.9%，服务态度的满意度为98.4%，站车环境的满意度为97.4%，服务设施的满意度为92%。运营服务中的好人好事层出不穷。仅1999年统计，收到乘客表扬信1213封，锦旗183面，各新闻媒体表扬264件，捡拾上交现金（含存折）人民币369827元。

地铁公司开展的规范化服务、创建文明行业活动，涌现出一大批先进集体和先进个人。阜成门站、木樨地站等7个单位多次被评选为首都文明单位，其中阜成门站于1999年被北京市授予"首都文明标兵单位"称号。另有3个单位被授予"全国城建系

2000年9月，北京地铁规范化服务达标活动接受首都文明办公室初评

统规范化服务单位"称号，4个单位被授予"全国城建系统规范
化服务先进单位"称号，17个单位被授予"工人先锋号"集体，
23个单位被评选为"北京市青年文明号"集体，3个单位被评选
为全国青年文明号集体。期间，共有48人次分别荣获全国劳动
模范、北京市劳动模范、建设部系统劳动模范称号，以及全国
"五一"劳动奖章和北京市"五一"劳动奖章。

2000年9月，首都文明办根据地铁总公司的申报，开展了对
地铁规范化服务、创建地铁文明行业的情况进行考评验收工作。
考评委员会成员深入地铁总公司各单位，全部运营车站进行实地
检查考核，广泛听取广大乘客和社会各方面意见后，于2001年由
首都文明办授予北京地铁总公司为规范化服务达标单位。

第五节　1号线贯通运营

一　决战"99·9·28"

在建设资金落实之后，复八线进而被列为北京市重点工程。
中共北京市委、市政府在统筹规划迎接中华人民共和国成立50周
年的工作部署时，将复八线建设工程列为向国庆50周年的献礼工
程，要求于1999年9月28日建成通车。从此，"99·9·28"便成
为地铁总公司各项工作中重点工作的代名词。施工单位日夜奋
战，掀起了新一轮的建设热潮。

复八线被列为国庆献礼工程时，距"99·9·28"还有25个月的时间。在这25个月内，必须要完成土建工程量的60%；待土建工程具备条件的情况下，要完成全部设备的安装调试工作；在开通前必须完成引进国外关键部件并实现国产化批量生产的电动客车任务；还要为开通做好运营前的全部准备工作。面对如此艰巨的挑战，地铁总公司号召对复八线发起"总攻"。

土建工程"大决战"是这次"总攻"的首场战役。地铁总公司召集各设计、施工单位领导，向他们传达中共北京市委、市政府的决定，确认了工期"关门"时间，并提出调集精兵强将增援工程建设的措施。地铁总公司还动员机关处室和各二级单位，全力为打好"大决战"服务。动员工作之后，指定主管领导进驻一线指挥；在各个标段指派协调员并配备调度员；实行每天一次调度会，每周一次碰头会，每月一次大检查的工作机制；建立工程管理、工程监理混合编组包站负责制。

随着各标段衔接处的隧道洞体打通，地铁总公司立即给全线各站安装临时调度电话和广播，解决了施工单位对外联系和车站施工管理的困难。之后，每月一次的大检查改为每两周一次，利用休息日对全线车站、区间隧道进行全面大检查，被施工单位称为"拉网式搜索"、"鸡蛋里面挑骨头"。在开始做衬砌或装修时，设在各标段的协调员及时通知各专业设备段提前介入管线预埋等隐蔽工程，解决了土建工程和设备安装工程设计上"不交圈"、"交不上圈"的弊端。特别是通信专业几乎没有预埋管线图，全凭经验与施工单位配合完成。1998年4月5日，作为开路先锋的铁道线路施工队伍进入全线尚不具备条件的施工现场，由西向东开始了铺轨工程，为后续的设备安装工程打开通途。

1999年春节过后，地铁总公司总经理向4个专业设备段的段长下达了"复八线设备安装工程的安全、质量、工期、造价，我只找你们4位段长负全责"的简短命令。设备安装工程相关专业队伍加紧"备战"。4月28日，通信信号设备施工青年突击队在地铁建国门站宣誓进场。此时，距地铁总公司倒排的工期留给设备安装调试的"关门"时间只有105天。供电、机电、通信信号专业设备段，按照地铁总公司"以我为主，联合社会力量搞好设备安装工程"的要求，开始了"大会战"。

"以我为主"解决了社会施工力量对大量引进的国外设备不熟悉的问题，也是按期保质完工并顺利开通的关键。例如，土建设计和施工单位均对引进法国CNIN公司的产品不熟悉，就出现了自动扶梯机坑尺寸偏小等问题。机电专业在自动扶梯安装工程中发现后，加派人力指导处理，抢时间、赶速度，按规定时间完成19个出入口每部（足有上万件配件的）自动扶梯安装调试任务。随着线路施工进展，供电专业用轨道车把地铁各站的电站设备入位安装、调试、发电。引进日本的传输系统（PCM）似乎专门与工期作对，原本应在厂家整机发运的设备，运抵现场的机笼里只是各类单元板块而没做配线。通信专业施工人员在高级工程师的指导下，昼夜工作，完成了每座车站内机房配线柜里成百上千条系统测试标准要求很高的设备配线，给复八线打造出了信息高速路。地铁总公司的4个设备段没有辜负领导的期望，如期完成了设备安装和系统调试任务，交上了一份合格的答卷。

地铁总公司对复八线"大决战"的态度是坚决的，但在复八线开通运营这个问题上又是十分慎重的。尤其是把一条怎么样运营的复八线展现在广大乘客面前，是地铁总公司反复思考并论证的焦点问题。当时，在贯通运营方式上提出了3个方案，其中两个方案因既有线路与新建线路之间在行车指挥和列车运行自动化方面还需做许多工作，无法实现，而可以采用的1个方案需要在降低上述2项设备使用等级的情况下方可实现。若将1号线老线与复八线分段独立运营，2个方案均可实施。通过多个方面的综合论证，结论是：为确保"99·9·28"，本着积极稳妥的原则，应先分段运营；待运营考核设备稳定、条件成熟时再贯通运营。

在比较分段运营的两个方案时，考虑到西单站作为1号线老线与复八线跨接的车站需要改造的情况，认为分段运营中老线暂改为苹果园站至复兴门站，新线开通天安门西站至四惠东站为好。通过论证认为，由于天安门西站没有折返条件，要实现新线开通方案，必须对王府井至天安门西站区段的上行线和下行线在原设计基础上加装反向进出站信号机及相应的联锁设备和信号控制设备（被称为"王府井过渡工程"），以便于运营组织。专业设计院认为这种运营方式违反铁路的设计规范，拒绝设计，遂推荐由设计事务所设计，但报价很高。1999年4月，地铁总公司决定自行设计、施工。总公司的专业设备段立即成立"王府井过渡工程"领导小组，确定了设计、施工、安全、材料供应等专项负责人，安排了工程进度。由三名工人技师为主的设计小组，完成了设计并将设计图纸送设计事务所，请老专家审查，得到高度肯定并通过。之后，设计小组立即与现场施工队伍会合，投入最后的攻坚

1999年9月1日，"王府井过渡工程"竣工。这一天，地铁总公司参加复八线冷滑的人员集中在天安门西站，乘上安装了"包络线"的电动客车，在轨道车的牵引下开始第一次冲刺考核。全线冷滑完毕后，"包络线"已面目全非，这主要是隧道内安装的个别广告灯箱侵入车辆接近限界，隧道内照明灯具、电缆托架、过顶电缆侵入设备限界造成的。三天内，这些问题处理完毕。9月5日、6日再次冷滑试验，全部达标。9月7日至12日，地铁总公司指挥全系统并各设计、施工单位参加列车带电运行的热滑试验。热滑中发现的问题边记录边指令设备值守或"保驾"人员随即处理。9月17日，开始列车空载试运行。

1999年9月28日复八线通车试运营首次列车待发

1999年9月28日，复八线通车典礼如期举行。温家宝、贾庆林、刘淇等中央和北京市领导参加了通车仪式。之后，他们乘坐地铁VVVF型421#电动车组，沿线视察。

地铁总公司遵照中共北京市委、市政府的要求，打赢了"99·9·28"这场硬仗，在中华人民共和国成立50周年前夕，向首都人民和国家献上了这份厚礼。这场胜利也给北京地铁留下了宝贵的精神财富，这就是"特别能吃苦、特别能忍耐、特别能战斗、特别能打硬仗"的"复八线精神"。

二 决战"6·28"

在决胜"99·9·28"之后，地铁总公司迅速转入1号线贯通运营的准备工作中。为了确保完成这项北京市政府向市民承诺的重要便民工程，地铁总公司又向全体职工发出了在2000年6月28日必须实现1号线贯通运营的"战斗令"。"6·28"就成了这场"战斗"的代号。在余下的9个月内，不仅要完成复八线尾工特别是四惠（八王坟）车辆段大量配套工程，还要完成对西单站的土建结构、设备改造等贯通运营的一切准备工作。可谓时间紧、任务重、责任大。

对于1号线贯通运营的利弊包括服务水平、运输经济性、适应客流变化、应对突发事件等诸多方面，地铁总公司进行了详细的论证，基本上确定了贯通后列车跑长大交路，最小间隔3分钟的原则。按照这个原则，提出了若干需要注意的要点：贯通后的全线按超速防护自动闭塞法组织行车，指挥中心ATS系统控制，

ATS系统故障时控制权下放车站；ATP故障时改按站间自动闭塞或电话闭塞法组织行车；由于运营线路长达31公里，需采取司机轮乘制代替包乘制的乘务制度；全线做夜间列车空载3分钟间隔贯通试验，确保贯通运营万无一失，等等。

以31公里运营线跑长大交路，3分钟最小运营间隔为基准，制定"6·28"贯通后的行车组织方案，并以此为龙头，推动地铁总公司各部门、各单位研究分析所需要做的各项准备工作。全公司立即行动起来，以"贯通"、"3分钟间隔"为原则，掀起了"备战"高潮。

车辆方面，一条运营线上有两个车辆段，各自维修本段车辆，按列车运行图分别出乘、共同担当线上的运营任务，以及结束运营后各自返回本段出现的新情况，设定出了7套列车异段调整方案，按运行图进行计算机仿真模拟演练，推算各个方案的最佳效果，确定出最后采用的方案。以新运行图为准，进行了全线查标，摸清了列车运行时间、折返时间、停车位置以及在不同线路条件下的制动距离，为行车指挥建立起第一手资料。同时编制出《一线贯通运营后的列车调整原则》。此外，还考虑了在各种特殊条件下的行车闭塞方式等后备措施，试行了列车司机轮乘制（在广大职工中达成共识后全面推行，提高了管理效率）。

2000年6月2日，为贯通运行的行车组织、车辆设备等各方面准备工作就绪后，地铁总公司开始在夜间组织按新运行图进行列车运行的试验。这个夜间试验如同一场战斗。两个车辆段的列车整装待发，地铁1号线全线（苹果园至四惠）各车站的行车和站务员按运营方式上岗，各专业维修人员坚守岗位，各重点部位增派工程技术人员盯守，参加夜间试验的人多达上千人。

试验开始不久，由于指挥中心监控系统（ATS）无法正常反映列车运行信息和车次追踪信息，这次试验被迫中断。针对试验中出现的问题，在场的英方ATS专家和地铁总公司研究后，对系统软件和硬件做了局部修改。6月7日、8日，连续两个夜间继续以全线试验的方式进行试验，结果与首次一样。

英方急请总部派遣在新加坡地铁工作的软件专家来北京支援，对软件继续进行修改、调整。这些修改和调整都需要由地铁总公司专业维修人员进行。每做一次改动，他们都要跑遍从苹果园站到四惠东站的Lpu机房。白天他们到各机房检查计算机单元和远程控制单元，测试主用、备用和迂回通道等，晚上协助英方专家调整设备以供试验。

6月11日、14日和17日，又连续进行3次大规模试验，依然没有进展。而地铁总公司的专业设备维修人员大都在夜以继日的劳累中患了病。一位女工程师，白天带病修改软件，夜间试验后还要赶回家去带生病的孩子到医院。在试验屡次失败的情况下，地铁总公司总经理只身到专业设备段，与几名工程技术人员讨论切实可行的贯通运行办法。几名信号工程技术人员依据日常运营维修管理的经验提出了新的试验方案。以这个新的方案为基础，终于在6月28日到来之前的第17次试验中成功。

2000年6月28日，这是北京地铁发展史上极具特殊意义的一天。早在1956年北京地铁建设蓝图上规划的地铁1号线全线终于在这一天贯通运营了。贯通运营的1号线，成为北京地铁运营里程长达31公里的一条运营线。

　　贯通运营的1号线在一夜之间的变化是令人惊奇的：无需换乘就可以在号称神州第一街的长安街地下畅行；沿途的车站数量合并为23座，拉近了人们与天安门、中南海、大会堂的感情距离；43组电动客车间隔有序地在31公里的长大线路上飞驰；56分钟便可以从线路东端抵达西端；3分钟的列车运行间隔使人们体会着方便、快捷的地铁交通的优势和特点。

▶ 三 国产化造车之路

　　首次在复八线上投入运营的VVVF型电动客车，是地铁总公司通过招标，由北京地铁车辆厂和长春客车厂联合设计，引进具有国际先进水平的牵引系统、控制系统、制动系统，自行生产车体而总装的。

　　实现地铁车辆的国产化，是北京地铁人多年的梦想。为了追赶世界先进水平，地铁总公司重视对引进技术的消化和吸收。早在1984年，地铁公司曾引进三辆日本M型样车，组织国内有关厂家联合仿制，因个别厂家仿制生产的产品在总装后屡次发生问题而没有成功。这个遗憾在这次复八线工程中被抚平了。

　　1992年，根据地铁运营和新线建设发展的需要，地铁总公司决定让北京地铁车辆厂参加招标采购174辆地铁电动客车的投标。因为北京地铁车辆厂已具有了一定的实力。该厂在1987年改扩建竣工的同时，就试修出第一组大修加改造的DK3型地铁电动客车。1988年完成大修加改造的18辆车，1989年产量翻番地大修加改造39辆车。特别是该厂在大修加改造的基础上，根据地铁总公司"地铁车辆限界"的科研成果，自行设计制造了BD1型宽体地铁电动客车。1990年9月14日，2辆编组的BD1型宽体车作为向亚运会的献礼项目，在太平湖车辆段剪彩试运行，实现了北京地铁车辆厂自主制造地铁车辆的梦想。新型宽体车于1992年被市科委授予科技进步二等奖，以后又被建设部列为科技成果重点推广项目。

1991年，地铁总公司决定对该厂进行第二次改扩建。在北京市计委的支持下，投资2300万元的改扩建工程于1992年正式开工。这次改扩建得到国家计委、机械部、国内贸易部、中机公司等有关部门的支持。经北京市常务副市长张百发批请国内贸易部张浩若部长支持，按5.6：1的比值使用了国家外汇，连同以购买参展产品的方式购买了若干大型进口数控机床，节省了大笔资金。这次改扩建于1993年7月30日该厂报出参加174辆车的投标文件后不久即完工。改扩建后的北京地铁车辆厂大修改造和新车设计生产能力进一步提升，加快了北京地铁车辆大修和制造的步伐。到1997年底，这个厂10年共大修加改造地铁电动客车250辆，自行设计制造出新型宽体电动客车100辆。

地铁总公司为坚定走地铁车辆设备国产化之路的决心，精心筹备了"北京地铁第100辆车下线暨车辆设备国产化展示汇报会"，诚邀业内同行考察北京地铁的国产化成果。建设部和北京市有关部门的领导参加了1998年4月3日的展示汇报会。

北京市副市长汪光焘在展示汇报会上发表了讲话，他说："北京地铁多年来致力于地铁车辆、信号等设备的国产化工作，这个方向是非常正确的。第一，扶植地铁国产化，可以大大降低

北京地铁第100辆车下线暨车辆设备国产化展示汇报会会场

地铁综合造价，有利于加快地铁建设。现在进口车辆一台130万美元，如果使用我们自己的车辆，一台可以省一半的钱。第二，扶植北京地铁车辆、设备的国产化，扩大市场，可以带动北京经济的发展。目前全国地铁发展很快，地铁车辆的市场潜力很大，能不能抓住机遇，创出我们自己的拳头产品、名牌产品，在全国的大市场中占有一席之地、发挥重要作用，直接关系到地铁事业的发展。"汪光焘对北京地铁车辆设备国产化工作的肯定，更加坚定了地铁总公司走车辆国产化道路的信心。

随着复八线工程的进展，沉寂了近3年的复八线招标采购174辆地铁电动客车的事情再次提上议事日程。地铁总公司作为甲方，协调长春客车厂与北京地铁车辆厂合作，共同设计、制造具有国际先进水平的地铁电动客车。1997年5月14日，北京地铁车辆厂与长春客车厂签订了合作生产、分包制造60辆的合同。同时，地铁总公司总经理对北京地铁车辆厂生产60辆"招标车"下达了"只许成功，不许失败"的命令。

北京地铁车辆厂在解读了地铁总公司下达的命令后，把全部精力投入到设计生产的质量工作中去。首先把住图纸关。他们组织了领导、技术人员、班组长三结合的工艺组，对1313张设计图纸和54本工艺手册进行细化，做出了数千张分工艺图。第二是把住工装关。根据细化了的分工艺图，自己设计加工制造了大小工装和工、卡、夹、量具，改造了以前制造车辆使用的工装，配套组合成为非常实用的工装。第三是把住下料关。制造一辆电动客车车体有7620个料件，这些料件的质量把关需要从下料做起，经过冲孔、切割、折弯、调平等多道工序，不允许有任何差错。按设计标准，料件的公差大都允许在5~6毫米之内，而工厂规定的标准只允许在2毫米之内。19米长的车顶、车架，公差控制在2毫米之内，难度可想而知。电动车体钢结构焊接是重点把守的第四道关。他们在总结以前造车顶经验教训的基础上，改变了传统焊接方式，制定了"把定中央，控制两旁，精准边防"的焊接顺序。

最后的关口在总装。精雕细琢的车体制造出来后进入总装阶段。北京地铁车辆厂规定的标准同样是不得低于长春客车厂的总装水平。为了实现这个标准，在此之前专门制订了《招标车总装技术标准》，特别是抓住最后一组大修车组装的时机，用新标准组织实战练兵，强化技术培训，掌握装配工艺。总装并经过静态通电调试后，1999年6月23日，第一组6辆车上线通电做动态运行

1999年8月6日，国产化新车交钥匙

调试，一次获得成功。

　　此次竞标，使北京地铁车辆厂的造车技术实现跨度20年的飞跃。招标车的车体可以与国际上的产品相媲美，列车的核心部分是国内首次采用VVVF逆变器控制交流传动系统、静止逆变器辅助低压电源、模拟式电控制动系统，属地铁车辆技术第三代成熟系列，车门技术明显优化提升，转向架结构进入无摇枕时代，其综合技术性能、安全可靠性、节电以及以后日常维修等都有明显提高，已跃入国际先进水平之列，其综合造价极具竞争优势。

　　复八线地铁车辆所采取的由北京地铁车辆厂联合长春客车厂，引进国外先进的牵引系统、控制系统、制动系统，由国内生产车体并组装成功的模式，为中国城市轨道交通的车辆不整车引进开创出一条新路。

第七章

奥运大考

　　2001年7月13日，北京申办2008年第29届国际奥林匹克运动会获得成功。加快实施地铁路网规划建设，以保证兑现申奥时提出的地铁新线按时高水平开通运营的承诺，成为摆在北京地铁人面前的重大考验。为加快轨道交通发展速度，2001年7月，中共北京市委、市政府将北京地下铁道总公司改制，组建北京地铁集团。2003年11月，北京地铁再次改制，实行融资、建设、运营"三分开"新体制。改制后的北京市地铁运营有限公司（以下简称"地铁公司"）围绕迎办奥运，实现"新北京、新奥运、新地铁"目标，以"安全是基础、服务是根本、效益是目标、管理是手段、改革是动力"为工作方针，强化人才培养、科技创新、管理创新，不断提高由安全、服务、效益构成的企业核心竞争力，向着"国内领先、世界一流"的优秀现代企业迈进。备战奥运的7年，地铁公司实施"新地铁"发展战略，提升运营管理水平，完成既有线路车辆设备更新改造，开通13号线、八通线、5号线、10号线一期、奥运支线、机场线和自动售检票AFC系统，运营里程达到200公里，网络化运营初具规模。地铁公司出色完成奥运交通保障任务，被中共中央、国务院授予"北京奥运会、残奥会先进集体"光荣称号。

第一节 奥运交通保障地铁建设任务

一 地铁路网规划

城市总体规划是一个城市发展、建设和管理的根本依据。地铁路网规划，是城市发展建设规划的重要组成部分。早在1993年国务院批复的《北京城市总体规划（1991年—2010年）》，就明确了首都政治中心和文化中心的城市性质，提出"两个战略转移"的方针，强调市区不再扩大规模，而是逐步从外延扩展，城市建设的重心从市区转移到广大郊区，强化了市区外围建设卫星城的部署。规划提出的城市交通建设战略目标是：在20年或者更长时间内，逐步完善城市道路网和轨道交通网，建立一个以公共运输网络为主体，以快速交通为骨干，功能完善，管理先进，具有足够容量和应变能力的综合交通体系。

按照这一战略目标，北京市交通规划提出：在20年内初步形成以快速轨道交通为骨干，多种客运方式相结合的综合客运体系。快速轨道交通网要覆盖市区城市用地范围和通州镇、亦庄、黄村等卫星城，形成有12条线路，300公里左右的轨道交通网络。2000年运营线路预期达到70公里，2010年达到120公里。为降低轨道交通建设和运营成本，提出三环路以内地区采用浅埋地下线，三环路以外尽可能修建地面线。北京市编制了轨道交通路网规划图，包括八通线、亦庄线、大兴线等线路。到20世纪90年

市区轨道交通线网

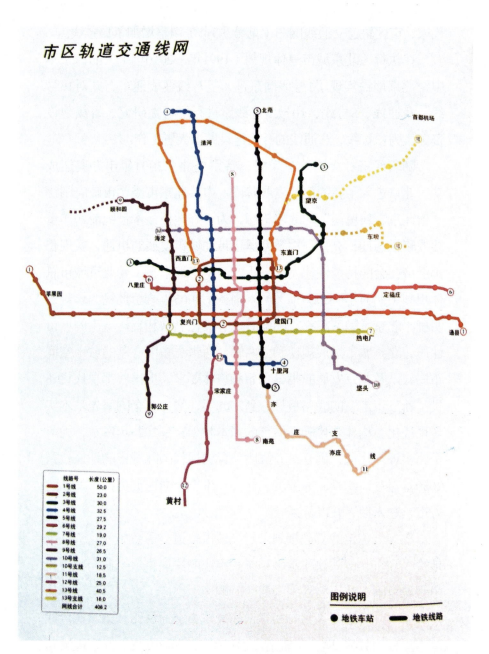

在1993年地铁路网规划的基础上，90年代末调整增加了13号线的市区轨道交通线网图

代末，市区轨道交通线网图（见第393页）调整增加了13号线。

在执行《北京城市总体规划（1991年—2010年）》的前十年中，北京地铁实现了1号线向东进，复八线建成通车，并对13号线、八通线、5号线、10号线等线路进行可行性研究、筹集建设资金，为13号线、八通线的开工建设做了大量工作。

随着经济社会的快速发展，特别是北京2001年申办奥运成功，北京进入了新的重要发展阶段。中共北京市委、市政府围绕"新北京、新奥运"的战略构想，为更好地抓住本世纪前20年重要战略机遇期，充分利用举办奥运带动城市发展的机遇，实现首都经济社会的持续快速发展，于2004年修编上报了《北京城市总体规划（2004年—2020年）》。国务院2005年给予批复。该规划明确了北京是国家首都、国际城市、文化名城和宜居城市的城市性质，北京城市发展规模和"两轴、两带、多中心"的城市空间布局，以及北京发展的指导思想和总体要求，提出首都现代化建设"新三步走"的战略目标：到2008年，努力在全国率先基本实现现代化，构建现代国际城市的基本构架；到2020年左右，力争全面实现现代化，确立具有鲜明特色的现代国际城市的地位；到2050年左右，建设成为经济、社会、生态全面协调可持续发展的城市，进入世界城市行列。

该规划确定的交通规划以建设城市轨道交通系统为龙头，由地铁、轻轨、市郊铁路等多种方式组成的快速轨道交通网将覆盖中心城范围，并连接外围的通州、顺义、亦庄、大兴、房山、昌平等新城。规划要求到2020年，建成轨道交通线路19条，运营线路总里程约570公里。（轨道交通线网图见第395页）北京地铁路

2020年北京市轨道交通线网示意图

网规划为北京地铁的发展建设展现出广阔的前景，落实地铁路网规划成为北京地铁公司肩负的神圣使命。

二 奥运轨道交通阶段建设目标

随着奥运申办成功，北京市步入了以筹办奥运为特色的加速发展时期，进入全面建设现代化国际大都市的新阶段。北京加快实施"新北京、新奥运"发展战略，为北京的交通建设带来机遇与挑战。

2001年申办奥运成功时，北京的常住人口就已经达到1300多万并逐年增加，机动车也随之增长。市政交通从二环修到六环，路越修越多，还是远远满足不了需求。至2003年8月，北京的机动车突破200万辆，当时预计至2007年5月将突破300万辆，并预计北京奥运会时会有50万外国人来京，有800万人观看奥运会。大量的人口齐聚北京，遍布全市的奥运比赛场馆、驻地酒店及旅游景点的广阔活动空间，将对本来就很脆弱的交通带来严峻挑战。申奥成功时，北京地铁当时只有1号线和2号线，满足市民出行就已经很吃力，更不用说到举办奥运会时为来自世界各地的宾客提供方便、快捷、舒适的服务了。北京的城市交通拥堵问题、大量机动车排放尾气造成的环境污染问题，成为能否成功举办"有特色、高水平"奥运会和国际奥委会质疑的重点难题之一。如何改善交通出行方式，快速发展公共交通，控制机动车尾气污染，也就成为广泛关注的问题。

在北京城市客运交通紧张状况下，中共北京市委、市政府将优先发展公共交通作为治本之策。地铁具有占用地面少、运力大、速度快、时间准、污染小等显著特点，因此，优先发展地铁成为首选。市委、市政府从加快提升轨道交通在城市客运出行量中所占的份额着眼，提出加快轨道交通建设，构建奥运交通保障体系的规划。2002年，北京市制订颁布了《北京市奥运行动规划交通建设与管理专项规划》。确定2008年北京城市交通发展以方便快捷、安全有序、经济环保为目标，全面推进北京交通建设的现代化进程。加快轨道交通、城市道路、高速公路、城市对外交通以及现代化交通运营体系建设，为保障和促进北京社会经济及城市发展提供充分的交通条件，为奥运会提供一流的城市交通服务。

规划对轨道交通建设提出：坚持"加速新线建设，抓紧老线改造，完善服务设施，提高服务水平"的方针，有效提升轨道交通在城市客运总量中所占的份额，从根本上缓解北京城市客运交通紧张状况。从2002年至2008年，北京将新建8条轨道交通线路，分别为八通线、5号线、4号线、10号线、奥运支线、机场线、亦庄线及9号线中段。市区新建轨道线路154.5公里，北京市区轨道交通运营线路达到249.5公里，加上一批新建的市郊客运线，全市轨道交通运营线路将达到300公里。轨道交通计划完成年客运量18亿至22亿人次。此外，还要改造地铁1号线和2号线，完善导向标识，建设自动售检票系统，逐步进行车辆更新。

从1969年北京第一条地铁诞生，到2001年奥运申办成功之前的32年里，北京只建成地铁1号线、2号线和复八线共54公里，平均每年建成不到2公里。而在备战奥运会的7年里，就要新建154.5

公里，北京地铁面临着前所未有的发展机遇，同时也面临着空前严峻的奥运大考。

第二节　地铁领导体制的变革

一　组建北京地铁集团

成功申办奥运带来发展机遇，同时也使地铁公司面临着快速发展的繁重任务和严峻挑战，要求北京地铁必须加快建立与之相适应的现代企业制度。按照努力培育具有国际竞争力的大型企业集团，深化北京城市基础设施建设和管理体制改革，调整和优化地铁资源配置，加快北京地铁建设的速度，促进首都经济的持续、健康、快速发展的战略部署，以及实现举办一届"有特色、高水平"奥运会的承诺，中共北京市委、市政府在加紧规划地铁发展的同时，做出了关于组建北京地铁集团的决定❶。

2001年7月26日，即申奥成功过后13天，市委常委阳安江、常务副市长孟学农来到地铁总公司参加干部大会，宣布关于组建北京地铁集团的决定：将北京市地铁总公司改组改制为3个局级公司，即：北京地铁集团有限责任公司（以下简称"地铁集团公

---

❶ 京政办函（2001）50号文件。

司"）、北京地铁建设管理有限责任公司（以下简称"地铁建设公司"）和北京地铁运营有限责任公司（以下简称"地铁运营公司"）。地铁集团公司负责轨道交通规划和投融资，设置两部一室，即规划部、计划财务部和办公室。地铁建设公司和地铁运营公司分别承担轨道交通建设和运营任务。

会议宣布对新组建的地铁集团领导班子的任职决定：王德兴为地铁集团公司党委书记、董事长和地铁运营公司党委书记、董事长；彭泽瑞为地铁集团公司党委副书记、董事、总经理和地铁建设公司党委书记、董事长；杨斌为地铁集团公司董事、副总经理和地铁建设公司党委副书记、董事、总经理；谢正光为地铁集团公司董事、副总经理和地铁运营公司党委副书记、董事、总经理；王灏为地铁集团公司董事、副总经理；刘洪涛、余雅仙为地铁建设公司副总经理；齐书志为地铁运营公司党委副书记、纪委书记；李跃宗为地铁运营公司副总经理。

12月7日，北京市政府作出《关于同意组建北京地铁集团有限责任公司的批复》❶，进一步明确了地铁改制的指导思想、组建方案、目标与任务和工作步骤等要求。依据改制实施方案，地铁集团按照有利于盘活存量资产，优化资源配置，资产高效运营的原则，出资设立北京地铁建设管理有限责任公司和北京地铁运营有限责任公司。地铁建设公司和地铁运营公司为地铁集团的全资子公司，具有企业法人资格，依法独立承担民事责任。地铁建设公司负责本市新建地铁线路的组织、协调和管理等工作。地铁运营公司负责对本市地铁线路的运营进行统一调度、指挥和经营

❶ 京政办函（2001）110号文件。

管理，在确保安全运营的前提下，努力降低地铁运营成本，实现地铁系统的安全、高效运转。原北京市地铁总公司所属的地铁制造、维修以及主营业务以外的商业、服务业、房地产开发等其他经营性资产，要在重组的基础上进行改制，改制后的企业按照业务关系分别隶属于地铁建设公司和地铁运营公司。

2002年3月10日，经市委同意，杨斌、谢正光、王灏、齐书志、倪振华任中共北京地铁集团有限责任公司委员会常委，同意成立中共北京地铁集团有限责任公司纪律检查委员会，齐书志任书记，健全了地铁集团党的组织。

10月，北京市国资委向地铁集团派出国有企业监事会。王伦道为监事会主席，王金源为监事会主任，监事会成员有王珍、李壁池、申洁。监事会的进驻，进一步健全了地铁集团的法人治理结构。

二 确立"三分开"体制

2003年下半年，中共北京市委、市政府作出对地铁领导体制再次进行调整的决定：北京地铁集团一分为三，成立北京市基础设施投资有限公司、北京市轨道交通建设管理有限公司和北京市地铁运营有限公司。北京地铁由此开始实行"三分开"体制。

11月17日，地铁集团召开领导干部大会，宣布市委、市政府关于北京地铁体制变更及干部任职决定：将地铁集团有限责任公司变更为北京市基础设施投资有限公司（以下简称"京投公司"），为市国资委出资设立的国有独资公司，主要职责为：承担全市基础设施的投资职能，主要承担轨道交通的投资职能；北京地铁建设管理有限责任公司变更为北京市轨道交通建设管理有限公司（以下简称"建设公司"），为市国资委出资设立的国有独资公司，根据市政府赋予的职责和业主签订的相关合同契约，具体负责轨道交通新线建设；北京地铁运营有限责任公司变更为北京市地铁运营有限公司（以下简称"地铁公司"），为市国资委出资设立的国有独资公司，作为承担市轨道交通线路经营管理的专业公司，根据市政府赋予的职责和业主签订的委托运营协议及相关合同，履行项目业主经营管理职能，具体负责对受托地铁线路进行运营管理及广告、商贸等经营活动，统一管理受托地铁线路的指挥调度系统，努力降低运营成本，实现轨道交通线路的安全、高效运转；承担国家赋予的战备人防任务❶。

会议宣布三个公司领导干部任职决定，其中地铁公司的任职决定为：王德兴为地铁公司党委书记、董事长，谢正光为地铁公司党委副书记、董事、总经理建议人选，齐书志为地铁公司党委副书记、纪委书记、董事。李跃宗办理退休手续。根据市委建议，张树人、陈稀临为地铁公司副总经理建议人选❷。

2004年6月24日，市国资委派出监事会进驻地铁公司。监事会由主席李仲源、专职监事兼第三办事处主任孙永平、监事王强、李壁池和申洁五人组成。监事会负责对地铁公司的国有资产保值增值状况实施监督。改制后地铁公司法人治理结构进一步完善。

---

❶ 京国资改发（2004）26号文件。
❷ 京文（2003）278号、京政任（2003）214号、京组干（2003）211号文件。

三 建立新型工作机制

面对新的领导体制和公司经营管理机制的变化，为创造有利的发展条件和发展环境，地铁公司积极适应外部工作关系的调整，以市委、市政府文件为依据，与相关主管部委、单位努力建立新型的工作机制。

地铁公司改制期间，正值北京市进行政府机构改革之时。根据中共中央、国务院批准的北京市政府机构改革方案，2003年北京市政府调整组建北京市交通委员会（以下简称"市交通委"），作为市政府组成部门负责全市城乡交通统筹发展、交通运输和交通基础设施建设综合管理。地铁公司作为北京交通运输企业，行业管理归属市交通委。

2003年10月29日，北京市政府组建国有资产监督管理委员会（以下简称"市国资委"）❶，负责监管市政府履行出资人职责的企业和市政府授权的实行企业化管理的事业单位的国有资产。地铁公司作为国有独资企业，企业负责人、党建和资产管理归属市国资委。

2004年7月21日，市国资委根据九届市委常委会第73次会议纪要精神以及市委、市政府领导的相关批示，明确地铁领导体制二次改制后建立的3个公司其相互关系：京投公司、新线项目公司为业主一方，与建设公司通过委托合同确立各自的权利和义务，建设公司在合同契约范围内行使权力；京投公司、新线项目公司为业主一方，与地铁公司通过委托合同确立各自的权利和义

---

❶ 京政办发（2003）58号文件。

务，地铁公司在合同契约范围内行使权力；建设公司与地铁公司分别承担各自的职责；新线建设与运营需协调配合的，建设公司与地铁公司应以合同方式予以确认[1]。

地铁实行"三分开"体制后，按照北京市对地铁改制的要求，2004年7月，市国资委对地铁的资产重新进行划分，以原地铁集团及其所属企事业单位经过核算后的627117.8万元作为对京投公司的出资，并将市政府每年用于轨道交通建设的资金作为资本金全部注入京投公司。建设公司作为市国资委出资设立的国有独资公司，将原地铁集团资产中的6000万元，作为注册资本，办理公司变更手续。地铁公司作为市国资委出资设立的国有独资公司，将原地铁集团资产中的2亿元作为注册资本，办理公司变更手续。地铁公司的资产关系发生根本性转变。

通过对地铁资产的重新划分，地铁公司实际只拥有地铁既有运营线路及其附加资源、地铁车辆及其各种设备设施的使用权，而这些国有资产的所有权在京投公司。也就是说，地铁资产的拥有者与资产的使用者发生分离。因此，必须要建立地铁公司与京投公司以资产关系为基础的新型工作机制。地铁公司从理顺工作关系出发，着手建立与京投公司的工作协调机制。2004年2月10日，地铁公司与京投公司召开协调会，就双方建立日常工作机制等问题进行研究，并达成一致意见。双方商定建立例会制度，并就关于签订地铁运营委托协议，复八线资产验交，13号线、八通线尾工建设，1、2号线AFC项目，多种经营整合方案，原地铁建设公司人员接收等问题进行了协商会谈。双方还就《北京市基础

---

[1] 京国资政发（2004）26号文件。

设施投资公司与地铁运营公司有关未尽事宜的备忘录》达成一致并签字确认。

协调会议之后，京投公司与地铁公司加快委托协议的签订协商工作。在多次协商基本达成一致意见的基础上，双方于2004年11月2日签订了《北京地铁1、2号线委托运营协议》。委托运营协议明确了京投公司与地铁公司双方的责、权、利。双方规定"运营收入、财政补贴和资产收益"每三年重新核定一次。在委托协议中，双方同意将委托人持有的原地铁总公司5家多种经营公司，包括地铁广告公司、地通公司、文化传媒公司、经济贸总公司、商贸公司的股权有偿转让受托人。

委托协议的签署，标志着北京地铁体制"三分开"以后，地铁公司与京投公司新型工作关系的确立，为以后新线投入运营时双方责任利益关系奠定了基本模式。2008年3月10日，地铁公司与北京城市铁路股份有限公司签订了地铁13号线委托试运营

2004年11月2日，北京地铁1、2号线委托运营签字仪式

协议、与北京地铁京通发展有限责任公司签订了八通线委托试运营协议。2008年月10月20日，地铁公司与北京地铁10号线投资有限责任公司签订了地铁10号线（含奥运支线）委托试运营协议。2009年11月18日，地铁公司与北京地铁5号线投资有限责任公司签订了地铁5号线委托试运营协议。

在确立与京投公司工作关系的基础上，地铁公司建立取得市财政运营亏损补贴的新渠道。地铁公司作为从事公益性事业的企业，由于执行北京市的低票价惠民政策，每年都会有较大数额的政策性亏损，其亏损一直由市财政局给予一定的财政补贴。改制后，在市财政局的理解支持下，建立了三年一周期的财政补贴定额包干机制。鉴于当时每年财政补贴中资产折旧费占较大比例，因此市财政局、京投公司和地铁公司三方商定，市财政局对地铁公司的补贴均拨付京投公司，京投公司再按照与地铁公司签订的委托合同，将运营补贴转拨给地铁公司。市财政局依据地铁运营的实际状况确定补贴数额，而地铁公司是地铁运营的实际经营管理者，因此在每年落实运营亏损补贴工作时，便由地铁公司协助京投公司共同与市财政局落实运营亏损补贴。

鉴于地铁13号线、八通线通车时间短，处于试运行，没有进行工程验交，两条线路没有转为固定资产的实际情况，对13号线、八通线的运营亏损补贴，按照运营实际情况，实行一年一核定，一年一签订补贴协议的办法执行。

2007年，地铁1、2号线运营亏损补贴三年重新核定期已到。由于2007年北京市在地铁既有线路全部实行2元低票价政策，2007年至2008年，对地铁运营4条既有线路财政补贴实行一年一核定、一年一签订的补贴办法。

运营亏损补贴包括运营补贴、折旧补贴两个部分。2008年，鉴于地铁既有线路大规模更新改造工程主体完工等实际情况，地铁运营资产不再计提折旧，如有新的更新改造等资本性支出和正常的运营设备资金支出，由地铁公司每年向京投公司提出计划，再由京投公司向市财政局报告，申请专项资金。

2007年至2008年，地铁5号线、10号线一期、奥运支线和机场线相继开通，地铁运营线路、运营里程快速增加，再加上单一票制低票价政策实施，运营亏损和财政补贴不断扩大，而资产折旧费不再提取。地铁公司为适应新形势新变化，也鉴于市财政局对地铁补贴，经京投公司转拨给地铁公司带来的涉税问题，地铁公司与京投公司、市财政局沟通协商，提出应当建立运营补贴新的机制和办法。2009年6月5日，北京市财政局为建立轨道交通补贴长效机制，进一步加强财政补贴预算管理，提高补贴资金的使用效益，制定了《关于2009年至2011年轨道交通1、2、13和八通线运营亏损补贴资金管理办法的通知》❶，对地铁4条线老线实行基础补贴额与"超亏递减补偿，减亏固定比列分享"相结合的补贴机制，并确定这项补贴机制三年内保持不变。地铁5号线、10号线一期、奥运支线的载客时间较短，运营状况还不够稳定成熟，运营补贴还是按照一年一核定，一年一签订的办法执行。机场线实行按照市场化机制定票价，票价25元，不实行运营补贴政策。同时，运营补贴渠道发生了根本性的改变，由原来市财政局通过京投公司给地铁公司兑现运营亏损补贴，转变为市财政局直

---

❶ 京财经（2009）1142号文件。

接拨付地铁公司实施运营亏损补贴。

在建立与京投公司的资产委托关系之后，地铁公司着手建立与建设公司的协调工作机制。 地铁改制期间，也正是地铁新线加快建设发展的时期，13号线与八通线相继建成通车，5号线、10号线、奥运支线等线路陆续进入开工建设阶段。建设公司与地铁公司作为两个独立的法人实体，分别承担着建设与运营的各自的职责。新线建设与运营管理密不可分，需要协调配合的方面必须建立与之相适应的协调机制和工作机制。2004年和2005年，建设部和北京市分别颁布了建设部140号令《城市轨道交通运营管理办法》和北京市第147号令《北京市城市轨道交通安全运营管理办法》，对城市轨道交通的建设、运营，特别是建设与运营的衔接等工作进行了规范。地铁5号线是实行"三分开"体制后开通的第一条线路，也是轨道交通运营管理办法颁布实施后开通的第一条线路，能否把建好的线路顺利交付运营，以什么标准接管运营，地铁公司与建设公司，以筹备5号线开通运营为契机，经双方协议，于2007年5月18日签订了《北京地铁5号线冷热滑、试运行及期间的临管工作委托合同》。委托合同从委托事项、所依据的相关法规、履行期限、双方的权利与义务等11个方面做出合同规定。这项合同的签订，是地铁运营与建设双方依据政府的法规，探索在新体制下地铁新线的交接模式，以明确双方的权利、义务、责任的方式，理顺了地铁运营与建设的关系。2007年10月7日，5号线顺利开通运营，实现了新体制下建设与运营的成功对接，进一步理顺了地铁建设与运营的关系，为以后地铁开通新线的交付运营建立新的标准奠定了基础。

第三节 提升"新地铁"管理水平

一 建设"新地铁"战略目标的提出

2001年底，地铁公司在石景山区锦绣大地召开关于地铁公司未来发展的务虚会。会议对公司的定位、使命及基本工作方针等重大问题达成共识。但鉴于当时地铁公司既有线车辆设备严重老化，新线建设前景尚未明朗以及体制调整困难，很多人对会议提出的"世界一流"的发展目标缺乏足够信心。

2002年初，地铁公司在行政报告中进一步明确公司定位、指导思想、担负的使命，提出：地铁运营公司是负责全市地铁线网统一调度指挥和经营管理的国有独资公司（公司定位），公司未来发展的指导思想是"以邓小平理论和'三个代表'重要思想为指导，与时俱进，始终面向首都北京的未来，按照社会公众对地铁服务的合理需求，以取得良好的经济效益和社会效益为目标，积极扩充和完善自身经营的地铁网络，为乘客提供以安全、快捷、准时、方便、舒适为主要特点的优质交通服务及相关服务（公司使命），逐步使公司成为深受社会各界信赖、具有雄厚综合实力的优秀现代企业"。

报告还提出"安全是基础，服务是根本，效益是目标，管理是手段"的工作方针及基本工作思路，提出安全、服务、效益和管理四大任务及目标：在安全上努力追求零风险，在服务上努力向国际先进水平看齐，在效益上努力争创国内同行一流水平，在管理上使公司成为优秀的现代企业。行政报告为公司后续发展奠定了重要的战略思想基础。

随着"新北京、新奥运"战略构想的逐步具体化和奥运筹备的日渐升温，地铁公司也逐渐深入地思考"新北京、新奥运"对地铁提出的新要求。2003年初，地铁公司职代会行政工作报告明确提出以"新北京、新奥运、新地铁"为主题开展工作，首次提出"新地铁"概念，并成为地铁公司奥运筹备的主题和中心任务。

2003年8月28日，市政府颁布《北京市基础设施特许经营管理办法》，北京地铁4号线开始引进其他地铁运营商。市场化的环境使地铁公司面临着巨大压力。北京地铁第二次改制后，地铁公司分析所面临的新形势、新任务和新要求，在2004年2月公司职代会行政工作报告中明确提出"新地铁"战略构想。

报告修订完善了公司未来发展的指导思想，即"以邓小平理论和'三个代表'重要思想为指导，始终面向首都未来，按照乘客合理需求，以良好的经济和社会效益为目标，以改革创新为动力，努力增强运营市场竞争力，积极拓展自身经营的地铁网络，为乘客提供满意的交通服务及相关服务；依托自身优势，按照审慎的商业原则，积极开展多角化经营；努力把公司建设成为深受政府、项目业主和社会各界信赖、具有雄厚综合实力的优秀现代企业"。

报告确立"地铁专业运营商"的公司定位和"为乘客提供满意的交通服务及相关服务"的公司使命。进一步明确"安全、服务、效益构成了地铁专业运营商的核心竞争力"，以及"安全是基础，服务是根本，效益是目标，管理是手段，改革是动力"的工作方针及基本工作思路。进一步明确并提升了公司发展目标：在安全方面，努力追求零风险，确保长治久安。在服务方面，努力争创国际一流水平。在效益方面，争创每条线路的最优效益水平，实现经济效益最大化。在管理方面，争创最佳管理模式，锻造国际知名的地铁运营品牌。与此同时，报告提出安全、服务、效益三方面工作的总体要求和思路，体现了依靠先进可靠的技术设备、优秀的员工队伍和科学的现代管理三轮驱动的战略发展思想。

报告提出的地铁公司发展目标和战略措施，得到公司广大员工的认可，地铁公司开始加快改革步伐，驶入了"新地铁"建设的快车道。

2004年6月17日，地铁公司召开改制后第一次党员代表大会。大会适应形势发展与任务的要求，提出未来五年的奋斗目标是：全面提高安全、服务、效益水平，全面提高企业的综合实力和核心竞争力，锻造国际知名品牌，努力把地铁公司建设成为具有雄厚实力的优秀现代企业，使企业在城市公共交通中发挥更重要的作用。大会发扬党内民主，选举产生了地铁公司新一届党委、党委常委会和纪委。新一届党委由19人组成，党委常委由王德兴、谢正光、齐书志、张树人、李卫红、李善琨、程爱华7人组成，王德兴当选为党委书记，谢正光、齐书志为副书记。新一届纪委由7人组成，李卫红当选为纪委书记、倪振华为副书记。党代会的召开，为实现"新地铁"战略构想提供了思想和组织保证。

2004年6月17日，北京市地铁运营有限公司召开第一次党代会

2004年11月9日，市政府批准《北京地铁4号线特许经营实施方案》，香港地铁公司进入北京地铁运营市场。2005年初，市发改委工作会明确提出"落实好地铁4号线特许经营方案，做好5、9、10号线特许经营实施方案研究和运营权招标工作"，北京地铁的运营市场全面开放。此时奥运会已进入倒计时，实现"新地铁"的任务越来越紧迫。而少数人对"新地铁"还存在模糊认识和口号化倾向。为此，2006年初，地铁公司职代会和党政工作会又对"新地铁"建设做出全面安排部署，进一步提高了工作标准。

公司领导在党政工作会作了《论"新地铁"》专题报告，提出了"国内领先，世界一流"的"新地铁"战略目标，以进一步统一全体员工特别是各级领导干部的思想，增强建设"新地铁"的责任感、使命感和紧迫感。报告分析外部环境的新变化，阐述了"新北京、新奥运"、"新北京交通体系"和北京市"十一五"规划对"新地铁"提出的新要求，明确了"新地铁"的基本特征和内涵，即："新地铁"将进入网络化运营的新阶段，将迎来市场竞争新格局，将进入以安全可靠、高效运行、功能完善、出行方便、快捷准时、舒心环保为特征的高水准运营服务的新阶段。地铁公司将以先进可靠的技术设备为坚实基础，以优秀的员工队伍为根本保证，以优秀现代企业的科学管理为支撑，将得到社会各界好评，成为政府信赖、乘客满意、媒体好评、同行称赞的知名品牌。

从此，建设"新地铁"的理念更加深入人心，公司员工以备战奥运和建设"国内领先，世界一流"的"新地铁"为目标，全面加速"新地铁"建设步伐，进入奥运筹备和"新地铁"建设的冲刺和决胜阶段。

二 改革运营管理方式

经历了2001年和2003年两次改制之后，如何适应新的企业领导体制和企业运行机制，不断发展壮大自己，是摆在地铁公司面前新的重大课题。按照中共十六大以及中共北京市委九届六次会议关于国有企业改革的要求，地铁公司分析所面临的改革形势，结合企业实际，提出创新运营生产组织方式和管理格局，从降低运营成本，提高生产效率出发，将改革作为发展的主旋律，用改革解决前进中的困难和问题，推动企业的不断进步。

2002年3月10日，地铁公司召开改制后第一次党政工作会，分析了公司存在的问题与矛盾，即：改革发展和安全稳定之间的矛盾，员工综合素质和地铁事业快速发展的新要求不相适应的矛盾，陈旧老化的车辆设备系统和安全、服务、效益三大目标之间的矛盾，激烈的市场竞争和增收减亏之间的矛盾，乘客的经济承受能力和改革地铁票制票价之间的矛盾，传统的管理模式和现代企业经营管理的要求不相适应的矛盾。会议要求，地铁公司全体干部员工要认清形势，明确任务，统一思想，提高认识，以奋发有为的精神状态，投身到企业改革和发展建设中去，为地铁建设贡献力量。

按照建立现代企业制度的要求，从建立新的运营管理方式入手，地铁公司加快企业改革步伐，开始了从机关到基层的一系列改革。

进行公司机关机构改革 2002年5月10日，地铁公司从职能转变与机构改革入手，完善和优化公司的组织结构，建立新的内部管理体制、经营机制和基本管理制度，对公司职能处室实施机构改革。本着精干高效的原则，精简整编职能处室，制定部门职责，重新定岗、定编，完善修订岗位说明书，完成公司各处室业务流程重组，明确新的工作程序。2003年11月地铁公司再次改制后，公司管理机构也同时进行调整。根据现代企业制度和公司发展的需要，2004年5月，地铁公司完成公司23个部室的定岗、定编和设置，重新制定岗位说明书及工作流程，为规范和提高工作办事效率奠定了基础。

成立7个专业分公司 2002年5月17日，地铁公司下发《关于运营公司各分公司机构改革的通知》并附指导意见，明确分公司机构改革的指导思想、基本要求、基本原则和相关政策等内容。地铁公司将客运段、古城车辆段、太平湖车辆段、通信信号段、供电段、机电段、线路段7个单位改为7个分公司，即：客运公司、车辆一公司、车辆二公司、通信信号公司、供电公司、机电公司、线路公司。在机构设置上，为使地铁公司与各分公司职能的上下统一，地铁公司对各分公司的共性科室作出统一规定，并根据各分公司的职能特点分别设置个性科室。按照改革方案，分公司管理人员改革前为781人，占职工总数的8.02%，改革后减少到616人，占职工总数的6.32%。对精减下来的165人，基本遵循培训后充实到运营生产一线或内退的原则，公司做出相应的安置，为新线输送人员。为使各分公司成为自主经营、自负盈亏、自我约束和自我发展的经营实体，地铁公司在公司本部与各专业分公司之间全面推行并实施两级核算，制定出台了地铁公司会计制度，统一会计核算标准，建立包括12种会计报表及40多种分析报表的财务报表体系，为推行并严格实行两级核算奠定了基础。地铁公司及所属各单位在全面推行预算制和实行两级预算中，由客运、车辆和设备等7个分公司做出成本预算，公司有关部门参照历史数据并考虑实际情况，审定各单位预算，编制完成地铁公司年度预算，为以后预算编制积累了宝贵经验。

车站实行站区管理 地铁车站，是地铁运营生产的第一现场，是运营生产的基层管理单位。2002年6月3日至9月20日，地铁公司着手进行站区管理体制改革。地铁公司将1、2号线原有的

39个自然站和13号线16个车站划分成11个站区，取消了自然站的管理模式，陆续组建了1号线苹果园站区、公主坟站区、王府井站区、四惠站区，2号线东直门站区、前门站区、复兴门站区、西直门站区，13号线城铁西直门站区、霍营站区、城铁东直门站区共11个站区。站区的划分充分考虑了工作量尽量均衡、管理幅度趋于一致、地理位置相对集中、车站在地铁网络中的作用及车站规模兼顾搭配、综合车站管理难度、便于客运组织6个因素。站区的划分必然带来管理人员的配备和调整。按照充分发挥站区管理职能，实现专业化管理和强化现场管理的思路以及原有干部队伍状况，进行站区干部配置。站区配置站区长1人，党支部书记1人，安全运营副站区长1人，服务票务副站区长1人，站区长助理若干等。改革的优越性在运营生产的实践中逐步显现出来，主要体现在有效地解决了管理幅度的问题，为地铁线路快速延伸奠定了基层管理模式；精简车站管理人员，为新线开通准备了基层管理人员，人、财、物得到合理使用；现场管理得到加强，促进管理者的素质提高，党群建设更加规范；副业的剥离，使站区管理者对运营生产的管理精力更加集中。

转变值守与执岗方式 2001年采用电视监控车门设备，将原来站台岗接发车作业取消，实现1号线减员239人，2号线减员172人。2002年采用行车助理岗方式，协助行车岗办理部分行车作业，维护站台乘降秩序，处理站台突发事件；采用电视监控扶梯，将原来现场看护扶梯改为设备集中监控扶梯；环线实行司机长制；设备维修根据设备的特点，采取不同的方式，实行社会化维修、故障修和状态修等方式。2003年13号线采用安装自动售检

2006年10月，北京地铁13号线单司机制启动会

票系统，改变人工售检传统方式。2004年行车组织由三级调度模式改为二级；指挥中心由每条线分散设置变为集中设置方式。2006年10月，13号线实行单司机制试点，2007年相继在13号线、八通线、1、2号线实行司机副司机制；设置综控室集中负责行车和所有设备的监控，同时取消各专业设备值守；卫生清扫专业化、社会化等。地铁公司通过应用新技术和新设备，改变传统的运营生产组织方式，增加企业科技含量，改变生产一线岗位的值守方式和执岗方式，在确保安全和服务质量的前提下，实现减员增效，降低运营成本，达到了预期的目标。

四班两运转改为三班两运转[1] 北京地铁始建于20世纪60年代，设备技术水平与90年代建设起来的广州和上海地铁相比相对

[1] 四班两运转改为三班两运转：基层单位生产一线员工分成四个班组，按照白班、夜班的方式运转倒班，为四班两运转。分成三个班组，按照白班、夜班方式运转倒班，为三班两运转。

落后，也存在人员配备多的问题。2002年，地铁1、2号线42公里（不包括复八线）的财政补贴从原来的4.8亿元逐年递减到96公里（含13号线）只补贴1.9亿元，严重的财政状况和市里提出的"北京地铁要从原来每公里180人减到每公里100人，新线开通不增发补贴"的硬性指标，使地铁公司必须进行减人增效改革。北京地铁每公里员工数量与国内、国外同行业相比存在一定的差距。这时的四班二运转班制人员配备过多，已经不适应地铁发展的需要，只有进行班制调整，降低人工成本，减员分流到新线，才有出路。企业要生存和发展，只有通过不断深化内部改革，提高劳动生产率，降低人工成本，减少人力资源的浪费，才能提高企业经济效益，促进企业发展。奥运申办成功，地铁加快建设速度，13号线、八通线即将开通，为地铁进行班制改革，实现减员分流提供了契机。地铁公司在客运公司进行班制改革试点，从2002年7月28日开始进行调研、制定改革方案，8月22日在前门站区试点，11月12日在运营车站全面实施。这次班制调整坚持了四个原则，即：坚持调整方案合法性的原则，方案必须符合劳动法；坚持调整方案体现提高劳动效率的原则，方案必须达到有效利用工时，合理配备人员；坚持调整方案要保证运营安全的原则，安全是地铁的生命线，班制改革绝不能影响安全运营，减员是减少运营低峰时间人员，而运营高峰时间人员必须有充足的保证；坚持有利于职工队伍稳定的原则，改革中考虑职工的承受能力，尽最大可能兼顾考虑职工的具体利益。新班制实行三班两运转的轮班方式，在保证安全运营、优质服务的基础上，提高有效工时的利用率，减员分流下来的员工，为13号线、八通线新线输送了大量人员；新班制根据各车站客流不同、岗位不同，设置零休制和整休制两种不同的轮休方式，适应车站运营生产的需要；新班制与卫生专业化同步实施，使员工不再担负繁重的卫生保洁工作，专心搞好安全运营和优质服务工作；新班制对职工的工时外作业给予合理的补贴。这次班制调整工作，实现了公司减员增效的改革目标。

后勤辅业与主业剥离　2003年下半年，地铁公司在车辆一公司试点的基础上，进行后勤主辅分离的改革。2004年10月25日，地铁公司下发《关于各单位进一步进行后勤改革及主辅分离改制的指导性意见》，改革的范围包括食堂、浴池、公寓、茶炉、厂区绿化、卫生清洁、医务室、幼儿园、门卫、车辆整备等可以社会化的工作。改革坚持主辅分离，辅业经营原则；降低成本、减轻企业负担原则；提供优质服务原则。后勤及辅业与主业剥离后的经营主体，实现自主经营、完全成本独立核算、最终达到自负盈亏。改革降低了后勤成本，减轻了公司的负担，同时还保证员工享有更优质的后勤服务。通过改革，实现做优做强主业，提高企业核心竞争力的目标。

成立资源管理与事业总部　为解决地铁运营线路和里程快速增长，而市财政补贴力度不断下降的矛盾，地铁公司依托地铁运营线路资源，以提高企业经济效益为目的，坚持"一业为主、多种经营、以副补主"的发展思路，着手对原有的广告、通信、商贸、房地产、出租等经营项目进行改革。这些项目原来都是以公司制方式，在地铁经技贸公司领导下自主经营，多年的经营有长足发展，但也存在着投资主体不明确、投资关系不规范的问题。

有的资产链条过长，导致资产关系不够清晰，很难将产权关系进行规范管理。有的行政关系不顺，造成管理体制不合理。地铁的资源经营管理分散，对资源的开发、利用缺乏统一的规划和管理。很难形成规模经营，实现资源经营效益最大化。由于经营体制的原因，上税的负担较重。这些问题制约着多种经营事业的发展。地铁公司二次改制之后，经过与京投公司协商，将5家多种经营公司的股权有偿转让给地铁公司。经过组织筹备，2004年10月28日，地铁公司下发《关于成立地铁公司"资源管理与经营事业总部"的实施方案》的通知，事业总部正式成立，下设广告、商贸、通信、文化产业和饭店旅游5个事业部。事业总部把确保安全运营、优质服务和品牌建设放在资源开发各项工作的首位，围绕乘客需求，打造人性化的增值延伸服务，统筹协调处理好系统内外、上下管理体系和乘客之间的关系，进一步梳理界定事业总部与各事业部、子公司之间的责权利关系，建立相应的规章制度和业务流程，适应网络化运营转型需要，推进企业重组改制，提高资源开发科学决策水平，实现收入指标、利润指标的超额完成，社会效益和经济效益有了新的突破。

地铁公安分局归属公交总队　2004年7月21日，北京市公安局下发文件，将北京地铁公安分局划归北京市公安局新成立的公共交通安全保卫总队。地铁公安在隶属北京地铁期间，经历了从地铁建设初期的公安连，到1976年组建地铁公安分局的发展变化，其编制曾于1994年由地铁总公司划归北京市公安局，受地铁和市公安局双重领导。这次机构再次调整，使从地铁初建时就建立的专职地铁公安队伍与地铁公司的领导隶属关系彻底脱离。

地铁公安分局原来行使的是政府职能和地铁安全保卫的管理职能，调整后实现政企分离，划归到市公共交通安全保卫总队，其职能由负责地铁安全保卫改为负责北京市公共交通系统安全保卫工作。

地铁技工学校更名为技术学校　2003年11月13日，经北京市劳动和社会保障局批准，地铁技工学校更名为地铁技术学校。在11月27日举行的地铁技术学校揭牌仪式上，"北京地铁自学考试高等职业教育专业"开班新闻发布，标志着北京地铁技工学校经过25年的发展，教育职能又迈上新的台阶。地铁技校办学30年，共培养出9个专业28届7000余名毕业生，有300余名走上科级管理岗位，60名走上处级领导岗位，成为地铁专业技术骨干的中坚力量。地铁技校为上海、大连、天津、长春、武汉、南京、西安、哈尔滨、齐齐哈尔等10余个城市培训地铁技术员工和管理人员近800余人。

三　提升管理标准

2005年初，北京市发改委提出在落实好地铁4号线特许经营方案的同时，还要求做好地铁5、9、10号线特许经营实施方案研究和运营权招标工作。地铁公司面临的市场竞争压力进一步加大。北京轨道交通事业的大发展和越来越快的市场化进程，不同运营商之间的同台竞技已经真正开始。地铁公司要赢得市场竞争，就必须坚持按照专业化社会分工和市场竞争的要求，集中精力做优做强地铁运营主业，努力提高由安全、服务和效益所构成的企业核心竞争力。

根据多年运营管理积累的丰厚的经验，地铁公司于2005年4月1日，颁布了新修订的《北京地铁运营事故处理规则》，4月7日颁布了新制定的《北京市地铁运营有限公司运营服务质量标准》，这两份重要文件相继出台后，相应制定了《安全风险工资考核办法》和《服务风险工资考核办法》，形成以绩效考核为导向的激励和约束机制，保证两个文件的有效执行，促进了地铁服务工作规范化和服务质量的提高。

建设"新地铁"战略目标的提出，使地铁公司进入高水准运营的新阶段，逐步形成"安全可靠、高效便捷、功能完善、低耗环保、文明舒心、知名品牌"的"新地铁"运营基本特征。在逐步完善和提高工作标准当中，地铁公司将这六方面基本特征具体化、指标化，实现了运营服务质量管理与国际水平的对标。2007年3月14日，地铁公司以建设"新地铁"为目标，参考国际地铁联合组织CoMET指标体系，重新修订编制包括安全可靠、高效便捷、功能完善、低耗环保、文明舒心和知名品牌六部分内容的《北京地铁运营服务质量标准》。新标准以满足乘客需求为出发点，结合公司实际，充分考虑历史延续性、国际通用性和可操作性。新建立的与国际接轨的运营服务质量标准体系，对全面提升运营管理服务质量水平发挥了重要作用。2007年4月，地铁公司对《运营事故处理规则》进行细化补充和完善，提高安全控制标准，扩大安全控制范围，并结合新规则，相应修订了《安全风险工资考核办法》。

2009年，地铁公司再次修订《运营服务质量标准》，涵盖了国际地铁联合组织CoMET指标体系41个关键绩效指标，实现与世界一流水平的对标。公司的安全、能耗、培训等指标在CoMET2008年关键绩效指标测评中名列前茅。

四 薪酬制度改革

在通信信号公司实行薪酬制度改革试点的基础上，地铁公司于2004年10月14日下发《关于工资分配制度改革的指导意见》。地铁公司及各二级单位按照指导意见，着手研究本单位的工资改革实施方案。在定编、定岗、定责、定员的基础上，坚持效率优先、兼顾公平和按劳分配的原则，与劳动力市场价格接轨，进行结构性调整。在制定工资改革方案中坚持工资收入与岗位、责任、贡献、效益挂钩浮动；打破干部工人身份界限，变身份管理为岗位管理，员工公平竞争择优上岗；坚持评聘分开的原则，打破专业技术职务和技术等级终身制，根据编制定员、岗位需要和员工实际业绩、能力进行评议聘任；按照"存量不动，增量改革"的原则，实现新旧工资办法的平稳过渡，确保安全运营和员工队伍稳定。工资分配改革确定了实行以岗位工资制为主体、多种分配方式相结合的基本工资制度。

建立绩效考核体系，是工资分配制改革的关键环节，也是"责、权、利"相统一的重要体现。为有效组织和实施公司各层面的绩效考核，2005年3月21日，地铁公司成立绩效考核委员会，完善考核管理办法，通过对安全、服务、管理、效益等关键绩效考核指标的修订，全面客观地反映地铁公司的经营成果和经

2005年，地铁公司与二级单位签订绩效考核责任书

济社会效益。综合安全、服务和效益三方面的指标，地铁公司与各单位签订绩效考核责任书，明确奖惩政策，考核结果直接与各单位工资总额挂钩；建立个人绩效考核体系，公司制定中层以上管理人员，各二级单位制定科及以下员工的考核办法，形成从上到下覆盖全员的绩效考核体系。绩效考核结果直接与个人收入挂钩，解决了基层员工反映的在考核方面"上松下严"的问题。工资制度改革和绩效考核体系的建立，构建了企业的激励和约束机制，对提高管理能力和执行能力发挥了重要作用。

五 ISO9001质量认证

根据"新北京、新奥运、新地铁"的战略构想，地铁公司从2006年开始启动ISO9001质量认证工作，目的是全面引入ISO9001

管理体系，借鉴国际先进管理经验，实现管理上与国际标准接轨，以科学管理支撑企业的发展，达到"建设新地铁，打造国际一流轨道专业运营商品牌"的目标。

地铁公司成立了贯标工作领导小组，制定《北京地铁公司质量管理体系企业策划书》，开展分层次、全员性的ISO9001质量管理体系标准基础知识的多种培训。在认证工作启动初期，地铁公司重视对质量的追求，精心挑选有实力有经验的经典智业认证咨询公司作为地铁的质量认证机构。公司领导提出制定质量方针要以符合质量管理体系标准要求为前提，体现北京地铁行业特点，体现"新地铁"思想和以顾客为关注焦点的理念，体现质量目标要与服务质量标准相结合的思路。地铁公司和7个分公司、5个事业部相继编制完成《质量手册》和相应的《程序文件》及标准化工作程序。

9月13日召开的ISO9001质量管理体系文件颁布大会，标志着地铁公司的质量管理体系开始试运行。按照ISO9001质量管理体系的要求，公司对第三层次文件，即公司的规章制度和标准进行再次梳理和修订，共修订管理标准109个，编制完成《北京市地铁运营有限公司标准体系管理标准》上下册，并下发全公司，这一举措提高了公司各项管理工作的规范化、标准化和可操作性。

2007年1月9日至13日，地铁公司进行质量管理体系认证审核，认证公司对现场审核确认通过，当场宣布同意推荐地铁公司为认证单位。2月10日，在人民大会堂举行地铁公司ISO9001质量管理体系认证颁证大会。谢正光主持会议，各分公司、事业部经

　　2007年2月10日，北京地铁公司ISO9001质量管理体系认证颁证仪式在人民大会堂隆重举行

　　理分别接受到会领导颁发的ISO9001质量认证管理体系认证证书和牌匾。至此，地铁公司建立起ISO9001质量管理体系，顺利通过认证获得证书。ISO9001质量管理体系的建立和在实践中的有效运行，推进了地铁公司管理的系统化、规范化、科学化，实现了与国际管理水平的接轨，为地铁公司"建设新地铁，打造国际一流轨道专业运营商品牌"奠定了坚实的基础。

第四节 车辆设备更新改造

一 更新改造工程的立项

北京地铁1、2号线始建于20世纪六七十年代，共有41座车站，全程54.65公里。进入新世纪后，两条线日客运量达到132万人次，日最高客运量256万人次，在首都公共客运交通中起着举足轻重的作用。

1、2号线车辆设备系统经过30多年的运营，经历了由战备人防为主，逐步向以城市公共交通为主的转换过程。由于总体技术水平偏低，安全稳定性较差，先后进行过局部技术改造。随着运营时间的增加，客运量逐年增长，以及受到诸多建设条件的限制，1、2号线的运营管理和运行安全的矛盾日益突出，安全隐患已逐步暴露出来。为此，地铁公司于2002年提出对1、2号线车辆设备系统实施逐步改造的全面规划。

2003年2月18日，韩国发生大邱地铁火灾事故，造成至少190多人死亡、140多人受伤的惨案。死伤如此惨重，震惊世界。究其原因，首先是设备方面的隐患，其次是法律不健全及安全教育流于形式。该惨案警醒世界各国，同样给中国带来了强烈的震撼。所有拥有地铁的城市都开始对地铁的安全进行反思。面临着即将承担奥运期间城市客运交通骨干重任的北京地铁，更加引起北京市乃至中共中央、国务院的高度重视。

2月19日，大邱火灾的第二天，北京市市长孟学农等领导来地铁召开紧急会议，就北京市基础设施安全运行问题进行部署，重点对北京地铁安全运营工作提出要求。

2月28日，国务院安全生产监督管理局督察组有关领导，到北京地铁检查安全和防火工作。安监局督察组在地铁天安门东站等车站检查消防综控室、供电高、低压配电室、机电环控室、各工种机房和站台消防设施、器材等设备，提出加强管理和改进对地铁运营设备设施存在的安全隐患的要求。

3月5日至10日，由国家建设部、公安部、科技部、铁道部、环保局等部门组成的国务院安全督察组，对北京地铁进行安全检查。这次检查是落实中央领导批示精神，在各地自查的基础上，对北京、天津、上海、重庆等9个城市地铁进行的安全检查。北京地铁是检查的第一站。在两天的检查中，检查组听取地铁领导关于安全工作的汇报，检查地铁供电、信号等设备，询问了设备运转情况和各项安全防范措施，并对检查工作进行总结分析。5月23日，督察组对新建的13号线、八通线和土桥车辆段进行实地检查。

随后，国务院地铁安全督察组向北京市反馈检查督察意见。督察组总体肯定北京地铁为北京市的经济发展做出的重要贡献，同时指出北京地铁存在主要隐患是：1、2期工程建设较早，当时建设的指导思想是以战备疏散为主，兼顾交通，工程建设整体水平和安全标准较低，多数设备属于一次性非标试制品，产品技术水平低、可靠性差，存在很多安全隐患。在30多年的运营过程中，虽然经过技术改造，但总体技术水平仍然偏低，安全性、稳定性较差，直接影响地铁的运营安全，关键设备更新、技术改造迫在眉睫。并具体提出供电、机电、信号、通信、车辆和轨道等系统存在的安全隐患。同时提出：应按立即整改、近期整改和远期整改的划分，逐项确定整改的最后期限、整改期间的安全保障措施、整改资金的落实情况和整改责任部门等要求和7项建议。

地铁公司按照国务院安全督察组反馈的整改意见及建议，对能立即整改的采取应急整改措施，连续开展安全教育和全方位安全防火检查，组织进行消防演习、防爆演习；细化加强安全监督管理、预防火灾措施及突发事件应急预案；采取撤销书报销售摊位、站台商亭等应急处置办法。同时，根据地铁的发展，积极研究制定适应新形势、新任务需要的北京地铁设备设施的改造方案和规划。

从北京申奥成功至2008年举办奥运会，北京市将建成4号线、5号线、10号线和奥运支线等数条新线。届时，北京地铁将在市区内形成轨道交通线网，运营线路总里程也将达到约200公里。其中1号线是贯通北京市东西向的大动脉，是客流最繁忙的线路之一，客流高峰满载率远远超过设计值。2号线经过市中心最繁华的地段，线路呈环状，是各条新建线路的换乘联络线，将担负起多条线路的客流联络、换乘任务。但就当时1、2号线的运输能力，车辆、设备技术水平，远不能达到2008年城市轨道交通线路规划的运能要求。要确保1、2号线的安全运营，全面消除各类安全隐患，使其在2008年之前与城市轨道交通线网规划的运能相适应，客运服务水平和运营能力达到国际先进水准，并不断降低运营管理成本，就必须对1、2号线的车辆设备进行相应的配套改造。为此，地铁公司在2002年编制的《北京地铁1、2号线车辆设备改造总体规划》的基础上，进一步修订规划并制定出《北京地铁安全隐患全面整改方案》。2003年9月29日，北京市政府第18次市长办公会正式通过。

12月，地铁公司与城建设计院共同完成《北京地铁1、2号线车辆设备消隐改造工程可行性研究报告》的编制，初步确定改造工程的范围、内容、方案、总体目标以及设计原则、技术标准等。2004年1月中旬，双方又联合组织对可行性研究报告进行评审。30多名从事地铁运营、建设、设计、研究的技术专家参加评审会，肯定地铁一、二期工程改造的必要性和可行性，并提出详细的意见。根据专家意见，各专业对报告的有关内容进行了完善和修订。

4月30日，地铁公司遵照"实事求是，科学管理，统筹兼顾"的原则，结合1、2号线车辆设备更新改造计划，按照轻重缓急制定了立即整改和分期整改计划，总投资约37亿元人民币。更新改造可行性研究报告及资金落实方案，得到市政府批准。

因更新改造工程复杂、投资大、项目多、工期长、风险性高，且国家没有明确的立项审批程序，未经过国家发改委立项，也无法执行进口设备免税政策（车辆、信号、AFC等由国家发改委立项），市有关部门提出要经过咨询公司评估，并成立监管组审批其他项目。

受北京市交通委委托，中国国际工程咨询公司8月10日至12日，在北京国谊宾馆主持召开《北京地铁1、2号线车辆、设备消隐改造工程可行性研究报告》专家论证会。会议邀请从事轨道交通研究、设计、生产、制造以及轨道交通建设管理、运营管理等相关专业的国内知名专家共25人组成专家评审组，由上海市隧道院设计大师俞家康担任专家组组长。专家组分为总体组、综合设备组、机电组和经济组，分别对该工程项目所涉及的专业内容进行评审。

10月25日，中国国际工程咨询公司向北京市交通委报告《关于北京地铁1、2号线车辆设备消隐改造工程可研报告的论证意见》❶。

中国国际工程咨询公司的论证意见包括：工程规模、项目、总体目标及分项论证；对改造工程安排按轻重缓急，对安全运营影响较大的要优先安排实施的原则，特别是在2008年奥运会前，应重点安排影响重要安全的系统项目；强调该工程为全线全面的改造工程，在国内尚属首列，施工难度和风险都较大，提出从工程总体协调、做好工程筹划和施工组织协调、专题研究消防系统改造方案、注意施工过程安全保障、加强应急预案的研究等论证意见。11月9日，市交通委批复北京地铁1、2号线车辆设备消隐改造工程，工程投资按37.5亿元总额控制。

鉴于这次大规模改造工程安全风险大、投入资金大、工期时间长等实际情况，2005年2月23日，北京市成立由市政府副秘书长任组长、市交通委牵头、相关委办局为成员单位组成的地铁改造工程监管协调工作组，市运输局作为监管协调工作组办公室，负责具体监管协调工作。市改造工程监管组成立后，制定出台《北京地铁1、2号线安全隐患整改项目监督管理办法》，从监管

---

❶ 咨交通（2004）1267号文件。

工作内容、职责分工、监督制度等方面作出要求。

随着北京奥运会日益临近，"新北京、新奥运"催生了"新地铁"的建设发展，也给北京地铁既有线运营提出更高的要求。为此，北京市政府不断加大对地铁既有线改造工程的投资力度。北京地铁改造工程也由当初的消隐改造工程逐步扩大到超过85亿元的大规模既有线更新改造工程。工程范围也由当初的1、2号线消隐工程和自动售检票AFC系统工程演变为包括消隐改造工程、AFC工程、反恐处突工程、2号线新增84辆车、车辆强检强修、800M无线政务专网引入工程、2号线144辆车提前更新、车站综合整修工程、八通线AFC系统工程、小营指挥中心移设工程以及既有线路进一步提高运能工程和八通线安防图像监控工程共计12大项更新改造工程。

新增更新改造工程项目的总目标是：消除地铁既有线路安全隐患，最大限度提高地铁的运力，适应奥运交通保障的需要，满足乘客的乘车需求，实现既能"让乘客走得了"，又能"让乘客走得好"这一功能要求。

> **二 更新改造工程的设计**

面对如此大规模的改造，改造方案如何选定？改造深度如何把控？改造期间新老设备如何倒接过渡？各专业系统间相互制约如何协调？各专业间接口关系如何理清？特别是对于总体工程筹划、分项工程实施方案与工程应急预案，以及如何解决地铁设计规范中有关消防、紧急疏散的强制性要求与地铁既有土建结构限制的矛盾，成为摆在地铁公司面前的主要难题，都需要在工程开工前进行专题研究。

工程的前期工作是整个工程建设的基础，特别是像1、2号线消隐改造这样全线全面的改造工程，前期准备工作显得尤为重要，做好可以起到事半功倍的作用。面对工程前期存在的诸多难题，地铁公司进行了近两年的工程前期准备工作。

2003年12月至2004年7月，是可研报告编制阶段。这一阶段，初步确定了改造工程的范围、内容、方案、总体目标以及设计原则、技术标准等。解决了为什么改、改哪些、改到什么程度的问题，并提出了需要总体综合考虑的问题，如综合指挥中心问题、车站综控室问题、通信传输系统问题、综合接地网问题等。

鉴于此次1、2号线消隐改造规模大、专业系统多以及改造工程的复杂性，地铁公司在消隐改造工程中增加了总体设计阶段。2004年9月至12月，是总体设计阶段。这一阶段，在可研基础上，重点研究了系统改造设计方案、综合指挥中心、运营管理模式、车站房间布置、工程总体筹划、各专业技术接口、系统过渡方案、应急预案等专题。这些问题，都是前期工作中必须解决的难题，关系到改造的成功与否。通过总体设计，进一步确定改造方案；理清各专业间、各系统间接口关系；明确各系统实施中的制约条件；编制总体工程筹划、系统过渡方案及应急预案；研究改造后的运营维修管理模式。

在改造工程设计过程中，考虑到老线改造的特殊性和复杂性，更由于各方面都缺乏此类项目的设计经验，地铁公司与城建设计院组成联合设计工作组，发挥地铁公司技术人员和管理人员的运营管理优势，用最短时间完成可行性研究和总体设计工作。特别是在总体设计阶段，公司组织所有设计人员集中封闭3个月，采用"头脑风暴法"，日夜兼程地开展工作。3个月中，地铁技术人员与设计院方面的技术人员克服种种困难，互相取长补短，团结协作，共同研究设计方案，较好地完成总体设计任务。这期间，公司总经理与主要设计人员一起，每周召开1至2次设计专题会，共同研究总体设计方案，解决了大量难题，保证了设计质量与设计进度。9月至11月，地铁公司与城建设计院共同完成总体设计，进一步确定改造方案；理清了各专业间、各系统间的接口关系；明确了各系统实施中的制约条件；编制了总体工程筹划、系统过渡方案及应急预案；研究了改造后的运营维修管理模式。

2005年1月22日，北京市地铁更新改造工程监管组对总体设计进行审查。2月2日，市监管组对《北京地铁1、2号线车辆、设备消隐改造工程总体设计》给予批复❶。自此，1、2号线车辆设备消隐改造及AFC系统工程的初步设计全面启动。在初步设计阶段，成立了联合设计工作组，公司投入工程技术力量配合城建设计院于4月底完成17章、共计237册的初步设计文件，其中包括图纸4635张，设计说明书15册，设计概算23本。经公司专业组、总体组、领导小组内部审查，6月底完成全部专业初步设计的最终审查。初步设计通过外部专家审查后，地铁公司认为需要对初步设计文件进行修改完善，以保证随后进行的工程招标以及施工

---

❶ 京运管科安字（2005）58号文件。

设计质量。为此，总体组组织各专业组与城建设计院一起针对专家提出的113条意见和建议，逐条进行分析研究，并落实到初步设计文件中。联合设计是这次改造中创造出的一条重要的成功经验，是贯穿总体设计、初步设计和施工图设计各个设计阶段的成功法宝。

设计审查和评估是对设计文件的进一步确认。总体设计完成后，地铁公司分别进行内部审查、外部专家审查和国际知名咨询公司的评估。通过这些过程，有效降低因前期工作不到位带来的工程风险。

2005年，改造工程陆续进入招投标阶段。地铁公司按专业选定经验丰富的招标代理公司，各分公司实施单位根据改造工程的总体目标，立足于改造后的管理模式，依据招标实施细则，编制招标文件，组织开展招标工作。由此，更新改造工程进入实施阶段。

三 更新改造工程的实施

地铁更新改造工程共计12大项。工期紧，时间跨度大，大部分改造项目，特别是涉及安全的主体工程必须在2008年奥运之前完成，改造工程总共需要6年时间才能全部完成。工程总投资85亿元人民币。地铁公司将其作为建设"新地铁"的机遇主动迎战。但是如此大规模地改造要在不影响正常运营的前提下进行，其艰巨性、复杂性、风险性及难点之大，在北京地铁发展史上是头一次，不仅国内没有，就是在国际上也十分罕见。

当时，地铁1、2号线日均客流已在150万人次左右，正常情况下确保地铁运营安全都是一项复杂且难度很大的工作，而要在改造的同时确保运营安全更是难上加难。边改造，边运营，交叉干扰大，在人力、时间及空间上的矛盾十分突出。

改造涉及既有线路12大项，包括车辆（车辆段）、供电、通信、信号、机电、线路六大专业系统共计173个子项目。如此大规模的改造工程，要确保工程安全、质量、进度及投资。依据工程总筹划，在改造最紧张时期，1、2号线全线，各区间、各车站、各机房将同时施工，且每个专业都将同时开几个施工点，有的施工点将会有多个专业同时施工，需外部协调的部门和单位多，包括市级规划委、发改委、园林、消防、供电、供水、环保等部门和单位。这些都会给工程管理带来极大的难度。还有，改造工程制约条件及不确定因素多，如：电力增容、自来水引入、消防建审、规划立项、无线频点、指挥中心、AFC土建方案及改造工程中有关程序、规范标准如何掌握等问题。而这些制约条件及不确定因素，又都是改造工程的关键控制点，如果得不到落实，将严重影响整个改造工程的进度。

虽然北京地铁有30多年的运营管理经验，也曾经进行过一期技术改造和消隐工程，但对于如此大规模的改造工程管理，国内外轨道交通行业中没有现成的经验可借鉴。同样，对参与工程的设计方、施工方及监理方等也都缺乏改造工程方面的经验，这都给工程管理和组织实施带来很大难度。

1、2号线更新改造工程受到市政府及社会各界的高度重视和广泛关注。市政府专门成立了北京地铁更新改造工程项目监管协调工作组，并制定下发了监管办法。

从2005年6月至2008年6月，这三年是工程施工期。2005年，大规模更新改造进入全面实施阶段，地铁呈现出白天是繁忙的运营生产主战场，夜里是紧张的改造工程大会战。几十个工种同时进行施工改造。面对工程抢时间、争进度、占场地、交叉干扰的复杂状况，地铁公司把强化工程安全管理放在改造工程各项工作的首位。在既有运营管理组织构架之外，搭建了改造工程管理组织体系，建立相应的工程调度协调和例会制度。为了保证工程管理组织体系高效运转，地铁公司将国际通用工程管理理论和改造工程的具体特点结合起来，建立健全了一套完整的、可操作的规章制度，有《北京地铁1、2号线车辆设备消隐改造及AFC工程安全生产监督管理办法》、《地铁公司建筑施工事故应急预案》、《安全生产许可证》等制度。自2004年至2006年两年间，地铁公司陆续建立了公司层面的24个管理规定，包括安全管理、招标管理、变更管理、验收管理、资金管理和工程监察管理等各个方面，并汇编成册。在这些制度的保证下，各单位与施工单位及监理单位签订安全管理协议，明确各方责任，落实责任主体。各单位本着"死看死守"的精神，确保改造过程中运营安全。

根据总工期目标，地铁公司编制了总体进度计划，在充分考虑各种困难和不利条件的情况下，进行工程总体筹划和各专业总体进度计划。改造期间，平均每年安排各类施工2万多项、轨道车作业1000余列。公司还通过建立多级协调机制，召开协调现场会、技术专题会等方式，随时研究解决影响进度和质量的问题。

加强工程监管，确保投资控制在预算范围内，是工程管理的重要目标之一。地铁公司从方案的优化和设计内容的完善，抓住投资控制的龙头，严把设计关，提高设计质量，控制投资的第一道工序；严格工程招投标、设备物资采购程序，择优、科学、合理地选择施工队伍和采购物资设备，做好招标阶段投资费用的控制；严格洽商变更、计量支付管理，按照公司既定的申报程序，并按审批程序的审批权限，认真复查，严格控制；加强对现场监理管理，提高验工、计量的标准性和客观性；对工程项目实施周密全面的动态监控，建立全过程投资控制体系，并分兵把守，确保投资控制不突破初步概算的要求。地铁公司精打细算，严格控制建设成本，特别是严格把握合同谈判和设计变更两个重要环节，避免大幅增加投资。各实施单位加强工程和财务管理，严格执行合同，较好地控制了建设成本。各专业组对各类追加投资严格审查，严格把关，特别是严格控制设计变更，以尽量减少变更，杜绝反复变更。同时对于上报的变更洽商费用一律外委咨询公司进行审核，有效降低变更费用，控制了工程投资。

为有效地开展效能监察，强化反腐倡廉工作的针对性和实效性，营造工程建设良好的发展环境，推动党风廉政建设，工程监察组参与改造工程的招投标监察工作，并积极协同地方人民检察和公证机关，加大监督工作的法律效力，保证招标、合同谈判、签约的顺利进行。工程监察组制定下发《严明在北京地铁1、2号线更新改造和AFC工程中对潜在投标人和物资设备生产厂家考察、监造、验收的工作纪律》。监察组还广泛调研，加强对废旧物资设备处理工作的探讨和规范。纪检监察部门深入实际，加强过程监督，特别是对验工计价、合同执行、材料设备出入库以及废旧物资处理等方面进行重点监督，为实现"阳光工程"和工程廉洁目标发挥了重要作用。

为确保改造计划目标的实现，地铁公司于2005年制定出《1、2号线更新改造工程绩效考核办法》，与各实施单位签订《1、2号线更新改造任务目标责任书》，将改造工程的安全、质量、进度、投资及廉政与当年核定的工程建设费挂钩考核，明确各单位在本专业改造工程中的任务与责任，坚持责、权、利的相对统一。2006年，公司对更新改造工程实行目标管理责任制，在确保安全、质量、进度的前提下，不断加快更新改造工程的进程，进入攻坚之年。

2007年，改造工程完成全部施工设计和招标工作，各专业交叉实施达到顶峰，形成多专业多系统"大会战、大决战"局面。从工程立项到工程投资、从工程协调到工程监管，市地铁安全隐患整改项目监管组负责监管督导更新改造工程的全过程。监管组坚持安排每年至少四次对安全隐患整改进行现场检查。

2007年5月11日，市监管组组织当年度首次检查。检查组听取地铁公司、施工单位、监理单位对受检项目的情况介绍，采取抽样方法，选定地铁2号线积水潭站西厅AFC移梯加板改造和1号线古城洞口复式交分道岔改造为现场检查项目。检查组分为土建组、线路组和资料组，从工程质量、施工管理、安全管理、资料管理等方面进行检查，并在24：00停电后，进入古城洞口道岔改造现场对夜间施工情况进行检查。通过现场检查和

地铁实施车辆设备更新改造工程。图为供电系统开工仪式

地铁实施车辆设备更新改造工程。图为换轨工程场面

地铁实施车辆设备更新改造工程。图为扩充车站站厅施工场面

查阅有关施工、监理记录，检查组一致认为，地铁更新改造工程组织严密，施工准备充分，工序安排合理，分工清晰明确，总体质量较好，改造效果显著，施工资料基本齐全，内容填写比较完整。施工技术措施、安全防范措施、运营组织与客流疏导措施有效。

8月30日，市交通委领导到1、2号线更新改造工程车站恢复性装修试点站阜成门站，对车站装修、导向标识、卫生间、乘客服务实施等项目及对1、2号线新型电动客车进行考察，提出要加快车站恢复性装修改造工程进度，制定车站、客车车厢的卫生保洁制度，并形成长效机制，为乘客营造整洁、舒适的乘车环境。

2008年1月7日，市地铁安全隐患整改监管组组织2007年度第四次检查，重点检查通信、信号专业的更新改造工程。分别检查积水潭站线缆整理计轴测试、雍和宫站传输机柜、光缆配线架等设备安装质量，同时检查工程管理单位、施工及监理单位相关工程资料。检查组一致认为，地铁1、2号线安全隐患整改方案完善，管理层次清晰，在边运营边改造及现场条件极其困难的情况下，工序安排合理，施工进度符合要求。工程管理单位技术措施、管理程序基本完善，设备安装、缆线敷设及机柜配线符合施工工艺规范，达到设备功能要求。检查组建议进一步完善系统联调和系统倒接方案，确保系统倒接有效实施，并要求施工单位和监理单位应进一步按照建筑工程资料管理规程相关规定，加强工程资料的规范化记录与管理。

1月10日至11日，市地铁安全隐患整改监管组组织召开地铁

1、2号线安全隐患整改2007年总结会。经总结：2007年计划新开工项目39项，完成年计划100%，实际完工64项；计划完成工程投资9.7亿元，实际完成9.33亿元，完成年计划的96.2%。截至2007年底，地铁1、2号线消隐改造工程共计186项，累计开工184项，占项目总数的99%，累计完工132项，占项目总数的71%。地铁1、2号线消隐改造工程计划总投资38.36亿元，累计完成24.08亿元，占计划总投资的63%。

2008年是改造的决胜之年、奥运保障之年，同时也是改造工程亮相之年。至2008年奥运会前，北京地铁更新改造主体工程全面完成，并投入使用。

四 更新改造工程取得的成果

在不影响正常运营的前提下，地铁公司历经六年时间，进行了史上最大规模的地铁全系统更新改造工程。

六年的更新改造工程取得丰硕的成果。北京地铁在车辆设备安全可靠性、车辆设备技术水平、车站和车辆环境、地铁运输能力和效率、运营管理模式、综合调度指挥效能及低耗环保等方面得到大幅度改善，地铁各设备系统多年来存在的安全隐患得以消除，北京地铁整体运营管理水平得到提升。这次更新改造工程的完成是"新地铁"安全可靠、高效便捷、功能完善、文明舒心、低耗环保、知名品牌基本内涵和特征的全面展示，是地铁运营管理向更高层次、更高标准攀登的阶梯，是向"国内领先、国际一流专业运营商"迈进的新坐标。

更新改造使北京地铁更加安全可靠、低耗环保

此次改造，实现更新和新增车辆共408辆，其中1号线更新120辆，2号线更新60辆，2号线新增84辆，提前更新144辆，实现奥运会前2号线全部新车上线的目标。新车上线运行，车辆质量保障更为可靠，新车的材料更为环保，动力方面采用能耗更低、便于维修、更加绿色环保的先进设备，为实现低耗环保提供条件。完成1、2号线和八通线的342辆车（57组）的强检强修，明显提高1、2号线老旧车辆的安全防火性能，稳定了车辆质量，在一定程度上提高了乘客的舒适度和客运服务能力，提升了车辆运行质量及安全可靠性。

完成供电系统基础设备改造，包括10千伏系统改造、750伏系统改造、400伏系统改造及1、2号线SCADA改造等。新的供电系统对1、2号线全部基础设备进行实时的数据采集和集中监控，实现电站设备管理的"值守制"变为"站区巡检制"，供电设备由计表修转为故障修、状态修，降低了人工成本与设备维护成本，提高了经济效益，供电系统的安全可靠性得到进一步提升。

线路系统更新钢轨、扣件、道岔等与运行直接相关的关键设施，并增加大型维修、检查机具，很大程度上提高了轨道设施的安全可靠性。

车辆段改造包括：新建列检库、信号楼、轨道车库及大修定修库延长等新建工程；停车列检库、定修库、月修库及库内消防火灾自动报警系统等改造工程和部分生产维修、检测设备的更新购置；古城、太平湖两个车辆段改造工程，提升了列车

的停放和检修能力，改善了车辆维修的工作环境，消除了原有的水、暖、电等系统的安全隐患，提高了维修设备的技术水平和维修效率。

更新改造使北京地铁功能更加完善

更新改造工程按照以人为本，乘客至上的理念，提高了车辆、车站建筑、AFC、自动扶梯、导向标识、通风空调、卫生间、残障设施等服务设施的水平，地铁的各项服务设施功能更加完善。

通信工程改造包括通信传输系统、广播系统、专用电话系统、闭路电视系和无线通信系统改造。同时新更换的地铁车辆的旅客信息系统增加到站广播和电视、电子显示等设备，能够为乘客提供周到的信息服务，方便乘客的出行。经过改造后的通信系统是一个高可靠性、易扩充、组网灵活的专用通信网，能够实现灵活可靠的远端视频图像切换和控制以及功能多样化和子系统设备一体化，满足北京地铁交通运营和管理对语音、文字、数据和图像等信息的需求，具备较高的自动化程度。建设的商用综合信息平台，实现移动通信和电视信号全覆盖。地铁1、2号线和八通线引入800兆无线政务专网，包括地铁1、2号线共39座车站及相关区间，实现政务无线通信系统在北京地铁区域的覆盖，专网涵盖地铁进出站口、进出通道、站厅、站台和地铁运营隧道，既满足政务无线通信系统整体建设的需要，也满足市公安局、市交通委、市应急中心、市急救中心等相关部门的业务需求。

机电系统改造完成后使1、2号线地铁车站具备较为完备的消防系统，从根本上提高地铁防灾、救灾能力。环境设备监控系统将就地监控改变为远方自动集中监控，全面提高设备运行管理水平和经济效益。

1、2号线和八通线增强了防恐处突能力。1、2号线43个车站共安装1590个摄像头和其他相应的室内设备，300辆（50组）地铁车辆安装视频摄像头和无线漏缆工程，实现列车车厢内的监控功能。八通线13座车站共新安装各类摄像机215台，利用原有运营系统摄像机126台，合计341台。工程完成后，1、2号线和八通线各站公安值班室可以对线路和车厢及时监控及录像，便于公安和运营部门迅速调查突发事件，为事后分析判断问题提供可靠的依据，为地铁安防和平安奥运提供有力保障。

更新改造使北京地铁更加文明舒适

改造后的地铁车辆设备系统以崭新的面貌为乘客提供更完备和更人性化的服务，其中包括车站增设集中空调系统，新车客室设置空调，提高乘客的舒适度。1、2号线和八通线进行车站综合整修。主要是对1、2号线车站进行车站装修建新，车站出入口及通道粉刷清洗；车站集散厅吊顶、墙面、柱面粉刷清洗；车站站台吊顶、墙面、柱面粉刷清洗；29座车站、64个公共厕所改造以及1、2号线车站导向标识系统改造。2008年3月底，1、2号线19座车站共计26个乘客服务中心改造全部完成。6月底，1、2号线39座车站的综合整修、车站导向标识系统改造全部完成，为乘客营造出良好的乘车环境。

机电专业完成空调系统工程并投入试运转，改善了乘客候车环境，为乘客提供更为完备的服务设施。线路改造工程使地铁一期工程范围内钢轨及扣件全部更新，1、2号线全部道岔改造，接触轨改造，线路扣件改造及轨道车辆购置等，使列车行驶更加安全稳定，乘客更加舒适。

改造后的车辆设备更为先进，更为人性化，车站的服务硬件设施进一步提高乘客乘车舒适度。

更新改造使北京地铁运营效率更加高效便捷

1、2号线和八通线AFC系统工程，包括车站土建改造和AFC专业设备系统安装与调试，总投资6.57亿元。1、2号线AFC土建工程共涉及29座车站三大类型改造，其中站内用房拆除11座车站，站内移梯加板改造10座车站，地面厅改造8座车站。AFC土建改造工程共扩大站厅面积1923.5平方米。2008年4月20日，1、2号线及八通线AFC设备安装全部完成，共计安装各种设备2038台（包括AG机1153台，TVM机447台，BOM机295台，AVM机39台，TCM机104台），并在5月进行了多次设备系统的测试工作。6月9日，1、2号线、八通线自动售检票系统与13号线、5号线一起同步开通投入使用，乘客可通过使用一卡通和电子式单程票卡进出车站，既方便了乘客，也使地铁提高了乘客进出站的效率，提高了经受大客流冲击的能力。部分车站站台、通道改造、部分线路4辆编组改为6辆编组等改造项目，提高了既有线路的运能和运力。

信号工程改造包括1号线信号设备的局部改造和2号线信号系统的全面更新。1号线信号改造新设备于2006年12月投入使用，2号线新的信号设备分阶段开通使用。新的信号设备为缩短列车运行间隔，提高运输能力创造了有利条件。2007年5月21日，八通线行车间隔由5分钟缩短至4分钟，运力增幅25％。10月7日，再次缩短至3分30秒，运力增幅14.3％。同日，2号线从3分半间隔提高到3分钟，运力增幅16.7％，奥运会前又从3分间隔提高到2分半，加上车辆更新，运力增幅达到52.5％。1号线从3分间隔提高到2分45秒，运力增幅9％，12月24日，缩短至2分半，运力增幅10％。同日，13号线从3分半间隔缩短到3分，运力增幅14.3％。2008年8月8日，八通线从3分半间隔提高到3分钟，运力增幅16.7％等。缩短列车运行间隔时间，提高了地铁的运输能力，为适应网络化运营带来的大客流冲击，缓解运营压力提供了坚实的基础保障。

地铁1、2、13号线和八通线进行了4条线指挥中心移设。2008年6月，4条线指挥中心移设全部完成，更有利于地铁公司综合管辖4条既有线路信息资源、提高处理突发事件效率、合理配置人力资源、有效发挥4条线运输和调度指挥能力。同时也便于实现北京轨道交通指挥中心与4条既有线路各系统之间的网络互连，增强已运营线路与新建轨道交通线路的协调指挥能力，提高北京轨道交通网的综合管理水平。

改造后的车辆设备系统，经受了北京奥运会开幕式连续45小时运营、奥运赛事期间和国庆黄金周大客流冲击的检验。地铁的运营设备、服务设施和服务质量水平，得到国际社会、广大乘客、政府部门和媒体的好评。同时，北京地铁1、2号线消隐改造工程的实施，积累了城市地铁老线改造的丰富经验，成为我国城市轨道交通发展中的宝贵财富。

第五节　建立选人用人培养人新机制

一　建立选人用人新机制

公开招聘高级管理人员　为实现"新地铁"发展战略，地铁公司大胆引进竞争机制，进行用人制度改革。2004年5月20日，地铁公司下发《北京地铁公司内部竞聘副总经理工作实施方案》，启动了在公司内部竞聘副总经理的工作。同时，根据《北京市国资委关于社会招聘企业高级经营管理人员工作指导意见》，地铁公司向社会公开招聘总工程师的工作也开始进行。竞聘工作由地铁公司党委组织实施，委托北京市双高人才及行业专家提供考题，并运用现代素质手段进行测评。

在竞聘选拔过程中，地铁公司提出了选任、竞聘、招聘干部工作坚持党管干部与依法选人、用人相结合的原则；坚持德才兼备，任人唯贤的原则；坚持公开、平等、竞争、择优的原则；坚持群众公认，注重实绩的原则。竞聘工作首先制定严格的考评标准，进行公开报名资格审查；然后对符合报名条件的人员进行严格的素质测评、个人答辩、群众评议、考评组评价和综合评价等测评工作，对应聘者的思想品德、资质能力、工作业绩进行全面的考评。

从2004年5月中旬至7月，经过两个月的严格考核，副总经理人选战明辉、徐小林，总工程师人选周继波成为应聘上岗入选人选。8月2日，地铁公司召开董事会，履行应聘上岗法律手续。8月5日召开聘任大会，公司董事会与受聘人员履行聘任签约手续。这是北京地铁公司通过内部竞聘、社会公开招聘的形式，首次选拔产生的企业高级经营管理人员。

首次聘任工作的成功，为地铁探索选拔任用干部制度的改革闯出新路。此后，地铁公司于2005年6月、2006年10月，进行了副处级中层管理人员的公开竞聘选拔工作，为"新地铁"的发展建设提供了人才支持和组织保证。

公司机关管理人员竞聘上岗　2005年6月8日，地铁公司下发《公司机关科及以下管理职位竞聘上岗办法的通知》，启动在公司机关科及以下管理职位实行竞聘上岗工作。

竞聘工作在科学定岗、定编、定责的基础上，本着公开、公正、公平的原则进行。地铁公司成立竞聘领导小组，组织实施竞聘上岗的各项工作，并监督整个过程的公正性。根据公司专业复杂程度不同，专业性强的特点，成立了地铁专业技术、综合经济和行政管理、党群工作3个专业考评小组，以《公司机关科级以下职位说明书》作为竞聘条件。竞聘工作通过宣传动员、发布职位信息、报名、资格审查及职业能力测试、演讲答辩、考察5个阶段。对竞聘结果进行公示，能者上，庸者下，有异议可提出申诉调查，对符合岗位要求的签订聘用合同，落聘人员由公司统一调配。

经过各层面、各环节选聘，124名员工与职能部门负责人签订岗位协议书，成为该岗位的员工。

通过公开竞聘的方式，从众多报名应聘人员中选出适合岗位需求的人员上岗，达到职得其才、才得其用，提高了工作效率和队伍素质，为地铁建设具有竞争力的优秀现代企业提供了人力资源保障。

评聘特需专业技术职务　2006年9月22日，地铁公司下属供电公司召开特需专业技术职务聘任试点工作启动大会，标志着地铁公司特需专业技术职务聘任试点工作开始进入实质性的操作阶段。地铁公司下发《关于特需专业技术职务聘任办法的指导意见》，全面推动特需专业技术职务的评聘工作。根据方案，地铁公司在各单位设立特需专业技术职务岗位254个，其中资深专业主管11个，高级专业主管14个，专业主管141个，首席高级技师8个，首席技师80个。按照地铁公司工资方案中的规定，资深专业主管的工资水平相当于副处级，高级专业主管和首席高级技师低于副处级高于正科级，专业主管和首席技师相当于副科级。地铁公司指导各单位在2006年12月20日前出台特需专业技术职务聘任管理办法及实施计划，于2009年1月20日前完成特需专业技术职务员工聘任工作。各单位成立特需专业技术人员聘任小组，主要领导任领导小组组长。根据聘任权限，各单位组织开展对特需专业人员进行技术职务聘任工作。经过单位测评、公司统一论文答辩、专家评审等环节，共聘任资深高级专业主管工程师2人、高级专业主管工程师9人。指导二级单位专业主管工程师和首席技师的聘任工作，聘任专业主管工程师39人，首席技师18人。至2009年底，公司共计聘任特需专业技术人员68人。

公司的特需专业技术职务员工聘任制度为广大专业技术员工

和操作类员工开辟了一条前景广阔的专业技术职业发展通道。高技能人才评价评聘工作，实现了批量化骨干人才培养。

以运营一分公司组建为契机，探索选人用人新机制　地铁运营一分公司是在"新地铁"战略指导下成立的全新分公司，对管理人员的职业技能、综合素质、职业道德都有全新的要求。地铁公司精心制定招聘方案，采取社会公开招聘的形式，在中华英才网、国务院国资委网、北京地铁网、《北京晚报》连续发布招聘启事，并组织内部报名。共收到简历8136份，报名人数与招聘岗位数达到108∶1。按学历及专业背景、工作经验、工作更换频率、薪酬期望值等指标，选择与岗位匹配度最高的700人进行电话面试，确定297人参加笔试。按笔试成绩排序，213人进入面试。按照面试成绩由高至低排序，经过体检、审档、学历审核等环节，提交共61人录用名单。其中内部22人，外部39人。平均年龄30岁，外部人员全部为全日制国民教育序列本科及以上学历，硕士研究生13人。

在公司领导指导下，招聘从笔试、面试到录用环节，始终贯彻透明、公开、公正的原则，将成绩高低，作为录用人员的依据。招聘结束后在地铁网站公布录用结果，对于因职数限制未录用人员，地铁公司将其纳入人才库。

运营一分公司管理人员的招聘录用模式，为5号线高水平开通运营奠定了基础，也为地铁之后开通新线、提升管理人员队伍素质建立了新的机制。

二 以多种形式培养人

举办中高层管理人员工商MBA知识培训 为进一步提高中层管理人员素质能力和管理水平，2006年2月，地铁公司组织158名中高层管理人员参加清华大学经管培训中心"北京地铁工商管理高级研修班"学习。为期一年的学习结业后，地铁公司再次举办在职中高层管理人员攻读清华大学MBA学位的培训工作。

2007年4月30日，地铁公司下发《公司选派中高层管理人员在职攻读清华大学MBA的通知》，确定选派条件和程序、研究方向、学习期限、学费、服务期限等。上半年完成了38名符合条件人员的选拔工作。8月至10月，聘请清华大学经管学院多名教授，为符合条件人员进行考前辅导。有37名学员参加2007年10月份全国联考，共有29名管理人员考取清华大学等院校，在职攻读MBA。

实施定单式培训计划 2008年，地铁公司与北京交通大学（原北方交大）签订校企合作协议，建立校外人才培养基地，实施订单式培训计划。按照协议，北京交通大学为地铁公司输送高素质人才，地铁公司为北京交通大学学生提供工作实践及就业机会，最终实现公司与高校双赢。

2008年，地铁公司与北京交通大学开展第一批40余人的订单式培养计划。地铁公司开展校园宣讲会，吸纳研究生、本科生投递简历，通过面试等测评方式，确定最终的名单。地铁公司在半年的时间内为其开设交通运输管理、车辆（轨道）工程、轨道牵引、土木工程、通信信号工程等5门核心课程，并且安排其参加工作实践，使其既拥有较宽的知识面，同时又有符合地铁需求的专业知识，能够迅速适应工作要求。第一批订单式培养地铁专业学生，录用了13名到地铁公司从事专业对口工作。

建立符合企业特点的教育培训模式　为适应新技术、新设备对职工素质提出的新要求，地铁公司从提高广大员工综合素质、技术水平、执岗能力出发，以职业技能培训为重点，采取多层次、多渠道、多形式的培训方法。

2004年，地铁公司按照校企联合办学的原则，由地铁技术学校与北京市高自考办、北方交大共同开办适应地铁运营发展的高等职业应用技术学历班，开创高等职业培训模式。其目的是培养运营生产一线的技术工人，使之理论水平达到大专水平，技能实操达到中级工以上水平。这种培训模式是提升技术工人培训层次，提高技术工人综合素质，满足企业需要，适应未来发展的模式。地铁通信、供电、电客车、运输专业2004年正式招生1300余人参加学习。

按照北京市劳动和社会保障局等五部门联合下发的《关于开展2004年"首都劳动技能奖章"和"北京市劳动技术能手"评选表彰工作的通知》精神❶，结合全市"三年百万培训计划"，地铁公司大力宣传高技能人才在企业中的重要性，倡导高技能技术工人也是人才的理念，在员工中弘扬爱岗敬业精神，加强技术岗位培训，进一步调动广大员工学技术学业务的积极性。地铁各专业、各工种注重加强员工岗位培训，针对安

---

❶ 京社劳培发（2004）37号文件。

全运营、设备维修的多发故障和难点故障，在提高理论知识水平的基础上，重点增强故障判断和处理能力、现场应变能力和独立执岗能力，增强培训工作的针对性，对提高员工技术水平起到明显作用。

针对实际工作需要，加强特种专业技术人员培训。重点加大高、低压电工、电焊工取证和复证的培训与考核。为实现培训目标，进行了高压培训考核站的基本建设，初步实现计算机模拟教学。2004年完成高、低压电工、电焊工取证和复证742人。为进一步提高技术工人的技能水平，逐步形成结构合理、高素质技术工人队伍，地铁公司还开展不同层次、各工种的等级培训考核、取证工作，使员工队伍技术等级结构更加趋于合理。通过建立员工职业技能培训模式，创新培训机制，落实培训计划等不同方式，促进员工学习新技术，补充新知识，为适应地铁应用新技术、新设备，提供高素质员工队伍保证。

组织员工参加"职业技能大赛"，为职工搭建展示才能、提高技能的舞台。根据北京市劳动和社会保障局、北京市总工会等联合举办的"职业技能大赛"要求，地铁公司受大赛组委会委托，承办10个地铁专业工种的技能比赛，组织员工参加4个通用工种的比赛。技能比赛按工种以初赛、复赛、决赛三个比赛级别依次进行，比赛结果使优秀选手荣获"北京市劳动技术能手"、"北京市工业高级技术能手"、"北京市地铁（行业）技术能手"等称号。优秀选手晋升高级技师、技师、高级工等技术职称，并得到相应的薪酬待遇。员工职业技能的提高，实现了企业与员工双赢的效果。

开展"导师制"人才培养　根据地铁公司人力资源规划，未来人力资源需求数量最大的是操作类核心员工，约为11600人。2008年1月4日，公司"导师制"培养模式正式启动。"导师制"是公司建立规模化、高效化培养地铁人才骨干力量，突破人力资源瓶颈的重要方式。地铁公司下发《北京地铁运营公司实施人才"导师制"培养暂行办法》（以下简称《办法》）。"导师制"培养模式不同于以往的学员"实习"，有严格的"导师"选拔程序，有明确的培养目标，有重点突出的培养内容，有目的职业生涯规划，有双向考核机制。《办法》规定"导师"选拔标准、选拔程序、"导师"培养方式和方法、"导师"津贴标准和核定办法、"导师"和学员考核办法等内容。

《办法》的出台，对于规范公司"导师制"人才培养模式，激发"导师"工作积极性，从制度上保证人才可持续培养，促进新老员工共同进步，提升企业凝聚力，保证员工队伍和谐稳定，加强地铁后备力量培养都具有重要意义。各单位按照公司要求，遴选出技能高、人品好的300名"导师"，平均年龄34岁，专科以上学历占73%，均为各专业工作中的业务骨干。地铁公司聘请日本松下公司专家开设《有效的部下指导》课程，对"导师"进行业务技能、沟通能力、课件制作能力培训，包括正确工作指导方法与分析，作业分解要点，培训中的演讲式、示范式、图示法等内容。

第一批300名"导师"经过培训，与学员结对子建立教学关系，按照将员工现有水平提升一个技能等级目标，将"导师"优秀经验传递给学员，帮助学员尽快成为专业业务骨干。2008年底，各单位共选拔1174人的导师队伍，形成2046对师徒结对关系。地铁公司对各单位"导师制"人才培养进行过程监督和期末考核，根据各单位实施"导师制"培养情况，核定"导师津贴"，激励"导师"积极开展工作。"导师制"培养人才模式，为地铁加快人才队伍建设建立了新的机制。

地铁公司根据"让平凡者成功，让成功者卓越"的人才理念，积极倡导"人人能够成才，人人都应成才"的人才观念，积极营造"人人努力成功，人人追求卓越"的人才发展环境，并逐步形成选人、用人、培养人的人才管理机制，为"新地铁"的发展建设提供了智力支持和队伍保证。

第六节 网络运营初具规模

一 第一条地面线13号线开通运营

1997年，根据国家扩大内需，加快城市基础设施建设，拉动经济增长的要求，城市铁路（即地铁13号线）、八通线的前期准备工作开始启动。按照北京城市交通建设的总体思路和安排，1999年，首先启动了城市铁路项目。为加快城铁建设，北京市政府于1999年8月12日同意地铁总公司成立控股子公司城市铁路股份有限公司。

12月11日，北京地铁13号线破土动工。中共北京市委书记贾庆林、市长刘淇、建设部副部长赵宝江、市委副书记张福森等出席"上地站"开工仪式。13号线是北京第一条以地面和高架为主的轨道线路，也称为城市铁路。起点站为西直门站，经霍营站至终点东直门站，全长40.85公里，其中地面线26.1公里，高架线11.28公里，地下线3.47公里。全线设16座车站，其中地面站7座，高架站8座，地下站1座。

2000年4月10日，北京市发展计划委员会批复《北京城市快速轨道交通西直门—回龙观—东直门工程可行性研究报告》。

2001年1月9日，地铁总公司总经理高毓才和中国进出口银行总经理张观汉签署了《北京城市铁路项目利用日本政府特别日元贷款转贷协议》。协议金额141.11亿日元，贷款年利率0.95%，贷款年限40年。

12月12日，刘敬民副市长来地铁集团进行工作调研，听取地铁新线建设资金总体情况的汇报。城市铁路项目总投资60.85亿元，其中计委基础设施专项资金计划安排15亿元，企业入资11亿元，银行贷款34.8亿元。

13号线建设的这种投融资方式，得到政府、企业和金融机构等各方面认可。这也表明地铁建设的投融资，单独依赖政府或单独依靠市场都不可能解决北京地铁建设的融资困难，必须在坚持政府主导的前提下，充分发挥市场力量，将政府作用与市场运作在各个层面上创新性地结合起来，才能解决建设资金问题。

2001年12月14日，北京城市铁路项目利用日元贷款采购合同签字仪式在北京人民大会堂举行。北京城市铁路股份有限公司董事长与中国技术进出口总公司总裁和日本住友商事株式会社、日本日商岩井株式会社、日本三菱商事株式会社的代表分别在合同书上签字。副市长刘敬民、地铁集团有关领导出席签字仪式。合同总金额82亿日元，约合人民币5.6亿元。

在13号线建设中，地铁公司制定"精心安排，科学组织，加强协调，突破重点，确保开通"的工作方针。针对13号线开通运营时新车不能到位、车辆改造资金不到位的情况，地铁公司以大局为重，克服困难，内部挖潜，积极筹集资金垫资改造，完成车辆改造任务。由于城铁运行大部分在地上行驶，对车辆有特殊要求，在生产及技术部门支持下，参加改造的工程技术人员和员工加班加点大干100天，保质保量完成车辆改造任务，准时将开通所需车辆过轨到回龙观车辆段，确保城铁西线按时通车。

2002年7月8日，地铁公司第6次经理办公会研究确定城铁管理模式，各分公司按既有运营线路专业分工管理城铁；城铁各专业设备由4个设备公司按专业分管；各车站行车客运组织工作由客运公司接管；回龙观车辆段由车辆二公司负责全面管理；回龙观车辆段综合仓库由物资部管理。会议要求各单位搞好接管验收工作。8月9日，第一批300余员工进驻13号线，开始进行各岗位开通前的准备工作。8月21日，城铁综合调度指挥中心成立，18位行调电调调度员正式上岗，承担全线16个车站、40.85公里运营线路的统一指挥。9月2日，城铁回龙观车辆段进行冷滑试验；

9月4日，对西直门至霍营区段进行冷滑试验；9月9日、10日，对上述两地进行热滑试验。试验结果表明，城铁各类设备、设施性能稳定，状况良好，已具备试运行条件。

9月16日凌晨5：49，第一班试运行列车从回龙观车辆段开出。试运行第一天，开行列车144列，运行343公里，车辆状况基本良好。同日，143名城铁站务员全部到位正式上班。

9月24日上午，北京地铁13号线西线"9·28"通车试运营新闻发布会在国宾酒店召开，31家新闻单位的40多名记者参加新闻发布会。

9月28日上午8:40，北京市第一条以地面线和高架线为主的快速轨道交通线路—北京城市铁路西线竣工通车试运营。北京市委书记贾庆林、市长刘淇、市人大常委会主任于均波、市政协主席陈广文、铁道部副部长王兆成等领导出席竣工通车试运营仪式。仪式由副市长刘敬民主持，市长刘淇代表市委、市政府致

2002年9月28日，城市铁路西线（13号线）通车试运营仪式

辞，并宣布北京城市铁路西线胜利通车。建设公司副总经理、城铁公司董事长余雅仙、地铁公司总经理谢正光及海淀区有关方面负责人，分别介绍了城铁工程建设、运营以及沿线环境整治情况。地铁集团公司、建设公司、地铁公司领导王德兴、彭泽瑞、杨斌等出席开通仪式。

城铁西线开通后，每天开行142列，8辆车上线运行，运行最小间隔10分钟，最大间隔17分钟，运行时速41.6公里，全程运行时间29分30秒，运营时间为早6点至晚9点。

城铁代表政府的城市发展导向，担负为外迁居民提供快捷、舒适的出行任务，为有利于城铁与沿线公交车的合理分工与协作，有利于交通市场的开发与培育，地铁公司参考国内同行业的票制票价，充分考虑市民的经济承受能力，出台城铁的票价方案。从初审到听证再到定价，北京市确定西线开通运营后，采用人工售检票，实行单一票制，单程每人次3元，乘坐城铁换乘地铁联票为单程每人次5元。地铁月票在城铁无效。

2003年1月28日，城铁东线建成。上午11时，刘敬民副市长等领导来到13号线东直门车站慰问城铁建设和地铁工作人员，乘坐北京地铁车辆厂制造的新车，从城铁东直门驶向城铁西直门。至此，城铁全线通车，全程运行时间为56分钟。城市铁路的建成，成为当时全国建设速度最快、周期最短、一次性建成线路最长的项目。地铁13号线全线通车，日均客运量达到7万人次，它的建成通车有效改善了首都交通状况。

8月8日，中共中央政治局常委，国务院总理温家宝考察北京城市建设工作。温家宝一行在中共中央政治局委员、北京市委书记刘淇和北京市代市长王岐山的陪同下，来到北京城铁东直门站，了解城市轨道交通系统规划和建设情况。温家宝在听取有关情况介绍后说，北京要大力发展公共交通体系建设，让人们出行更加便捷❶。

12月31日，13号线自动售检票系统开通。清晨5:30，地铁公司在13号线西直门站举行"自动售检票系统（AFC）开通试运行暨'文明刷卡'活动启动"仪式。自动售检票系统开通后，13号线使用小磁票，票价仍为3元，与地铁换乘仍需购买5元纸制车票。城铁AFC系统是从日本引进的新设备，它的开通运营，结束了北京地铁只靠人工售检票的历史，成为地铁公司运用新技术，使运营走向现代管理的一个里程碑。

2003年12月31日，地铁13号线自动售检票系统开通。图为开通自动售检票系统迎来的第一位乘客

❶ 新华社2003年8月8日。

13号线是北京第一条以地面线和高架线为主的快速轨道交通线路。它的建成有力地促进沿线地区的开发建设和经济发展，特别是中关村地区的发展，也为实现北京中心区人口向边缘集团转移、缓解市中心交通压力、改善城市居住环境起到重要的作用。它的建成通车，在北京城市建设发展史上具有深远意义。

▶ 二 京东交通大动脉——八通线开通运营

2000年6月9日，北京奥申委向国际奥委会正式递交申办2008年奥运会的报告。报告承诺，今后四五年，北京为改善城市交通要完成一批基础设施建设项目，地铁八通线包括其中。

八通线工程总投资34亿元。市委、市政府为解决资金问题，多次召开会议讨论投资方案，确定多方筹措建设资金，实现投资主体多元化、市场化的思路。1998年7月，由地铁总公司代表政府出资5.9亿元，北京城建集团出资4.5亿元，北京轻铁京通发展中心（通州区）投资3.6亿元，注册成立北京地铁京通发展有限责任公司，由该公司向银行贷款筹集剩余资金，负责八通线的建设、经营和还贷。北京地铁建设这种投融资还贷的模式，为以后全国各城市地铁建设提供了借鉴，为中国地铁建设事业的发展发挥了重要作用。

八通线是北京市第二条以地面和高架为主的轨道交通线路。自2001年12月全线动工，至开通运营历时两年。线路全长18.9公里，其中地面线6.5公里，高架线12.4公里。始发站为朝阳区四惠站，终点站为通州区土桥站，全线共设13座车站，其中高架站9

座，地面站4座。18.9公里的八通线与30.44公里的地铁1号线相互衔接。为避免换乘过于拥挤，设计了四惠和四惠东两座换乘车站。去往市中心可选择1号线的四惠东站，前往通州则可选择八通线起点站四惠站。

八通线是北京第一条全面实现无障碍化设计的轨道交通线路。盲道铺上站台，坡道接入站厅，车站建有残疾人专用直升梯，过街通道和天桥都有迂回缓坡方便轮椅通行。少数站内轮椅绕不开的台阶，装备了轮椅升降机。

八通线的车辆，采用由南车四方机车车辆厂和北京地铁车辆厂共同生产制造的SFM01型电动客车运营，共24列96辆。针对地铁客流庞大的特点，选择"贯通式"车厢。首批列车采用先进的交流传动技术，时速80公里，每列车定员为940人。车厢内装有超薄空调、高效取暖设备和电子信息显示系统。新型列车为乘客提供了更加人文化、舒适化的乘车环境和条件。

八通线即将开通之时，正值北京地铁二次改制。八通线的运营管理由地铁公司接管。从2003年11月17日宣布改制，至12月27日八通线开通，仅有40天时间。地铁公司及时完成规章制度编制、人员调配、管理机构组建、车辆调配、开通筹划等大量艰苦细致工作，以确保八通线按期开通。

11月24日，地铁公司领导及分公司领导会同地铁建设公司及京通公司领导察看了八通线工程。对工程进度、设备安装以及车站装修等重要环节最后收尾工作进行总体协调。11月26日，地铁公司正式接管八通线。八通线进入通车试运营准备阶段。客运公司八通线所需人员，包括站区领导、值班站长、行车值班员、助理行车值班员及站务员425人全部到位。

12月1日至2日，按照八通线开通试运营的总体计划，地铁公司分别进行土桥车辆段和八通线正线的冷滑试验。冷滑试验的结束，标志着八通线开通的各项准备工作已经进入实质性操作阶段。

12月6日至7日，八通线进行热滑试验，各项试验进展顺利，取得成功。12月12日，八通线进行空载试运行。

12月27日，八通线开通试运营。它是继1号线、2号线、13号线之后，北京地铁开通运营的第四条线路，北京的地铁运营公里数增至114公里。市委书记刘淇，市委副书记、代市长王岐山，铁道部副部长孙永福及有关市领导出席了在八通线通州北苑站举行的通车仪式，并慰问地铁工程建设者。上午9:25，刘淇、王岐山等领导在北苑登上列车，视察列车运行情况。当听说八通线开

2003年12月27日，地铁八通线开通试运营

通后，北京市成为全国地铁运营公里数最高的城市时，刘淇高兴地说："地铁八通线的开通，进一步加强了城市与郊区之间的联系，有利于城市空间布局的发展，大大方便了群众的出行，使城市长远发展和近期建设紧密结合起来。在城市发展进程中，城市交通对城市规划与发展具有导向作用。要加快城市轨道交通发展，促进首都各项事业的全面协调发展。"❶

八通线通车后，北京地铁站点增至70个。八通线与1号线衔接成为横贯北京东西的一条轨道交通大动脉。八通线票价为2元，与其他线换乘为4元。

在北京14个卫星城中，通州区离北京中心城区最近，人口规模大，经济基础较好，成为日后北京市民理想的迁居之地，轨道交通的建成使整个京东地区发展大大提速。

三 贯穿京城南北的5号线开通运营

作为奥运工程，5号线的建设举世瞩目。早在1992年，北京地铁5号线的脉络就被清晰地勾勒出来，那一年北京正在为第一次申奥而忙碌，地铁5号线作为"奥运工程"被列入规划之中。线路方案参照"北京城市总体规划"设计。规划中的地铁5号线，是纵贯京城南北的交通大动脉，纵跨北京昌平、朝阳、东城、崇文、丰台5个城区，线路全长27.6公里，其中地下线路14.8公里，地面及高架线12.8公里。南起宋家庄，北至太平庄北（现天通苑北站），共有23座车站，其中地下车站16座，高架车站7座。

❶《北京地铁》报，2003年12月31日，第36期。

筹集建设资金是地铁建设的首要问题。1999年10月，在中港经济洽谈会上，北京市政府将地铁5号线放在了招商桌上，承诺"筹资和建设方面采取灵活政策"。2000年6月28日，北京市发展计划委员会同意北京地铁与北京首创集团、城建集团合作成立"北京地铁5号线投资有限责任公司"。注册资本金25亿元人民币，地铁公司出资3亿元人民币，由市财政投资安排，占注册资本金的12%。依靠政府注资、企业投资、外商参与及银行贷款筹集40亿元具备工程启动的实力，工程总投资120亿元。

9月25日，地铁5号线雍和宫站至北新桥站742.6米的试验段破土动工，并在北京地铁施工历史上首次采用盾构施工方法。12月28日，地铁5号线正式开工。

5号线建设与之前不同的是，所有地铁车站站台上多了一道安全门，利用这道门将乘客和轨道隔开保障乘客安全。5号线新车采用全不锈钢车体，车厢之间以大通道连接，空间宽敞，便于乘客行走，载客1424人。车厢内专门设置有残疾人轮椅停放区，有低扶手和固定器，白色的弹力绳索可以绑住轮椅防止打滑。从走进车站开始，楼梯口、候车站台前浅灰色盲道遍布车站。换乘站设有无障碍专用电梯，方便残疾人换乘。

2005年12月12日，北京市政府决定地铁公司作为5号线的运营商。2006年3月14日，地铁5号线运营交接启动及设计交底大会召开，这标志着地铁公司正式介入5号线开通运营筹备工作。

地铁5号线是北京地铁实行新体制后开通的第一条线路，也是在北京轨道交通建设运营有法可依后开通的首条新线，更是市政府和北京市民热切期盼的奥运工程。地铁公司把确保5号线高水平开通运营，作为实现"新地铁"战略目标，展示"新地铁"形象的第一个战略步骤，认真组织筹备5号线的开通运营工作。地铁公司成立了5号线开通运营指挥部，制定出5号线开通筹备指挥部机构职责、工作机制及具体要求的通知，将开通筹备工作分成前期筹备、试运行和试运营3个阶段。

2007年5月18日，地铁公司与建设公司正式签订《北京地铁5号线冷热滑试验试运行及期间监管工作委托合同》。5月19日，客运公司正式接管5号线23座车站。5月21日，5号线正线冷滑试验顺利完成。6月4日，5号线顺利完成热滑试验，进入为期3个月空载试运行阶段。

8月7日，为迎接5号线开通和奥运会倒计时一周年，北京地铁新标识服亮相，5号线新员工统一着新服装上岗。地铁公司以"高素质、高水平、高效率"的要求，组建精干高效的运营一分公司，并将其作为实施"新地铁"发展战略的第一步，大胆推进管理创新，积极实践公司集团化和公司内部市场化基本思路。在5号线开通运营筹备过程中，地铁公司进行成立一分公司组织机构、管理体制和运行机制设计，明确公司总部、运营一分公司和各专业维修公司责权利关系，编制出主要业务流程。从优化运营生产组织方式出发，对调度指挥模式、乘务制式、站务管理和设备设施维修管理模式进行改革创新，制定了26项规章和194项实施细则，为实施"新地铁"发展战略，打造新的分公司经营管理模式奠定了基础。

8月15日，《北京地铁》报刊登地铁运营一分公司管理人员招聘启事。地铁公司采取内部与面向社会相结合的公开招聘方式，通过报名、面试、笔试、测评等程序，选聘75名管理人员组建运营一分公司9个部室，并成立下属的车辆维修中心、乘务中心和4个站区。运营一分公司采取社会化方式实施各专业设备和建筑设施运行维修工作，各设备公司和建安公司组建各自维修项目部接受委托。

10月7日，地铁公司在5号线东单站举行隆重而简朴的通车仪式。中共中央政治局委员、北京市委书记刘淇，中共中央政治局委员、国务院副总理曾培炎，建设部部长汪光焘，国务院副秘书长张平，国家发改委副主任陈德铭，北京市市长王岐山以及市有关领导出席通车仪式，副市长陈刚主持仪式。

5号线开通之际，最小发车间隔为4分钟，创造了国内地铁行业的历史记录。列车最高时速80公里，全程运行约40分钟。这一天，5号线共开行列车371列，加开临客22列，列车运行图兑现率

5号线开通在即，列车整装待发

2008年4月23日，地铁运营一分公司召开接管5号线动员大会，标志着地铁运营分公司管理模式的试点工作正式启动

为99.15%，始发正点率为97.42%，到达正点率为86.82%，客运量为36.59万人次，IC卡进站量15.18万人次，售票量6.26万张。

境内外媒体高度评价地铁5号线通车。有媒体评论道："地铁5号线的开通，标志着北京在交通治理方面已经走在了世界的前列，而地铁票价全面下调，真正向国际社会昭示，中国已真正领悟出人性化对促进社会，甚至整个国家走向和谐的重要性"❶。5号线的开通，标志着北京轨道交通"黄金时代"的到来。

▶ 四　实施新票制票价

2007年10月7日，地铁5号线开通运营之日，北京地铁同时实

---

❶《北京奥运新闻中心简报》，2007年10月10日，第42期。

2007年10月7日，北京地铁实行全网2元单一票制票价

行全网2元单一票制票价。这不仅标志着北京地铁迎来网络化运营新时代，更是北京市委、市政府贯彻科学发展观，构建和谐社会，方便乘客、惠及百姓之举。

2007年，北京市机动车保有量已接近305万辆，机动车排放的污染物已成为影响北京空气质量的主要来源之一。同时，由于机动车的不断增长，给北京的交通带来的压力越来越大，拥堵路段不断显现。地面交通拥堵和由于汽车尾气排放造成的大气环境污染，不仅严重制约着"新北京"的快速发展，而且严重影响着北京举办一届"有特色、高水平"的奥运会的成功。

为加快解决北京交通拥堵及环境污染问题，市委、市政府制定出台"两定四优先"发展公共交通的政策措施，进一步加快优先发展公交，特别是优先发展轨道交通的步伐。在当时看来，地铁5号线即将开通运营，2008年10号线一期、奥运支线、机场线将要相继开通，北京轨道交通将达到8条线路，运营里程达到200公里，北京地铁实现网络化运营规模，将会更加有利于引导市民选择乘坐地铁出行。

借助地铁5号线开通之际，9月5日，市委召开常委会，专题听取准备提交给价格听证会的北京轨道交通路网票制票价方案。市委、市政府对北京轨道交通票制票价改革做出重大决策，决定采取适度低票价政策，用价格导向作用，引导市民优先选择轨道交通出行，缓解地面交通压力。

9月26日，北京市举行轨道交通路网票制票价听证会。在提交的单一票制和计程票制两套方案中，25名听证代表绝大多数代表选择单一票制，票价定为2元。北京地铁2元票价，不论乘车距离长短、换乘次数多少，成为全国各城市地铁最低票价之一。

新票制票价简化了票种，统一为纸质普票和一卡通普通卡两种；取消了仅在1、2号线使用的地铁专用月票；统一并降低了票价，由原来单线每人次3元、跨线加价优惠1元调整为全网单一票价每人次2元，平均票价水平由每人次2.92元降低到每人次2元，降低了32%；实现全路网"一票通、一卡通"，即一次购票检票（刷卡）进站，全网通行，换乘站无需再次购票检票；缩小了轨道交通与地面公交的比价，调整前公交平均票价每人次0.58元，轨道交通与地面公交比价为5∶1，地铁实施新票制票价后与公交比价缩小至3.45∶1，充分体现出政府惠及于民的政策。

作为城市公共交通的重要组成部分，地铁票价采取适度的低票价政策，体现了公益性和公交优先的原则，体现了建设发展的惠民效果，既是充分考虑地面公交与轨道交通的合理分工、合理比价，更是统筹考虑北京当前和长远交通矛盾状况，充分利用价格导向作用，引导市民优先选择轨道交通出行，缓解地面交通压力。

实施新票制票价，是市委、市政府交给地铁公司光荣而艰巨的任务。从新票制票价决策之日到实施之时，仅有一个月准备时间，时间紧、任务重。特别是新票制票价和地铁网络效应进一步加剧地铁运力和运量之间的矛盾，能否在短时间内提高运力，是新票制票价能否成功实施的关键所在。面对如此艰巨的任务和严峻的挑战，地铁公司发扬敢打硬仗的优良传统，科学分析、精心策划、果断决策、精心组织、狠抓落实，采取了多种超常规措施，以最快的速度完成新票制票价和网络化运营的各项准备工作。

由于地铁设计的新线票价最初是按照计程收费的方案，当确定实行全网单一票制票价后，自动售检票系统的设备都要重新进行设计和调试。地铁公司在最短的时间内进行了13号线简易IC卡系统车站设备安装及软件升级，车站、站区计算机安装及软件调试；1、2号线简易IC卡系统设备软件升级；换乘车站简易IC卡设备的移设；5号线简易IC卡系统车站设备软件升级安装，车站、站区计算机安装及软件调试等工作，先后解决刷卡机与安装支架不配套等问题，如期完成所有设备安装测试工作。按照网络化运营和方便乘客的原则，调整简化单程票种类，设计印制新的单程车票；制定过渡期间月票使用办法；修订车票使用办法和票务管理制度；修订全网各站客流组织方案及相应的向导标志；改移六座换乘站的POS机及相应的隔离围栏，特别是修建东直门和西直门2个专用换乘通道，为实现全网一票通、一卡通和无障碍换乘创造了条件。

针对新票制票价实施和5号线开通运营带来的大客流，经过反复推敲和分析，地铁公司预测得出4条老线客运量将增长30%以上的判断。面对客流大幅增长，地铁公司充分挖掘运营潜力，最大限度提高运力，果断选择全网各线缩小行车间隔这条艰难而正确的道路。公司相关部门夜以继日，仅用9天时间编制完成5条线路网列车运行图，调整列车运行计划，延长早晚高峰时段运营时间，缩小平峰时段行车间隔，将1号线最小运行时间间隔从3分钟缩短到2分45秒；2号线从3分半缩短到3分钟；13号线从4分钟缩短到3分半；八通线从4分钟缩短到3分半；5号线从开通运营即为4分钟，成为新线开通运行时间间隔最小的线路。运行时间最小间隔的调整，创造了全网各线同时缩小行车间隔时间的历史，大大提高了地铁的运输能力，有效保证了大客流情况下运营任务的完成，从而也确保了新票制票价的顺利实施。

新票制票价实施后，客流猛增，4条老线日均客运量增长56%。面对全网大客流冲击，车辆不足，公司将所有预备车投入运营。司机不够，广大乘务员加班加点。土桥车辆段停车能力不足，公司立即决定修建临时股道。13号线和八通线ATP不能投入使用，采用司机、综控员和调度员联合确认的方式确保安全。地铁公司进一步加强车辆和设备检修，保障设备设施稳定可靠。为应对大客流冲击，公司修订了客流组织方案，相应增设地面售检票和导流设施。按照"客流服从安全"的原则，适时采取车站限流和网络限流措施，以确保乘客安全。在换乘通道增设引导标识。公司还组织大量人力在车站引导乘客按线候车、先下后上，在各站安装车门关闭提示铃，以力保列车停靠不超时，并采取各种方式加强宣传，告知乘客相关乘车事项，争取广大乘客的理解、支持和配合。

票制票价调整后，地铁公司有序应对大客流冲击

地铁公司全体员工共同努力，经受住了新票制票价调整带来的严峻考验，和全网大客流冲击网络化运营的检验，出色完成了市委、市政府交付的光荣而艰巨的任务。由此，也赢得了市委、市政府的信赖，赵凤桐副市长给予地铁公司"懂技术、会管理、能打硬仗"的高度评价。新票制票价的实施，也赢得百姓的欢呼、同行的称赞以及社会各界的好评。

实施2元新票制票价，是地铁公司自1969年开通运营以来又一次票制票价的调整。从最初使用参观票至今40多年，地铁公司

地铁票价调整变化表

阶段	时间	线路	普票	月票
				（仅1、2号线有效）
一	1971年1月至1987年12月（2号线1984年开通）	1号线	0.1元	10元（1978年开始）
		2号线	0.1元	7元（开通时开始）
二	1987年12月至1988年7月	1号线	0.2元	10元
		2号线	0.2元	
		跨线	0.3元	
三	1988年8月至1990年12月	1、2号线	0.3元	10元
四	1991年1月至1995年12月	1、2号线	0.5元	18元
五	1996年1月至1999年12月	1、2号线	2元	40元
六	2000年1月至2006年4月（13号线2002年9月开通；八通线2003年12月开通）	1、2号线	3元	80元（联合）
		13号线	3元	50元（专用）
		八通线	2元	
		1、2号线与13号线换乘	5元	
		1、2号线与八通线换乘	4元	
七	2006年5月至2006年12月31日	1、2号线	3元	90元（联合）
		13号线	3元	60元（专用）
		八通线	2元	
		1、2号线与13号线换乘	5元	
		1、2号线与八通线换乘	4元	
八	2007年1月1日至2007年10月6日	1、2号线	3元	60元（专用）
		13号线	3元	
		八通线	2元	
		1、2号线与13号线换乘	5元	
		1、2号线与八通线换乘	4元	
九	2007年10月7日至2008年7月18日	全路网	2元	取消
十	2008年7月19日至今	城市轨道交通路网	2元	无
		机场线	25元	

先后历经10次票价调整变化（见第474页图表）。

地铁作为公益性国有企业，虽然属于经营性基础设施，但地铁的票价一直属于政府调控。低廉的票价，使企业运营成本的一部分一直由政府分担。政府以财政收入支持企业，花钱购买公共服务，降低票价，既缓解地面交通压力和减少空气污染，又使百姓得到实惠，体现出改革成果全民共享理念，新票制票价得到广大市民、新闻媒体、国际舆论的一致好评。

五 奥运三条新线同时开通运营

地铁10号线一期、奥运支线、机场线是2008年北京奥运会的配套工程，同时也是政府方便广大市民出行的一大重要举措。从北京市确定奥运三条新线开通运营的日期，到奥运会召开之日，仅有10多天的时间，能否保证三条新线按时开通，新线能否保障奥运交通任务顺利完成，地铁公司承载着重大的政治责任和巨大的风险压力。

10号线一期、奥运支线、机场线三条新线总长计58公里。10号线一期工程于2003年12月27日正式开工，是一条位于北京城区北部和东部的半环线，西起海淀区巴沟站，向东至东三环路向南至朝阳区劲松站。该线长24.55公里、设车站22座、车辆段一座。与1号线、5号线、13号线、机场线、奥运支线均可实现换乘。10号线在将来还是一个环线地铁，是地铁三环中的一环，与所有东西南北向地铁线均有换乘站，在地铁网络中地位极为重要。

10号线一期工程在北京地铁线路中首次设有直通地面的垂直

电梯。所有出入口都设有上行自动扶梯，更加方便进出。为便于市民出行，注重地铁车站与相邻公共建筑的地下连通，与17座公共建筑实现地下连通或预留了通道。

10号线一期工程以及奥运支线的80亿元银行贷款招标项目，在国内金融领域首次运用了人民币贷款利率期权方式，在享受当期最优惠利率的同时，既规避了未来加息的风险，又保障了降息的收益，这使地铁10号线一期工程降低投资成本8亿元。

奥运支线工程是规划中的地铁8号线的一段，是市中心区连接奥运比赛场馆的重要交通线路。奥运支线由熊猫环岛向北，经北四环路，至终点森林公园南门。线路全长5.91公里，南起地铁10号线北土城站，北至森林公园奥运湖南岸，共设4座车站，由南向北分别为北土城站、奥体中心站、奥林匹克公园站、森林公园南门站。为更好地服务奥运，并与奥林匹克中心区周边场馆、景观和环境协调，奥运支线车站环境装饰设计采用与以往地铁车站不同的艺术手法，整个车站的内部装饰环境是作为一个整体的艺术品进行设计。

机场线起点为东直门站，终点分别至首都机场3号和2号航站楼，全长27.3公里，全线共设东直门、三元桥、3号航站楼和2号航站楼4座车站和一座车辆段。该线路在东直门站与地铁2号线、地铁13号线换乘，在三元桥站与地铁10号线平行换乘，可与奥林匹克中心区域相连。在机场的两个航站楼之间还设置了联络线，方便机场旅客换乘，基本实现城市中心区和首都机场之间的点对点运营。地铁机场线的最高运营速度可达100公里/小时，为全国城市轨道交通速度之最，从东直门到首都机场T3航站楼16分钟即可到达。由于地铁机场线穿行城市建成区，从东直门到三元桥一段在地下运行，尽量不影响居民的生活，从三环到四环之间出地面运行，除2号航站楼到3号航站楼之间还有一段穿行于首都机场服务区的地下线路外，其余均为地面或高架桥路段。机场线首次采用直线电机车辆制式，这种牵引方式具有爬坡能力强、转弯半径小、线路适应性强的特点。由于大大减少了车轮与轨道的摩擦，在减少噪音和振动影响方面远远好于以前使用的轮轨车辆，在经过城市建成区时，减少对周边环境的影响。

2006年7月31日，北京市政府相关会议确定，地铁公司为10号线、奥运支线的运营商。11月28日，确定将机场线运营也交给地铁公司。地铁公司成立新线开通指挥部，三条新线运营筹备工作进入实施阶段。参照5号线的做法，三条线的开通运营筹备及之后的运营管理均按专业分工，由各单位负责，暂不组建负责运营管理的新公司。公司制定了运营开通筹备的总体方案，并与建设公司、机场线快轨公司以及京投公司协商，基本达成了一致。

2007年下半年，10号线一期、奥运支线及机场线的筹备工作，具备了进场接管能力。三条新线是奥运承诺项目，具有工期紧、专业多、系统复杂、协调量大的特点，特别是确定地铁公司作为运营商的时间晚，使新线开通工作存在极大的困难和风险。工程建设进度和施工质量，成为新线能否按时顺利开通试运营的关键。地铁公司以高水平开通奥运新线为目标，以推进工程进展为突破口，采用项目管理科学方法，在新线指挥部领导下，按照6个阶段和81项工程应具备的基本条件，开展运营筹备工作。

依据建设部和北京市相关法规，按照市政府的要求以及奥运需求，地铁公司与建设单位共同制定新线开通总体目标，即时间目标、安全目标、服务目标和管理目标，建运双方按照确定目标开展工程建设和运营筹备工作。为确保新线工程满足运营条件，根据新线工程里程碑计划，地铁公司与建设单位将开通试运营前工作分为工作人员进驻和临管、冷滑试验、热滑试验、空载试运行、工程验收及开通试运营6个阶段，确立每个阶段目标，并以此为依据，共同确定各阶段共计81项应具备的基本条件，细化制定《10号线（含奥运支线）各阶段基本功能条件确认表》、《机场线各阶段基本功能条件确认表》，为工程各阶段进展情况的研判提供依据。

为推进工程进展和运营筹备工作，地铁公司制定出一系列高效工作机制。在政府相关部门指导下，建立起政府、公司、部门、基层单位之间四级协调机制。2007年，共召开开通工作会议和技术交流2769次，来往信函2169份，发现问题3327项，其中90%得到解决，提高了开通的水平。针对新线车辆、设备系统中存在的技术难题，成立由地铁公司、建设单位、设计单位、供货商等单位技术人员及专家组成的联合技术攻关组，开展不间断工作，有效保证新线高水平开通试运营。针对新线开通后仍有部分设备设计功能没有完全实现，存在的问题不能全部整改完成，地铁公司与建设单位、供货商签订了新线奥运期间三方保障协议，建立保障机制，共同组建技术保障队伍，确保奥运会期间地铁的安全运营。

为保证三条新线按期开通，地铁公司与建设单位建立运营筹备工作例会制度，共召开例会69次，解决209项主要问题；定期研判制度，在每个阶段开始前，建设、运营双方对照基本条件进行逐一研判，双方依据车辆、设备系统主要功能实现目标，对10大专业、42大系统、206项主要设计功能实现情况逐一进行研判，判定是否进入本阶段的条件，是否满足开通试运营的要求；建立指标和故障统计分析制度，坚持对新线运营指标和车辆设备故障情况进行统计分析，随时掌握新线运行过程中出现的问题，为空载试运行的推进和试运营的研判提供重要依据；新线试运营情况上报制度，定期将新线试运营情况总结分析后，形成专报上报市政府相关部门和公司各有关领导。

开展新线安全风险分析，制定切实可行的安全预案。地铁公司本着安全关前移的原则，在开通试运营前，组织相关单位，通过分析新线自然条件、生产过程、主要设备设施、作业场所和操作条件等方面进行全方位安全评估，辨识其存在的危险和有害因素。在此基础上，组织屏蔽门故障、火灾、列车救援、区间疏散等各种规模，有针对性地安全演练350余次，提出合理可行的应对措施，制定出8大类、157项应急预案，提高了新线安全水平。

按照《北京市城市轨道交通安全运营管理办法》的规定，轨道交通完工后应进行冷热滑试验和空载试运行。地铁公司从奥运大局出发，发挥自身30多年运营管理经验的优势，主动介入建设工程，承担了临管、冷热滑试验、空载试运行等阶段的工作，编制了三条新线的《运营筹备实施方案》、《车站临时管理办法》、《施工组织临时管理办法》、《车辆段临时管理办法》等相关制度和方案。2008年3月至5月，组织人员对三条新线的车辆段、正线进行了冷热滑试验，发现问题155项，并督促建设单位及时整改。在此基础上，地铁公司分4个阶段进行10分钟、6分钟、4分钟、3分钟不同间隔的空载试运行；配合建设单位进行车辆、设备系统综合调试以及存在问题的整改，共计89361人次，有效地推进了工程的进展。

由于时间的紧迫性以及轨道交通建设的复杂性，新线开通时设备的设计功能未能全部实现，存在的问题也未能全部整改完成。在开通试运营前，地铁公司与建设单位共同研究制定了63项补救措施，通过管理、制度、人员等方面，弥补了系统功能的不足，为车辆、设备的安全可靠运行打下良好基础。

鉴于奥运三条新线存在部分设备功能没有全部实现，部分存在问题没有整改完成，会对以后的安全运营生产和正式竣工交接产生直接影响，地铁公司积极推进设备设计功能实现和尾工整改。公司继续沿用开通试运营前的四级协调机制，协调解决工作中出现的问题；在重新确认各设备功能的实现情况以及建立尾工问题库的基础上，建立起建设、运营双方尾工确认单制度，做到逐一确认、逐一销号；把工作情况定期上报市政府主管部门，同时通报建设单位和相关公司，争取在最短的时间里实现全部设备的设计功能，解决所有尾工问题，为正式交接创造良好条件。

在推进工程进展的同时，地铁公司从新线新设备的特点出发，以满足新线运营、服务、管理需求为目标，从管理体制、工作机制、招聘培训等多个方面做好内部各项运营筹备工作。参照5号线成功经验，依据三条新线的系统设备和线路特点，地铁公司确定新的运营管理模式，进一步优化定岗定编、工作标准、业务流程、规章制度和运营生产组织方式。按照精干高效、一岗多责的原则，组建完成三条新线的综合调度所，TCC通信信号项目部，供电、机电、通号、线路、土建专业共9个项目部，1个车辆维修中心、1个乘务中心、1个车务中心以及6个站区，共20个基层单位。针对新线新设备新技术的特点，地铁公司采用外部招聘与内部调剂相结合的方法，做好员工招聘工作，保证新线员工素质，选聘一专多能的复合型人才，三条线招聘员工共计1371人，其中大专以上学历的占72.6%，大本以上学历的占12.7%，同时，从既有线调配骨干员工714名充实新线力量，形成以老带新的合理人员结构。针对新线对员工更高的岗位需求，地铁公司对传统的"师徒制"培训模式加以创新，在开通新线中首次采取"导师制"人才培养模式。公司还制定地铁主体岗位素质模型（任职资格），作为员工培训和培训成果考核的依据，建立各岗位工作活动库，对能力的重要性进行赋值，综合打分，以量化的形式建立任职资格，以此作为培训和考核的标准。除理论培训，关键岗位更辅以高科技手段，如司机模拟驾驶器、供电计算机仿真培训等，并通过空载试运行实地操作培训，实现全员持证上岗，保证新线员工的整体素质。

地铁公司在开通新线筹备工作中，与京投公司、建设单位签订三条新线委托协议书，明确各方职责权力、委托事项等内容，为运营筹备提供依据和资金保障；根据运营需求，完成三条新线车辆段与正线613间的管理用房资源配置；完成生产工器具、办公设备设施采购，创建良好的生产、办公条件，为新线正常运转奠定硬件基础；与建设单位签订三条新线工艺设备委托采购协议；完成新线各项设备器材的采购，保证新线车辆、设备维修和安全运营生产。

12月26日，地铁公司正式进驻地铁10号线。同时3条新线的综合调度所等9个项目部、2个车辆维修中心、2个乘务中心及6个站区管理机构已组建完成。2000多名新线员工全部到位，均达到上岗要求。规章制度和操作细则编制工作全面展开，完成10号线一期、奥运支线规章制度和操作细则162项，机场线128项。

2008年1月20日，10号线冷滑试验完成；1月24日至25日，进行热滑试验。2月23日，奥运支线进行冷热滑试验。3月25日，机场线进行冷热滑试验。之后，三条新线进入为期3个月的空载试运行阶段。

7月19日，地铁三条奥运新线开通试运营仪式在10号线北土城站隆重举行。市委书记刘淇、市长郭金龙等领导出席通车试运营仪式。副市长陈钢主持仪式。市交通委主任刘小明介绍了三条新线工程投融资、建设和试运营准备情况。郭金龙代表市委、市政府致辞。10时，刘淇启动首次列车发车指令器按钮。3条新线的设计、建设、施工、监理、运营、公安等单位代表200余人参加开通仪式。

三条奥运新线开通后，北京轨道交通运营里程达到200公里，运营线路达到8条，北京轨道交通网络效应初步显现(见第483页图)。三条奥运新线开通试运营，意味着北京市轨道交通将为奥运提供更加快速、便捷的交通服务。地铁10号线与奥运支线直接相连，奥运支线直通奥运公园和比赛场馆，机场线又与地铁10号线产生换乘，三条线都直接服务奥运。同时，机场线又构

北京地铁运营线路图
Beijing Subway Map

1 号线　Line 1
2 号线　Line 2
5 号线　Line 5
8 号线　Line 8
10号线　Line 10
13号线　Line 13
八通线　BATONG Line
机场线　Airport Express
换乘站　Transfer Station

2008年7月，北京地铁8条运营线路，200公里运营里程，123座车站覆盖京城东南西北，轨道交通网络格局基本形成建出机场与市区交通新方式。10号线、奥运支线票价并入路网票价，单一票价为2元；机场线与路网其他线路为有障碍换乘，实行市场化定价，单一票价为25元。

三条新线开通运营仅18天，就投入到举世瞩目的奥运会交通保障之中，充分发挥了轨道交通的骨干作用。三条线的同时开通，创造了北京地铁历史上一次开通线路最多，一次开通车站最多，一次开通列车运行间隔时间最小，且同步开通AFC系统，同步实施地铁安检，全面实行新的运营管理模式的奇迹，成为服务奥运的主力军，是北京地铁发展中一个重要里程碑，标志着北京地铁进入网络化运营的新时代。

六　自动售检票AFC系统全面开通

北京地铁自1969年建成通车运营，一直采用人工售检票方式，与国外地铁自动化、电子化售检方式相比相差甚远。自动售检票系统（AFC），全称Automatic Fare Collection，是基于计算机、通信、网络、自动控制等技术，实现轨道交通售票、检票、计票、统计、收费、清分、管理等全过程的自动化系统。系统共分车票、车站终端设备、车站计算机系统、线路中央计算机系统、清分系统等5个层级。

AFC系统在世界上绝大多数城市轨道交通得到广泛应用，不仅方便市民出行，也为地铁收费问题提供有效的手段，成为地铁现代化运营和管理的成功模式，对减少资源浪费，路网发展及完善运营功能，实现地铁网络化与信息化管理起到重要作用。

北京地铁AFC系统的研究工作开始于1986年，1995年进入到实质性研究。当时选择纸质条形码车票，在五棵松站进行自动售检票系统试验，但没有达到预期的目的。1998年，地铁公司组织工程技术人员研究编写《AFC可行性研究报告》。

1999年，北京市制定"市政公交一卡通方案"，目标是先实行乘坐各类公共交通工具付费的"一卡通"，包括公交、地铁和出租汽车等，然后再扩大到水、电、气、热、餐饮、公园门票等。2000年8月14日，北京市发展计划委员会批复成立北京市政交通一卡通有限公司，地铁公司出资700万元，所占股份14%。2001年，北京市政府将"市政交通一卡通"作为建设"数字北京"的一项重要内容。7月13日申奥成功后，"市政交通一卡通"又被列入了《奥运行动规划》的总体部署之中。

2001年10月，地铁公司根据构建奥运交通保障体系和新线建设发展的需要，成立AFC可研小组，首先开展对地铁1、2号线客流、各车站土建结构进行勘测和房屋占用情况调查，为AFC系统研究提供更为准确的基础资料。2002年6月，北京地铁邀请广州、上海地铁有关专家对《地铁1、2号线AFC系统可行性研究报告》进行评估。2003年，北京地铁向北京市发改委上报《关于北京地铁1、2号线自动售检票（AFC）系统项目建议书的请示》，并得到市发改委批复。

2003年12月31日，北京地铁13号线AFC系统开通使用。这是北京地铁投入使用的第一套AFC系统，是"数字北京"战略中实现市政交通一卡通的重要一步。系统以磁卡和非接触式IC卡为车票介质，采用半自动售票与自动检票结合的方式。此项工程共在城铁16个车站安装进、出站闸机205台；在16个车站及票务中心、培训中心安装售票机、补票机98台以及与其配套的中心服务器、车站服务器等。此外，为与首都一卡通工程相适应，还在车站安装IC卡售卡点及充值点。AFC系统对各站配置计算机实施网络控制，及时有效地对客流分时进站、乘客起始、终到车站、平均运距进行统计分析，为地铁运输计划的制定、运输能力的配置提供可靠依据。

北京地铁13号线应用AFC系统后，为地铁改革原有单一票制、实行计程票制创造了条件。自动化售检票设备取代传统人工完成售检票工作，降低了售检票人员的占用及其劳动强度。同时，由于乘客进出车站均需通过检票机检票，杜绝了由于人工检票在客流密集到达时车票的漏检及乘客逃票问题的发生。人力占用的减少，降低了企业人工费用的支出，又促进运营收入增加，这些都对企业增收节支、提高经营效益、加强票务管理起到积极作用。

为进一步推广一卡通的使用，培养更多乘客使用IC卡的习惯，北京市决定在全市公共交通系统继续推行IC卡，并准备在地铁1、2号线、八通线开通IC卡系统。

13号线"一卡通"开通后，市民接受程度与最初的设想大相径庭。问题的症结是"一卡通"与月票价格的差别所致。因此，实行票制并轨，是推动"一卡通"使用的关键。2004年，有关部门向市政府上报《关于改革城市公交、地铁月票价格的请示》。市政府将公交、地铁票制改革列入2005年的工作计划。12月，《采用"IC卡"替代公交、地铁纸质月票并适当调整月票价格的请示》听证会如期召开。改革方案中，地铁月票IC卡，分为"地铁专用月票卡"和"地铁公交联合月票卡"，专用月票卡每张60元，联合月票卡每张90元，专用月票卡和联合月票卡每月限用140次。

2006年3月20日，市交通委联合六部门发布《关于使用一卡通IC卡替代公交地铁纸质月票的通告》，规定：4月1日"一卡通"IC卡开始发售。全市开始置换IC卡地铁月票，发售普通IC卡。5月1日，北京公交地铁联合月票票价调整为90元，地铁专用月票为60元。5月10日起，纸质月票停止使用。为维持原有的发售量，"地铁月票IC卡"需用原纸质地铁月票底板置换，8月1日以后未置换的纸质地铁月票底板作废。

5月10日，地铁1、2号线、八通线简易IC卡系统开通使用。作为AFC系统开通前的过渡，与纸质车票并行使用。5月10日当天，全市340多万人次刷卡乘车，其中地铁刷卡44万多次，月票占32.3万次，普通卡在1、2号线上刷了5.5万次，在13号线上刷了6.7万次。实施简易IC卡系统，地铁从面对面的人工售检票方式，向刷卡进站乘客自助服务迈进，方便了更多人出行。数据采集统计半自动方式，提升了北京地铁服务的科技含量。IC卡的推广使用，对于政府掌握公交、地铁企业的经营情况，加大监管力度，促进公交企业加强内部管理，提高服务质量，科学管理安排运力，起到有力的促进作用。

2007年1月1日，北京市取消公交成人月票卡、学生月票卡、公交地铁联合月票卡，保留地铁专用月票卡，票价60元。

4月4日，市交通委召开会议，确定13号线AFC升级改造工程在2008年3月28日前完成；要求5号线一卡通过渡系统2007年7月底完成系统设备安装，8月底完成系统测试调试为关键时间点；要求在2008年奥运会前，全路网范围实现"一卡通一票通"轨道交通联网收费的网络化运行目标必须实现。

为确保北京市轨道交通网络化运营整体需求，地铁5号线AFC系统推迟开通。在地铁5号线AFC系统尚未建设完成之前，为满足乘客使用IC卡的需求，作为过渡方案，北京市政府、市交通委做出在5号线实施简易IC卡系统的决定。2007年10月7日，5号线开通简易IC卡系统。13号线AFC系统为满足路网运行需要，取消小磁票，路网统一使用非接触IC卡，13号线与5号线同期开通简易IC卡系统。地铁运营的5条线路，全部实行新票制票价，并取消月票卡的使用。

随着北京轨道交通的快速发展，AFC系统的开通使用已成为轨道交通线路开通的必备条件，为实现路网联网换乘，既有运营线路也必须进行AFC系统建设。同时，为实现各线路的清分清算，进行统一的票务管理、客运管理，实现一票通及城市一卡通联网运行，还需要建设轨道交通清算管理中心。

按照网络化运营和方便乘客的原则，AFC升级改造工程调整简化单程票种类，设计印制了新的单程车票；制定过渡期间月票使用办法；修订车票使用办法和票务管理制度。完成13号线POS机安装及全网刷卡机具的软件升级工作。修订全网各站客流组织方案及相应的向导标识，改移六座换乘站的POS机及相应的隔离围栏，特别是修建了东直门和西直门两个专用换乘通道，为实现全网一票通、一卡通和无障碍换乘创造了条件。AFC设备安装调

自动售检票系统AFC设备进行开通前的测试

试过程中，地铁公司先后组织进行了3万余人次参加的数十次专项功能测试和4次大规模模拟试运营测试，使系统功能达到开通试运营的基本条件。

2008年6月9日，1号线、2号线、5号线、13号线、八通线自动售检票AFC系统开通使用，北京市轨道交通清算管理中心（简称ACC）同步建设开通。全面实行AFC系统，极大地节省了乘客出行时间，快捷的出行条件吸引更多市民选择地铁作为出行方式，进一步缓解了地面交通的压力。AFC系统不仅改善乘客排长队购票的现象，还提高通过闸机的速度方便乘客出行。AFC系统通过计算机等技术，实现售票、检票、计程等乘车全过程的自动化，不仅简化票种，减少现金交易和其所带来的误差，也降低员工的工作强度，提升效率，节省人力，使工作岗位得到更合理、更优化的配置。AFC系统的开通，使地铁公司对运营收入、客流数据统计更加科学合理，极大提高了管理效力；同时能够合理配置地铁运力资源；有效提升企业服务形象；充分满足市民日益增长的乘车需要，为乘客创造更好的出行环境。

6月9日，地铁全线开通自动售检票AFC系统，北京地铁迎来第二次票种的变革，自动售检票AFC系统取代简易IC卡一卡通系统。北京地铁全路网AFC系统成为轨道交通史上一次开通线路最多、一次开通车站最多、一次开通设备最多的AFC系统。新售检票系统的启动，标志着使用30多年的纸质车票正式退出历史舞台，这是北京地铁越来越趋于技术化、智能化、网络化的重要体现，更是北京地铁迈向国际化轨道的重要一步。

7月19日，10号线一期、奥运支线、机场线开通之日，AFC系统同步开通使用，实现了自动/半自动售票、自动检票、轨道交通路网内一票换乘，系统功能与1号线、2号线、5号线、13号线、八通线AFC系统相同。10号线一期、奥运支线票价2元。由于机场线按市场化定价，票价25元，不参与AFC系统联网运行。

8条运营线AFC系统的开通运营，实现了北京轨道交通AFC系统多线路网络化运营，实现了线路之间的无障碍换乘，并且一次开通，一次成功，这不仅是献给北京奥运会的一份大礼，也是世界AFC系统事业发展的一个奇迹。AFC系统开通运行，经受了奥运会、残奥会、国庆黄金周等重大交通运输保障任务的考验。电子车票在北京地铁运营的123座车站开启使用，成为北京地铁发展史上又一新的里程碑。

七 应对网络化运营挑战

2008年7月19日，三条新线开通运营，使北京地铁运营里程达到了200公里，运营线路8条，运营车站123座，换乘车站达到16座，北京地铁进入网络化运营的新时代。

北京奥运轨道交通发展规划的实施和新线建设的快速发展，使北京地铁在思考如何应对网络化运营的挑战。为建立多条运营线路的集中指挥，2005年6月23日，地铁公司提出《北京地铁西直门指挥控制中心可行性研究报告》。京投公司组织召开《可研报告》评审会，专家们提出5项意见及3个建议方案。8月12日，京投公司向市交通委汇报了专家论证会意见，并建议地铁公司对专家意见做进一步论证，确定控制中心建设方案。地铁公司在与有关部门进行可行性研究中共同认识到，随着轨道交通规模的不断扩大，各条轨道交通线路之间的关系越来越密切，特别是在不同运营主体管辖的线路换乘方面，轨道交通与其他公交及交通枢纽站的接驳方面，存在着大量需要协调的工作。集中设置运营指挥中心，能加强各线路之间的沟通、协调，保证轨道交通网络安全、高效、经济、有序地运行。

2005年12月21日，京投公司、地铁公司、市运输局和市公交总队等单位召开地铁既有线路控制中心建设和防恐问题协调会。京投公司报告了《北京市地铁既有线路控制中心建设方案》，建议将既有线路控制中心分步移设到小营指挥中心，从技术和经济方面论述了该方案的可行性，并就该项工程与1、2号线消隐改造结合、防恐处突的信息流向和权限、小营指挥中心的建设以及该项目的组织实施机制等问题，分别与到会方进行充分讨论和沟通。12月29日，京投公司、地铁公司联合向市交通委上报《关于确定北京地铁1号线、2号线、13号线和八通线控制中心建设方案的紧急请示》，并附《北京地铁既有线路控制中心建设方案》。2006年2月13日，市交通委对请示和建议方案给予批复，同意将地铁4条线路控制中心移至正在建设中的小营指挥中心，并要求抓紧实施。

2007年9月，北京市轨道交通指挥中心建设竣工。9月11日，轨道交通ACC—AFC工程建设及开通筹备指挥部成立。10月15日，ACC具备与线路AFC系统联调条件，进入实验测试阶段。2007年底开始，与线路进行单线现场接入测试。2008年初，开始多线现场联调测试。从1月15日10号线大屏幕系统投入使用，至6

2008年6月，北京地铁既有线路全部集中到轨道交通指挥中心，实现了网络化运营集中指挥

月15日机场线调度具备开通条件，这一期间北京地铁既有8条线全部实现集中指挥，进一步提高了运营管理效率。集中指挥，统一了对外接口，可以根据需要启动预案命令，调动各种社会资源，提高突发事件处置能力。地铁集中指挥，对于调度骨干力量的集中指挥协调，实现统一的维护管理，减少维护人员配置，降低运营成本，发挥了积极作用。

北京市轨道交通指挥中心是目前亚洲规模最大、整合度最高的指挥中心，第一次集中整合全市轨道交通线路的行车组织、电力控制、环境控制、自动售检票等各个专业系统；第一次整合乘客信息系统，实现乘客信息系统的跨线路公布；第一次实现各线路运营商之间的运营信息资源整合共享；第一次将综合监视和应急系统整合在一个平台上；第一次实现多条线路同时开通自动售检票系统，统一乘客服务界面；具备4小时完成一千万客流产生的交易数据清分能力；第一次实现北京市轨道交通路网客流实时统计。北京市轨道交通指挥中心的建成，地铁既有线路实现集中统一指挥，标志着北京轨道交通进入网络化运营的新阶段。它的投入运行，极大提高北京轨道交通网络化运营组织协调及突发事件应急处置效率。

2008年7月19日，三条新线投入运营，地铁网络化运营效率迅速显现，带来客运量急剧增长。为应对全网大客流增长，地铁公司按照"客流服从安全"的原则，适时采取车站限流和网络限流措施，以确保乘客安全。按照应急组织预案，地铁公司制定并不断完善《路网限流组织方案》，视客流动态及时采取限流措施，优化换乘站的客流组织方式。在重点车站高峰时段通过站外设置导流围栏，临时改变闸机开通方向等方式，控制单位时间内乘客进站量，缓解客流压力，增加疏导人员，维持客流秩序，保证乘客安全有秩序乘车。充分发挥站台工作人员、文明疏导员、志愿者的作用，加强客流疏导组织，引导乘客排队安检，排队乘梯，排队候车，快上快下，尽力缩短列车站停时间，提高运营效率和运输能力。

针对客流持续增长，地铁公司及时调整行车计划，并根据情况适时增加临客，延长运营时间。结合客流特点，对列车运行和站停时分进行全面优化，提高列车运行速度。优化列车故障处理程序，尽量减小故障对乘客的影响。组织调度员进行竞聘上岗，全面提升网络运营的指挥调度能力。加强岗位培训，提高重点岗位特别是乘务员的驾驶水平，严格按图正点行车。根据新的运营管理模式和新的岗位标准，狠抓行车组织，各项行车指标稳中有升。地铁公司按照车辆设备更新改造后，新设备技术的有利条件，千方百计缩小列车运行间隔，提高运输能力，创出客运量的新纪录。

地铁公司还努力改善服务设施，应对大客流增长，为乘客提供良好的乘车环境：全面推广"车站土建设施维保一体化"，加强车站保洁力度；确保照明、通风、AFC和各类服务设施可靠运行；不断完善导向标识系统，为乘客换乘提供方便；在改善人文环境方面，开展"微笑之星"、"服务最佳名片"、"服务示范站"等一系列特色活动，为乘客提供热情、周到、文明服务；在车站播放背景音乐为乘客提供温馨乘车环境；发挥文明乘车监督员和志愿者作用，引导乘客排队候车，文明乘车；开展站区秩序重点整治专项行动，清理商贩、乞讨、卖艺人员等等。良好的乘车环境，优质的服务水平，得到广大乘客认可。乘客调查满意率指标提高到95%以上，地铁公司经受住了网络化运营大客流的考验。

第七节 创建首都文明行业

一 通过首都文明行业考评

2001年，北京申奥成功。为备战奥运，实现举办一届"有特色、高水平"的奥运会，也为实现"新地铁"战略目标，锻造国际知名品牌专业运营商，建设最具竞争力的优秀现代企业，地铁公司迅速实现由规范化服务达标向创建文明行业的转换，把创建文明行业工作列入精神文明建设的重要工作议程。

创建活动围绕安全运营、优质服务的企业中心任务，按照硬件建设与软件建设相结合的原则，坚持物质文明与精神文明并举，地铁的安全、服务、效益指标连年实现新的突破。自2001年首都文明办授予北京地铁"规范化服务达标"称号后，2001年7月6日地铁实现安全运营2000天，2004年4月1日，又实现安全运营3000天的好成绩。2004年底，实现年运送乘客6亿人次新纪录。2001年至2005年，地铁公司累计运送乘客26.8亿人次，列车安全运行2.8亿车公里，列车运行图兑现率和正点率均稳定在99.5%左右，票款收入33.9亿元。5年中，为乘客提供优质服务，更新服务设施投资900多万元，相继进行导向标识、卫生间、自动扶梯、无障碍设施等改造，开通13号线、八通线，运营线路增加到4条，车站增加到70座，运营里程达到114公里，更加方便市民出行。

2002年1月15日，地铁公司先后推出文明乘车、文明乘梯、文明刷卡、文明驾驶、文明礼仪和按线候车等活动。文明乘梯活动在2002年12月6日，被评为首都文明城市建设最佳活动。13号线作为地铁公司的"文明乘车示范线"，被北京市乘车办评为2005年"最佳文明线路"。创建活动中涌现出一大批以安全行车司机张晓雨、检票能手张会兰等全国和北京市劳动模范为代表的先进员工。2003年1月，地铁公司荣获全国创建文明行业工作先进单位称号。2004年，地铁客运公司荣获全国"五一劳动奖状"。2005年，客运公司荣获首都文明单位标兵称号。阜成门车站荣获全国精神文明建设工作先进单位称号。前门站荣获全国巾帼文明示范岗称号。先进集体和先进员工的不断涌现，展示了地铁创建活动的成果和创建活动水平不断提高。

鉴于2003年北京地铁车辆设备更新改造开始大规模施工的实际情况，受改造工程对运营生产现场产生的影响，服务标准发生变化，安全生产指标需要重新确立，地铁公司推迟了申报文明行业的考评工作。

2006年，地铁公司根据"新北京、新奥运、新地铁"形势与任务的需要，按照创建首都文明行业、锻造"新地铁"知名品牌的要求，制定并实施了《北京地铁创建首都文明行业规划（2006年—2008年）》，并于5月20日，向首都文明办上交北京地铁申报首都文明行业情况报告。

6月7日，地铁公司召开创建首都文明行业暨企业文化建设启动大会。首都文明办、市国资委有关领导出席会议。会议动员部署深入开展创建文明行业活动，迎接文明行业考评验收工作，表彰创建活动涌现出的先进集体和个人，并为"北京地铁文明小使者"揭幕。6月28日，首都创文明行业考评组进驻地铁公司进行检查考评。7月2日，考评组进行首次集中考评，重点对从事运营业务的客运、车辆、设备及部分经营事业部进行全面考评。考评通过"听、看、查、访、评、改"的方式进行。地铁公司先后协助考评组进行9次集中考评，组织各类座谈会、报告会20余次，

2006年7月，北京地铁创建首都文明行业活动接受首都文明办公室考评

组织乘客满意度调查三次共8000余人次。考评组查看了地铁公司三年的基础管理资料，包括安全生产、运营服务、经济指标、管理工作、企业改革、人员培训、党的建设、群众工作等各项内容，涉及了地铁公司全面工作。

借助创建活动，地铁公司对原有的各项制度、职责、标准等进行重新整理，分类汇总，使各项基础管理工作更加扎实规范。根据首都文明办制定的五大项共计27小项的具体考核标准，地铁公司制定了《首都文明行业考核细则（北京地铁运营行业）部门责任分工》，按照"分工负责、责任到人"的要求，公司将各项考核项目分解到各部室、各单位，按职责进行逐项抓考核指标的落实。在4个多月的考评中，地铁公司通过走访市信访办、市纠风办、市消协和京报集团等单位，广泛征求社会各界意见和建议，结合考评组多次明察暗访，对公司窗口单位和服务人员进行的全方位考核情况，共收集来自考评委、考评组、社会监督员、服务热线、新闻媒体对地铁工作的意见、建议82条。公司认真研究，积极落实整改方案，以下发整改督办通知单的形式，明确整改责任主体、监督主体和领导主体。各责任单位按照具备整改条件的立即改、需要创造条件的积极改、尚需较长时间整改的列入计划改，采取了一系列便民利民的整改措施。如延长运营时间、缩小列车运行间隔时间、安装售票室对讲机、改善卫生间环境、增添服务设施、完善导向标识、实施按线候车、排队上车等，整改落实情况受到考评组及乘客充分肯定与好评。

在创建活动中，地铁公司以备战奥运为目标，结合"新地铁"战略确定的服务工作总体思路，坚持"以乘客满意为中

心"，按照"安全可靠、高效便捷、功能完善、低耗环保、文明
舒心和知名品牌"的服务工作标准，不断改善服务"硬件"，努
力完善服务"软件"，并通过组织实施创建文明行业的"五项工
程"，努力提升地铁的优质服务水平。

地铁员工热情为乘客指路

扎实推进安全基础巩固工程，按照"安全第一、预防为主、
综合治理"的工作方针，不断强化"治、控、救"的安全控制
体系，治理"人、机、环、管"中存在的隐患，落实安全生产
责任制，严格执行安全风险绩效考核，最大限度降低安全事故
的发生。

加快实施优质服务提升工程，按照首都文明行业要求和公司
新的服务标准，参照国际先进水平，持续改进服务设施和管理水
平，加快车辆设备更新改造，开通新线，扩能提速，营造便捷、

温馨舒适的乘车环境，通过内强素质、外塑形象，为乘客提供周到满意的优质服务。

员工素质提高工程，按照培训与开发并举、文化与文明并重、激励与约束并用、选人与用人并施，实现锻造、凝聚、优化、塑造优秀员工队伍，重点做好奥运培训工作，全力打造服务地铁、服务奥运、服务首都的高素质地铁员工队伍。

企业文化建设工程，制定企业文化发展战略，传承提炼弘扬北京地铁企业文化，确立企业精神、企业道德等核心理念，推进地铁安全文化、服务文化、效益文化、制度文化、塑形文化和廉洁文化建设，巩固员工共同奋斗的思想基础、价值观念和行为准则。

和谐企业建设工程，重点建立稳定和谐的劳动关系，落实民主管理制度，加强思想政治工作，转变工作作风，密切干群关系，加强党风廉政建设和反腐倡廉工作，为企业发展创造良好环境。

创建文明行业"五项工程"的组织实施，有效地推动了地铁文明行业水平的提高，为通过首都文明行业考评奠定了基础。

2007年4月20日，地铁公司召开"迎奥运、讲文明、树新风、立品牌"工作大会，总结2006年创建文明行业工作取得的成效，重点部署以"迎奥运、讲文明、树新风、立品牌"为主线，继续推进《北京地铁创建首都文明行业工作规划（2006年—2008年）》，认真落实各项整改措施，继续巩固创文明行业成果的重点工作任务。

6月7日，首都文明办召开2006年度首都文明创建工作先进单位表彰电视电话会议。北京市地铁运营行业被首都文明委授予"首都文明行业"称号。地铁公司成为北京市交通运输行业首个通过市文明行业验收的先进企业。

荣获首都文明行业称号，成为地铁公司备战奥运、建设"新地铁"的新动力。地铁公司继续深入开展"迎奥运、讲文明、树新风、立品牌"活动和"新北京、新奥运、新地铁"主题教育活动。继续巩固"文明乘车、文明乘梯、文明刷卡、文明驾驶、文明礼仪"五大文明品牌活动成果。

7月27日，地铁公司召开表彰大会，向安全行车70万、60万、50万公里、无安全事故、无服务纠纷的40名列车司机颁发了首届"金、银、铜手柄"奖，树立起安全品牌。12月28日，表彰

2006年7月，地铁公司对安全行车70万、60万、50万公里的司机授予"金、银、铜手柄"奖

了12名"客运之星",树立起服务品牌。地铁公司通过《北京地铁》报宣传地铁的全国和北京市劳动模范,树立地铁优秀员工形象,增强员工的荣誉感和责任感,营造出文明向上的良好氛围。

8月10日,在奥运会倒计时一周年之际,地铁公司制定出台《深入开展"迎、讲、树"活动及奥运培训工作,持续提高"新地铁"首都文明行业工作水平实施方案》,提出围绕"迎奥运"、建设"新地铁"深入开展创建文明行业的六项主要任务,即扎实推进安全基础巩固工程,为奥运交通提供可靠保证;加快实施优质服务工程,为奥运窗口提供高品质服务;持续推进科学管理工程,为"新地铁"持续发展提供支撑;全面实施员工素质工程,为"新地铁"提供高质量人才保证;整体实施企业文化建设工程,为"新地铁"提供先进文化条件;大力推动和谐企业建

乘客参与评选最佳站台

地铁公司在开展创建首都文明行业活动中，营造乘客"按线候车、排队上车、先下后上、有序乘降"的文明风尚

设工程，为"新地铁"提供良好发展环境。

同日，地铁公司举行"与奥运握手，与文明同行"为主题的地铁行业"迎奥运、讲文明、树新风"微笑服务行动成果展示活动。活动紧扣备战奥运和"新地铁"发展战略任务，重点实施"新地铁"八大行动，即：全员参与，奥运知识普及行动；微笑服务，奥运文明礼仪行动；文明乘车，奥运乘车排队行动；强化培训，奥运双语服务行动；确保稳定，奥运安全保障行动；优化美化，奥运环境营造行动；促进发展，奥运新线通车行动；参与奉献，奥运志愿者服务行动，以此展现首都文明行业形象。成果展示活动中，地铁公司3个奥运服务品牌站正式挂牌成立，它们是复兴门、阜成门、木樨地站。地铁公司在持续开展"文明乘车、文明乘梯、文明刷卡、文明驾驶、文明礼仪"五大文明品牌

活动的同时，采用多种形式开展"排队日"、"让座日"等大型宣传活动，使"按线候车、排队上车、先下后上、有序乘降"成为乘客的一种自觉行为，一种文明风尚，提升了"新地铁"文明品牌的知名度。同时，地铁运营秩序、运营效率的改进与提高，为企业经济效益和社会效益带来明显增长。

历时一年的首都文明行业创建和考评工作，促进了地铁公司安全运营服务各项指标的提升。2006年底，地铁公司实现了自1969年开通运营以来，运送乘客100亿人次的历史新纪录。2007年，实现票款收入11.74亿元，安全运送乘客6.86亿人次，安全行车8474万车公里，列车正点率达到99.74%，全年共7次缩小列车运行间隔时间，1号线、2号线、13号线和八通线的运力分别提高19%、16.7%、28.6%和39.3%。与此同时，5号线开通试运营即实现列车运行最小间隔4分钟，创国内地铁历史最好水平。

2007年是北京地铁良好形象和知名度大幅提升的一年，也是经济效益和社会效益快速增长的一年，创建首都文明行业为建设"新地铁"提速。

▶ 二 安全运营服务指标全面提升

2008年是举世瞩目的北京奥运会举办之年，也是"新地铁"安全运营和服务水平再攀高峰、初步形成网络化运营格局的关键一年。地铁公司以备战奥运服务奥运为中心任务，通过巩固、创新、提升创建文明行业成果，全面提高以安全、服务、效益为核心的企业竞争力，促进"新地铁"建设和发展。

地铁公司抓住奥运契机，站在首都文明行业新的起点、新的高度，突出巩固创新提高，在继续深入开展"迎奥运、讲文明、树新风、立品牌"活动和持续开展"文明乘车、文明乘梯、文明刷卡、文明驾驶、文明礼仪"五大文明品牌等活动的同时，从2008年初，陆续推出创建文明行业新亮点和新成果。

这些新亮点和新成果包括：探索和实践安全管理新方式，形成由"人、机、环、管"四大要素和"治、控、救"三道防线组成的矩阵式安全控制体系，安全管控能力得到新的提高；加入国际地铁协会，实现安全运营服务指标体系与国际先进标准对接，着手修订新的服务标准和考核办法，服务质量水平得到新的提升；车辆设备更新改造工程主体完工投入使用，缩短列车运行间隔时间，提高运输能力和运营效率，缓解乘车拥挤程度；老线车站旧貌换新颜，新型客车、乘客服务中心、空调、扶梯、自动售检票AFC系统、无障碍等服务设施陆续到位投入使用；奥运培训、奥运系列讲座，实现一线全员持证上岗；全线窗口员工全部更换07式新标识服，展示了"新地铁"员工队伍新形象；84座地下车站开播车站背景音乐；更新列车广播词和PIS显示内容；开展整顿站车秩序专项主题月活动；与市乘车办和城八区乘车办共同组建地铁文明乘车监督员队伍，510名文明乘车监督员志愿参与维护站车秩序宣传疏导工作，为营造文明乘车环境发挥积极作用；建立地铁服务热线，实现多渠道为乘客提供更加直接方便的服务；实施乘客进站安全检查，对防范恐怖活动和外部安全威胁，保证乘客安全发挥重要作用；开通奥运三条新线，实现网络化运营，更加方便市民出行；高水平完成奥运会开幕式彩排、开

2008年7月25日，北京地铁开通服务热线

闭幕式运输、奥运赛事期间的运营任务，发挥了奥运交通保障主力军作用。地铁公司开展创建文明行业的成果，在服务奥运保障奥运中得到充分的展示。

2009年5月20日，首都文明办对地铁公司进行首都文明行业创建工作回评复查。17名考评组成员从地铁安全运营、服务质量、管理水平和接受社会监督4个方面进行一个月暗访。考评组深入运营业务单位及运营现场，对站、车整体环境、员工执岗作业规范程度、设备设施使用状态等方面进行检查，并组织查阅档案资料。8月4日，地铁公司召开文明行业回评工作会议，考评组反馈了对地铁工作的明察暗访考评情况。地铁公司把持续开展创建文明行业活动作为推动地铁科学发展的重要载体，认真接受考

2009年5月，首都文明办公室对地铁文明行业进行回评复查

评组的意见建议，积极全面进行整改。12月25日，首都文明办考评委与地铁公司召开座谈会，回评组宣读了《首都文明行业（地铁行业）回评复查考评报告》，同意北京地铁行业通过首都文明行业回评工作明察暗访阶段考评。在首都文明办召开的文明行业回评复查工作总评会上，地铁公司领导汇报整改工作情况，回评复查委员会公布了地铁在回评期间群众满意率测评结果为95.6%，达到考评标准。全体委员投票并全票通过北京地铁通过首都文明行业回评复查。

地铁公司创建首都文明行业活动，从1996年开展"规范化服务达标"活动起步，到2007年荣获"首都文明行业"称号，至2009年通过文明行业回评复查，历经13年。13年的创建活动，为北京地铁带来重大发展变化，极大提高了北京地铁的综合实力。

地铁运营规模的发展。1996年时只有1、2号线。1999年开通复八线。2002年开通13号线。2003年开通八通线。2007年开通5号线。2008年开通10号线一期、奥运支线、机场线。运营线路从最初2条线增加到8条线，运营里程从41公里，增加到200公里。车站从39座增加到123座，换乘站从2座增加到16座。

地铁运营指标的变化。1996年，地铁实现安全运送乘客4.44亿人次；列车走行公里3793万公里；列车正点率98.7%；列车运行图兑现率99.9%；票款收入2.638亿元。2009年，地铁实现安全运送乘客13.7亿人次，比1996年增长308%；列车走行公里17720万车公里，比1996年增长467%；列车正点率99.87%，比1996年增长1.01%；列车运行图兑现率99.96%，比1996年增长0.06%；票款收入16.8亿元，比1996年增长636%；列车运行最小间隔时间从1996年1号线最小间隔时间3分钟，2号线3分半钟，逐步提高到现在1号线2分15秒，2号线2分钟的世界地铁的先进水平。

2009年，北京地铁全网延误5分钟以上两次事故间平均车公里达到295万车公里，处于世界领先水平，北京地铁已成为世界最安全的地铁之一。全年地铁日均客运量375.8万人次，最高日客运量471.1万人次。北京地铁的年客运量已经占城市公共交通客运量的21%，为提高北京市公交出行比例做出了贡献。

北京地铁创建首都文明行业，提高了地铁综合实力和服务水平，为首都的经济发展和社会进步发挥了重要作用。

第八节 服务保障奥运

一 实施奥运培训规划

作为首都的窗口行业，地铁公司充分认识奥运培训对于举办一届"有特色、高水平"奥运会的重要性。2006年4月5日，公司制定下发《北京地铁奥运培训工作指导意见》，明确奥运培训工作目标、培训内容、方式、学时、进度、考核与要求，并陆续出台《进一步深化奥运培训的实施方案》、《深入开展"迎奥运、讲文明、树新风"，巩固扩大创文明行业成果推进方案》、《关于对奥运培训指标进行考核的通知》等文件，指导奥运培训工作。

地铁公司教育委员会全面领导奥运培训工作，定期召开分公司和各级培训管理人员参加的奥运培训专题会议，将各单位培训完成情况纳入单位绩效考核的指标体系。为提高培训效果，地铁公司采取内外结合、上下结合、专家群众结合的方式，从社会上聘请礼仪专家、北京市奥运读物编写委员会专家等为公司培训骨干；从公司内部选择综合素质较高的员工，培养成为英语、礼仪小教员，培训公司员工。公司共投入奥运培训资金170余万元，培训员工共7万余人次，开展各种形式的讲座130余场。公司还对全员进行奥运知识、职业道德、职业技能、安全生产等培训，对窗口员工进行外语、手语、服务规范、奥运礼仪等知

识的培训。

为使培训教材更有针对性，公司编写完成包括奥林匹克知识的《北京地铁员工奥运培训读本》，印刷1.7万册，保证公司在岗员工人手一册。举办"北京地铁奥运培训大讲堂"，邀请北京奥组委专家到各分公司巡回授课，讲解奥运历史、北京奥运会和残奥会比赛项目、奥运礼仪，共13场，累计培训5500名骨干。发放《商务礼仪》、《服务礼仪》光盘120张，用于组织员工自学。

根据地铁服务工作特点，地铁公司统一编写《北京地铁实用英语》，配发到每一个窗口员工手中，并对重点岗位员工制定具体要求。各分公司结合工作特点，开展多样化、有地铁特色的英语培训。各单位采取培训英语小教员、将常用英语短句和对话录制MP3格式、制作英语培训卡片，以便于员工携带和方便学习。窗口单位还在英语培训内容上创新，专门编制了一系列英文广播词和应急突发事件英文解说词等教材。其中，英文广播词主要包括人工报站、列车通过提示和更换车门开启方向等；应急突发事件英文解说词中，包括列车在区间突遇紧急情况需要救援时缓解乘客焦虑情绪等语句。

手语交流服务内容的培训，是地铁公司为奥运服务开展的专项技能培训。为使站务人员能够掌握基本的服务手语，消除交流障碍，提供必要服务，公司聘请手语培训学校老师集中对站区骨干员工进行培训，再以班组为单位进行推广学习，站区适时进行培训效果的考核测评，培训合格率达100%。

地铁公司为培训5号线、机场线新员工和各单位的礼仪小教员，聘请具有航空、外事服务行业培训经验的专业礼仪讲师授课，讲授社交礼仪、服务礼仪、办公礼仪、正确的形体语言、不同国家和民族友人的特殊服务禁忌，共集中授课8次，累计参加培训人员达575人。各分公司则采用面授、观摩、VCD光盘教育等形式，组织员工进行仪表着装、行为举止、服务态度、服务语言的培训，以达到强化服务意识、规范服务用语和行为举止、提高服务质量的目的。2007年，地铁公司举办礼仪培训大讲堂12场，奥运礼仪成果展示活动5场，共培训窗口员工8000余人次。

对员工开展职业道德与职业技能培训，由公司各级领导授课，讲授公司"新地铁"的发展战略、企业文化、企业管理、安全运营管理等方面内容。职业技能培训完成了6名高级工、505名

开展技能培训，为服务奥运提供保障

中级工、576名初级工鉴定，完成特种作业培训考核1311人，取证130人，复审1181人，使公司操作技术员工技术等级结构和特种作业员工数量显著提高。经过专项技能培训，培养选拔出一批操作类技术骨干，为奥运新线开通做好了人才储备工作。

地铁公司在每一个阶段性奥运培训工作结束后，对各单位进行抽样考查，选取各单位员工共100名，进行培训内容竞赛。通过竞赛检验各单位的奥运培训效果，有奖有罚。从13个方面对各分公司进行奥运培训工作的绩效考核，考核结果与单位工资总额挂钩兑现。

围绕"好运北京"系列体育测试赛，地铁公司实施"优雅言行——迎奥运礼仪文明行动"、"爱护市容——迎奥运环境文明行动"、"排队礼让——迎奥运秩序文明行动"、"热情懂行——迎奥运赛场文明行动"、"诚信优质——迎奥运服务文明行动"五大文明行动，检验奥运培训成果，查漏补缺。通过实施排队候车活动，维持站台的优良秩序，保证列车的顺畅运行，节约乘客出行时间，为乘客提供有序服务；通过实施礼仪培训，在日常工作中实际运用演练，做到服饰整洁规范，仪表大方得体，服务周到细致，充分展现地铁良好形象，为"好运北京"赛事提供优质服务；通过推进微笑服务活动，开展各种评优评奖活动，激发员工的热情，使员工微笑内化于心，为乘客提供热情服务；通过实施外语培训，加强地铁英语小教员培养，增加培训课时，拓宽双语服务活动范围，为国内外运动员、随行人员、游客提供便捷服务。

奥运会、残奥会举办期间，地铁公司划分奥运服务重点车站，以10号线一期、奥运支线、机场线车站为龙头，以其它与奥运场馆换乘、接驳的车站和奥运场馆（驻地）周边地铁车站为重点，以运营生产一线电客司机和客运人员为重点人群，实现窗口员工100%掌握英语、手语、礼仪、奥运会、残奥会知识和服务技能，达到高水准服务奥运工作目标。

在全体干部员工努力下，地铁公司先后4次获得市政府、市奥运培训工作协调小组、市文明办、市交通委颁发的"奥运培训先进单位"称号。共有49名窗口员工获得"微笑服务大使和服务明星"称号，7个窗口服务岗位获得"微笑服务示范岗和文明服务示范窗口"称号，6名管理人员获得"奥运培训先进个人"称号。地铁窗口员工以良好的职业形象，标准化的服务经受了奥运会和残奥会的检验。

❯ 二 乘客进站实施安检

北京地铁作为开放性的公共场所，每天迎来送往接待上百万乘客。面对大客流带来的安全风险，如何实现平安奥运目标，努力营造"平安奥运、人人有责"的良好局面，做好北京奥运的安全保卫工作，自觉抵制和严厉打击各种破坏活动，防止国内外敌对势力恐怖行动和分裂活动，提高应急处理突发事件能力，为成功举办奥运会营造良好社会环境，就成为地铁公司义不容辞的责任。中共北京市委、市政府高度重视，将地铁的安全保卫工作列在"平安奥运"重要位置，提出"三个不发生"❶目标，并采取

---

❶ 不发生运营事故，不发生人身伤害事故，不发生恐怖袭击事件。

前所未有的安全保卫措施——实施乘客进站安全检查。

2007年11月21日，市政府批准成立北京地铁安检系统专项工作领导小组，由市政府主管副秘书长任组长，成员由市公安局、市交通委、地铁公司等单位负责人组成。领导小组下设办公室及专家组，负责组织和落实地铁安检系统建设工作。专项办公室成立后，着手组织地铁实施安检工作的专家人员组成、实施安检可行性研究论证、制定试点车站工作方案、设备选型论证及安检员培训等工作。2008年1月3日，领导小组决定在地铁东直门站、磁器口站、前门站开展地铁安检试点工作。

地铁公司按照《奥运期间地铁重大安全运营突发事件防范与处置工作方针》，加快推进地铁安检系统建设。在市公安局特警总队帮助下，与供应商进行接触，按照"特事特办、加紧立项、规范操作、简化手续"的原则，采用直接采购方式加快设备采购工作。在推进安检员招聘中，制定人员招聘标准、确定人员来源、薪资标准以及管理模式。结合客流情况和客运组织实际，逐站对安检设备安装位置进行确认，减少因安装安检设备对客流疏导组织带来的影响。配合相关部门，制定相关法规，进一步明确和细化实施地铁安检工作的法律依据。

地铁公司还从加强员工教育入手，强化员工培训，提高防恐意识，进一步整合车站安检员、保安员、安全员、文明监督员等安保力量，优化配置，明确各自的职责；建立健全一线员工防恐责任制，划分责任区域，明确责任要求；加强防恐处突应急演练，提高员工应对恐怖袭击的处置能力。

4月11日，市委常委、市公安局长马振川，副市长赵凤桐共同主持召开会议，研究地铁运营反恐防范和安检系统建设工作。会议议定：原则同意《北京奥运期间地铁重大突发事件预防工作方案》；由市局公交保卫总队负责，尽快研究提出开展地铁安检工作的法律依据；由市公安局公交保卫总队负责安检人员的业务管理，并适当增加警力，协助加强地铁运营安全防范工作；地铁公司负责做好安检人员日常管理，进一步测算安检人员人工费用，列入地铁运营成本；由市公安局特警总队负责做好地铁安检人员的业务培训，协助地铁公司做好安检设备选型等；由地铁公司负责抓紧安检设备采购，鉴于时间紧迫，可采取设备立项、采购同时进行；由市公安局消防局负责，进一步细化地铁隧道、车站火灾防范措施。

5月17日，市委书记刘淇、市长郭金龙等市领导，到地铁调研地铁安全运营、反恐防爆工作。市领导一行在地铁10号线惠新西街南口站台，观摩列车遇紧急情况迫停后，从屏蔽门紧急出口疏散乘客的现场演示；亲自体验AFC设备系统购票、刷卡进站、出站的全过程；乘坐5号线列车到达雍和宫站后，查看该站应急照明系统、疏散指示标识的设置情况以及综控室视频监控系统、应急装备设置运转情况，并现场观摩安检系统设备构成、安检流程及模拟发现可疑物品处置流程。

6月29日，北京地铁乘客进站安全检查工作正式启动。乘客进入地铁车站时，安检人员采取多种方式对乘客及随身携带的物品进行安全检查。

北京奥运会期间实施"逢包必检"和"全时段覆盖"的普检制度。地铁安检共检查物品7780万余件，查获各类违禁品2.54万

2008年6月29日，北京地铁乘客进站安全检查工作正式启动

件，劝离车站1.15万人，交公安处理3000余人。2008年，共检查物品2.3亿件，查获各类违禁品3.8万件，劝离车站1.6万人，交公安处理3721人。

北京地铁对乘客进站实施安检，填补了世界地铁的一项空白，开创了世界地铁历史先河，对防范恐怖和外部安全威胁发挥了重要作用。

地铁公司为确保奥运安全运营和安全保卫工作万无一失，加强应急处置和抢险救援能力，制定并实施《奥运会期间地铁重大安全运营突发事件防范与处置工作方案》，进一步完善应急预案体系和抢险救援体系，建立快速准确抢险救援信息网络，开展多种形式的抢险培训和模拟实战演练。2008年，共开展各类应急演练6525次，组织5次"筑安"系列综合演练，进一步提高和检验了故障处理及突发事件应急救援能力。

与此同时，地铁公司在极短时间内招募培训3976名"红袖标"巡逻员，奥运期间先后共发现不明包裹86件，可疑人14起，防止突发事件11起。在此基础上，在重要洞口、隧道及重要部位安排专人值守，起到一定的威慑作用。

实施一系列卓有成效的安保工作，使北京地铁的安全管控能力进一步增强，安全系数进一步增大。2008年，地铁实现安全行车14629.3万车公里，实现票款收入14亿元，安全运送乘客12.16亿人次，分别比上年增长77%和66%。既有5条线发生折合一般事故16.4件，同比下降43.2%，为全年控制数的26%,列车运行图兑现率达到99.76%，列车正点率达到99.25%，全网延误5分钟以上两次事故间平均车公里达到178万车公里，达到世界先进水平。

北京奥运期间，地铁没有发生任何恐怖袭击事件，成功实现平安奥运工作目标。地铁公司被评为"北京市安全文化建设示范企业"。

三 全面启用无障碍服务设施

2001年北京申奥成功，大大加快首都无障碍设施建设的步伐。2004年4月，北京市人大常委会通过《北京市无障碍设施建设和管理条例》，为北京市的无障碍建设提供了法律依据。8月27日，市交通委为贯彻市政府"创建无障碍设施建设示范城"工作会议精神，对北京地铁车站无障碍设施建设提出总体要求和改造目标。

根据市交通委的要求，地铁公司对1、2号线车站增设无障碍设施制定改造方案。主要内容是对1、2号线30个车站铺设盲道，对其中4个车站进行无障碍系统改造，包括设置与市政道路的连接坡道、购置爬楼车、改造无障碍厕所、增设求助按钮、增设无障碍标识等。改造工程于9月16日正式开工，为不影响运营，全部在晚上地铁停运后施工。

10月16日，副市长孙安民及市委宣传部、首都精神文明办、市规划委、市建委、市市政管委、市交通委、市残联等部门领导到地铁公司听取交通无障碍设施改造工程进展情况汇报。会后，孙安民及一行人员到地铁西直门站、13号线西直门站对已铺设的盲道进行检查，并观看爬楼机演示。

经过一年的改造施工，2005年10月19日，地铁1号线、2号线无障碍设施改造工程全面完工。无障碍改造工作取得阶段性成果。

2006年6月29日，国际残奥委员会委员尼克·莫瑞斯先生在北京奥组委和市交通委人员陪同下，检查地铁13号线西直门车站可视对讲电话、直升电梯、无障碍卫生间以及无障碍标识等设施，对地铁13号线西直门站无障碍设施建设情况给予充分肯定。

2007年6月27日，地铁公司召开既有线路车站直升电梯、楼梯升降平台、爬楼车、招援设备等无障碍设施开通使用启动会，明确从2007年7月1日起，13号线大钟寺站、立水桥站、望京西站以及八通线临河西里站、管庄站5个车站直升电梯正式开通试运行；8月1日起，13号线西直门站、知春路站、五道口站、北苑站、芍药居站以及八通线土桥站、梨园站、九棵树站、果园站、通州北苑站直升电梯一并开通正式使用；并于8月将已开通使用的无障碍设施正式纳入服务质量统计范畴，依据《服务风险工资考核办法》进行考核。

2008年3月，根据市领导关于北京地铁无障碍设施改造工作指示精神及市交通委的部署安排，按照中残联、市残联对地铁无障碍设施改造相关要求以及北京申奥交通无障碍承诺的相关内容，地铁公司对1号线、2号线、13号线、八通线四条既有线实施无障碍设施改造。

无障碍设施改造工作于3月1日开始实施，改造工程资金5446万元，改造范围包括1、2、13号线和八通线70座车站。改造内容包括：铺设及修补盲道2000米左右；安装楼梯扶手盲文牌2000多个；建造出入口坡道37处；安装可视对讲设备70套、203处；安装升降平台72台；购置爬楼车42部；制作移动坡道70个；安装标识70个站点。7月20日完成1、2、13号线、八通线无障碍设施改造工程竣工验收。北京奥运会召开之前，地铁8条线共123座车站，每个站均实现至少有一个无障碍出入口，全线共有411个出入口，其中151个出入口具有无障碍通行条件，包括安装垂直电梯141部，升降平台126台，爬楼车42辆，另有335个出入口铺设盲道，站台全部铺装盲道。

为加强对奥运会、残奥会赛事期间无障碍设备、设施应急管理和服务工作，针对特殊乘客使用无障碍设备、设施时可能发生的突发事件，做出迅速反映和处理，7月28日，地铁公司依据北京市安全生产法律、法规，结合北京地铁运营实际情况，制定下发《北京地铁无障碍设施保障工作实施方案》，对提高无障碍设备、设施突发事件的处理能力，做到及时组织处理、保证乘客安全做出部署，并成立无障碍设备、设施保障工作领导小组及工作组，负责北京地铁无障碍工作的实施。地铁公司还编制《北京地铁无障碍服务指南》，向广大乘客宣传地铁无障碍设施服务。

按照"两个奥运，同样精彩"的工作要求，地铁公司充分考虑残障乘客特殊出行服务需求，在各个环节为残疾乘客提供特别的人文关怀和高水平交通服务。按照"服务周到、到离便捷、安全有序"的原则，地铁公司细化服务方案，加强无障

地铁员工对残障乘客开展"一对一接力式"特殊服务

碍设施的检查维保；新增千余块无障碍标识；为各类残疾人群体提供个性化、类别化特殊服务；设置残障乘客"温馨候车区"；开辟区域为轮椅乘客专用车厢；推出电话预约服务，乘客可通过拨打北京地铁服务热线进行预约，针对预约要求，进行"一对一接力式"服务，相关车站将安排工作人员接力服务，护送乘客进出车站和乘车。乘坐轮椅的残疾人乘客如果未进行电话预约，也可在设有无障碍招援设备车站进站口，使用呼叫设备与车站工作人员取得联系，车站工作人员将立即提供无障碍接力服务。5号线、10号线车站入口公布有本站服务电话，残疾乘客可直接拨打电话提出无障碍服务需要。北京奥运会、残奥会期间，共接待残障乘客2.85万人次，日均约2400人次，为轮椅乘客提供接力服务1.56万人次，受到乘客与媒体的好评。

▶ 四 中央领导视察北京地铁

2008年，北京奥运会召开在即，奥运交通压力异常严峻。为此，北京市制定了各种交通保障措施，包括交通管制、车辆限行、时间调整、错峰出行等具体措施。然而，最根本的是加快发展以轨道交通为骨干、地面公共汽车为主体的路网建设。2008年奥运会召开之前，中央政治局五位常委，七次视察地铁，给北京地铁建设发展带来极大鼓舞和推动。

2008年1月6日，中共中央政治局常委、全国政协主席贾庆林在中共中央政治局委员、北京市委书记刘淇，北京市代市长郭金龙等陪同下先后来到地铁5号线雍和宫站、天坛东门站察看车站设施，乘坐5号线列车，听取北京市领导、市交通委、地铁公司对新票制票价实施以来全路网客流、提高运力和新线筹备进展情况及地铁未来发展规划的汇报。

4月1日，中共中央政治局常委、全国人大常委会委员长吴邦国在市委书记刘淇、市长郭金龙的陪同下，乘坐地铁5号线，亲身体验交通运行状况，仔细询问做好奥运会和残奥会交通运输、接待服务、安全保障等工作的措施和预案❶。吴邦国委员长一行来到5号线雍和宫站，听取了市交通委对北京市交通发展规划及奥运期间做好交通服务工作的汇报。随后乘坐5号线列车。在列车上，地铁公司领导汇报了新票制票价后地铁运营、新线筹备以及1、2号更新改造等情况。在刘家窑车站，吴邦国委员长慰问了

地铁员工精检细修，确保奥运交通畅通

❶ 新华社2008年4月2日。

地铁员工。

6月12日，中共中央政治局常委、国家副主席习近平，在刘淇、郭金龙陪同下乘坐地铁从十号线金台夕照站来到奥运支线奥林匹克公园站，沿途视察十号线及奥运支线建设和运行情况，并与地铁工程技术人员、建设者代表亲切交谈❶。在列车上，地铁公司领导汇报了北京地铁运营情况和为确保平安奥运所做的工作。走下列车，习近平和来自运营、建设、设计单位的劳模及先进代表一一握手。

6月25日，中共中央总书记、国家主席、中央军委主席胡锦涛在刘淇、郭金龙等陪同下考察北京市奥运会配套交通设施。胡锦涛前往轨道交通机场线考察。在机场线东直门站，胡锦涛查看了售票问询处和综合控制室，向车站工作人员了解机场线试运行情况。随后，总书记在自动售票机上亲自购买了一张电子车票，通过电子检票口检票进站，登上一列轻轨列车。列车开动后，胡锦涛坐在旅客车厢的座位上，一边观看北京轨道交通建设规划图，一边询问北京市轨道交通发展具体情况。得知北京市轨道交通发展迅速，运营里程不断延伸，广大市民出行条件进一步改善，首都交通现代化水平进一步提升，总书记称赞广大工程建设者和技术人员功不可没。胡锦涛对大家说，北京奥运会期间，来北京的游客人数将大幅增加，城市交通压力将明显加大。希望同志们以高度负责的精神搞好运营管理，为广大市民和中外乘客提供安全、舒适、畅达的服务，为办好北京奥运会增光添彩❷。

---

❶ 新华社2008年6月13日。
❷ 新华社2008年6月26日。

落实公交发展战略，使更多市民选择地铁出行

　　7月12日，中共中央政治局常委、国家副主席习近平在刘淇、郭金龙陪同下考察北京轨道交通首都机场线。在地铁机场线东直门站，习近平视察了售票问询处、自动售票系统运行情况后，他还买了一张电子车票，经过电子检票口检票进站，登上一列轻轨列车。途中，听取了北京市轨道交通建设和轻轨列车运行情况汇报。习近平强调，做好奥运服务保障工作，一定要把确保安全放在首位，严格落实安保措施，做到平安奥运警钟长鸣。习近平指出，要牢固树立以人为本和人文奥运理念，体现人文关怀❶。

　　7月22日，中共中央政治局常委、中央政法委书记周永康在北京市有关领导的陪同下到北京地铁实地检查奥运安保工作，慰问地铁员工和安检人员。周永康来到地铁2号线东直门站，向地

---

❶ 新华社2008年7月13日。

铁公司负责人了解客流量、安检措施和群众等候排队的情况，并进入综合控制室详细了解地铁的安全保障系统和处置突发事件的预案和工作流程。然后，周永康通过自动购票机购票乘坐地铁前往首都国际机场检查。途中，周永康对随行人员说，确保奥运会安全是当前维护社会稳定工作中的头等大事，是最硬的任务，最大的责任❶。

8月4日，距奥运会开幕式只有四天时间，中共中央政治局常委、全国政协主席贾庆林在刘淇和郭金龙陪同下，来到轨道交通首都机场线考察。在机场线东直门站，贾庆林查看了售票问询处和自动售票系统，慰问为保障奥运交通努力工作的地铁员工并与工作人员亲切交谈。随后，贾庆林在自动售票机前购买了一张单程票卡，亲自体验自动售票机购票、闸机刷卡、进站过程，并登上一列轻轨列车。在行进的列车上，贾庆林听取了北京轨道交通建设情况的介绍。听说北京市每年财政投入100亿元用于发展轨道交通时，贾庆林连连点头："首都轨道交通要实现大发展。轨道交通发展了，群众出行难的问题将会得到极大缓解。他称赞近年来北京轨道交通发展迅速，有力提升了首都交通的现代化水平，为广大市民出行带来的方便。"他指出：做好奥运公共交通和城市运行各项服务保障工作，是奥运比赛顺利进行的重要条件，要牢固树立安全第一、服务至上的思想，以一流的设施、一流的管理、一流的服务，切实保证城市交通安全畅通❷。

中央领导的亲切关怀与对地铁的殷切期望，成为北京地铁发

---

❶ 新华社2008年7月22日。
❷ 新华社2008年8月5日。

奥运期间，公司领导亲临一线靠前指挥

展的强大动力。地铁公司利用会议传达、发信息简报、《北京地铁》报刊登等多种宣传形式，传达中央领导的热情鼓励和重要指示，使地铁公司万名员工深受鼓舞，全体员工以更大的热情备战奥运，努力为北京奥运会增光添彩，全力以赴投身到服务保障奥运的各项工作之中。

五 圆满完成奥运交通保障任务

进入2008年，按照"大事不出，小事减少，严格管理，秩序良好"的高标准要求，地铁公司围绕持续提高运力、加强行车客运组织、营造温馨站车环境、提高服务水平等方面工作全力以赴加紧备战奥运。

为提高运力，地铁公司加快1号线新车到位，使其运力再提高4.9%；加快2号线信号改造和新车到位，将行车间隔缩小为2分半钟，运力提高52.5%；加快13号线"四改六" ❶ 列车扩编和供电系统改造工程，使其运力提高50%；加快八通线六辆编组新车到位和现有列车"四改六"扩编工程、土桥停车库以及四惠折返线工程，将行车间隔缩小为3分钟，运力提高75%；加快5号线增购车辆到位，将行车间隔缩小为3分半钟，运力提高33%。与此同时，确保奥运三条新线开通运营，10号线和奥运支线按行车间隔4分钟高水平开通，并于奥运会前实现3分钟运行间隔。

按照"营造靓丽温馨的城市环境"要求，完成四条线车辆设备更新改造和1、2号线车站综合整修工程，营造出亮丽温馨的车容站貌。大力推进AFC工程，实现自动售检票AFC系统开通运营。地铁安检设备开通使用。各项工作紧张有序加快进行，以确保最大限度地满足奥运交通保障的需要。

5月27日，地铁公司在北京青年宫隆重召开"服务奥运、保障奥运、奉献奥运"动员誓师大会。市国资委、市总工会、首都文明办、市运输局等相关领导与地铁600多名员工参加大会。按照举办"高水平、有特色"和平安奥运的要求，会议进一步动员部署了奥运保障的各项工作，地铁备战奥运各项工作进入倒计时时刻。

6月20日，地铁公司四条既有运营线路窗口员工全部更换07式新标识服，展现了地铁员工的良好形象和精神面貌，进一步营造文明舒心的"新地铁"人文环境。

---

❶ 13号线列车编组，由4节改为6节。

2008年6月20日，北京地铁运营一线员工正式更换新式制服

7月28日，地铁公司出台《关于成立地铁奥运会残奥会赛时运营总指挥部的通知》，建立起地铁奥运运输服务保障协调指挥体系。总指挥部下设5个专业组，实现管理重心下移靠前指挥，提高信息掌握能力和对可能发生问题的预知能力及对各类问题快速应对处置能力。地铁公司还制定《奥运会期间地铁重大安全运营突发事件防范与处置工作方案》、《奥运期间运营安全应急保障方案》。

根据北京奥组委整体工作部署，7月30日、8月2日、8月5日进行三次奥运会开幕式彩排，8月6日至8月8日，在北京18个区县和北京经济技术开发区进行奥运火炬传递。地铁公司周密部署，精心安排，及时制定《奥运开幕式彩排期间地铁运营组织方案》、《奥运火炬传递期间地铁运输组织工作方案》，并顺利组织实施。三次开幕式彩排演练任务圆满完成，检验了地铁奥运保障方案的合理性、可操作性和适应性，为做好赛事期间的运输工作奠定了基础。

按照北京奥运会各项赛事赛程安排，各场馆观众席数量，综合考虑机动车单双号行驶，错峰上下班，持票观众和持证人员免费乘车等相关政策的实施，地铁公司预计奥运期间地铁将吸引更多的客流，列车满载率将呈现"高峰更高，平峰增加"的特点，全网日运量将达到450万人次以上。

根据奥运会、残奥会开闭幕式和赛事安排，地铁公司全面分析地铁客流流向和变化特点，精心编制新的列车运行图，延长运营时间，适时增开临时列车，并利用计算机反复进行模拟论证，通过缩短运行间隔，延长运营时间及早晚高峰时间段，扩大列车编组数等措施，把地铁现有运力提高到极致。24小时不间断运营，对车辆设备运行质量考验极大，对运营管理指挥要求极高。地铁公司加大车辆设备检修工作力度，全面提高车辆设备稳定性；合理编制车辆设备运行计划，有效防止长时间运行可能导致故障；加强值守，增加检修力量，快速处置问题，保证车辆设备稳定运转。

2008年8月8日，第29届奥林匹克运动会在北京隆重召开。地铁公司赛时总指挥部、专业指挥组，各级领导按照靠前指挥的要求，全部到运营现场指挥，落实奥运服务保障方案。从安全运营、车辆设备、防汛后勤、安全保卫、维稳宣传等各方面采取有力措施，为奥运保驾护航。

8月8日至9日，北京地铁全路网不间断运营45小时，创造北

奥运期间地铁有序疏散主赛场观众

京地铁投入运营以来，连续运营时间最长的纪录。在45个小时中，共开行列车8958列，运送乘客614.2万人次。其中8月8日，地铁奥运支线共开行列车712列，列车正点率达到100%，运送持票观众、奥运会工作人员及志愿者共计6.8万人次。为保证开幕式散场观众出行需要，地铁8条线路列车全部采取最小间隔运行方式，其中奥运支线行车间隔3分钟，10号线行车间隔3.5分钟。5条线路两次事故间平均间隔里程高达259.4万公里，创造日运量492万人次的历史新纪录。作为奥运赛时交通骨干力量，地铁公司承担奥运主场馆区近80%人员疏散任务，特别是开闭幕式一小时内快速疏散2.7万人，为90分钟实现观众疏散做出了突出贡献，以实际行动展示了"新地铁"的综合实力和良好形象。

地铁公司依据"客流服从安全"的原则，为确保奥运期间地铁运营安全有序，加强疏导人员力量，增设临时导流围栏，分散客流和引导乘客有序进出车站，满足观众、志愿者和奥运会工作人员等出行需要。公司投入大量人力物力提升服务质量，营造文明舒心的乘车环境。地铁志愿者和社会志愿者一道，在地铁站台上为社会各界乘客出行提供问询和应急服务。地铁员工充分运用奥运培训成果，展示首都窗口文明行业良好形象，员工以用心服务、文明服务，锻造新地铁"国内领先、国际一流"知名品牌。

地铁作为首都文明行业的窗口，作为连接首都机场国门的"第一名片"，以世界一流服务水准展示着"新地铁"形象，出色完成奥运会开、闭幕式以及奥运赛事运输保障任务。奥运期间运营秩序安全稳定，各项指标达到历史最佳水平。

从2008年7月19日地铁开通三条奥运新线，至9月20日残奥会结

地铁奥运志愿者引导乘客方便出行

奥运会期间国际友人高兴地乘坐地铁

束，两个月的63天中，北京地铁共运送乘客2.33亿人次，日均370万人次，最高日为8月22日的492.2万人次。共开行列车237807列，加开临客992列。列车运营图兑现率99.81%，列车正点率99.8%以上。其中奥运支线共运送乘客663万人次，北京地铁发挥了奥运交通保障的主力军作用。

北京地铁在奥运期间的运输能力和服务水平得到境内外媒体、社会各界的广泛关注，并给予高度评价。2008年9月29日，北京奥运会、残奥会总结表彰大会在人民大会堂隆重举行。地铁公司被中共中央、国务院授予"北京奥运会残奥会先进单位"荣誉称号。这是党和人民对地铁公司全体员工服务、保障、奉献奥运的最高褒奖，也是北京地铁历史上的最高荣誉。它标志着北京地铁公司，在奥运大考面前，向党和人民交上一份合格的答卷。

2008年9月29日，北京地铁公司被中共中央、国务院授予"北京奥运会残奥会先进集体"荣誉称号

第八章

新的使命

　　北京奥运会、残奥会的成功举办，标志着胜利实现"新北京、新奥运"战略构想，首都北京进入一个新的发展阶段。 地铁公司展望奥运会后北京地铁发展前景，在深入学习实践科学发展观过程中，提出新的发展思路和目标："继承奥运遗产，站在新的起点，瞄准世界先进水平，坚持用优秀的人才、先进的技术设备和科学的管理继续推进地铁的发展建设，打造安全可靠、高效便捷、功能完善、低耗环保、文明舒心、知名品牌的世界一流地铁。"地铁公司传承奥运精神，出色完成新中国成立60周年庆典活动运输保障任务。为贯彻北京市建设"人文北京、科技北京、绿色北京"的发展战略，以及建设"人文交通、科技交通、绿色交通"的行动计划，地铁公司按照《北京城市总体规划2004年—2020年》和《北京交通发展纲要》所勾画的北京轨道交通事业发展的广阔前景，传承北京地铁优秀企业文化，提出建设"平安型、人文型、高效型、节约型、便捷型、创新型"六型地铁，出台并实施《北京市地铁运营有限公司2009年—2015年发展规划》，努力构建新的企业经营管理模式和运营组织方式，做优做强主业，精心锻造"国内领先、国际一流"的知名品牌。在北京轨道交通进入网络化运营时代之际，地铁公司着眼未来发展，积极承担首都轨道交通主力军作用新的使命。

第一节 出色完成国庆60周年运输任务

一 国庆60周年运输的形势任务

2009年10月1日，中华人民共和国迎来60岁生日。当天，在北京天安门广场举行了盛大的庆祝活动。这是展示新中国成立特别是改革开放以来，国家的政治稳定、经济发展、文化繁荣、民族团结、社会进步和国际地位日益提高的重大政治任务，也是继奥运会成功举办之后，在北京举办的又一次重大政治活动。

新中国成立以来的历次国庆庆祝活动，地铁公司从未直接参加运输任务。但由于地铁以其运力大、时间准、疏散能力强的显著优势，在奥运交通保障中发挥了主力军作用，市委、市政府决定赋予北京地铁国庆60周年交通保障任务，担负国庆庆祝活动背景组字、群众游行、联欢以及阅兵的三次彩排和参加国庆庆典活动人员的集结、疏散交通运输保障任务。

国庆阅兵、群众游行和联欢，几十万人同时集结在天安门广场举行盛大庆祝活动，对北京国庆运输交通保障提出新的要求。2009年北京的常住人口近1900万，居住半年以上的流动人口近700万，六环路以内地区日出行量已达3500多万人次，北京的机动车也随之快速增长，2009年已达到390多万辆，交通拥堵仍是难题。虽然北京一直加快公交、轨道交通路网发展建设，但新增交通供给能力很快被人口增长、机动车增量所抵消。北京的交通运输依然存在紧张状况，这对国庆运输保障又一次提出严峻考验。

奥运会成功举办，举国欢呼，世界称赞。但仍有敌对势力依然妄图利用一切机会诋毁中国，伺机进行分裂破坏和实施恐怖行动。受全球性金融危机影响，各类社会矛盾突出，确保国庆期间运营安全的任务极为艰巨。国庆安全保卫工作面临严峻形势，北京地铁的安全运营和处理突发事件应急保障工作，再次引起高度重视。

在接受市委、市政府赋予重要政治任务的时刻，地铁公司深感此次重任是比奥运更加严峻的考验。奥运要求"大事不出、小事减少"，国庆60周年庆典活动要求"绝对安全、万无一失"。

按照北京市委、市政府的要求，以及北京国庆活动指挥部的工作部署，三次彩排演练和庆典活动的集散时间、集结地点、演练内容、人员数量、演练方案等各不相同。地铁公司在市国庆活动指挥部分阶段工作部署下，按照不同情况及时调整运营工作安排，制定各项运输组织方案。

国庆彩排和庆典活动要最大限度减少对市民出行的影响，三次彩排活动都安排在夜间进行。在相应的时间内，演练区域都将实行一系列的交通管制措施，部分公交、地铁线路调整运营。根据北京市制定的严密而复杂的临时交通限行措施，北京地铁多条线路采取提前收车、延后运营或局部封站等措施。地铁公司还将采取运送演练人员专列与普通市民乘客列车混行的客运组织方式进行运营组织。第一次大量开行专列和普通乘客列车混行，是对地铁行车组织和客运组织能力的严峻考验；第一次连续多个夜间不停运，也是对地铁员工素质和车辆设备质量的严峻考验。

面对再一次大考，地铁公司提出：要以超奥运标准完成国庆60周年庆典活动的交通保障重任。

二 备战国庆运输保障任务

北京地铁40年来首次承担国庆彩排和庆典活动的集结疏散运输任务，这是一项光荣的政治任务。地铁公司按照市委、市政府及市交通委的安排部署以及人员集结疏散要求和特点，科学筹划、精心组织，确保工作方案落实。

2009年6月29日，地铁公司召开"庆七一、迎国庆"表彰大会，会议提出"以超奥运标准"迎接和做好国庆运输保障工作。7月8日，地铁公司召开暑期运输工作会。与历年暑运工作会不同的是，这次布置暑运工作的重点是围绕国庆60周年运输保障开展工作。会议再次强调，要"以超奥运标准"研究制定国庆安全和服务保障行动方案，全面系统地部署安全稳定工作。

7月31日，地铁公司召开"迎国庆、保平安"动员部署暨签订治安保卫目标责任书大会。会议部署了"迎国庆、保平安"工作方案，地铁公司与各分公司签订治安保卫目标责任书，以此形式，明确各单位所承担的任务与责任，为国庆60周年安全保卫工作提供有力的奖惩依据和纪律保障。8月12日，地铁公司召开会议部署国庆运输任务，下发《关于做好2009年国庆60周年地铁运输组织保障工作的通知》，对所属各单位确保"绝对安全、万无一失"提出要求。

根据市游行指挥部的要求，1、2号线和5号线承担部分参加天安门广场庆典活动及前期彩排人员的集结和疏散任务。地铁公司按照"精心组织、周密安排、井然有序、梯次抵达、安全准点"总体原则，及时与政府相关部门、游行指挥部进行沟通，与组织学生演练的各区教委联系，与承担演练任务的学校负责老师联系，理清演练集结时间、地点、人员数量，完善和优化运输组织方案，以满足运输保障需要。

针对国庆60周年期间极高的防恐工作要求，地铁公司制定《国庆60周年安全保卫保障方案》，与公安部门联合制定地铁123个车站防范恐怖袭击事件工作方案，并坚持定期演练。为实现国庆期间"车车有人看、点点有人守"和"全覆盖、无盲区"，对地铁车站、车辆段、洞口等重点部位划分责任区，建立完善安全责任制体系，做到技术防范和人员防范并重。按照工作区域、重点要害部位的特性，将地铁管辖范围共划分为1119个治安责任区，每个治安责任区明确一名本岗员工为治安责任人，确定各岗位治安保卫责任，实现地铁运营值守现场"一岗双责"、"群防群治"。

在实施国庆运输保障方案中，地铁公司进一步强化突发事件处置预案，提出"迅速应对突发事件、确保乘客安全疏散、尽快恢复运营、减少社会负面影响"目标。各分公司结合改制后新的管理体制和运营管理模式，重新梳理各级预案，完善突发事件应急处置流程及救援组织体系，做到与实际对接，提高预案可操作

地铁公司举行突发事件应急抢险演练

性，增强员工应对突发事件的防范与处置能力。

8月21日，地铁公司召开会议，讨论通过《"8·29"国庆彩排运输保障方案》。按照保障方案，地铁公司设置演练总指挥部和4个现场分指挥部；安排各级管理人员约500人各司其职、各负其责，全面组织指挥运输工作；公司指挥中心总指挥部，由公司董事长、总经理坐镇指挥，全面组织协调运输工作；在1号线天安门东站、2号线前门站、5号线东单站和小营指挥中心设置4个现场分指挥部，由公司3位副总经理以及总调度室主任负责，指挥各条线的演练人员运送工作；在每个集结、疏散站点安排各分公司领导、车间、站队负责人现场值守，确保现场组织有序。保障方案充分考虑演练对1号线、2号线、5号线正常运营的影响，针对1号线、5号线和八通线提前收车以及1号线、2号线和八通线首班车延后的要求，重新编制列车运行图，合理安排列车运行，增加客流集中车站及换乘车站客运组织疏导力量；同时，采取区域联动、节点控制的措施，从5号线、13号线、10号线、八通线等远端车站控制客流，以有效缓解1号线、2号线的客流压力，保证市民的正常出行。

为保证车辆设备稳定可靠运转，地铁公司要求对车辆设备质量进行全面普查，查找隐患并进行整改；制定车辆设备保障方案和应急预案，按照不停运的要求调整并实施车辆设备检修维护流程；在集结和疏散过程中，安排技术过硬的车辆、设备检修维护人员和技术支持人员，在每一列车、重要机房和重点车站实行实名制保障，为演练运输提供强有力的技术支持。

国庆运输期间工作人员对供电设备进行维护保养

按照方案要求连续运营不停运的需求，安排好车辆、设备、人员；针对客流组织中的清人、与相关部门对接、疏散等重点环节，做好相应各项准备；根据彩排时间和人员数量的要求，合理安排行车，做好加开专列的预案；做好彩排人员运输后恢复正常运营衔接工作，提前制定应对大客流冲击的方案，认真落实重点车站的限流措施；根据彩排期间长时间连续运营的需求，提前做好车辆设备设施维护保养，确保稳定可靠。

8月27日，地铁公司进一步研究"8·29演练"运输保障方案，提出安排好8月28日晚部分线路提前结束运营后的封站清人工作；做好相关换乘站客流疏导，防止发生乘客纠纷；调整好AFC、电梯等设备的运行状态；加强游行队伍集中进站的客运组织，控制进站速度和人员密度，严防拥挤踩踏事故发生；做好演练结束与正常运营的衔接，细化游行队伍与普通乘客混乘状态下的客运组织预案。

9月3日，地铁公司就第二次联合演练运输保障工作进行部署安排，制定了《公司9·5联合演练运输保障方案》，进一步细化、完善了行车及客运组织计划安排。

"9·18演练"，是国庆庆祝活动最后一次大规模联合演练，运送人员多，集结时间为周五晚高峰时段，彩排人员与社会乘客混行，运输保障难度更大。9月10日，地铁公司传达市委书记刘淇在国庆工作动员大会上的讲话精神。对"9·18联合演练"运输保障准备工作提出要求。9月17日，地铁公司研究讨论制定出台了《"9·18"联合演练地铁运输保障方案》。地铁公司要求，各单位按照方案细化措施，提前与游行团队做好对接，明确集结、疏散时间、走行路线、关键部位、增加引导人员，确保乘降有序；加大安检力度，严格执行逢包必检、逢液必检、杜绝漏检；加强担负安全保卫的"红袖标"人员培训管理，确保9月20日全部上岗，做到"车车有人、站站有人"。

9月25日，中共中央政治局常委，中央政法委书记周永康在北京检查国庆安保工作。在地铁天安门东站，周永康向工作人员详细了解地铁运营、安保力量配备等情况。他说，地铁是北京公共交通的大动脉，必须把安全放在首位，把防恐怖袭击，防拥挤踩踏等作为重点，全面加强防范。在高峰时段要增加安检人员、保卫力量和志愿服务者，提高工作效率，减少乘客等候时间，方便群众出行❶。

9月27日，地铁公司召开会议，审议《"10·1"庆典和国庆黄金周地铁运输保障方案》。这项方案吸取前三次综合演练取得的成功经验，全面具体，可操作性强，为备战国庆运输保障任务打下坚实基础。

❯ 三 为国庆庆典活动保驾护航

8月28日夜至29日晨，地铁公司承担60周年国庆庆典"8·29"第一次彩排运输工作。8月28日夜晚，天安门地区先后进行包括国庆群众游行、联欢晚会专项演练和阅兵适应性训练等内容的首场演练，有近20万人员参加。地铁公司承担广场人员近70%的运量，运送人员多、运送时间长、涉及车站多、混编运营

---

❶ 新华社2009年9月26日。

要求高，是这次彩排运输工作的难点和特点。地铁公司提出的工作目标是"从细节入手，想到最困难的，做到最圆满的。"根据安排，28日23点至29日凌晨2点，在天安门广场进行联欢晚会专项演练，29日凌晨3点至5点，在天安门地区和长安街进行群众游行专项演练，29日8点半至10点，在天安门广场进行背景表演专项演练。而演练的交通管制、演练人员的运输从28日下午就开始进行。8月28日23点，满载着彩排人员的列车不断驶入天安门东站，车门旁守候的地铁工作人员，引导着短时内到达的拥挤人流沿着楼梯、通道快速分流，短短18分钟疏散了三组近3000多人。29日凌晨，33组车运送背景组字人员到站，疏散任务更加艰巨。从4点35分开始，列车紧密有序地开来，在最短的时间内将学生们疏散到指定的出站口集结，地铁公司领导和员工投入到现场秩序疏导工作中。为防止不同车次彩排人员交叉跑混，车站与公安人员密切沟通，确认地面出站口集结情况，采取一组车人员从一个出站口出站的引导方式进行疏导。当最后一组车人员出站已是29日早6点30分。在不到两个小时，以平均3、4分钟进站一组车的密度，将近两万名彩排人员安全送出地铁，准时准点完成集结运输任务。

更为严峻的是，从29日7点30分开始，1号线不仅要载客运营，还要运送参加天安门广场彩排结束的人员。地铁公司将以两组运营专列、一组运送普客列车的顺序混编运营。普客列车间隔只有7分30秒，意味着中间两组专列间隔时间只有2分30秒。

29日9点50分，第一批结束背景组字彩排的队伍进站。从地面站口到楼梯、通道，从车站大厅到站台、车厢门口，地铁公司加班支援的人员与站务人员依次排开，引导几乎同时到达的彩排归来人员。地铁站口工作人员认真核对彩排人员数量、到达车站时间等信息，确定人员批次和进站数量；楼梯口引导人员维护秩序，防止出现拥挤踩踏情况；站台上员工手持车厢号牌，提示车厢位置；站务人员提示乘务员本次列车乘车人员送达车站；车站广播及时播放即将进站列车信息；地铁公司领导和现场指挥人员密切关注客流情况，果断下达限流、调配车辆等指令，使整个运营保障系统畅通有效。至29日11点52分，第29组专列驶出站台，彩排人员运送工作全部结束。

第一次彩排运输共开行集结、疏散列车198列，运送演练人员11.3万人次。共组织6891名员工在车站、列车、设备机房等重点部位值守，共同完成演练运输保障任务。彩排人员全部疏散后，地铁公司及时调整运营组织方案，组织已开出的彩排专列就近车站停车承载社会乘客，恢复全线运营工作。

这次彩排运输是对国庆运输保障工作的一次检验。地铁公司不断改进完善方案，把工作标准定得更高，确立了批次集结、依序跟进、保障安全、准点运送的组织原则，完善了指定人员、指定对接、指定候车、指定乘降、指定核对、指定签注的"六指定"具体要求，为完成第二次、第三次彩排运输任务，也为10月1日庆典活动的运输保障工作积累了经验。

"9·5"演练是国庆庆典活动第二次演练，也是一次全要素的联合演练。地铁公司为加强组织指挥力量，在设立总指挥部和4个现场指挥部基础上，董事长深入一线指导检查运营组织工作，总经理在公司应急指挥中心坐镇指挥；同时，在每一个集结疏散站点，安排公司领导和公司机关部室领导值班，现场协调组织运输保障工作，确保组织指挥到位。

根据二次演练与"8·29"演练的不同情况，公司进一步完善细化运输组织方案。第二次承担集结疏散任务的1、2、5号线，3条线路都是在不停运的情况下进行，特别是1号线分段运营，行车、客运组织难度极大；由于第一次演练地铁运输体现出运量大、时间准的优势，市国庆运输指挥部又给地铁增加了集结、疏散人数约1万人，5号线新增人员需重新进行对接、联系、协调。为此，地铁公司根据新的时间节点、运送要求和运送人数，调整细化运营组织整体方案和行车客运组织及车辆设备保障方案；按照演练时间节点要求和游行、背景团队的实际需求，合理安排地铁运输计划，使各个时间节点紧密衔接，确保参演人员安全、有序、准时集结和疏散；与新增团队负责人有效对接，明确其乘车人数、团队负责人、到站时间、进站批次、走行路径、上车位置、列车出发和到达时间等相关要素，确保有序集结；增加各站进站口、楼梯、站厅、站台、拐角等处宣传引导人员及工作人员，配合各方阵、团队负责人组织参加演练人员有序进出车站和乘降列车；在承担任务的各次列车每节车厢都安排工作人员，协助游行、背景团队负责人维护车厢秩序；在站台标明醒目的各车厢位置，方便团队上车；行车调度在认真执行列车运行计划的基础上，根据车站现场人员集结和疏散情况，适时调整列车运行，灵活安排列车进站、停站时间，确保演练人员迅速安全上、下列车；针对1号线、2号线、5号线在集结时段参演人员与普通乘客混行，1号线执行苹果园至复兴门区段运营的特点，重新编制列车运行图,合理安排列车运行;增加客流集中车站、临时终点站以及换乘车站客运组织疏导力量,确保按图行车;特别是复兴门站作为1号线临时终点站,又是1、2号线间的换乘车站,在客流高峰时段,2号线复兴门站适时采取限流措施,有效缓解了1号线复兴门的客流压力,最大限度确保了乘客的正常出行;为减少对市民正常出行的影响,地铁公司制定实施了1号线、2号线、5号线集结专列与普通列车混行的行车组织方案。

"9·5"彩排演练运输,共开行集结、疏散列车196列,运送演练人员12.3万人次。共组织站务员、乘务员、检修人员、值守人员、技术支持人员以及各级管理人员共计7850余人在车站、列车、设备机房等重点部位值守,共同完成演练运输任务。

"9·18"演练是国庆庆典活动最后一次联合演练,也是演练运输组织工作最为困难的一次。为减少对市民正常出行的影响,结合本次演练集结时间正值周末晚高峰的特点,地铁公司进一步完善1号线、2号线、5号线集结专列与普通列车混行及1号线分段运营的行车组织方案,增开临时客车,缩短列车间隔;重点加强客流集中车站特别是复兴门站客运组织疏导力量以及各临时终点站清车力量,确保行车秩序;2号线复兴门站适时采取限流措施,有效缓解1号线客流压力,最大限度保障了市民的正常出行,运营秩序良好。

根据新的集结时间节点、运送要求和运送人数,地铁公司调整并细化了运营组织整体方案,新编制出1号线、2号线、5号线集结期间列车运行图;在天安门东、前门、和平门、东单、天安门西等集结人员集中到达车站,车站工作员配合各方阵、团队负

2009年10月1日凌晨，在地铁员工的引导下参加国庆庆典活动人员到天安门广场集结

责人组织参加演练人员有序出车站和乘降列车，减少演练人员在站内停留等候时间。此次演练集结工作时间正值周末晚高峰，特别是地铁1号线分段运营，对广大乘客的出行造成一定影响。地铁公司加大向市民宣传的力度，增加车站张贴通告的数量，做到站站广播、车车广播，广泛告知乘客，取得乘客理解和支持。经过三次演练，地铁公司与游行方阵、背景团队配合工作更加协调。

"9·18"彩排演练运输，共开行集结、疏散列车198列，运送演练人员12.5万人次。共组织站务员、乘务员、检修人员、值守人员、技术支持人员以及各级管理人员共计7850余人在车站、列车、设备机房等重点部位值守，共同完成演练运输任务。

三次彩排运输任务的完成，为地铁公司国庆运输保障任务积累了经验，地铁公司以"绝对安全、万无一失"为目标，认真制定组织落实国庆运输方案。

10月1日凌晨3点，京城还在夜幕笼罩之下，而此时北京地铁指挥大厅里灯火通明，所有指挥部成员到达现场指挥。值班调度进行集结前的准备：下载列车运行图，收集各站送电前的准备情况，与车站核对时钟系统，试验进路、道岔和信号状态，调整监视器镜头等等，等待国庆庆典活动人员集结运输任务的开始。

庆典集结工作于4点20分准时开始。1、2、5号三条运营线的124列运送专列在列车司机、客运人员和行车调度员的密切配合下有条不紊地进行，数万名游行人员、背景组字人员不断地向集结地点进发。6点整，2号线集结任务按时完成，调度电台传来总指挥部指示："北京站广场客流激增，行调马上组织2号线做好对外运营准备。"按照计划北京站作为南环唯一一个对外运营的车站，6点30分后对外开放。但是由于铁路列车密集到达，乘客早已在地铁站外排起长队。客流就是命令，总调度迅速发布指示，调集运力尽快开通北京站，2号线提前对外运营。调度员一面发布命令向北京站增加运力，一面命令北京站客运人员做好准备提前对外运营，仅用13分钟，北京站对外运营顺利开通。

地铁国庆运输指挥部根据三次演练经验，将后续列车扣于站内避免区间堆车，做好列车分批次上人的准备，要求车站做好客流观测，确保庆典疏散工作进展平稳。

经过长达11个小时调度指挥，国庆庆典北京地铁集结、疏散工作画上圆满句号。10月1日，国庆庆典保障任务共开行运送专列225列，运送参加庆典活动人员13.3万人次。组织站务员、乘务员、检修人员、值守人员、技术支持人员以及各级管理人员共计8101人在车站、列车、设备机房等重点部位值守，完成运输保障任务。

三次演练及国庆庆典共开行集结、疏散列车817列，运送人员49.4万人次。其中，开行集结列车469列，运送29.8万人次；开行疏散列车348列，运送19.6万人次。

地铁公司以高水平完成国庆60周年庆典活动交通保障任务，立即投入到国庆黄金周运输工作。为适应国庆黄金周客流增长需要，提高运输能力，满足乘客出行，各条线路重新编制调整列车运行图。

1号线重新编制节日列车运行图，节日图高峰时段列车最小间隔由2分30秒缩短到2分15秒，提高运力9％；平峰时段列车间隔由5分钟缩短为4分钟，提高运力25％；5号线重新编制节日列车运行图，高峰时段列车最小间隔由3分钟缩短到2分50秒，提高运力6%；平峰时段列车间隔由5分钟缩短为4分钟，提高运力25%；其他各线列车运行图进行局部调整，2号线列车最小间隔2分30秒，13号线、八通线列车最小间隔3分钟，10号线、奥运支线最小间隔3分50秒，平峰时段列车间隔为4~6分；安排预备车在车辆段以及公主坟、王府井、北京站、森林公园南门等站库线、13号线西直门3号站线待命，做好随时担当运行任务的准备；为保证10月6日、7日晚国家体育场观看演出观众及时顺利疏散，奥运支线、10号线延长运营时间34分钟。

8月15日至10月10日60周年国庆运输期间，地铁公司安全运营实现了"五消灭"、"三个防止"和"六个不发生"，全面杜绝安全事故和运营线20分钟以上责任延误；各类原因造成的列车延误5分钟以上事故7件；两次延误间车公里达到399万车公里，达到世界地铁运营先进指标。列车运行图兑现率达到99.98%；列车运行正点率达到99.91%，比奥运期间有新的提高。特别是黄金周期间，列车运行图兑现率达到100%；列车运行正点率达到99.99%，创造历史同期最好水平。

10月7日，中共中央总书记、国家主席、中央军委主席胡锦涛考察节日期间北京的安保、交通、旅游工作。胡锦涛乘坐地铁4号线，实地了解北京市轨道交通建设和运营情况。胡锦涛来到北京地铁西单站，看望慰问当班的地铁工作人员。总书记边走边看，仔细了解开通以来的客流变化、便民服务和安检工作等情况。接着胡锦涛亲自购买了一张电子车票，通过电子检票口进入站台。在站台上，胡锦涛同参与北京市轨道交通建设、运营的先进人物代表亲切握手，并和他们一道登上地铁列车。列车驶出站台后，胡锦涛坐在座位上，察看北京市轨道交通建设规划和地铁4号线运营线路等图板，了解北京市轨道交通规划、建设和运营情况。胡锦涛说，交通问题是关系群众切身利益的重大民生问题，也是各国大城市普遍遇到的难题。北京作为特大型国际城市，要解决城市交通问题，必须充分发挥公共交通的重要作用，为广大群众提供快捷、安全、方便、舒适的公交服务，使广大群众愿意乘公交、更多乘公交。总书记强调，要通过采取多种措施，切实解决北京城市交通拥堵问题❶。在列车上，胡锦涛察看车厢里配备的各种人性化设施，还来到驾驶室看望列车司机，了解操作情况，充分肯定地铁公司为改善首都交通、方便群众出行做出的积极贡献。

在国庆运输中，地铁公司实现与地铁4号线并网运营。4号线于9月28日开通试运营，新运营商的介入带来新的特点，换乘车站的客运组织及两家运营商间的协调配合是确保路网顺畅运转的重要环节。在筹备国庆运输组织工作时，地铁公司与京港公司及时联系，建立沟通协调机制，明确管理界面和职责，共同制定换乘车站客运组织方案及突发事件应急处置预案；根据既有线实际客流情况，重新编制列车运行图，调整换乘站站停时分，做好列车运行计划的匹配和衔接工作；密切配合4号线AFC系统的接入测试工作，两次测试共安排设备保障及测试配合500余人次；制定开通当日换乘站客运组织预案，做好4号线开通当日提前运营的充分准备，确保4号线开通初期的平稳过渡，保证了国庆运输

❶ 新华社2009年10月8日。

任务的圆满完成。

在国庆运输期间，地铁公司以"超奥运标准"，创造了安全运营各项指标历史同期最好成绩，高质量地完成新中国成立60周年庆典运输服务保障这一光荣而艰巨的任务，实现了"绝对安全、万无一失"的承诺，得到市委、市政府、市交通委以及国庆群众游行指挥部的充分肯定和高度评价，被首都国庆60周年北京市筹备委员会社会治安与安全警卫指挥部评为"国庆安保工作先进集体"，被北京市安全生产监督管理局评为"国庆60周年安全保障先进单位"，地铁公司又一次向党和人民交上了一份满意的答卷。

第二节　开展企业文化建设

一　发扬优良传统　提升企业文化

有企业就有企业文化。北京地铁是中国第一条地铁，经过几十年历史的长期积淀，地铁公司形成深厚的文化底蕴。从地铁创业初期的"艰苦奋斗、无私奉献"的企业文化，到20世纪七八十年代的"高大半"，伴随着社会发展和经济体制变化，在社会进步、经济发展和文化繁荣等多种因素的影响下，地铁逐步形成以大动脉和大联动为显著特点的企业文化。20世纪90年代初，地铁公司开展企业精神大讨论活动，形成了符合当时时代特点的企业精神。在企业发展的不同阶段，地铁公司将企业文化作为公司发展的推动力量。

进入新世纪，奥运申办成功，地铁进入快速发展时期。地铁公司经营的地铁线网不断增长，一批又一批年轻员工加入，员工队伍不断壮大。为发扬地铁40多年的优良传统，结合新形势、新任务的要求，努力提升企业文化，特别是按照建设"新北京、新奥运、新地铁"的要求，地铁公司把建设企业文化、引导广大员工奋发向上，作为建设"新地铁"、实现"国内领先、世界一流"的企业发展目标，构建和谐企业，持续增强企业凝聚力和竞争力的必由之路和战略任务，将制定企业文化发展战略作为公司发展战略的重要组成部分作出安排。

2006年下半年，地铁公司下发关于《北京地铁推进企业文化建设指导意见》的通知，进一步强调加强企业文化建设的重要性，明确地铁公司企业文化建设的指导思想、工作目标和基本原则，并采取内外结合的方式，组成专家组、咨询组和工作组开展北京地铁企业文化建设调研和体系完善工作。包括：进行地铁企业文化诊断；研究企业文化纲要和行为规范；提炼形成企业文化理念和行为规范；撰写和设计地铁先进模范人物读物和企业标识；开展企业文化大讨论，为宣传贯彻企业文化建设纲要打下基础；制定实施地铁公司企业文化宣传贯彻方案等内容。

随后地铁在全公司进行大规模的企业调研，采取问卷调查、座谈讨论和重点访谈等方式，对北京地铁企业文化建设情况进行较全面的摸底，完成《北京地铁企业文化调查问卷分析报告》和

《北京地铁企业文化诊断报告》。在地铁公司企业文化调研、形成和完善的过程中，公司下发调查问卷上千份，召开座谈会和中高层管理人员洽谈上百人次，专家、咨询、工作组讨论会70余次。在此基础上，紧密结合"新地铁"发展规划的制定，加紧对企业文化的理念、行为和视觉系统进行规范，并形成基本符合北京地铁公司文化特点的十六大理念、八大行为规范和视觉系统。

2007年底，地铁公司制定完成《北京地铁公司企业文化建设纲要》和《北京地铁公司企业文化建设实施方案》，制定完成理念手册、行为手册和视觉手册。经过领导、专家、员工讨论，形成地铁公司企业文化理念，主要内容有：

企业愿景：国内领先 世界一流。

企业使命：畅通北京 让首都更美好。

核心价值观：卓越服务 共赢发展。

企业精神：团结 诚信 求实 创新 奉献。

企业道德：运行有德 运营有和。

企业作风：严谨务实 联动高效。

经营理念：走市场之路 行公益之车。

安全理念：科技管理创平安 永远追求零风险。

服务理念：行车有站 爱心无限 真诚出发 满意到达。

效益理念：开源节流 传递公益。

管理理念：纲为先 人为本。

领导理念：行成于思 功成于众。

窗口理念：代表首都 展示中国。

人才理念：　让平凡者成功　让成功者卓越。

文化品性：　大动脉。

企业口号：中国第一条地铁　首都第一流服务

2008年初，地铁公司一届六次职工代表大会原则通过《北京地铁公司企业文化建设报告》。随后，地铁公司结合"新北京、新奥运"的要求，结合迎保奥运会和地铁新线开通，对报告的相关内容进行补充和完善，并采取多种形式加大北京地铁企业文化的宣传力度，使初步形成的理念、行为、视觉系统得到广大员工和社会各界的认可、认同。

优秀的企业文化是伴随和推动企业发展的重要力量。北京地铁公司具有40多年的历史，承担多次重大政治任务，经受多次重大考验，取得了骄人业绩，同时，也形成具有首都地域、政治文化中心、行业领头人特点的文化特征，突出表现在十个方面：一是光荣的创业发展文化；二是高度的政治责任文化；三是艰苦奋斗的奉献文化；四是"高大半"的团队文化；五是责任重如泰山的安全文化；六是以人为本高效联动的服务文化；七是公益为先的效益文化；八是一丝不苟的制度文化；九是首都窗口的品牌形象文化；十是追求卓越的创新文化。地铁公司十大文化特征是企业文化的积淀，也是企业在不同历史时期实现不断进步和发展的文化力量，更是建设"人文型"地铁要继承发展、弘扬光大的重要文化特征。

二 宣传企业文化 促进成果转化

随着公司发展规划的调整，地铁公司企业文化理念、行为规范、宣传方案、实施方案等内容也结合发展规划进行了完善，使之相互统一、相互促进。公司制订宣传贯彻《北京地铁公司企业文化手册》（2008年版）和《北京地铁公司企业VI系统》（2008年版参照标准）。按照公司党委开展深入学习实践科学发展观活动的总体要求，针对企业文化相关内容和公司制定地铁发展战略规划内容，对企业文化进行发放并回收专题调研问卷。在此基础上，撰写出专题调研分析报告，为进一步推进企业文化建设提供依据。

地铁公司机关各部室、基层各单位在公司企业文化各项内容基础上，结合各自分战略，修订各自子文化和亚文化内容。为使企业文化宣传贯彻工作更加深入，地铁公司通过制作发放企业文化相关学习材料，协调相关部室和二级单位组织开展企业文化专题讲座、报告会、新员工培训等方式，向广大员工渗透企业文化相关内容。

在加强企业文化建设中，公司创新企业文化宣传方式，全面促进文化管理。按照文化与管理相融合的原则和ISO9001质量管理体系的要求实施文化管理，结合公司管理创新和制度完善，将企业文化建设融入各项工作中；按照建设先进企业文化的要求，围绕"安全、服务、效益"主线，根据提炼的企业文化内涵和行为规范推进企业文化建设；修订完善岗位职责和流程，对现有各项制度结合各个单位及岗位特点精炼和细化，最终形成北京地铁公司行为规范手册的完整体系。公司企业文化建设办公室还采

地铁员工利用业余时间参观"让过去告诉未来"大型安全教育展览

取边研究、边宣传、边修改、边座谈、边提炼的办法，不断扩大研究成果；通过多种渠道，向广大员工和乘客进行潜移默化的企业文化内容的宣传，对内通过《北京地铁》报、《新地铁画报》等载体，对外通过中国国际城市轨道交通展览会上布置的北京地铁展台、北京地铁网站、《新乘坐》、《信报》、地铁车载电视、地铁车站电子显示屏等载体插播或标注北京地铁文化理念等内容，向员工和乘客渗透地铁企业文化相关内容；通过环境布置展示理念，传播北京地铁公司的企业愿景、企业使命和核心价值观，如：建立地铁安全展览教育基地，举办"让过去告诉未来"大型安全教育展览，建立国内首家城轨电动客车列车司机安全作业培训基地，创建北京地铁文化长廊，大力进行企业文化环境营造，在地铁重点站建立总面积达38.2平方米文化墙和5块文化栏。

为实现"国内领先、世界一流"的企业愿景，履行"畅通北京，让首都更美好"的企业使命，以"卓越服务、共赢发展"为核心价值观，坚定不移地走"以文兴企、以文治企、以文促企"之路，地铁公司大力加强企业文化建设，用最新的企业文化建设成果，促进和推动"新地铁"又好又快地科学发展。通过推进企业文化建设，全面提升北京地铁品牌价值。2006年8月20日，地铁公司在中国文化管理学会和中国企业文化促进会举办的首届中国企业形象管理年会上，荣获"2006年中国优秀企业形象单位"奖。2008年5月16日，地铁公司被评为"中国企业文化建设先进单位"。2009年8月24日，在中国企业报协会组织的有115家企业报刊参加的第七届企业报评选中，《北京地铁》报被再次评为"全国优秀企业报"。这是自2003年《北京地铁》报连续第六次在全国性企业内刊评选中获得的荣誉称号。中国企业文化研究会授予北京地铁公司为"2009年度全国企业文化建设先进单位"称号。中国企业文化促进会授予地铁公司"全国企业文化建设百佳贡献单位"称号。"北京地铁公司企业文化十大特征"被中国企业文化促进会编入《建国60周年全国企业文化建设成果汇编》文集。中国企业文化研究会在国内企业推广北京地铁《践行科学发展观，加强企业文化建设，建设人文型地铁》经验。2009年10月31日，在"第四届北京影响力"评选活动中，地铁公司被评为"影响百姓生活的十大企业"。

地铁公司借助公司和社会各种媒体平台，进一步宣传北京地铁在首都经济建设和社会发展中的作用和成就，为公司改革发展稳定创造良好的舆论环境，进一步提高北京地铁的企业知名度，

2009年10月31日，北京地铁公司荣获"第四届北京影响力——影响百姓经济生活的十大企业"称号。图为颁奖仪式

同时激发广大员工爱企、爱岗热情，增强企业凝集力，为建设"国内领先、国际一流"的优秀现代企业而共同努力。

第三节 传承奥运精神 构建"六型地铁"

一 "六型地铁"理念的提出

北京奥运会、残奥会的成功举办，"新北京、新奥运"战略构想的实现，标志着北京发展进入了一个新的阶段。2008年9月25日，奥运会刚刚结束，市委书记刘淇、市长郭金龙到北京地铁调研时指出："发扬奥运遗产，建设人文北京、科技北京、绿色北京，发展公共交通是实践'人文、科技、绿色'三大理念的综合性措施，是落实科学发展观和以人为本的具体措施。把北京的投资'埋在地下'，发展地铁，怎么抓都不过分。"这次调研发出一个重要信号，即奥运会后地铁的发展建设不是放慢而是加速。

首都北京传承奥运精神，深入学习实践科学发展观，确定建设"人文北京、科技北京、绿色北京"的发展战略。按照《北京城市总体规划（2004年—2020年）》，北京将建立"两轴—两带—多中心"的空间布局，北京市的交通发展确定以城市快速轨道交通系统为龙头，全面推进现代化公共客运系统建设，到

2020年建成轨道交通线路19条。交通规划大大加快了北京轨道交通发展速度，2010年、2012年和2015年的运营里程将分别达到300公里、420公里和561公里。根据《北京市轨道交通线网调整规划方案》，2050年市区线路将达到693公里，市郊线路达到360公里左右，形成总长1053公里的轨道交通运营规模。北京地铁面临着广阔的发展空间，既给地铁公司带来极大的发展机遇，也使北京地铁面临着市场竞争的严峻考验。

传承奥运精神，提高北京地铁核心竞争力，打造一流专业运营商品牌，建设最具竞争力的优秀现代企业成为北京地铁发展的必由之路。地铁公司适应新的发展形势，努力做优做强主业，积极扩充自身经营的地铁网络，成为首都轨道交通市场的主导运营商，成为国内同行业中处于领先地位的龙头企业，精心锻造国际知名品牌。

2008年10月18日，城市轨道交通建设与运营北京研讨会在京召开。北京地铁公司总经理谢正光做了题为《新形势下北京地铁的运营管理实践与思考》的主题报告，提出奥运会后北京地铁运营事业的基本发展思路和目标：继承奥运遗产，以科学发展观为指导，站在新的起点，瞄准世界先进水平，坚持用优秀人才、先进技术设备和科学的管理，继续推动北京地铁的发展建设，打造"安全可靠、高效便捷、功能完善、低耗环保、文明舒心、知名品牌"的世界一流地铁。

谢正光在发言中提出建设"六型地铁"的理念，即：进一步提高安全管理能力，建设"平安型地铁"；进一步提高服务水准，建设"人文型地铁"；进一步提高网络运力，建设"高效型地铁"；严控运营成本，建设"节约型地铁"；扩展加密网线，建设

"便捷型地铁";强化管理创新,建设"创新型地铁"。"六型地铁"理念的提出,为制定地铁公司发展战略提出新的目标。

二 开展学习实践科学发展观活动

2008年12月,中共北京市委、市政府决定对北京地铁公司的主要负责人进行调整。12月22日,中共北京市委组织部、市国资委有关领导出席地铁公司领导干部大会,宣布:地铁公司党委书记、董事长王德兴因任职年龄免去党委书记、董事长职务;任命谢正光为地铁公司党委书记、董事长;张树人为地铁公司党委副书记、董事、总经理。

新领导班子调整之后,第一件事就是以学习实践科学发展观为指导,研究企业发展战略规划。2009年3月,地铁公司参加第二批学习实践科学发展观活动。结合北京地铁快速发展形势和制定地铁公司新的发展战略规划的实际,公司领导班子在广泛调研和征求意见的基础上,确立"践行科学发展观,按照'人文北京、科技北京、绿色北京'的要求,建设'平安型地铁、人文型地铁、高效型地铁、节约型地铁、便捷型地铁、创新型地铁',推动北京地铁又好又快发展"的教育活动主题。

3月21日,地铁公司举办学习实践活动主题报告会。谢正光以《践行科学发展观,推动"六型地铁"建设》为主题作报告。报告指出:要始终坚持以科学发展观为指导,以建设"人文北京、科技北京、绿色北京"为动力,推动北京地铁建设,在科学发展观的指导下,制定北京地铁企业发展战略规划。在

学习实践活动中，地铁公司根据市国资委、市交通委对轨道交通发展的要求，查找影响公司发展的突出问题，共组织讨论会235次，完成调研报告和学习体会292篇。公司各级党组织以"践行科学发展观，建设六型地铁"为主题召开专题民主生活会，检查剖析影响地铁发展的问题与原因，提出六个方面的突出问题和六个方面的原因分析，得到地铁员工的认可。随后，地铁公司领导亲自主持整改落实方案的起草工作，将整改内容细化为45条，包括有效缓解拥堵现状，缩短等候时间，进一步提高市民乘坐地铁出行比例；优化客流组织，改善站车环境，为乘客提供舒适方便的服务；着力解决员工最关心、最直接的切身利益问题等各项具体措施。地铁公司边整边改解决了一批影响和制约公司科学发展的突出问题，整改落实，兑现承诺，使乘客和群众得到实惠。

地铁公司着眼企业未来发展形势，广泛开展形势任务教育，加大宣传建设"六型地铁"的力度，研究完善地铁公司发展战略规划，使建设"六型地铁"理念和发展战略规划深入人心。公司党员干部在学习实践中认识到，发展地铁是我们党执政为民的集中体现，建设"六型地铁"是科学发展观在北京地铁的具体实践，是地铁公司必须长期坚持和努力的工作目标。建设"六型地铁"就是要突出安全可靠、长治久安，建设"平安型地铁"；突出以人为本、提升服务，建设"人文型地铁"；突出提高运力、增加运量，建设"高效型地铁"；突出严控成本、低耗环保，建设"节约型地铁"；突出网络化、方便快捷，建设"便捷型地铁"；突出科技创新、管理创新，建设"创新型地铁"。广大党员干部按照建设"六型地铁"要求，分析查找在思想观念和工作理念方面存在的问题，进一步解放思想，更新观念，将"践行科学发展、建设'六型地铁'"作为工作的出发点、立足点和落脚点，为推动地铁又好又快发展奠定了思想基础。

从城市轨道交通建设运营研讨会上地铁公司首次提出建设"六型地铁"的理念，到科学发展观学习实践活动期间确立建设"六型地铁"的发展战略，北京地铁由此走上坚持科学发展的道路。

▶ 三 制定地铁发展战略规划

按照北京市确定的建设"人文北京、科技北京、绿色北京"的发展战略，2009年7月17日，北京市交通委制定出台《北京市建设人文交通科技交通绿色交通行动计划（2009年—2015年）》，进一步明确公共交通的重要战略地位和发展理念；公共交通的公益性定位；突出"以人为本、技术创新、节能减排"的公共交通发展方向；提出支持公共交通发展的具体政策和行动计划。行动计划提出，北京全面打造"公交城市"，公交出行比例由当时的36%上升到45%。高峰时段通勤出行中，公共交通分担比例达到50%以上，轨道交通承担公共交通总客运量力争达到50%左右。2010年，轨道交通运营里程将达到300公里，2012年达到420公里，2015年达到561公里，形成"三环、四横、五纵、七放射"的网络体系，五环路内线网密度达到

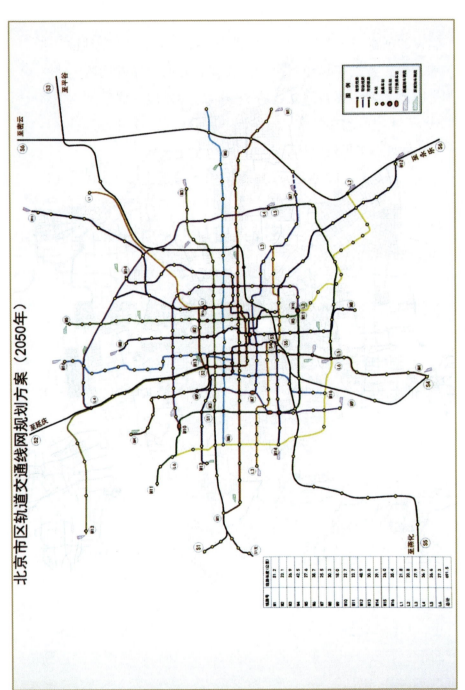

北京市区轨道交通线网规划方案（2050年）

线路编号	线路长度（公里）
M1	51.2
M2	23.1
M3	26.9
M4	42.5
M5	27.6
M6	38.7
M7	25.5
M8	30.3
M9	18.0
M10	32.7
M11	33.7
M12	30.8
M13	29.1
M14	26.0
M15	35.4
M16	21.8
L1	20.8
L2	27.9
L3	36.7
L4	26.6
L5	27.3
L6	
总计	691.5

2050年，北京市区轨道交通通车里程将达到1053公里规划方案

0.15公里/平方公里，平均步行1000米即可到达轨道交通站点。未来新投入运营的轨道交通骨干线路开通时最小发车间隔3至4分钟，同时还将更新老旧车辆，缩短发车间隔，骨干线路高峰时段最小发车间隔2分钟。轨道交通新线将被纳入市轨道交通指挥中心统一指挥，实现各运营主体间协调运营，轨道交通日均运量将达到1000万人次以上，运营管理达到国际先进水平。根据北京市轨道交通线网调整规划方案，2050年市区线路将达到693公里，市郊线路达到360公里，形成总长1053公里的轨道交通运营规模。北京地铁面临着大发展的广阔前景。

发展轨道交通是实践人文交通、科技交通、绿色交通的重要内容。市政府决定加大对地铁的投资力度和工程推进力度，实现每年至少开通一条线路，每两年完成100公里的建设任务。同时要求地铁公司"要通过技术改造和设施完善，提高现有轨道交通的运营能力"，实现内涵式发展。

地铁公司抓住这一机遇，科学谋划企业发展。早在2006年，地铁公司与首都经贸大学联合成立课题组，就北京地铁的企业发展战略规划研究进行座谈，这标志着地铁公司企业发展战略规划研究正式启动。地铁公司聘请专业咨询机构组成联合课题研究组，研究党和国家的方针政策以及《北京城市总体规划2004年—2020年》、《北京交通发展纲要》、《北京市国有经济"十一五"发展规划》。2008年底，新的领导班子研究奥运会后的新形势，结合学习实践科学发展观活动，分析地铁公司所面临的新的发展形势和任务，在充分做好企业调研基础上，研究制定系统的《北京市地铁运营有限公司2009年—2015

年发展规划》（以下简称《规划》）。2009年2月27日，在地铁公司召开的第二届一次职代会上，全体代表听取审议通过了谢正光所做的地铁公司发展规划的报告。

《规划》提出地铁公司"1326"发展战略，即：围绕一个目标，即国内领先、世界一流；打造三个业务板块，即运营业务、新线业务和关联业务；通过两个阶段，即2010年和2015年两个目标年；推动六项重点工程即：建设"六型地铁"，将北京地铁打造成为国内领先、国际一流地铁，使北京地铁公司成为政府信赖、乘客满意、社会好评和同行称赞的地铁专业运营企业集团。

《规划》全面分析企业面临的发展环境，提出地铁公司未来7年发展的指导思想、基本原则、总体思路、发展目标以及业务布局、实施计划和保障措施，成为一个时期公司发展的基本方向和纲领性文件。《规划》分析地铁公司发展环境认为：全党深入学习实践科学发展观是推动地铁又好又快发展的强大动力；中央的"四个服务"要求和北京的功能定位蕴含着首都地铁良好的发展机遇；"人文北京、科技北京、绿色北京"将有力推动地铁又好又快实现外延和内涵发展；"两定四优先"和"三个交通"为北京地铁创造了良好发展环境；北京市总体规划为北京地铁发展描绘出宏伟蓝图；北京市国有经济发展规划明确了地铁公司发展目标和良好的发展前景；首都经济社会又好又快发展为地铁可持续发展提供了坚实的保障；轨道交通行业发展环境为地铁全面协调可持续发展提供了良好条件。

《规划》对地铁公司的发展基础、优势以及面临的环境和企业内部的挑战做出分析，提出公司发展的指导思想：以邓小平理论和"三个代表"重要思想为指导，深入贯彻落实科学发展观，继承奥运遗产，站在新起点，瞄准世界先进水平，坚持用优秀的人才、先进的技术设备和科学的管理继续推进北京地铁建设，按照"四个服务"和"人文北京、科技北京、绿色北京"的要求，坚持"安全是基础，服务是根本，效益是目标，管理是手段，改革是动力"的工作方针，着力提高安全、服务和效益水平，着力提升运输能力和客运量，充分发挥地铁在城市可持续发展中的重要战略作用，促进首都经济社会又好又快发展。

地铁发展战略确定北京地铁作为专业运营企业集团的定位和"畅通北京，让首都更美好"的使命；确定坚持安全第一、稳定至上，坚持内涵和外延并重，坚持服务首都经济社会发展的公益性，坚持以实力进取、做强做大做优的发展原则；努力打造"安全可靠、高效便捷、功能完善、低耗环保、文明舒心、知名品牌"的世界一流地铁。

地铁发展战略把2009年至2010年作为发展第一阶段。第一阶段战略重点是提升管理，构建适应未来大规模网络化地铁运营管理平台。主要目标：运营里程达到270公里左右；日均客运量500万人次以上，占公共交通总运量30%左右；主要运营指标达到世界一流水平。2011年至2015年为战略发展第二阶段。第二阶段战略重点是巩固提升，实现世界一流地铁的宏伟目标，跨入国际先进地铁行列。主要目标：运营里程达到500公里以上，实现中心城地铁网络运营一体化；日均客运量1000万人次以上，占公共交通总运量50%以上；各项运营指标达到世界一流水平，重要指标

达到世界领先水平。

地铁发展战略将公司业务布局分为运营业务、新线业务和关联业务三大板块，其中运营业务包括：运营服务、维修服务、增值服务；新线业务包括：配合建设、工程监理、运营筹备；关联业务包括：车辆制造、职业教育、运营研发。

8月6日，《规划》正式上报北京市国资委，并下发公司所属各单位学习贯彻执行。按照业务布局和实施计划，地铁公司提出落实计划的保障措施，即：优化外部环境，以健全的法制、政策和标准为基本保障；强化人才培养，以优秀员工队伍为根本保障；强化科技创新，以先进可靠的技术设备为基础保障；强化管理创新，以现代科学管理为体制机制保障；强化组织领导，以党的建设为组织保障。2009年，地铁公司启动了地铁发展规划的实施步伐。

▶ 四 新战略规划的实施

2009年6月3日，地铁公司二届一次职代会第一次代表团长联席会审议通过《北京地铁公司关于组建运营二、三、四分公司的实施意见》。6月15日，地铁公司隆重召开北京地铁运营有限公司二、三、四分公司组建揭牌大会，标志着三个运营分公司正式组建并投入运转。

3个运营分公司的组建，是继2008年5月成立运营一分公司后，继续构建北京地铁新的运营组织方式和管理模式的重大战略步骤。在地铁车辆一公司、车辆二公司、客运公司的基础上分别进行改组，成立3个运营分公司。新成立的运营二分公司在车辆

2009年6月15日，北京地铁组建成立运营二、三、四分公司。图为组建分公司揭牌大会

一公司的基础上改组；新成立的运营三分公司，在车辆二公司的基础上改组；新成立的运营四分公司，在客运公司的基础上改组。改组后的3个分公司划分了线路管辖职责：运营二分公司负责1号线、八通线的运营管理；运营三分公司负责2号线、10号线、13号线、奥运支线的运营管理；运营四分公司负责机场线的运营管理。3个分公司是所辖线路安全运营、维修服务、设备设施管理的责任主体，所辖线路的各站区调整到责任主体。新组建的3个分公司，基层单位实行成建制划转。按照新模式要求，对各单位的机构、岗位和编制重新进行核定。各设备公司全面实施按线负责的项目制管理，依照内部市场化原则与各运营分公司建立合同关系，实行契约化管理。

　　4个分公司重组改制是地铁40年运营组织管理方式的重大变革。新组建的运营分公司，建立专业运营，综合管理，以市场化运作为核心的运营管理新模式。在地铁公司全面预算管理下，各分公司按照"自主经营、自负盈亏、自我约束、自我发展"进行经营管理。分公司机关进行改组，按照精干高效、科学配置，合理设置职能部门，配备人员。以安全可靠、优质服务为前提，优化运营生产组织方式，在调度指挥、司机值乘、站务管理、车辆设备维护等方面创新管理和运行模式，通过委托授权方式，对线路供电、通信信号、机电、线路、建筑设备实施管理，初步实现地铁内部市场化运作。

　　北京地铁运营有限公司车辆厂是全国城市轨道交通车辆生产基地和重要的技术开发、咨询、交流中心。地铁公司在制定发展规划中，以《北京市国有经济"十一五"发展规划》中提出的"重点保障地铁等直接关系首都城市安全运行和社会稳定的基础设施产业，继续确保国有经济在公用基础设施领域的控制地位，努力将城市基础设施投资与运营等行业中的重点企业打造成为国内同行业处于领先地位的龙头企业"为依据，在发展壮大地铁运营主业同时，把北京地铁运营有限公司车辆厂作为关联业务板块，将地铁车辆厂的车辆修造业务的发展，定位在产业链上是地铁运营上游环节，是地铁安全运营必备的基础保障。车辆制造对满足地铁发展需要具有重要意义。地铁公司以国内一流水平为目标，按照现代企业制度要求，对车辆厂进行规范的公司制改造，以引进资金、资质、技术和管理，全面提升市场竞争力。

北京地铁运营有限公司车辆厂的发展得到北京市的高度重视。2009年3月，市交通委、市运输局、市路政局有关领导到车辆厂考察调研，到生产车间观看地铁新车制造过程，听取车辆厂发展历史、企业现状和发展规划汇报。4月10日，由地铁公司牵头研制的国产地铁电动列车（B型）项目通过市交通委、市科委组织的专家验收。这是国内首次成功研制拥有完全自主知识产权的地铁电动客车。该型车在即将开通运营的房山线上投入使用。4月22日，副市长黄卫到地铁车辆厂调研完全自主知识产权国产地铁电动客车（B型）研制情况。5月3日，市委常委赵凤桐到地铁车辆厂就国产地铁电动客车自主创新及自主知识产权工作进行调研。5月6日，市委书记刘淇对《昨日市情》特刊第70期"立足自主研发，拉动经济增长，地铁车辆（B型车）制造产业化情况及下一步实施设想"作出批示：在充分论证的基础上，可加快该项目的推行。6月20日，市委书记刘淇到地铁车辆厂实地调研完全自主知识产权国产地铁电动客车（B型）研制情况，乘坐并查看具有完全自主知识产权的国产地铁电动客车（B型），考查将应用于地铁房山线新车的外观和内饰设计方案。

根据地铁发展战略规划，2009年11月10日，北京地铁运营有限公司车辆厂正式更名为北京地铁车辆装备有限公司，成为国资委批复组建的地铁公司全资子公司，注册资本为2.5亿元人民币，是国内首家修造合一的地铁车辆国产化、产业化实体公司。

北京地铁车辆装备有限公司成立后，在做好房山线示范线路车辆国产化应用、推广的同时，启动扩能改造工程，到2011年底，建立立足北京、辐射外埠、面向全国的现代化地铁车辆修造

2009年11月10日，地铁公司举行车辆装备公司揭牌仪式

基地和以车辆修造为龙头、资产总量、销售总量及经济效益最具规模、聚集度最高的地铁车辆产业集群，形成年修造750辆地铁电动客车的综合生产能力。为确保北京地铁安全运营，精心打造国内领先的修车基地和国内一流的造车基地，推进地铁车辆国产化、产业化和本地化，带动北京市产业结构调整及优化升级，打造北京现代装备制造业做出新贡献。

2009年12月30日，地铁房山线首组不锈钢车体正式下线，该车在实现整车国产化率超过95%的基础上，车辆总体性能和技术指标不低于国外同类产品水平。首组不锈钢车体正式下线，为后续样车试制打下坚实基础。

地铁公司在贯彻市委、市政府的要求中，将走内涵式发展道路，提高既有线路运输能力，作为实现地铁发展《规划》的重要内容认真贯彻实施。自2007年北京地铁全网同步实施单一票价惠民政策和多条新线路开通，实现网络化运营后，地铁客流增长迅速，中

2009年12月，地铁房山线首组不锈钢车体正式下线。图为不锈钢车体组装现场

心线路高峰时段满载率居高不下，运力与运量之间的矛盾日益突出。为保证市民"走得了，走得好"，地铁公司结合1、2号线车辆设备更新改造，对信号、供电系统不断进行升级。采取延长站台、车辆扩编、优化司机操作流程、增加疏导力量、减少站停和折返时间等有效扩能措施，不断挖潜，实施管理创新，在确保安全运营前提下，大幅提高各条线路实际运输能力，应对客流增长。2007年以来，各条线路先后14次缩小行车间隔，并对13号线和八通线实施"四改六"列车扩编，对1、2号线更换"宽体新车辆"。同时，对狭窄出入口楼梯实施扩建改造工程，提高疏散能力。

2009年1月6日，北京市副市长黄卫到地铁调研，专门听取关于地铁既有线路提高运力的汇报。地铁公司从世界各大城市列车间隔情况分析、北京地铁八条线路列车间隔现状、未来五年地铁客流发展、既有线路提高运力思路及总体实施计划等几个方面作了汇报。黄卫高度评价地铁公司为北京市公共交通发挥作用做出的贡献。他强调：不断扩大地铁在城市公共交通的占有比重，发挥轨道交通的作用，是建设"人文北京、科技北京、绿色北京"的重要举措，这种走内涵式的发展道路，是落实科学发展观的具体行动。要加快推进工作，尽早分步实施，争取逐步见到成效。

经过艰苦努力，地铁公司在2009年3次缩小行车间隔，1号线最小间隔达到2分15秒，2号线达到2分钟，5号线达到2分50秒，运力分别提高了11%、25%和5.9%，其中1、2号线行车间隔达到世界一流水平。13号线、八通线全部实现了6节编组，最小行车间隔为3分钟，10号线采用6辆编组，最小行车间隔为3分钟。奥运支线为奥运场馆区的观光线路，客流量不大，采用6辆编组，

地铁员工正在测试列车运行间隔时间

2007年以来14次提高运力表

序号	日期	间隔调整	运力增幅	备注
1	2007年5月21日	八通线行车间隔由5分缩短至4分	25%	
2	2007年10月7日	1号线行车间隔由3分缩短至2分45秒	9%	
3	2007年10月7日	2号线行车间隔由3分30秒缩短至3分	16.70%	
4	2007年10月7日	13号线行车间隔由4分缩短至3分30秒	14.30%	
5	2007年10月7日	八通线行车间隔由4分缩短至3分30秒	14.30%	
6	2007年12月24日	13号线行车间隔由3分30秒缩短至3分	14.30%	
7	2007年12月24日	1号线行车间隔由2分45秒缩短至2分30秒	10%	
8	2008年6月28日	2号线行车间隔由3分缩短至2分30秒	52.50%	（含车辆更新）
9	2008年7月5日	5号线行车间隔由4分缩短至3分30秒	14.30%	
10	2008年7月19日	5号线行车间隔由3分30秒缩短至3分	16.70%	
11	2008年8月8日	八通线行车间隔由3分30秒缩短至3分	16.70%	
12	2009年4月21日	1号线行车间隔由2分30秒缩短至2分15秒	11.10%	
13	2009年4月21日	2号线行车间隔由2分30秒缩短至2分	25.00%	
14	2009年5月21日	5号线行车间隔由3分缩短至2分50秒	5.90%	

最小行车间隔为7分钟（奥运会期间为3分钟）。机场线为4辆编组，最小行车间隔15分钟。

持续提高运力，为市民出行带来了便捷。4月23日，市委书记刘淇对《北京信息》专刊154期"市地铁运营公司采取措施，进一步提高地铁运力"批示：地铁运营公司积极主动应对挑战，技术改造加管理创新，使生产效率大幅提高，这是企业科学发展的好经验，应予表扬和推广。

4月24日，市长郭金龙批示：请政府办公厅刊《政务交流》。副市长黄卫批示：请正宇、小明、正光同志阅，继续按照

刘淇、金龙同志的要求，做好科技交通、人文交通、绿色交通的工作，要在增效的同时，高度重视地铁的安全运营工作。6月7日上午，市长郭金龙等领导，到地铁安定门站视察安全工作。郭金龙市长指出：公共交通是广大市民日常出行的重要方式，一定要高度重视公共交通安全，不断提高安全防范的能力与水平；要深刻认识到北京轨道交通目前正处于快速建设期，不久后将迎来运营高峰，一定要做好地铁建设与运营间的衔接，不断加大专业人才培养力度，确保首善之区的公共交通系统高质量、高标准运营。

地铁公司新的发展战略目标，是向国际先进水平看齐。地铁公司加大与国际地铁组织的交流。2007年8月，北京地铁加入公共交通国际联会，成为正式会员单位。2008年，应国际地铁协会（CoMET）组织邀请，北京地铁公司正式成为该组织会员单位。国际地铁行业的交流，使北京地铁将国际先进水平的指标引入北京地铁，并充分利用CoMET与UITP等国际交流平台开展标杆管理，针对CoMET的KPI考核指标逐一对标。地铁公司还积极参与中国轨道交通专业委员会开展的建立同行运营绩效评价体系工作，修订《地铁运营公司服务质量管理标准》。2009年6月15日至17日，国际地铁协会（CoMET）对北京地铁公司回访。CoMET本次回访主要是汇报地铁公司与其他地铁公司的业绩对比、考察北京地铁、协助解决北京地铁关心的问题、对CoMET的KPI体系做进一步解释。公司领导张树人、陈稀临、徐小林、高踪阳出席本次交流会谈，听取CoMET关于地铁公司的业绩与国际其他地铁同行的对比汇报。2009年11月3日，北京地铁公司首次参加国际地铁协会（CoMET）关键绩效指标（KPI）综合测评，在CoMET全部27个成员单位2008年关键绩效指标综合测评中排名第二，安全、能耗、培训等指标名列前茅。12月15日，市委书记刘淇对《北京市地铁运营有限公司关于国际地铁协会关键绩效指标（KPI）测评情况的报告》批示：向国际一流城市学习，提高落后指标，保持先进指标。

第四节 未来展望

2007年底以来，美国次贷危机爆发，逐步演变为金融危机并从美国向国外扩散。特别是2008年9月以来，国际金融形势急剧变化，迅速演变成从20世纪大萧条以来最严重的国际金融危机，并加速从虚拟经济向实体经济、从发达国家向新兴经济体和发展中国家蔓延，全球性经济陷入巨大衰退。随着这次国际金融危机的不断蔓延和加深，特别是2008年下半年以来，通过贸易、金融、预期和产业联动等多种传染机制影响我国；对经济增长、出口、投资、消费三大需求、工业生产、行业和企业效益等方面的负面影响日益显现，并不断加重。另一方面，由于我国拥有巨额的外汇储备、充裕的居民储蓄、巨大的内需市场、相对独立的金融体系和有管理的浮动汇率制度等有利因素，这次金融危机不仅未改变我国经济发展的基本面和长期趋势，还带来了新的发展机遇。

为应对这次全球金融危机，中央迅速出台一系列扩大内需、保持经济增长的政策和措施。加大基础设施建设力度是中国应对这次全球金融危机采取的重要措施。发展城市轨道交通从短期看能够拉动固定资产投资，有利于克服国际金融危机对我国实体经济的影响；从长期看，则可以解决制约城市发展的交通拥堵和空气污染问题，有利于城市的可持续发展。确实，地铁项目对钢材、水泥和装备制造等行业的拉动作用明显。为此，国务院调整全国中心城市批准地铁建设的3项指标：城市人口超300万、GDP超1000亿、地方财政一般预算收入超100亿；根据这个标准，截至2009年底，全国已有25个城市的地铁项目获批，投资总规模将超过1万亿元。国务院还规定，全国中型城市建设轻轨的标准只要达到上述条件的60%，由此，全国有近50个城市及格。这意味着，只要国家允许及自身财力充裕，仍有近27个城市可能陆续进场。到2009年11月，北京、上海、广州等19个城市共有57条、1400公里线路同时在建，福州、昆明、大连、青岛等刚获批准的城市将开始首条线路的正式建设。

北京市计划在2009年至2010年两年内投资拉动内需。轨道交通是其中主要"发动机"。2009年、2010年两年，北京市要累计投资900亿元人民币建设6条轨道交通，使北京轨道交通通车总里程达到300公里，其中新建轨道交通线路100公里。随着城市化建设步伐的加快，北京市中心城不断向周边辐射，轨道交通建设的紧迫性也在增加。为缓解轨道交通建设资金的困境，北京市轨道交通投资政策已放开，政府大力号召外资和民营企业进入轨道交通建设领域。轨道交通建设、轨道交通设备制造、轨道交通沿线商业开发等领域都具有良好发展前景。根据修订的北京市交通发展的远期目标，到2015年，北京市轨道交通建设里程要达到561公里，到2020年约700公里。2009年，北京市有13条轨道线路同时开工建设，年度投资超过500亿元，这也成为北京历史上轨道交通建设投资年度规模最大的一年。这13条地铁线路建设期总投资达2000亿元，到2015年将陆续建成。北京地铁迎来了更加广阔的发展前景。未来地铁12条线及其规划走向：

北京地铁6号线 为东西走向，西起海淀五路，东至通州东小营，全长41.74公里，一期预计2012年建成通车，二期预计2015年建成通车。一期工程由五路至草房，二期工程由草房至东小营。2008年4月开工建设。地铁6号线已经确定为北京第一条建设的地铁快线，列车最高运行速度为100公里。地铁6号线星火路站于2009年1月18日正式开工建设，成为6号线第一个开工的车站，星火路站将采用明挖的方式建设，位于朝阳北路的青年路、褡裢坡等站也将陆续开工，同样都将采取明挖手段建设。

北京地铁7号线 西起西客站，沿两广路、东二环、劲松路、化工路分布，最后至焦化厂设置终点站，沿线经过丰台、宣武、崇文、朝阳等四个区。线路全长约23.1公里，共设车站20座，全部为地下线，线路在东端设置车辆段一座。2009年开工建设，预计2013年建成通车。

北京地铁8号线 一期工程（即奥运支线）已于2006年9月28日建设完成，2008年7月19日正式通车试运营，2008年10月8日，奥运支线正式对公众开放。从北土城站到森林公园南门，全长4.528公里，奥运支线与10号线以双联络线在安定路站接轨，全线位于北京城市中轴线上，由南向北横穿第29届奥林匹克运动会主要举办区域——奥林匹克公园，两端预留二期工程衔接条件，共设4座车站，分别为北土城站、奥体中心站、奥林匹克公园站、森林公园站。8号线规划向南经中轴路绕行故宫东侧至永定门和东高地，向北经永泰庄、东三旗至回龙观北区。地铁8号线二期工程由美术馆东街到回龙观小区，可方便回龙观、林翠路等小区居民出行，预计2012年建成通车。

北京地铁9号线 起点设在丰台区的郭公庄（北京世界公园），沿万寿路南延向北，从丰台火车站东侧穿过并一直向北至广安路路口右转，并沿广安路向东，下穿六里桥，至羊坊店路左转再向北，穿过北京西站以及玉渊潭公园，沿首都体育馆南路继续向北，过长河桥后至终点站白石桥站与4号线衔接。线路全长16.5公里，全部为地下线路。规划设车站14座，换乘站8座。9号线2007年开工，2012年9月全线竣工通车。

北京地铁14号线 西起丰台区的王佐，沿卢沟桥路、丰台体育中心、丰体南路、丰台北站、丽泽路、北京南站、蒲芳路、弘燕路、西大望路、金台路、朝阳公园、酒仙桥路、首都机场高速、广顺南大街、广顺北大街，最后到达终点朝阳区的来广营，沿途经过丰台、宣武、崇文、东城、朝阳5个区。线路全长约42.2公里，全部为地下线，共设车站35座，设车辆段和停车场各一座。一期工程为卢沟桥至南磨房，线路全长约25.3公里，共设车站21座，2009年开工建设，预计2014年建成通车。

北京地铁15号线 西起西苑，终点在顺义区潮白河河东地区，线路主要经过圆明园南路、清华大学、清华东路、奥林匹克公园、大屯路、望京地区、新国展、京顺路、顺于路、顺安路。

途经北四环和北五环，全长45.7公里，其中地下线约32公里，高架线约13.7公里；新建车站21座,分别为西苑、圆明园、双清、六道口、北沙滩、奥林匹克公园、安慧北里、大屯路东、指挥中心、望京西、望京、来广营东路、香江北路站、孙河、新国展、新国展北、后沙峪、南法信、顺西路、府前街、河东。一期工程（13号线望京西站至顺义区河东）于2009年4月开工建设，预计于2010年建成通车；二期预计于2014年建成通车。

亦庄线 由地铁5号线向南延伸至北京经济技术开发区的线路。规划设14座车站，分别为宋家庄、南四环、小红门、旧宫东、亦庄、商城、隆庆街、荣京街、荣昌街、同济南路、经海路、垡渠路、次渠、亦庄火车站，全长23,2公里。其中包括地下站6座，地上站8座。已于2008年开工建设，2010年通车。

大兴线 全长21.76公里，共设车站11座。分别为公益西桥站、新宫站、西红门站、高米店北站、高米店南站、枣园站、清源路站、黄村西大街站、黄村火车站、义和庄站、韩园子站、天宫院站。大兴线是4号线的延长线，2007年12月8日开工，2010年底建成。大兴线沿途经过丰台区南苑地区、大兴区西红门地区、大兴新城主城区、生物医药产业基地，新建车站11座，其中地下站10座、高架站1座。

房山线 起点设在良乡城南长虹西路和苏庄大街交叉口，终点设在丰台郭公庄站，与地铁9号线衔接。该线线路全长约24.79公里，沿线共设车站11座，其中高架站9座，地下站2座。房山线于2009年4月开工建车，预计于2010年建成通车。

S1线（门头沟线） 五路——门头沟。是6号线的轻轨延长线，计划与6号线合并。预计于2013年建成通车。

昌平线 北起十三陵景区，南至城铁13号线西二旗站。一期为 "城南路至西二旗" 21.3公里，以高架线为主，拟设站7座，其中地下站1座。于2009年4月开工建设，一期预计2010年建成通车；二期预计于2016年建成通车。沿线共设车站11座。

西郊线（香山线） 轨道交通西郊线，将全线使用新型有轨电车。列车头上 "小辫子" 将负责供电，列车所走轨道将半封闭。该线也将成为北京首条使用现代有轨电车的线路。据悉，这种新型现代有轨电车的国际招标即将启动。按照规划，西郊线于2010年建成通车。

除上述已经开始建设和准备近期建设的地铁线之外，北京市还规划了较远时期要建设的地铁线。它们是：地铁3号线、4号线北延、8号线3期、11号线、12号线、16号线、17号线等线路。

中共北京市委、市政府把发展轨道交通作为缓解市区交通拥堵的治本之策。随着轨道交通建设速度的加快，到2010年底，地铁公司运营里程将达到270公里，日均客运量500万人次以上，实现最小行车间隔2分钟，主要指标达到世界一流水平；2015年，运营里程将达到500公里以上，日均客运量1000万人次以上，骨干线路的最小行车间隔均达到2分钟，各项运营指标均达到世界一流水平，重要指标达到世界领先水平。

面对新的发展机遇，北京地铁公司积极实施《北京市地铁运营有限公司2009年—2015年发展规划》，建设 "六型地铁"。同时，通过采取一系列措施，保障这个目标的实现。

1. 优化外部环境，以健全的法制、政策和标准为基本保障。

良好的企业外部环境，健全的法制、政策和标准是实施"新地铁"战略规划的基本保障。积极争取市委市政府和有关部门的理解和支持，进一步完善北京地铁"三分开"体制；进一步完善北京地铁安全运营的地方性法规规章，进一步明确北京地铁的执法体制、执法主体和执法责任；建立北京地铁的运营服务质量标准，按照政府购买公共服务的科学理念，建立健全相关政策，明确政府购买公共服务的价格形成机制、利润分享机制和政府监管机制，为企业持续健康发展创造良好的外部环境。

2. 强化人才培养，以优秀员工队伍为根本保障。建立一支懂技术、会管理、特别能战斗的员工队伍是实施发展规划的根本保证。按照公司未来发展人才需求建立一支素质精良、数量充足、结构合理的优秀员工队伍，切实保证经营管理人才、专业技术人才和高技能岗位人才的合理配置。建立人才培养、选拔、吸引和凝聚机制，努力营造以崇高的事业吸引人、以公平的竞争选拔人、以良好的待遇凝聚人。营造"让平凡者成功，成功者卓越"的人才成长环境，使人才充分享有实现自身价值的自豪感、贡献地铁的成就感、得到社会认可的光荣感、受到地铁尊重的归属感，通过各种措施，打造一支优秀的员工队伍。

3. 强化科技创新，以先进可靠的技术设备为基础保障。先进的技术设备是实现发展规划坚实的物质基础，世界一流地铁必定拥有一流的技术设备。在发展规划的落实过程中，始终坚持"科技是第一生产力"的指导思想，坚持以国内领先、世界一流的技术标准，持续提高北京地铁的技术装备水平，持续提高车辆设备设施的维修管理水平。

4. 强化管理创新，以现代科学管理为体制机制保障。科学管理是发展规划的重要支撑。建立科学的管理体制和运行机制，保障战略规划的有效实施。通过战略管理，始终把握企业正确的发展方向和发展思路。通过文化管理，不断巩固全体员工为发展规划而共同奋斗的思想基础、价值观念和行为准则。通过强有力的安全管理体系、ISO9001质量管理体系、全面预算管理体系、人力资源管理体系等科学管理措施，不断强化员工队伍落实战略规划的执行力。

5. 强化组织领导，以党的建设为组织保障。党建是实施发展规划的思想保证、政治保证和组织保证。充分发挥党组织的思想优势、政治优势、组织优势和群众工作优势，努力推进发展规划的实施。不断加强领导班子和干部队伍建设，不断增强领导班子和领导干部的政治意识、大局意识、责任意识和廉洁从业意识，切实改进领导方式、工作方法、文风会风，始终保持良好的工作作风，扎实推进战略规划实施；努力提高各级干部的专业知识水平、科学管理能力、依法治企能力、应对复杂局面和解决复杂问题的能力；充分发挥党员的先锋模范作用，把党员的思想政治素质与发展规划所要求的业务能力结合起来，使党员都成为本岗位的业务骨干；充分发挥员工的主人公作用和青年生力军作用，通过组织员工、引导员工、服务员工和维护员工合法权益，团结带领全体员工为实现规划目标而努力。

回顾过去，地铁公司承载着几十年光荣历史；展望未来，地铁公司依然责任重大，地铁公司正像一列高速行驶的列车驶向辉煌的明天。

北京地铁大事记

（1953年至2009年）

1953年

中共北京市委经过四易其稿，于11月25日制定了关于《改建与扩建北京市的规划草案》。《草案》指出："为了提供城市居民以最便利、最经济的交通工具，特别是为了适应国防的需要，必须及早筹划地下铁道的建设。并应把地下铁道和来自西北的铁路联系起来。"

1954年

9月　　共北京市委《关于改建与扩建北京市的规划草案要点》修改重印稿中指出："为了提供城市居民以最便利、最经济的交通工具，还必需及早筹划地下铁道的建设。为此，应及早着手收集设计地下铁道所必需的资料。"

11月　　中共北京市委《关于改建与扩建北京市的规划草案向中央的报告——规划草案制定的经过和其中的几个问题》中提出："对于地下铁道的建设问题，亦请中央考虑可否指定专门机构并聘请苏联专家，着手勘察和研究。"

1956年

1月　　根据中共北京市委指示，在北京都市规划委员会内，成立地下铁道组，由苏联城市规划专家组组长勃德列夫为业务指导。开始进行北京地下铁道的规划工作。

4月　　由北京市都市规划委员会第一次提出了《北京市近期及远期地下铁道路网规划草案》（初稿）。

9月3日　中共中央总书记邓小平代表中共中央批示："关于北京地下铁道筹建问题，同意暂由北京市委负责。筹建所需行政技术干部，北京市无法解决者可分别由铁道部、地质部、城市建设部等有关部门抽调支援。"

10月9日　以莫斯科地铁设计院副院长兼总工程师巴雷什尼克夫为组长的苏联地下铁道专家组一行五人来京。

10月24日　北京地下铁道筹建处正式成立。归北京市委领导，刘德义为筹建处主任。

10月　　　中共北京市委第一书记、市长彭真在《关于北京的城市规划问题》中明确提出要建设地铁，他指出："地下铁道北京是需要的，有助于解决交通繁忙问题，在帝国主义还存在的今天，考虑以地下铁道作为防空之用也有必要。"

11月30日　中共北京市委向中央报送了《关于北京地下铁道筹备工作情况和问题的报告》。

1957年

3月12日　北京地下铁道筹建处党组写了线路方案报告，报告中提到：在苏联专家组指导下，曾编制了13个北京地铁线路总布置方案，并从其中选出了2个较好的方案。同月，中共北京市委向中央请示采用第二方案，请中央或军委考虑决定。

1958年

7月22日　铁道兵报告中央军委并总参：建议铁道兵抽一个加强师参加北京地下铁道建设。

8月18日　铁道部北京地下铁道工程局成立，受铁道部和北京市双重领导，将北京地下铁道筹建处撤销。

10月30日　中共北京市委常委讨论《关于北京地下铁道一期工程线路埋设方案》。决议：地下铁道的修建应迅速筹备，争取尽快地开工。地下铁道的埋设，全部采用深埋的方案。

12月24日　中共中央批准陈志坚任北京地下铁道工程局局长。

12月31日　北京地下铁道工程局传达了周恩来总理指示：地下铁道要

修，今年不能全面开工，可先试点，以取得经验，一条线的工期，三年五年都可以。

1959年

2月3日　北京地下铁道工程局党委成立，经中共北京市委批准刘德义为党委书记。

1960年

2月20日　中央军委第14次常委会议决定，北京地下铁道建设采用浅埋加防护的办法。

2月　　北京地下铁道修建委员会成立。

1961年

6月30日　铁道部北京地下铁道工程局向中央报告：北京市地下铁道浅埋路网规划方案。

6月　　铁道部指示：北京地下铁道建设暂缓开工（原计划1961年7月1日开工）。

11月3日　铁道部决定北京地下铁道工程局与电气化铁道工程局及丰沙铁路工程指挥部三个局合并组成"华北铁道工程局"，在华北铁道工程局内保留一个"地下铁道工程处"。

1962年

上半年"地下铁道工程处"撤销。北京地铁建设暂时"下马"。

1964年

8月19日　李富春、薄一波、罗瑞卿联名向毛泽东和中央提出《关于国家经济建设如何防备敌人袭击的报告》，《报告》建议：恢复北京地下铁道建设筹备处，积极准备北京地下铁道的建设，并考虑上海、沈阳两市地下铁道建设，由铁道部负责。

1965年

1月15日　北京军区司令员杨勇，中共北京市委书记处书记、副市长万里，铁道部副部长武竟天向中共中央、中央军委报送了《关于修建北京地下铁道问题的专题报告》。23日，中共中央政治局委员、中共北京市委第一书记彭真，国务院副总理李富春在专题报告上签署意见：同意并报送主席、常委。

2月4日　毛泽东主席和中央其他常委在《关于修建北京地下铁道问题的专题报告》上圈阅同意。毛泽东主席亲笔批示："杨勇同志：你是委员会的统帅。希望你精心设计、精心施工。在建设过程中，一定会有不少错误失败，随时注意改正。是为至盼！"

2月7日　北京地下铁道领导小组正式成立。杨勇任组长，万里、武竟天任副组长。同日，召开第一次领导小组会议决定：组成北京地下铁道领导小组办事机构和设计施工队伍，并决定1965年7月1日开工。

3月4日　北京地下铁道工程局筹建处正式成立，韩曰翰为负责人。

3月29日　地铁领导小组召开会议研究地铁的开工建设问题。

3月30日　地铁领导小组向彭真、李先念、余秋里汇报工作，会议决定事项：同意所定线路方案（14个车站）；同意1965年投资8900万元。

4月3日　根据彭真同志指示：北京地下铁道领导小组增加国家计委安志文副主任为领导小组成员。

4月10日　国家计委复函：同意北京地下铁道石景山至五棵松段于1965年7月正式开工。1965年投资8900万元。

5月1日　铁道部地下铁道工程局正式成立，同时撤销北京地下铁道工程局筹建处。

7月1日　北京地下铁道一期工程在玉泉路举行了开工典礼，党和国家领导人朱德、邓小平、彭真、李先念、罗瑞卿等参加典礼仪式，并为工程破土奠基。杨勇在开工典礼上讲话。开工仪式后，朱德委员长等中央领导同志视察了工地、营区和生活区，并与建设者亲切谈话。同日，在解放军政治学院礼堂，杨勇主持召开了修建地下铁道干部大会，彭真、罗瑞卿在两千多名干部参加的大会上讲话。

8月9日　中央批准：韩曰翰任铁道部地下铁道工程局党委副书记、局长，周毅任铁道部地下铁道工程局党委副书记、政治部主任，朱世源、徐骏、白平、张锐任铁道部地下铁道工程局副局长。

10月10日　朱德委员长到地铁施工工地视察。

12月7日　中央批准：陈辛火兼任铁道部地下铁道工程局政治部副主任；张洪智兼任铁道部地下铁道工程局副局长。

1966年

4月3日　朱德委员长到地铁施工工地视察，听取韩曰翰局长关于工程进度情况的汇报。

5月29日　国务院副总理薄一波视察地铁玉泉路车站、八宝山车站及八宝山至玉泉路区间施工工地。

1967年

7月25日　在国家建委召开的会议上，国家建委和铁道部一致认为：一期工程建成后，由北京市管理较为适宜，并且建成一段即由北京市接管一段，负责临时运行任务。

9月8日　北京市工交城建组高扬文、杨寿山向北京市委书记吴德、北京军区司令员傅崇碧并报国务院有关领导的报告中提出：北京地下铁道是以备战为主兼顾城市交通；整个工程未建成以前，由铁道部管理。工程建成后，由北京市管理。

9月15日　国务院有关领导批示："同意由铁道部门管理"。

1968年

6月28日　中国人民解放军铁道部军事管制委员会决定：地下铁道运营筹备工作，由北京铁路局负责。

9月29日　铁道部革委会决定：王树荣任北京地下铁道运营筹备组组长，张锐、刘汉文任副组长。

12月25日　重新组成地下铁道领导小组，由郑维山（北京军区）、杨杰（铁道部）、宋养初（国家建委）、杨寿山（北京市革委会）、张雁翔（国家计委）、顾毓高（总参作战部）、兰庭辉（铁道兵）、崔萍（工程兵）、钟辉琨（北京卫戍区）、杨守谦（北京军区作战部）、张建福（地铁局）、苏杰（铁道部）、张鸿智（铁道兵12师）等13人组成。以郑维山为组长，杨杰、杨寿山、宋养初、兰庭辉等4人为副组长。

1969年

8月9日　北京地下铁道领导小组第二次组长会议决定：通车临时运营管理全部由地铁工程局负责。

8月27日　北京地下铁道领导小组会议决定，遵照周总理指示，地铁通车时不举行典礼。

9月　　北京铁路局地下铁道运营处成立，并建立革命委员会，由丁继忠任主任兼党的核心小组组长。

10月1日　北京地下铁道一期工程建成通车，线路全长22.879公里。

1970年

2月6日　国务院总理周恩来给铁道兵司令员刘贤权的指示：地下铁改归铁道兵管，并成立一个领导小组，由刘贤权（正）、吴德（副）、杨杰（副）等人参加。

2月27日　周恩来总理对北京地下铁道领导小组制定的《关于北京地下铁道施工队伍整编方案的报告》批示：对地铁局进行"工改兵"，组建为铁道兵15师。

3月4日　周恩来总理同意地铁二期工程设计意见，二期工程提高了车站的设计标准和地铁防护能力。

3月4日　中央军委同意《关于北京地下铁道施工队伍整编方案的报告》，将铁道部地铁工程局和北京市建设局参加地铁建设施工的职工，整编为铁道兵第15师，对地铁一期工程运营队伍和北京供电局管理地铁变电站的职工，整编为北京地下铁道运营管理处，由铁道兵第12师领导。

4月15日　中国人民解放军铁道兵北京地下铁道运营管理处正式成立，由12师领导。处长孙维堂，政治委员刘汉华，副处长冯双盛、艾轩。办公室地址在复兴门外南礼士路真武庙二条。

4月30日　晚10时，周恩来总理视察北京地下铁道一期工程，从前门站至木樨地站、古城路站，返回北京站，并对运营安全作重要指示。

5月13日　铁道兵12师党委会批准成立中共铁道兵北京地下铁道运营管理处委员会。孙维堂任党委书记。

8月25日　地铁一期工程开始试运行，有计划地组织免费参观，试运行区段为北京站至古城路站。

12月3日　周恩来总理对北京地下铁道领导小组《关于北京地下铁道运

营准备工作情况的报告》批示："拟同意，改为1971年1月开始，在内部售票，运行一段，接待参观群众。"

1971年

1月15日　北京地铁一期工程线路开始试运营，实行内部售票，凭单位介绍信在各车站购票，单程票价为1角。开始运行区段由北京站至立新站（公主坟站），共10座车站，全长10.7公里。

3月　　　北京地下铁道二期工程开工建设。二期工程从建国门至东直门、西直门到复兴门，全长16.1公里，设10座车站和一座车辆段。

8月15日　北京地铁一期工程运营线路由北京站延长到玉泉路站，共13座车站，全长15.6公里。

9月13日至11月6日　地铁一期线路因林彪事件停止运营。

11月7日　地铁一期工程试运营线路由北京站延伸至古城路站，16座车站，全长21.0公里。开始编制平日、星期日、节日列车运行图。

1972年

10月至12月　经地铁领导小组同意地铁考察团分赴法国、匈牙利考察。

12月27日　北京地铁由原凭证出售地铁票，改为免证件出售地铁票，单程票价仍为1角。

1973年

1月6日　　根据周恩来总理、叶剑英副主席批示，调整、增补了北京地铁领导小组成员。

3月4日　　周恩来总理亲自对北京地下铁道领导小组《关于北京地铁正式运营问题》请示报告批示："请杨德中同志约卫戍区吴、杨两同志、北京市万里同志、丁国钰同志，市公安局、外交部、外贸部、对外友协、中联部、旅游局、北京市外事组有关同志与地铁领导小组一起去检查一次，看正式运营是否可不出大乱子，如走电失火，瓦斯窒息，上下车失脚，出入口拥挤等等，并写一报告附上。"并派出检查组来地铁检查。

3月11日　地铁一期工程试行北京站至玉泉路站、古城路站、苹果园站间的三环套跑，最小行车间隔8分。运营时间改为从早6点至20点30分，同时取消凭证售票。

4月7日　周恩来总理听取地铁联合检查组汇报,对地铁的运营和建设有关问题作出许多指示。同日，对《关于地铁安全检查情况报告》批示，地铁按现实情况，尚有四个有关安全运营问题未能解决，故以暂不忙公开宣布运营，而以采取目前售票试运行，对外宾组织参观方式为好。待二期工程环线完工，各站出入口改造好，再定公开运营。

4月23日　北京地铁一期工程运营线路运营区段，从北京站延长到苹果园站，运营车站17座，运营线路全长23.6公里，日开行列车132列，列车运行最小间隔为13分钟。

5月　周恩来总理对北京地下铁道领导小组《修改八角村支线方案》的请示报告批示：同意修短线（原为8公里，现为1.4公里）。

7月5日　北京地下铁道领导小组会议，同意公安部、市公安局和地铁运营管理处共同商定地铁公安分局编制方案。

7月13日　邓小平同志第一次到地铁视察。指出：车辆可以进口。

8月12日　北京地铁一期工程因内部施工，停止试运营。

1974年

6月　国务院副总理邓小平视察北京地铁，乘坐了地铁列车，对北京地铁建设运营作了重要指示。

6月15日、9月4日　地铁领导小组两次讨论1973年版北京地铁规划方案，该方案为6条线，总长约198公里。

7月1日　经国务院副总理李先念同意，地铁一期工程线路恢复试运营。

1975年

1月12日　北京地铁一线因战备停止运营，2月1日恢复正常运营。

11月29日　根据国务院、中央军委精神，铁道兵北京地铁工程指挥部改编为北京基建工程兵。

12月23日　国务院、中央军委决定，将铁道兵北京地下铁道运营管理处和铁道兵北京地下铁道大修厂筹建处划归北京市交通局管理。

1976年

1月19日　国务院副总理李先念同意北京地下铁道领导小组《建议撤销北京地下铁道领导小组》的请示报告。

3月31日　北京市地下铁道运营管理处成立，隶属北京市公共交通局。建立北京市地下铁道运营管理处革命领导小组，组长：赵增山，副组长：刘汉华、冯双盛、李炳章、梁隶华。建立北京市地下铁道运营管理处党的核心领导小组，组长赵增山，副组长：刘汉华、冯双盛。

5月22日　北京市地下铁道运营管理处改名为北京市地下铁道管理处。

12月　　地铁管理处办公机关迁移到五棵松复兴路77号。

1977年

10月28日至11月29日　地铁管理处领导参加国家科委组织的赴日本东京等6城市地铁考察团，考察团对日本地铁运营管理自动化水平和运营管理理念印象深刻。

1978年

4月10日　北京地铁召开第一次科技大会。确立了北京地铁的运营宗旨："安全、准确、高效、服务"。明确提出：地铁的基本任务由以战备为主，转向以运营为中心，为乘客服务。

4月　　　对地铁一期工程运营线路组织进行了第一次问卷式的客流大调查。

9月16日　国务院副总理谷牧决定，在北京市的统一领导下，成立地铁会战办公室；以国家计委为主，成立地铁建设帮助小组，协调地铁的建设工作。

9月27日　地铁一期工程实行新编列车运行图，平日最小行车间隔缩短到5分钟；日开行列车提高到200列；运营时间延长至5:00-23:00，增加3小时，并与地面公共电、汽车运营时间保持一致，实现行车自动闭塞、调度集中、自动停车、双边供电、自动扶梯等5个自动化项目，即实现"五二三五"的工作目标。

10月16日　中共北京市委任命冯双盛为北京市公共交通局副局长、党组成员，主持地铁工作。

11月28日　北京市公共交通局党组同意冯双盛兼任北京市地下铁道管理处主任。

12月1日　开始发行北京市电、汽车、地下铁道联合月票，票价10元，每月按150人次计算，地上地下各分摊50%。

1979年

4月7日　　北京市公共交通局党组发文，撤销北京市地下铁道管理处革命领导小组和党的核心小组，成立中共北京市地下铁道管理处党委会。委员会由赵增山、冯双盛、刘汉华、李建林、梁隶华、巩万铭、李建国、刘明学、杨国华九人组成。赵增山任党委书记，冯双盛、刘汉华、李建林任党委副书记。

4月　　地铁管理处机关迁移到东城区苏州胡同甲61号。

1980年

4月　　地铁管理处和基建工程兵指挥部科研设计院联合进行了第二次全面客流大调查。

1981年

2月21日　国家建委根据国务院副总理谷牧的指示，决定成立北京地铁一期工程验收交接委员会，委员会由国家建委、国家计委、北京市政府、基建工程兵、铁道部、一机部、财政部、建设银行、总参谋部、北京军区等部门组成。委员会下设办公室和6个专业组，具体办理验收交接工作。

3月23日　国务院国发（1981）41号文通知，批转国家建委关于北京地下铁道第一期工程验收交接问题报告。

4月20日　北京市人民政府决定成立北京市地下铁道公司，归北京市公共交通总公司领导。撤销地下铁道工程会战办公室。

6月3日　国务院指示，将基建工程兵九五一工厂划归地铁管理部门领导，撤销北京市地下铁道管理处车辆设备筹建处。

9月15日　北京地下铁道一期工程验收正式交付使用。北京地铁一期工程从福寿岭至北京站，全长29.007公里，19座车站。总投资70062万元。

9月27日　中共中央政治局常委、中央委员会总书记、中央委员会主席胡耀邦，由中共中央办公厅杨德中等陪同，视察了北京地铁。

1982年

7月7日　北京市组织设计、施工、运营单位成立地铁二期工程初
　　　　验领导小组。

是年　　地铁管理处实行以承包为中心的内部经济责任制。

1983年

4月1日　北京地铁二期工程西直门至复兴门4个站开始试运行。

7月　　中共中央、国务院原则批准《北京城市建设总体规划方案》中
　　　　明确提出"四横、三竖加一环"的8条地铁线路方案，线路总
　　　　长236公里。

10月14日　中共中央书记处书记胡启立、国务院副总理李鹏受邓小平的
　　　　委托，在北京市委第一书记段君毅等领导陪同下，视察北京
　　　　地铁二期工程。作出了环线暂停初验，进行设备旧换新改造
　　　　的指示。随后，国家经委副主任林宗棠被委派到地铁公司，
　　　　主抓二期工程设备改造和运营准备工作。

11月17日　国务院副总理李鹏和国家有关部委和北京市领导，听取地铁
　　　　公司和有关单位领导的汇报，确立北京二期工程改造工作阶
　　　　段和目标。

1984年

1月31日　国务院副总理姚依林、李鹏，国务委员谷牧、陈慕华、张劲
　　　　夫，在北京市委第一书记段君毅等领导陪同下，视察北京地
　　　　铁二期工程。

4月17日　中共北京市委决定：北京市地下铁道公司建立党委，任命李

春生任党委书记，冯双盛任经理。

4月27日　中共中央书记处书记胡启立、国务院副总理李鹏，在中共北京市委第一书记段君毅等领导陪同下，视察北京地铁二期工程。

4月　　　北京市地下铁道公司设计、制作了北京地下铁道企业标志——地铁徽。

5月4日　北京市人民政府决定：将北京市地下铁道公司从北京市公共交通总公司中划分出来。改为市属局级公司。名称仍为北京市地下铁道公司，归口北京市市政管理委员会。

9月19日　在地铁建国门车站，召开庆祝北京地铁二期工程建成通车典礼大会。中共中央书记处书记胡启立、中央顾问委员会常委段君毅、国务院副总理李鹏、中共北京市委书记李锡铭等领导参加了通车典礼。

9月20日　北京地铁二期工程建成通车运营，往返于复兴门站至建国门站之间，按"马蹄形"方式运营。

10月5日　中共中央政治局常委、中央军委主席邓小平在中共中央办公厅主任王兆国、中共北京市委书记李锡铭等领导陪同下，视察了北京地铁二期工程，并乘坐了北京地铁二期线路运行列车。

1985年

1月1日　全国人大常委会委员长彭真在中共北京市委书记李锡铭等领导的陪同下，视察了北京地铁二期工程。

3月1日　北京地铁二期工程（东、北、西环）开始发售北京市市区公共电、汽车和地铁环线联合月票。票价为7元。乘车范围不包括北京地铁一期工程全线。

8月29日　北京市地下铁道公司召开首届职工代表大会。

1986年

2月28日   北京市人民政府批复：北京地下铁道公司与法国合作进行地铁苹果园站至复兴门站总长17公里改造方案可行性研究。

8月15日   北京地铁复兴门底层350米折返线工程举行开工典礼。

10月20日   北京市计委批复：将复兴门至建国门与建国门至八王坟两段地铁工程作为"复八线"一项工程考虑。

1987年

5月1日   国务院副总理万里，在铁道部部长丁关根陪同下，来北京地铁复兴门折返线视察。

8月28日   国务院副总理李鹏视察了北京地铁复兴门350米折返线工程，并为地铁题词："建设地铁、为首都服务"。

11月29日   中央军委副主席杨尚昆视察地铁二期工程。

12月19日   国务院办公厅和国家物价总局批准，北京地铁环线建成通车后，一线及环线两线地铁票分别定为2角。对连续乘坐一线及环线两条线的票价定为3角。地铁与公共汽车的联合月票，每张定价仍为10元，原售价每张7元的联合月票取消。上述票价自环线通车之日起执行。

12月24日   北京地铁复兴门折返线建成通车，举行庆祝通车典礼，中共中央政治局常委、书记处书记胡启立，中共中央政治局常委、国务院代总理李鹏和中共中央政治局委员、北京市委书记李锡铭等领导参加大会，并由李鹏代总理剪彩。复兴门折返线全长358米，工程总投资1703万元。

12月28日   北京地铁环线正式环起来运行。

1988年

1月1日　北京地铁实行一、二期联合月票，票价10元。

8月1日　地铁一、环线改为单一票制，票价3角，取消跨线票。

1989年

5月31日　北京市市政管理委员会(89)京政管字第49号文批复：确认北京市地下铁道公司为大型一类城建企业。

6月4日　由于在北京发生的政治风波，北京地铁停运一天。次日恢复运营。

7月15日　北京市市政管理委员会(89)京政管字第61号文根据市政府办公厅(89)厅秘字第21号文通知：同意北京市地下铁道公司更名为北京市地下铁道总公司。

7月15日　北京地铁西单车站工程举行开工典礼。

12月20日　召开北京地铁二期工程国家正式验收交接签字仪式大会，北京地铁二期工程正式交付运营。

1990年

5月　北京地铁车辆厂自行设计研制成功了第一辆地铁BD1型宽体电动客车，填补了北京市不能制造地铁列车的技术空白，宽体技术也属国内首创。

6月22日　北京市人民政府第13次常务会议决定：高毓才任北京市地下铁道总公司经理职务。

7月13日　中共北京市委、北京市人民政府第15次常务会议决定：李凯任北京市地下铁道总公司党委书记。

1991年

1月1日　北京地铁票价调整为5角。地铁与公汽联合月票调整为18元。

1月26日　国家计委批复同意建设复兴门至八王坟工程。工程规模为全长12公里，总投资20亿元，其中利用日本海外协力基金贷款192亿日元。

2月7日　北京市计委批准对苹果园到北京站段更新改造的计划，投资4379万元。

4月22日　国家计委同意北京地铁二期工程收尾项目建设投资3000万元。

5月10日　北京市地下铁道总公司经北京市新闻出版局批准，创办《北京地铁报》，第一期正式出版。

1992年

1月14日　北京市市政管理委员会同意确认北京市地下铁道总公司所属14个二级单位为处级单位。

2月1日　国务院副总理吴学谦、朱镕基，国务委员温家宝等国家领导人，在北京市领导李其炎等陪同下，视察了建设中的北京地铁西单车站，慰问北京地铁建设者。

6月18日　中共北京市地下铁道总公司党委召开了第一次党员代表大会。

6月24日　北京地铁复兴门至八王坟新线建设，在永安里召开开工典礼大会。

10月10日　北京地铁复兴门站至西单站通车剪彩。国务院副总理邹家华及国家有关部委与北京市委、市政府领导参加了剪彩仪式，邹家华为北京地铁题词"发展经济，繁荣地铁"。

11月13日　经北京市政府有关部门协商，并报请国家计委和中国人民银行总行批准：北京市地下铁道总公司发行"北京地铁建设债券", 发行总额为两亿元。

12月12日　北京地铁西单车站正式对外售票运营。

1993年

4月　　　由首都规划委员会编制的《北京市区轨道交通线网规划》，在原规划方案的基础上，规划了12条线路，总长度310公里。

8月30日　北京市地下铁道总公司获得1992年度北京市经济百强企业。

10月6日　国务院批准《北京城市总体规划》专题之十《北京市快速轨道交通规划》，规划方案为"一环"、"四横"、"三竖"的基本格局，路网有12条线路，总长为313.3公里。

12月16日　北京市人民政府批准《北京市地下铁道列车车票使用办法》，由北京市市政管理委员会发布实施。

12月19日　北京市人民政府批准《北京市地下铁道通风亭管理规定》，由北京市市政管理委员会发布实施。

1994年

1月13日　北京地铁一线电力调度由木樨地站迁至西直门指挥中心，并与环线电力调度合并。

4月1日　北京市地下铁道总公司对发售地铁月票采取限制措施，更换月票底板，不再增加新用户，联合月票开始限售。

5月27日　北京市地下铁道总公司与香港满礼发展有限公司签订了北京地铁5号线建设总协议。

6月21日　北京市地下铁道总公司与北京国际发展有限公司签订了合作开发建设北京地铁"西直门至颐和园"线工程协议。

9月　　　北京地铁设计研究所《地下铁道车站站台噪音限制》、《地下铁道车站站台噪音测量》、《地下铁道电动车组司机室、客室噪音限制》四项标准，通过了国家级鉴定，列为国家标准。

10月10日　中国人民建设银行信托投资公司包销北京地铁建设债券（两年期限）2500万元人民币，用于北京地铁"复八线"西单至八王坟段建设。

11月3日　北京地铁小半径曲线钢轨探伤头研制成果，通过了北京市市政管委组织的专家鉴定，并确定为国内首创。

1995年

1月1日　北京地铁开始发售地铁保险月票。保险月票比普通月票增加1元，即19元。

1月　北京市人民政府批准北京市地下铁道总公司设施设备消除事故隐患工程，即"消隐工程"。包括：供电、转向架、通风机、消防用水等11个项目，总投资1.781亿元，计划三年完成。

4月3日　中共北京市委决定，王德兴任中共北京市地下铁道总公司委员会书记职务。

4月10日　古城车辆段运用车间肖英晖荣获全国劳动模范称号。

4月26日　北京地铁环线列车编组开始由4辆改为6辆编组，第一列6辆编组列车投入运营。

5月20日　北京市地下铁道总公司开始实行5天工作日，即实行每天工作8小时，每周40小时新工作制度。

12月11日　北京市地下铁道总公司档案室荣获全国档案工作先进集体称号。

1996年

1月1日　北京地铁开始调整地铁票价，普票从0.5元调至2元，月票从18元调至40元。

2月29日　北京地铁发售防伪地铁月票。

7月　　　　北京市地下铁道总公司与香港通成推广有限公司就合作开发
　　　　　北京地铁广告业务，并组建中外合作企业——北京地铁通成
　　　　　广告有限公司，签订了意向书。

1997年

1月6日　　北京市市长办公会讨论地铁火灾隐患和消防问题，确定从
　　　　　1997年至1999年用三年时间解决北京地铁存在的15项重大事
　　　　　故隐患，每年投资7000万元。

4月14日　北京市地下铁道总公司召开第四届职工代表大会。

5月12日　北京市地下铁道总公司"让过去告诉未来——安全是地铁的
　　　　　生命线大型图片展"隆重开幕，观看职工总数11400余人，占
　　　　　职工总数95.3%以上。

12月26日　北京地铁复八线工程贷款合同签字仪式在北京举行。国家开
　　　　　发银行向北京地铁复八线贷款20亿元，建设银行向北京地
　　　　　铁复八线贷款10亿元。

1998年

9月17日　首都规划建设委员会办公室、北京市城乡规划委员会（98）
　　　　　首规办规字第222号文批复：将西直门——回龙观——东直门
　　　　　城市快速轨道交通线纳入市区轨道交通线路规划网。

1999年

2月8日　　第一组VVVF（调压调频）DKZ4电动客车载客投入试运行，
　　　　　标志着北京地铁正式进入交流调压调频电动客车时代。

7月19日　北京市市政管理委员会批复同意北京市地下铁道总公司出资
　　　　　15亿元人民币，与北京中关村科技发展有限公司等企业共同

发起设立北京城市铁路股份有限公司。

9月28日　北京地铁"复八线"举行通车试运营仪式。温家宝、贾庆林、俞正声、刘淇等领导出席，并乘坐首次列车。试运营区段从天安门西站至四惠东站。

11月12日　北京地铁"复八线"工程荣获北京市迎接建国50周年重大工程荣誉奖。

12月11日　中共北京市委书记贾庆林、市长刘淇等领导出席北京城市铁路开工仪式。

2000年

1月1日　北京市公交地铁联合月票调整为80元，并增设地铁专用月票，票价为50元。

4月10日　北京市发展计划委员会批复《北京城市快速轨道交通西直门—回龙观—东直门工程可行性研究报告》。该工程总投资为58.64亿元人民币。

4月10日　地铁运营一线正式启用车门电视监视系统。

6月28日　北京市发展计划委员会同意北京市地下铁道总公司与北京首创集团、城建集团合作，成立"北京地铁5号线投资有限责任公司"，注册资本金25亿元人民币，北京地铁总公司出资3亿元人民币（市财政投资安排），占注册资本金的12%。

6月28日　北京地铁"复八线"与原一线相连并贯通试运营。

8月14日　北京市发展计划委员会批复成立北京市政交通一卡通有限公司可行性研究报告，北京市地下铁道总公司出资700万元，所占股份为14%。

10月20日　地铁环线运营试行轮乘制，结束了北京地铁30年包乘制的历史。

2001年

1月9日　北京市地下铁道总公司总经理高毓才和中国进出口银行总经理张观汉在首都大酒店签署了《北京城市铁路项目利用日本政府特别日元贷款转贷协议》。协议金额141.11亿日元，贷款年利率0.95%，贷款年限40年。

3月21日　首都精神文明建设委员会命名北京地铁为创文明行业规范化服务达标单位。

6月26日　北京市人民政府同意组建北京地铁集团有限责任公司。

7月6日　北京地铁实现连续安全运营2000天，创造了30年来前所未有的辉煌业绩。

7月19日　中共北京市委决定，王德兴任中共北京地铁集团有限责任公司党委书记、中共北京地铁运营公司党委书记；彭泽瑞任中共北京地铁建设管理公司党委书记。建议王德兴任北京地铁集团有限责任公司董事长、北京地铁运营公司董事长；彭泽瑞任北京地铁建设管理公司董事长。

7月24日　北京市人民政府第113次市长办公会议决定：彭泽瑞、王灏任北京地铁集团有限责任公司董事；杨斌任北京地铁集团有限责任公司董事、北京地铁建设管理公司董事；谢正光任北京地铁集团有限责任公司董事、北京地铁运营公司董事。

7月25日　北京市人民政府任命王德兴任北京地铁集团有限责任公司董事长、北京地铁运营公司董事长；彭泽瑞任北京地铁建设管理公司董事长。

12月7日　北京市人民政府批复同意组建北京地铁集团有限责任公司。

12月14日　北京城市铁路项目利用日元贷款采购合同签字仪式在北京人民大会堂举行。合同总金额82亿日元，约合人民币5.6亿元。

2002年

3月10日　中共北京市委同意，杨斌、谢正光、王灏、齐书志、倪振华任中共北京地铁集团有限责任公司委员会常委。

4月25日　北京地铁运营有限责任公司正式运转。

8月19日　北京地铁运营有限责任公司被推荐为全国文明行业工作先进单位。

9月28日　北京市第一条以地面线和高架线为主的快速轨道交通线路——北京城市铁路（西线）竣工通车试运营。中共北京市委书记贾庆林、市长刘淇等领导出席了开通仪式。

2003年

1月3日　根据中共北京市委建议，北京地铁运营有限责任公司第一届第一次董事会研究决定，聘任谢正光为北京地铁运营有限责任公司总经理。

1月28日　地铁13号线胜利实现全线贯通试运营。

1月　北京地铁运营有限责任公司荣获全国创建文明行业工作先进单位称号。

3月19日　北京地铁运营有限责任公司、长春客车轨道车辆股份公司、株洲电力机车研究所、北京地铁车辆厂等几个单位共同组建"具有完全自主知识产权国产地铁电动客车（B型）"研制联合体，在北京举行了联合研制协议签字仪式，标志着国产车联合研制项目正式启动。

3月31日至4月1日　北京地铁运营有限责任公司召开第一届职工代表大会。

8月8日　国务院总理温家宝一行在中共中央政治局委员、中共北京市委书记刘淇和北京市代市长王岐山的陪同下，来到北京城铁东直门站进行考察。

11月10日 中共北京市委决定：原中共北京地铁运营有限责任公司委员会更名为中共北京市地铁运营有限公司委员会，原中共北京地铁运营有限责任公司纪律检查委员会更名为中共北京市地铁运营有限公司纪律检查委员会。原北京地铁运营有限责任公司领导人员职务自然免职。市委决定，王德兴任中共北京市地铁运营有限公司委员会书记。建议，王德兴任北京市地铁运营有限公司董事长。中共北京市委组织部决定：谢正光任中共北京市地铁运营有限公司委员会副书记，齐书志任中共北京市地铁运营有限公司委员会副书记、中共北京市地铁运营有限公司纪律检查委员会书记。建议，谢正光、齐书志任北京市地铁运营有限公司董事，谢正光为北京市地铁运营有限公司总经理人选，陈稀临、张树人为北京市地铁运营有限公司副总经理人选。

11月12日 北京市人民政府决定：王德兴任北京市地铁运营有限公司董事长，谢正光、齐书志任北京市地铁运营有限公司董事。

12月24日 国务院安全生产督察组在国家安全生产监督管理局、北京市安全生产监督管理局、北京市消防局、北京市交通委等部门的陪同下，到国贸站对运营公司进行安全检查。

12月27日 地铁八通线开通试运营，中共北京市委书记刘淇，代市长王岐山等领导出席了通车仪式并慰问了地铁工程建设者。八通线单程票票价2元，与1、2号线的换乘票票价4元。地铁运营里程增至114公里。

12月31日 北京地铁第一套AFC系统13号线自动售检票系统（AFC）开通使用。

2004年

2月19日 北京市人民政府国有资产监督管理委员会批复北京市地铁运

营有限公司国家资本金20000万元。

4月1日　18时25分，北京地铁司机张晓雨安全行车突破70万公里，成为全国地铁行业第一人。

6月1日　经2004年4月20日市人民政府第23次常务会议审议通过的《北京市城市轨道交通安全运营管理办法》开始施行。

6月17日至19日　中共北京市地铁运营有限公司第一次党员代表大会召开。

7月21日　北京市人民政府国有资产监督管理委员会批复，北京地铁运营有限责任公司变更为北京市地铁运营有限公司（简称"地铁公司"）。

11月2日　北京市基础设施投资有限公司与北京市地铁运营有限公司正式签订了《北京地铁1、2号线委托运营协议》。

11月9日　北京市交通委员会批复对北京地铁1、2号线车辆、设备消隐改造工程。工程总投资按37.5亿元总额控制。

2005年

4月25日　北京市人民政府印发了《北京交通发展纲要（2004—2020年）》，将优先发展公共交通战略作为缓解城市交通拥堵的治本之策，加快构建以轨道交通和大容量快速公交为骨干、地面公交为主体、出租汽车为补充的综合公共交通运输体系。优先发展公共交通的总体思路概括地说就是"两定四优先"。"两定"即确定发展公共交通在城市可持续发展中的重要战略地位，确定公共交通的社会公益性定位；"四优先"即公共交通设施用地优先、投资安排优先、路权分配优先、财税扶持优先。

4月30日　北京地铁安全行车70万公里无事故标兵张晓雨被评为全国劳动模范。

10月13日　北京地铁移动电视在地铁13号线西直门车站进行了首车试播仪式。

10月19日　北京地铁1、2号线无障碍设施改造工程全面完工。

12月12日　北京市人民政府决定：由市地铁公司作为地铁5号线运营商。

2006年

1月29日　国务院副总理曾培炎在中共北京市委书记刘淇、市长王岐山
　　　　　等领导的陪同下，到地铁1号线王府井站慰问工作在安全运营
　　　　　一线的地铁员工。

4月1日　　全市开始置换IC卡地铁月票、发售普通IC卡。4月16日纸质地
　　　　　铁月票停止使用。

5月1日　　北京市公交地铁联合月票调整为90元，地铁专用月票调整为60元。

5月10日　地铁1号线、2号线、八通线简易IC卡系统开通使用，作为
　　　　　AFC系统开通前的过渡，与纸质车票并行使用。

6月19日　国产地铁电动客车（B型）开始在地铁13号线上载客试运营。

7月27日　地铁公司向安全行车70万、60万、50万公里、无安全事故、无
　　　　　服务纠纷的40名列车司机颁发了首届"金、银、铜手柄"奖。

8月20日　北京地铁在中国文化管理学会和中国企业文化促进会举办的
　　　　　首届中国企业形象管理年会上荣获"2006中国优秀企业形象
　　　　　单位"奖。

2007年

1月1日　　北京市取消公交成人月票卡、学生月票卡、公交地铁联合月
　　　　　票卡，保留地铁专用月票卡。

2月10日　北京地铁公司ISO9001质量管理体系认证颁证仪式在人民大会
　　　　　堂隆重举行。

2月11日　地铁公司开展"第一个排队日"活动，引导乘客文明乘车。

3月14日　地铁公司实施新的《北京地铁运营服务质量标准》。新《标
　　　　　准》从安全可靠、高效便捷、功能完善、低耗环保、文明舒

心、知名品牌六大方面确定了86项服务指标，涵盖了提供给乘客的地铁运输服务产品的各个环节。

5月21日　北京地铁八通线最小运行间隔缩短为4分钟。

5月28日　北京地铁13号线首班车提前25分钟。

6月7日　北京市地铁运营行业被授予首都文明行业称号。

6月28日　北京地铁八通线工程设备、设施完成建设与运营交接，正式投入运行。

10月7日　北京地铁5号线开通试运营。在东单站举行了隆重而简朴的通车仪式。上午9点，中共中央政治局委员、中共北京市委书记刘淇，中共中央政治局委员、国务院副总理曾培炎，建设部部长汪光焘，国务院副秘书长张平，国家发改委副主任陈德铭，北京市市长王岐山等领导出席通车仪式，副市长陈刚主持仪式。

11月1日　北京地铁专用月票卡取消，地铁月票正式退出历史舞台。

2008年

1月6日　中共中央政治局常委、全国政协主席贾庆林在中共北京市委书记刘淇等领导陪同下对地铁5号线进行了视察。

2月29日　北京地铁客运公司被授予全国"三八"红旗集体荣誉称号。

4月1日　中共中央政治局常委、全国人大常委会委员长吴邦国在中共北京市委书记刘淇、市长郭金龙的陪同下，视察了地铁5号线。

4月21日　中共中央政治局委员、中共北京市委书记、北京奥组委主席刘淇，中共中央政治局委员、国务委员、北京奥组委副主席刘延东，中共北京市委副书记、北京市市长、北京奥组委副主席郭金龙等领导乘坐地铁列车视察了地铁10号线、奥运支线和轨道交通指挥中心。

5月16日　地铁公司被评为"中国企业文化建设先进单位"。

6月9日　　北京地铁原有的5条运营线路的93个车站自动售检票（AFC）系统全部投入使用，结束了38年纸质车票的历史，北京地铁进入刷卡时代。

6月12日　　中共中央政治局常委、书记处书记、国家副主席习近平考察地铁10号线和奥运支线。刘淇、刘延东、令计划、郭金龙等领导陪同考察。

6月20日　　地铁公司4条既有运营线员工全部更换07式制服。新制服共分为夏装、春秋装、冬季大衣3个系列，9个单品，9种佩饰。

6月25日　　中共中央总书记、国家主席、中央军委主席胡锦涛在中共中央政治局委员、中共北京市委书记、北京奥组委主席刘淇和北京市市长、北京奥组委执行主席郭金龙等陪同下到机场线东直门站，察看了售票问询处和综控室，并向车站工作人员了解机场线试运行的情况。随后，总书记亲自体验了自动售票机购票、闸机刷卡、进站过程，并乘坐列车至首都国际机场3号航站楼。

6月29日　　北京地铁乘客安全检查工作正式启动。

7月12日　　中共中央政治局常委、书记处书记、国家副主席习近平到机场线实地考察奥运会服务保障工作。

7月17日　　国务院安全生产委员会副主任兼国务院安委会办公室主任、国家安全生产监督管理总局局长王君一行11人来到13号线西直门站，对地铁奥运安全保障和安全生产百日督查专项行动的开展情况、车站安全生产情况进行检查。

7月19日　　北京地铁10号线、机场线、奥运支线（8号线）三条新线开通试运营。中共北京市委书记刘淇、市长郭金龙出席通车试运营仪式，副市长陈刚主持通车仪式。10号线、8号线票价并入路网票价，单一票价2元；机场线与路网其他线路为有障碍换乘，单独定价，单一票价25元。

7月22日　　中共中央政治局常委、中央政法委书记周永康在中共中央政治局委员、中共北京市委书记、北京奥组委主席刘淇，北京

市市长、北京奥组委执行主席郭金龙等北京市领导陪同下，到2号线东直门站察看了安检设施和车站客流情况，观看了安检员安检流程演示。随后，通过13号线通道到机场线站厅及车站综控室进行了视察。

7月23日 中共中央政治局委员、中共中央组织部部长李源潮等领导一行在中共中央政治局委员、中共北京市委书记刘淇，市长郭金龙等北京市领导的陪同下，到地铁奥运支线奥林匹克公园站视察，观看了"新地铁"、"平安奥运、人人有责"等内容的展板，并查看了该站安检设施。

8月4日 中共中央政治局常委、全国政协主席贾庆林在中共中央政治局委员、中共北京市委书记、北京奥组委主席刘淇，北京市市长、北京奥组委执行主席郭金龙等陪同下，考察北京地铁机场线。

8月4日 共青团中央书记陆昊等领导一行来到北土城地铁站看望并慰问了服务奥运的青年志愿者。

8月8日 北京奥运会开幕。凌晨4点38分，随着奥运支线首班车的发出，标志着地铁全路网开始了有史以来第一次的45小时不间断运营。截至10日凌晨2点12分，当地铁八通线最后一班列车到达土桥站时，北京地铁全路网8月8日至9日已不间断运营了45小时，创造了北京地铁投入运营以来连续运营时间最长的纪录。

9月29日 北京奥运会、残奥会总结表彰大会在人民大会堂隆重举行。北京地铁公司荣获中共中央、国务院授予的"北京奥运会、残奥会先进集体"光荣称号，这是党和人民对地铁公司全体职工服务、保障、奉献奥运的最高褒奖，也是北京地铁38年历史上的最高荣誉。公司副总工程师、客运营销部部长潘晓军被评为先进个人。

12月3日 中共北京市委决定：谢正光任中共北京市地铁运营有限公司委员会书记，免去王德兴中共北京市地铁运营有限公司委员会书记职务。市委同意提名，谢正光为北京市地铁运营有限公司董事长人选，建议免去王德兴北京市地铁运营有限公司董事长职务。

12月16日　北京市人民政府决定：谢正光任北京市地铁运营有限公司董事长，免去王德兴的北京市地铁运营有限公司董事长职务。

12月　　　应国际地铁协会（CoMET）组织邀请，地铁公司正式成为该组织会员单位。

是年　　　北京地铁1、2号线消隐更新改造主体工程在不停运的情况下全部完成。包括11大项、总投资84.3亿元。并实现了"阳光工程"，创造了世界地铁的一项奇迹。

2009年

1月5日　　北京市地铁运营有限公司董事会地董字（2009）1号文通知，聘任张树人为北京市地铁运营有限公司总经理。

4月10日　北京地铁公司牵头研制的国产地铁电动列车（B型）项目通过北京市交通委、北京市科委组织的专家验收，这是国内首次成功研制拥有完全自主知识产权的地铁电动客车。该型车将在房山线上投入使用。

5月6日　　中共北京市委书记刘淇对《昨日市情》特刊第70期《立足自主研发，拉动经济增长，地铁车辆（B型车）制造产业化情况及下一步实施设想》批示：请金龙同志阅示。在充分论证的基础上，可加快该项目的推行。

6月15日　地铁公司隆重召开北京市地铁运营有限公司二、三、四分公司组建揭牌大会，标志着三个运营分公司正式组建并投入运转。

6月20日　中共北京市委书记刘淇等领导到地铁车辆厂实地调研完全自主知识产权国产地铁电动客车（B型）研制情况，乘坐并查看了具有完全自主知识产权国产地铁电动客车（B型），审

查了应用于地铁房山线新车的外观、内饰设计方案。

6月26日　地铁公司正式执行《北京市城市轨道交通安全运营管理办法》（213号令）。

8月6日　地铁公司下发《北京市地铁运营有限公司2009年—2015年发展规划》。

9月25日　中共中央政治局常委、中央政法委书记、中央综治委主任周永康到地铁天安门东站检查国庆期间安全工作。中共北京市委书记刘淇、公安部部长孟建柱、市长郭金龙等领导陪同检查。

10月7日　中共中央总书记、国家主席、中央军委主席胡锦涛考察国庆期间北京安保、交通、旅游工作，并专程来到北京地铁慰问地铁员工。中共中央政治局委员、中共北京市委书记刘淇等一同考察。

10月15日　地铁公司以超奥运标准圆满完成历时两个月的国庆60周年运输保障任务。得到了胡锦涛总书记的表扬和市委市政府、市交通委以及国庆群众游行指挥部的高度评价。

10月31日　地铁公司荣获"第四届北京影响力——影响百姓经济生活的十大企业"称号。

11月3日　地铁公司首次参加了国际地铁协会（CoMET）关键绩效指标（KPI）综合测评。在CoMET全部27个成员单位2008年关键绩效指标综合测评中排名第二，安全、能耗、培训等指标名列前茅。

12月25日　地铁5号线、10号线（含奥运支线）转入正式运营。地铁公司将全面负责3条线的运营管理工作。

12月30日　地铁房山线首组不锈钢车体正式下线，该车在实现整车国产化率超过95%的基础上，首组不锈钢车体正式下线为后续样车试制打下坚实基础。

后 记

  在北京地铁开通并运营 41 年之际，为了真实记录中国第一条地下铁道的发展历史，我们按照本书编委会的安排，编写了这部《北京地铁发展史》。

  近半个世纪以来，北京地铁从无到有，逐渐发展壮大，形成了丰厚而珍贵的历史资料。但北京地铁的隶属关系和管理机构几经变迁，加之地铁早期资料部分遗失和保存分散，复原历史工作面临很多的困难。接到任务后我们立即组织写作人员，收集历史资料、理清整体脉络、确定编撰方案和编写提纲，同时边收集、分析史料，边梳理历史线索和进行写作。为赶写书稿，编写人员以高度的责任心夜以继日地忘我工作。为收集资料，编辑部的同志与地铁公司负责档案工作的同志一道，数月来不辞辛苦奔波于档案馆和图书馆之间，查阅了大量的资料。为求证史实，我们组织召开了各类专题座谈会，走访健在的老领导、老同志，对口述资料进行了抢救性的收集和整理工作。为完善书稿，北京地铁运营公司和北京市委党史研究室的领导、专家、作者一起，多次开会研讨，反复推敲修改。我们广泛征求北京地铁运营有限公司现任领导、相关部室，以及公司老领导、行业老专家的意见，数易其稿，最终完成《北京地铁发展史》的编写。在写作过程中，北京市委党史研究室的领导和专家不遗余力地进行专业指导，并给予了多方匡正。

本书的编写过程凝聚着许多人的心血。得到了北京市地铁运营有限公司党委、行政的高度重视，党、政多次召开专题会议研究并组织修改书稿。得到了北京市委党史研究室大力指导和合作，北京市委党史研究室主任谢荫明、北京市政协副秘书长陈煦亲自参与本书大纲的讨论、文稿的修改。得到了焦桐善、施仲衡、沈景延等国内知名地铁行业老专家学者的支持帮助。得到了冯双盛、李春生、高毓才、王德兴等北京地铁公司历任老领导的大力支持和充分肯定。北京市地铁运营有限公司各有关部门，很多退休的老领导、老职工，也为本书提供了鲜为人知的史料和宝贵意见。

本书资料收集过程中得到了中央档案馆、北京市档案馆、铁道部档案馆、解放军档案馆、北京军区档案馆、中铁建档案馆、中央新闻电影制片厂、北京轨道交通指挥中心等单位大力协助，在此一并表示谢忱！

《北京地铁发展史》全书分为八章，由齐书志、韩勤英担任全书编审工作。撰写人具体分工：第一章，胡白玉；第二章，黄丽珍；第三章、第四章，丁复华；第五章、第六章，延军；第七章、第八章，韩燕华。北京市委党史研究室的韩勤英、张文良、瞿宛林、宋传信担任各章的专业指导。全书共采用不同时期历史照片100余张，约35万字。

对于历史，我们知道的远比发生过的要少，能无限趋近真实相当不易。由于占有资料不足和编写时间较短，特别是本身认识、专业和文字水平的局限，书中难免会有不少错误，敬请读者予以指正。

《北京地铁发展史》编辑部

2010年10月

北京地铁运营线路图

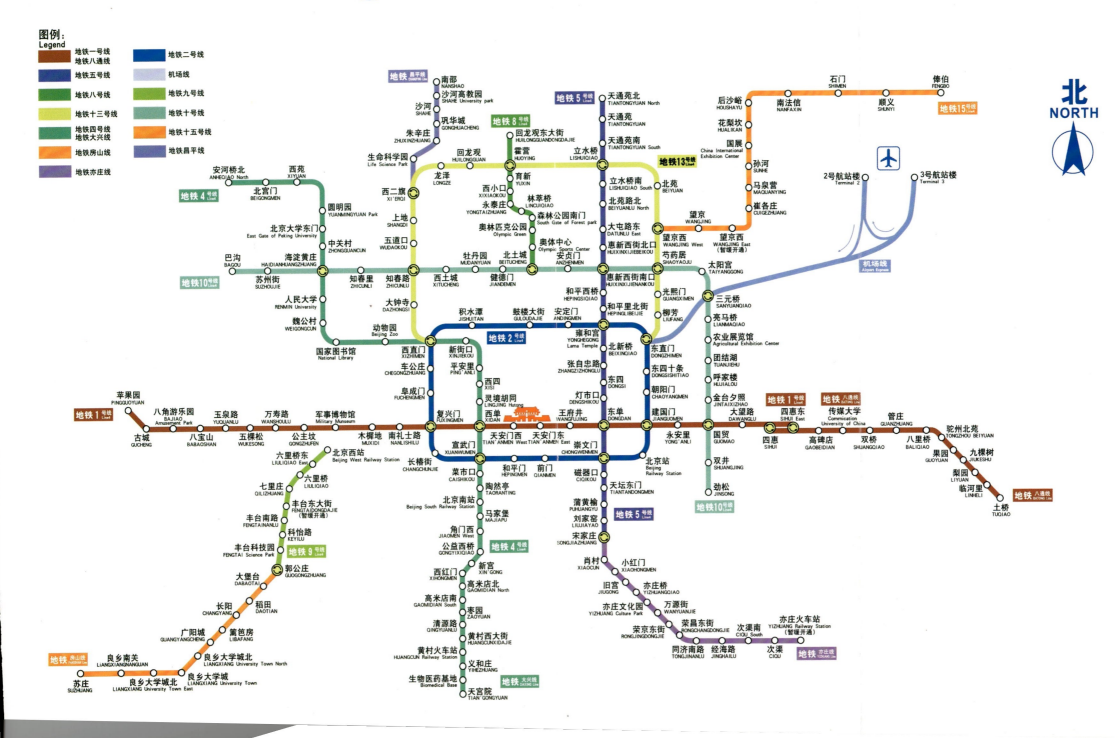